V&R

# Studienbücher zur Linguistik

Herausgegeben von Peter Schlobinski

Band 12

*Claudia Jafan*
*Sept. 2008*

Vandenhoeck & Ruprecht

Jule Philippi

# Einführung
# in die generative Grammatik

Vandenhoeck & Ruprecht

Ein herzliches Dankeschön geht an den Verlag Vandenhoeck & Ruprecht für die Veröffentlichung des Buches, an Ruth Anderle und Ulrike Gießmann-Bindewald sowie an Suzan Hahnemann, Iris Möller, Peter Schlobinski, Michael Tewes und Barbara Vetter, die das Manuskript für dieses Buch immer wieder gelesen haben, und ohne deren hilfreiche Kommentare es sicherlich nicht zustande gekommen wäre. Bedanken möchte ich mich auch bei meiner Tochter Emily, die für mich lästige Arbeiten im Haushalt übernommen hat, während ich an dem Buch schrieb und die mir geholfen hat, ihre wilden kleinen Brüder zu bändigen – ganz wie eine Große. Meinen Söhnen Hanno und Linus danke ich auch – einfach dafür, dass es sie gibt.

Ich möchte dieses Buch Emily, Hanno und Linus widmen – auch wenn sie es sicher niemals lesen werden.

Bibliografische Information der Deutschen Bibliothek

Die Deutsche Nationalbibliothek verzeichnet diese Publikation in der Deutschen Nationalbibliografie; detaillierte bibliografische Daten sind im Internet über http://dnb.d-nb.de abrufbar.

ISBN 978-3-525-26548-2

# Inhaltsverzeichnis

Die Lösungsvorschläge für die Übungsaufgaben befinden sich auf der Internetseite http://mediensprache.net/gg/

# Einleitung: Was ist generative Grammatik?

Grammatik gliedert sich traditionell in zwei Teile: **Morphologie** (Formenlehre) und **Syntax** (Satzlehre). Die Morphologie befasst sich mit dem Aufbau und der Interpretation von Wörtern. Was bedeutet das? Wer etwa die Morphologie des Deutschen beherrscht, weiß, dass sich Wörter oft in kleinere Einheiten (**Morpheme**) zerlegen lassen. Ein Wort wie *anruft* setzt sich zum Beispiel wie folgt zusammen:

(1)

| an- | ruf- | t |
|-----|------|---|
| Präfix | Stamm | 3.Ps.Sg |

Die Syntax befasst sich mit der Frage, wie sich Sätze aus Wörtern zusammensetzen. Wer die Syntax des Deutschen kennt, weiß, dass die Wortstellung in dieser Sprache recht frei ist, dass aber im unbetonten Fall im Nebensatz das Subjekt dem Objekt und das Objekt dem Verb vorangeht:

(2)

| weil | Ron | Harry | anruft. |
|------|-----|-------|---------|
| Konjunktion | Subjekt | Objekt | Verb |

Wenn man eine Sprache als Muttersprache spricht, kennt nicht nur die Morpheme, aus denen sich die Wörter zusammensetzen, man kennt nicht nur die Glieder, aus denen sich ein Satz zusammensetzt, man kann überdies zusammengesetzte Wörter und Sätze interpretieren. Wenn man die Grammatik des Deutschen kennt, weiß man, dass in einem Kirschkuchen Kirschen, in einem Hundekuchen aber keine Hunde enthalten sind. Man weiß, dass manche Sätze ambig (mehrdeutig) sind, dass (3a) – je nach Kontext – wie (3b) oder (3c) interpretiert werden muss.

(3)

    a)    Harry mag Ron lieber als Dudley.
    b)    Harry mag Ron lieber als er Harry Dudley mag.
    c)    Harry mag Ron lieber als Dudley Ron mag.

Man kann Sätze hinsichtlich ihrer Grammatikalität beurteilen, d. h., man weiß dass (4a) grammatisch (grammatikalisch richtig), (4b) hingegen ungrammatisch (grammatikalisch falsch) ist.

(4)

    a)    Harry hat gesehen, dass Snape den Schulleiter getötet hat.
    b)    Harry hat gesehen, dass Snape hat getötet den Schuleiter.

Wenn man eine Sprache als Muttersprache spricht, ist man sich über die grammatischen Regeln oft nicht bewusst. Man produziert Sätze, ohne über die zugrundeliegenden Regeln nachdenken zu müssen; man erkennt, dass (4b) ungrammatisch ist, ohne genau sagen zu können, welche Regel verletzt wurde. Sprachliches Wissen ist unbewusstes Wissen. Dieses Wissen wird in der Literatur **Kompetenz** genannt. Der Kompetenz wird die **Performanz** gegenübergestellt. Unter Performanz versteht man den Sprachgebrauch. Wenn man eine Sprache gebraucht, verletzt man oft die Regeln der Sprache. Man macht Fehler. Diese Fehler können unterschiedliche Ursachen haben. Man ist müde, unaufmerksam, abgelenkt, zerstreut, eventuell betrunken usw.

Die **generative Grammatik** ist an der Kompetenz, dem unbewussten sprachlichen Wissen eines Muttersprachlers, interessiert. Das Paradigma wurde von Noam Chomsky entwickelt, der als einer der bedeutendsten Sprachwissenschaftler des letzten Jahrhunderts gilt, und hat die moderne Sprachwissenschaft wie kein anderes beeinflusst.

Chomsky wurde am 7. 12. 1928 als Sohn eines Hebräisch-Lehrers russischer Abstammung in Philadelphia (Pennsylvania) geboren. Nach dem Besuch der Central Highschool in Philadelphia studierte er Linguistik, Mathematik und Philosophie an der University of Pennsylvania. Er war ein Schüler von Zellig Harris, bei dem er sein Studium mit einer morphologischen Untersuchung zum Neuhebräischen abschloss. Seit 1955 arbeitet er am Massachusetts Institute of Technology (MIT).

Das Forschungsinteresse in der generativen Grammatik hat sich im Verlauf ihrer mehr als fünfzigjährigen Geschichte gewandelt. In der **Transformationsgrammatik** der fünfziger und sechziger Jahre war man an einer **beschreibungsadäquaten** Grammatik interessiert. Eine beschreibungsadäquate Grammatik ist eine Grammatik, mit deren Regelwerk man die Sätze einer Sprache (im Falle der generativen Grammatik die des Englischen) beschreiben kann. Chomsky führte zwei Typen von Regeln ein: Erzeugungsregeln (Phrasenstrukturregeln) und Umstellungsregeln (Transformationen). Phrasenstrukturregeln werde ich in Kapitel 2 vorstellen, Transformationen in Kapitel 6. Die Regeln dienten dazu, grammatische Sätze (Sätze, die mithilfe von Erzeugungsregeln und Umstellungsregeln erzeugt werden können) von ungrammatischen Sätzen (Sätzen, die mithilfe von Erzeugungsregeln oder Umstellungsregeln nicht erzeugt werden können) zu unterscheiden. Zudem lag ein großes Interesse am sogenannten „kreativen" Aspekt der Sprache. Gemeint ist die Fähigkeit des Menschen mithilfe einer begrenzten Anzahl von Regeln eine unbegrenzte Anzahl von Sätzen zu erzeugen[1].

Das Prinzipien- und Parametermodell der siebziger und achtziger Jahre nahm an, dass allen Sprachen eine Menge universeller Prinzipien zugrunde liegt (**Universalgrammatik**). Man war nicht mehr auf der Suche nach Regeln, mit deren Hilfe man die syntaktische Struktur beschreiben konnte, man suchte nach den Prinzipien, die die Grammatikalität von Sätzen bzw. deren Ungrammatikalität

---

1    Man kann zum Beispiel einem Nomen unendlich viele Adjektive voranstellen:
     meine liebe Ratte
     meine liebe beste Ratte
     meine liebe beste teuerste Ratte....

erklärten. Ein Satz galt als grammatisch, wenn er den Prinzipien der Universalgrammatik entsprach; er galt als ungrammatisch, wenn er die Prinzipien der Universalgrammatik verletzte. Eine solche Grammatik nennt man **erklärungsadäquat**. Die Universalgrammatik leistet noch mehr. Sie erklärt, warum kleine Kinder in sehr kurzer Zeit (3 bis 4) Jahre die Grammatik ihrer Muttersprache komplett erwerben – und das, obwohl die Sprache, diese während des Spracherwerbs hören, oft fehlerhaft ist. Sie erklärt zudem die Unterschiede, die zwischen den verschiedenen Sprachen bestehen. Ich werde das Konzept der Universalgrammatik in Kapitel 1 vorstellen und einige wichtige Prinzipien in den Kapiteln 2, 3, 4, 5 und 6.

Das minimalistische Programm, das seit Mitte der neunziger Jahre die Forschungsrichtung vorgibt, geht noch einen Schritt weiter. Man geht davon aus, dass mehrere Prinzipien- und Parametermodelle möglich sind, um Grammatik zu beschreiben und zu erklären. Man begibt sich auf die Suche nach dem besten, dem **optimalen** Prinzipien- und Parametermodell. Als optimal gilt eine Grammatik, wenn sie bestimmten **Ökonomie-Prinzipien** gehorcht., d. h., wenn sie möglichst wenige syntaktische Kategorien braucht[2], möglichst wenige Erzeugungs- und Umstellungsregeln, möglichst wenige universelle Prinzipien usw. Die wesentlichen Konzepte des minimalistischen Programms werde ich in Kapitel 9 vorstellen.

Chomsky versteht seine Sprachtheorie als einen Teilbereich der Psychologie, der sich auf ein bestimmtes geistiges Vermögen beschränkt, nämlich auf das Sprachvermögen. Er fasst die Fähigkeit des Menschen, eine Sprache zu erwerben und später zu sprechen als genetisch bedingt auf. Sprachwissenschaft ist nach seiner Meinung auch ein Teil der Humanbiologie.

In diesem Buch möchte ich hauptsächlich die klassische Prinzipien- und Parameter-Theorie vorstellen, die vor in den siebziger und achtziger Jahren des letzten Jahrhunderts die Forschungsrichtung bestimmte. Diese ist heute weitgehend durch das minimalistische Programm abgelöst. Diese ist jedoch für diejenigen kaum verständlich, die nicht mit der Prinzipien- und Parameter-Theorie vertraut sind. Die Leser seien „verwarnt". Die Beispielsätze sind oft der (Kinder-) Literatur entnommen (Harry Potter I – VII, Pu der Bär, Der Wind in den Weiden, Michel aus Lönneberga, Käpt'n Blaubär). Wer mit den Büchern nicht vertraut ist, könnte Schwierigkeiten haben, die Sätze inhaltlich zu verstehen. Da es aber um das syntaktische, nicht um das inhaltliche Verständnis der Sätze geht, bin ich dieses Risiko eingegangen.

Die **Lösungsvorschläge** für die Übungsaufgaben befinden sich auf der Internetseite

http://mediensprache.net/gg/

---

2   Syntaktische Kategorien sind zunächst Wortarten wie Nomen, Verb, Adjektiv, Präposition usw. vorstellen, später auch sogenannte „funktionale" Kategorien wie Verbalflexion usw. Diese werde ich in den Kapiteln 2 und 9 einführen.

# 1 Universalgrammatik: Prinzipien und Parameter

Wie lernen Kinder sprechen? Psychologen der *behavioristischen* Schule erklärten den Spracherwerb so: Kinder hören Erwachsene sprechen und ahmen nach, was sie hören. Zunächst ist die Sprache der Kinder noch fehlerhaft. Mit der Zeit wird sie der Erwachsenensprache immer ähnlicher und gleicht sich schließlich ganz an. Was spricht gegen diese These?

Kinder bilden Sätze, die sie nie vorher gehört haben und die sie deshalb auch nicht durch Imitation erworben haben können:

(1)
      a) Bärlauchbutter schmeckt viel guter als Normale.
      b) Wenn du Hanno vorgelest hast.
      c) Ich hab' das Wasser rausgelässt ... rausgelasst.
      d) Ich hab' mich doch geanzieht.       (Linus, 3 Jahre)

Kinder imitieren gerade die Wörter, die sie zwar verstehen, aber noch unsicher gebrauchen (Volterra/Bates/Benigni/Bretherton/Camaioni 1979). Sie imitieren nicht, um zu lernen, sondern um Gelerntes einzuüben.

Auch taube Kinder plappern. Sie hören keine Sprache und können sie deshalb auch nicht nachahmen.

Der Spracherwerb vollzieht sich bei allen Kindern auf ähnliche Weise. Es zeichnet sich eine feste Abfolge von Lernstadien ab, die alle Kinder durchlaufen. Das ist unabhängig von den sprachlichen Daten, die die Kinder hören, unabhängig von der Sprache, die die Kinder erwerben und von der Intelligenz der Kinder und (Lessmöllmann, 2005, Müller/Riemer 1997; Pinker 1996, Zimmer 1995)

Wenn Kinder Sprache nicht durch Nachahmung erwerben, wie dann? Offensichtlich entnehmen sie der Sprache, die sie hören (dem Input) nicht nur die Wörter und Sätze, sondern leiten auch grammatische Regeln daraus ab. Diese wenden sie auf alle gleichartigen Fälle an. Das kann zu Äußerungen führen, die von der Erwachsenensprache abweichen. Aus Sicht des Kindes sind die Äußerungen jedoch nicht fehlerhaft und für uns einfach ein Zeichen dafür, dass die Regel noch zu grob ist. Linus könnte den Komparativ in (1a) mit der folgenden Regel gebildet haben.

(I)     Füge an den Adjektivstamm das Suffix -er an.

Für regelmäßig gesteigerte Adjektive liefert (I) das richtige Ergebnis.

(2)
      a)   schnell    schneller
      b)   frech      frecher
      c)   lieb        lieber

d)   blöd          blöder

Linus wendet seine Regel aber auch auf Adjektive an, die in der Erwachsenensprache unregelmäßig gesteigert werden. Seine Grammatik lässt daher Kompara-
tive wie *guter, gerner, vieler* zu.

Die Partizipformen in (1b-d) bildet Linus grundsätzlich, indem er dem Verbstamm das Präfix *ge-* voranstellt und ein Suffix *–t* anfügt[3]. Das gilt auch für die
starken Verben, deren Partizip mit dem Suffix *–en* gebildet werden (*vorgelest* statt
*vorgelesen, rausgelasst* statt *rausgelassen*). Der Verbstamm bleibt auch bei un-
regelmäßigen Verben unverändert (*geanzieht* statt *angezogen*)[4].

Später lernen die Kinder, dass ihre Regeln zu grob sind und dass sie teilweise zu
fehlerhaften Strukturen führen. Also verfeinern sie die Regeln immer mehr, bis
ihre Grammatik schließlich der des erwachsenen Sprechers entspricht.

Aber auch ein solches Modell einer *empiristischen* Erklärung des Spracherwerbs reicht nicht aus. Die sprachlichen Daten, die die Kinder zu hören bekommen, sind oft fehlerhaft. Erwachsene Sprecher bilden unvollständige oder
ungrammatische Sätze. Das liegt daran, dass erwachsene Sprecher manchmal
unkonzentriert sind, ihr Gedächtnis sie bei langen und komplizierten Sätzen im
Stich lässt oder dass sie sich einfach versprechen.

(3)

„Äh zum anderen sehe ich äh das Fenster der... äh Ge-                Edmund Stoiber
legenheit äh das Fenster für eine Lösung noch auf der
Grundlage der bisherigen Vereinbarungen für möglich...äh.“

„Und jetzt – das ist unsere Position, nie haben wir etwas            Edmund Stoiber
anderes gesagt – wenn wir im September die Mehrheit
bekommen, dann kann ich nur sagen – und deckungs-
gleich... äh... Herr Merz... äh... äh... Frau... äh... äh... Frau
Merkel oder ich oder wer auch immer, das ist die Position
von CDU/CSU ... “

Hinzu kommt: Die sprachlichen Daten, die das Kind im Spracherwerb aufnimmt,
sind nicht nur fehlerhaft, es sind auch viel zu wenige. Kinder können in der kurzen
Zeit, in der sie ihre Sprache erwerben (das sind etwa drei bis vier Jahre) gar nicht
so viele Daten hören, dass sie allein durch Generalisierungen eine vollständige
Grammatik erwerben. Kinder können nach dem Spracherwerb Wörter aus-
sprechen, die sie nie gehört haben. Sie wissen zum Beispiel, dass *plasch* ein mögliches Wort des Deutschen ist, nicht aber *plaschtsch*. Sie wissen, dass *er* und *Pu* in

---

3    Ich nehme an, dass Linus *anzieh-* als einen Verbstamm analysiert.
4    In der Kindersprache kommen nicht nur grammatische Übergeneralisierungen vor. Kinder
     übergeneralisieren zum Beispiel auch die Bedeutung von Wörtern. So hat Linus auf dem
     Bauernhof ein Pferd gesehen, das Mona hieß. Seitdem heißen für ihn alle Pferde, Esel, Zebras
     und Kamele Mona.

(5a) nicht dieselbe Person sein können, wohl aber in (4b) und (4c). Sie wissen es, auch wenn sie die Sätze nie vorher gehört haben.

(4)

     a)   Er hat gesagt, dass Pu Honig mag.
     b)   Pu hat gesagt, dass er Honig mag.
     c)   Dass er Honig mag, hat Pu gesagt.

Die empiristische Theorie hat auch keine Erklärung dafür, warum Kinder bestimmte Generalisierungen nicht vornehmen, obwohl sie denkbar und logisch wären. Ein Kind könnte aus den Sätzen in (5)

(5)

     a)   Die Oma ist im Garten.
     b)   Ist die Oma im Garten?

ableiten, dass man Fragesätze nach der folgenden Regel bildet:

(II)       Stelle das dritte Wort im Satz an die erste Satzposition.

Nach dieser Regel lässt sich aus (6a) folgende (ungrammatische) Frage (6b) bilden[5]:

(6)

     a)   Oma ist im Garten.
     b)   *Im Oma ist Garten?

Tatsächlich probieren Kinder eine solche Regel niemals aus und es gibt keine natürliche Sprache, die Fragesätze so bildet. (Zimmer 1995: 14)
    Der sprachliche Input (d. h. die Daten, die die Kinder hören) enthält keine negative Evidenz. Wenn ein Kind bestimmte Daten nicht hört, darf es daraus nicht folgern, dass sie in seiner Sprache ungrammatisch sind. Außerdem korrigieren Erwachsene Kinder fast nie, wenn sie Fehler machen. Wenn es doch geschieht, schenken Kinder den Belehrungen keine Beachtung. Das zeigt folgender – mittlerweile klassisch gewordener – Dialog (McNeill 1966):

---

5    Der Stern * kennzeichnet ungrammatische Sätze und Strukturen.

(7)

| Kind: | Nobody don't like me. |
| Erwachsener: | No, say: Nobody likes me. |
| Kind: | Nobody don't like me. |
| Acht Wiederholungen dieses „Dialogs" | |
| Erwachsener: | Now, listen carefully. Say: Nobody likes me. |
| Kind: | Oh, nobody don't likes me. |

Eine Alternative zum empiristischen Modell ist das sogenannte *nativistische Modell*. Sein berühmtester Vertreter ist der amerikanische Sprachwissenschaftler Noam Chomsky.

Chomsky nimmt an, dass allen natürlichen Sprachen universale (d. h. einheitliche) Prinzipien (Eigenschaften) zugrunde liegen. Diese Prinzipien nennt er *Universalgrammatik* (UG). Die Prinzipien der Universalgrammatik muss ein Kind im Spracherwerb nicht lernen. Sie sind von Geburt an im Menschen „angelegt" und sie reifen nach und nach heran, wenn das Kind die Daten seiner Muttersprache hört. Die Universalgrammatik ist Teil der genetischen Ausstattung des Menschen.

Chomsky geht davon aus, dass die Universalgrammatik, also die Fähigkeit des Menschen, eine Sprache zu erwerben und schließlich zu sprechen, ein eigenständiges und von anderen kognitiven Fähigkeiten unabhängiges „Modul" ist (Autonomiehypothese)[6]. Das Sprachmodul ist demnach ein System, das seine eigenen Gesetzmäßigkeiten aufweist, und das dennoch mit anderen kognitiven Fähigkeiten interagiert. Er geht weiterhin davon aus, dass sich das Sprachmodul in weitere – ebenfalls autonome – Teilmodule aufgliedert, die ebenfalls zusammenwirken. Die generative Grammatik hat sich zum Ziel gemacht, diese Teilmodule zu erforschen.

Einen Beweis für die Existenz angeborenen Wissens um Sprache oder Grammatik liefern die *Pidgin- und Kreolsprachen.* Pidgins können entstehen, wenn Menschen zusammentreffen, die verschiedene Sprachen sprechen. Das war zum Beispiel in den europäischen Kolonien der Fall. Dort trafen Arbeiter und Sklaven aus aller Herren Länder zusammen. Um sich zu verständigen, erfanden sie eine Hilfssprache. Die Wörter dieser Sprache entnahmen sie einer Sprache, die sie alle leidlich verstanden, der Sprache der Kolonialherren. Diese verbanden sie nach den Regeln ihrer eigenen Grammatik zu Sätzen.

Was aber geschah mit den Kindern der Pidgin-Sprecher? Manche von ihnen hörten vorwiegend oder gar ausschließlich das Pidgin und erwarben es als Muttersprache. Während jedoch das Pidgin keine verbindliche Grammatik hatte, hatte die Sprache der Kinder feste Regeln. Ein Pidgin mit festen grammatischen Regeln nennt man eine Kreolsprache.

---

6    In der Kognitionsforschung vergleicht man gern das menschliche Gehirn mit einem Computer. Der Geist, der Intellekt stellt das Programm dar, das den Computer zum Laufen bringt. Ein Modul ist in der Informatik ein abgeschlossener Teilbereich eines Computerprogramms. In der Kognitionswissenschaft nimmt man Module für Sprache, mathematisches Denken, psychologisches Einfühlungsvermögen und viele andere kognitive Funktionen an. In den letzten Jahren setzt sich zunehmend der Begriff *kognitive Domäne* durch.

Woher kamen die grammatischen Regeln der Kreolsprache? Aus den Sprachen, aus denen das Pidgin entstanden ist? Derek Bickerton, der Pidgin- und Kreolsprachen auf Hawaii untersucht hat, konnte nachweisen, dass das Kreol grammatische Strukturen aufweist, die es in keiner der Kontaktsprachen gab. Darüber hinaus stelle er fest, dass die Grammatiken unabhängig voneinander entstandener Kreolsprachen mehr oder weniger gleich sind. Die Übereinstimmung in den unabhängig von einander entstandenen Grammatiken ist Indiz für ein universales genetisch festgelegtes Syntax-Programm.

Chomsky behauptet nicht, dass der Spracherwerb nur aufgrund des angeborenen Sprachwissens und ohne Input vonstattengehen kann. Das ist genauso wenig möglich, wie das genetisch festgelegte Körperwachstum ohne „Input" in Form von Nahrungsmitteln möglich ist. Seine Theorie sagt nur, dass das Kind darum so sicher durch das hoch komplizierte Labyrinth der Grammatik hindurchfindet, weil ihm ein angeborenes Vorwissen über Sprache, ein genetischer „Ariadnefaden" von Anfang an die vielen irreführenden Abzweigungen erspart (Zimmer 1995: 15).

Spracherwerb ist nur dann möglich, wenn der Mensch in der frühen Kindheit mit Sprache in Berührung kommt. Nach dem sechsten Lebensjahr lässt die Fähigkeit, eine Sprache zu erlernen, langsam nach. Mit der einsetzenden Pubertät ist der Spracherwerb im Wesentlichen abgeschlossen. Wer bis dahin keine sprachlichen Daten gehört hat, wird wahrscheinlich niemals eine Sprache erlernen. Das zeigt das Beispiel des Mädchens Genie.

Genie war seit ihrem zwanzigsten Lebensmonat gefesselt und von allen Menschen isoliert auf einem WC-Stuhl gefangen gehalten worden. Sie hatte keinerlei sprachlichen Kontakt. Ihr Vater und ihr Bruder hatten sie, wenn sie ihr einen Essnapf hinstellten, höchstens angebellt und für jede Lautäußerung gestraft.

Als sie mit dreizehn Jahren befreit wurde, sprach sie keine Sprache und verstand auch keine. Trotz aller Bemühungen ihrer Erzieher erlernte sie auch keine Sprache mehr. Nach acht Jahren brachte sie es nur zu telegrafischen Kurzsätzen, in denen die Funktionswörter fehlten und die keine Grammatik hatten (Curtiss 1977).

Wie kann man sich die Prinzipien der Universalgrammatik vorstellen? Diese Prinzipien müssen einerseits sehr restriktiv sein, denn sie lassen nur den Erwerb natürlichsprachlicher Grammatiken zu. Andererseits müssen sie recht liberal sein, denn sie müssen mit den zum Teil sehr unterschiedlichen Grammatiken menschlicher Sprachen kompatibel sein. Noam Chomsky stellt sich deshalb die UG als ein *parametrisiertes* System vor. Das heißt, dass die Prinzipien Variablen enthalten, die unterschiedliche Werte annehmen können. Die Aufgabe des Kindes im Spracherwerb besteht darin, aufgrund der Daten, die es hört, die Parameter für seine Sprache festzulegen.

Ein universales Prinzip ist zum Beispiel, dass sich die Worte einer Sprache aus Phonemen (bedeutungsunterscheidenden Lauteinheiten) zusammensetzen. Einzelsprachen benutzen von den ca. 160 möglichen Phonemen jeweils etwa 40. Welche das sind, ist sprachspezifisch verschieden. Das Deutsche kennt etwa den englischen Th-Laut oder die französischen Nasale nicht; das Englische kennt unsere Umlaute nicht. Das Japanische unterscheidet nicht zwischen l und r. In manchen afrikanischen Sprachen gibt es Knack- und Verschlusslaute, die in den europäischen Sprachen nicht vorkommen.

Kinder müssen im Spracherwerb das Phonem-Inventar ihrer Sprache festlegen. In einer frühen Phase des Spracherwerbs, der sogenannten Lallphase, benutzt das Baby viel mehr Laute, als in seiner späteren Sprache vorkommen werden[7]. Später filtert es die Laute seiner Zielsprache heraus. Die anderen verkümmern und müssen später im Fremdsprachenerwerb wieder erlernt werden.

Ein weiteres Prinzip ist, dass Nomina durch Adjektive modifiziert werden können. Ob das Adjektiv vor oder nach dem Nomen steht, ist sprachspezifisch verschieden. Im Deutschen steht das Adjektiv vor dem Nomen; im Italienischen steht das Adjektiv um Normalfall nach dem Nomen. Nur wenn eine Eigenschaft besonders hervorgehoben werden soll, kann es auch vorangestellt werden[8].

(8)

| | |
|---|---|
| ein roter Tisch | Deutsch |
| un tavolo rosso | Italienisch |

Diejenigen einzelsprachlichen Gesetzmäßigkeiten, die sich aus den Prinzipien und Parametern der Universalgrammatik ableiten lassen, bilden den *Kernbereich* einer Grammatik. Darüber hinaus weisen alle Sprachen Eigenschaften auf, die sich nicht aus den Prinzipien der Universalgrammatik ableiten lassen und die rein zufällig sind. Diese Eigenschaften gehören der *Peripherie* einer Sprache an. Zur Peripherie einer Einzelsprache kann zum Beispiel das Genus der Nomina gehören[9].

Das Genus ist keine universelle Kategorie. Es gibt Sprachen, die keine Genusunterscheidung kennen. Dazu gehören das Armenische, das Persische, das Baskische, das Estnische, das Finnische, das Ungarische, das Türkische und das Englische[10]. Manche Sprachen kennen zwei Genera. Es gibt Sprachen, die zwischen Maskulin und Feminin unterscheiden. Dazu gehören die romanischen Sprachen, das Lettische und das Litauische, das Arabische und das Hebräische. Andere Sprachen unterscheiden zwischen Utrum und Neutrum (Ne-Utrum). Das Utrum ist eine gemeinsame Form für Maskulin und Feminin. Zu diesen Sprachen

---

7    Die Lallphase ist die Phase, in der Babys scheinbar sinnlose Silbenfolgen bilden wie dada, baba, mama,tata, papa, nana.

8    Auch im Deutschen kann das Adjektiv dem Nomen nachgestellt werden. Das Nomen steht dann ohne Artikel und das Adjektiv bleibt unflektiert. Dies ist der Fall in der Dichtersprache (*o Täler weit, o Höhlen* (Eichendorff*), bei einem Wirte wundermild* (Uhland) *Röslein rot* (Goethe)), in idiomatischen Verbindungen (*Forelle blau, Kaffee verkehrt*) und in der Werbesprache: (*Aktie gelb, Spannung total, Natur pur*). Es handelt sich hierbei um markierte Konstruktionen (Dürscheid 2002, Sick 2004).

9    Gemeint ist das grammatische, nicht das biologische Geschlecht. Letzteres wird als **Sexus** bezeichnet. Genus und Sexus fallen zwar oft, aber nicht zwingend zusammen, denn das Mädchen ist immer weiblich, obwohl es im Neutrum steht. Der Artikel bezieht sich auf das Diminutiv -*chen*, das immer sächlich ist. Ein Kind ist entweder männlich oder weiblich, steht aber im Neutrum. Ein Gast, eine Geisel oder eine Person können ebenfalls männlich oder weiblich sein, obwohl das Nomen im Maskulin bzw. Feminin steht.

10   Ob im Englischen das Personalpronomen *he, she* oder *it* gebraucht wird, richtet sich nach dem Sexus der Entität, von der die Rede ist; der Gebrauch von *she* für bestimmte Fahrzeuge – vor allem Schiffe – muss als Personifikation verstanden werden.

gehören das Dänische, das Schwedische und das Hethitische. Das Deutsche, das Bulgarische, das Polnische und das Russische, das Albanische, das Griechische und das Latein kennen drei Genera[11].

Zudem weisen verschiedene Genussprachen Nomina mit gleicher Bedeutung jeweils unterschiedliche Genera zu. Das zeigt ein Vergleich des Deutschen mit dem Lateinischen:

(9)

| | |
|---|---|
| murus (mask.) | *die* Mauer |
| materia (fem.) | *das* Bauholz |
| vallum (neutr.) | *der* Wall |
| campus (mask.) | *das* Feld |
| via (fem.) | *der* Weg |
| oppidum (neutr.) | *die* Stadt |

Das Genus einzelner Nomina lässt sich also nicht aus den Prinzipien der Universalgrammatik ableiten[12]. Das Kind muss die Genusmarkierung für jedes Nomen einzeln lernen. Entsprechend kommen in der Spracherwerbsphase bei der Genuszuweisung „Fehler" vor. Die peripheren Eigenschaften der Sprache spielen in der generativen Grammatik keine Rolle. Zwar gibt es im Deutschen vereinzelt

---

11 Das Genussystem in den indoeuropäischen Sprachen ist eine spezielle Ausprägung des Nominalklassensystems, das zum Beispiel auch in den Bantu-Sprachen vorkommt. Nominalklassen sind durch die Grammatik einer bestimmten Sprache vorgegebene Einteilungen aller Nomina in Gruppen. Die Gruppen umfassen oft – aber durchaus nicht immer – Wörter von gleichartiger Bedeutung. Im Suaheli gibt es zum Beispiel sieben Nominalklassen, die durch jeweils unterschiedliche Präfixe unterschieden werden:

1.Klasse: Menschenklasse: Menschen, Angehörige von Völkern *mtu*: Mensch; *watu*: Menschen

2.Klasse: Baumklasse: Bäume, Pflanzen, Flüsse, abstrakte Begriffe: *mti*: Baum; *miti* Bäume

3. Klasse: Dingklasse: Werkzeuge, Sprachen, Sitten: *kitu*: Ding; *vitu*: Dinge

4.Klasse: ma-Klasse: Körperteile, Früchte, Flüssigkeiten: *jicho*: Auge; *macho*: Augen

5. Klasse: n-Klasse: Fremdwörter, Lehnwörter: *nyumba*: Haus, Häuser

6. Klasse: Dinge, abstrakte Begriffe, Stoffnamen: *ukuta*: Mauer: *kuta*: Mauern

7. Klasse: Infinitive: *kuandika*: Schreiben

(siehe Brauner & Bantu 1964)

12 Das bedeutet nicht, dass es in den Einzelsprachen keine Regeln gibt, aus denen sich die Genera ggf. ableiten lassen. Köpcke (1982) zeigt eindrucksvoll, dass es phonologische Regeln gibt, nach denen sich das Genus einsilbiger Wörter bestimmen lässt. Diese phonologischen Regeln (Regeln, die die Lautstruktur von Wörtern betreffen) können außer Kraft gesetzt werden durch morphologische Regeln (Regeln die die Flexionseigenschaften von Wörtern betreffen) und semantische Regeln (Regeln, die mit der Bedeutung von Wörtern zu tun haben), die in einer von ihm angenommenen Regelhierarchie höher stehen. Auch die heute viel diskutierte Optimalitätstheorie geht davon aus, dass grammatische oder phonologische Regeln durch andere Regeln überschrieben werden können, die in einer Regelhierarchie als höherstehend angenommen werden.

Morpheme, aus denen sich das Genus der Nomina erkennen lässt[13]. Ich komme in Abschnitt 2.6.1 darauf zurück.

In diesem Abschnitt habe ich dargelegt, dass Sprache nicht allein durch Nachahmung erworben wird. Babys verfügen vielmehr unbewusst über eine Reihe von Prinzipien, die es ihnen ermöglichen, ihre Muttersprache zu erwerben. Diese Prinzipien müssen einerseits restriktiv genug sein, dass sie nur der Erwerb menschlicher Sprachen zulassen. Andererseits müssen sie liberal genug sein, dass sie der Vielfalt der möglichen Grammatiken gerecht werden. Man geht deshalb davon aus, dass die Prinzipien einzelsprachliche Variation zulassen. Sie müssen parametrisiert sein. Das Grammatikmodell wird deshalb das *Prinzipien- und Parametermodell* genannt. Im Folgenden will ich die verschiedenen Prinzipien der Universalgrammatik vorstellen.

---

13  Ein Morphem ist die kleinste bedeutungs- oder funktionstragende Einheit einer Sprache. Zu den Morphemen zählen einerseits Wörter (freie Morpheme), andererseits aber auch Flexionselemente (gebundene Morpheme).

# 2 Syntaktische Strukturen

## 2.1 Strukturabhängigkeit

Sätze gelten in der generativen Grammatik nicht als bloße Abfolgen von Wörtern; man nimmt an, dass sie intern strukturiert sind. Syntaktische Regeln beziehen sich deshalb nicht auf lineare Wortketten, sondern sind strukturabhängig.

Ein Beispiel aus der Syntax des Deutschen mag dies verdeutlichen. Im deutschen Nebensatz steht das finite Verb stets am Ende des Satzes:

(1)

    a)   Pu sagt, dass Ferkel ein Heffalump getroffen *hat*.
    b)   *Pu sagt, dass Ferkel *hat* ein Heffalump getroffen.
    c)   *Pu sagt, dass Ferkel ein Heffalump *hat* getroffen.

Eine strukturunabhängige Regel würde lauten:

Stelle das finite Verb ans Ende des Satzes.

Um eine solche Regel anzuwenden, ist es nicht notwendig, etwas über die Struktur der Wortkette zu wissen. Man muss nicht einmal wissen, ob die Wortkette überhaupt strukturiert ist. Es reicht aus, die Wörter der Kette einfach in ihrer linearen Abfolge zu betrachten und das finite Verb in die letzte Position des Satzes zu stellen.

Eine Besonderheit der deutschen Syntax besteht darin, dass das finite Verb im Hauptsatz in einer anderen Position erscheint als im Nebensatz.

(2)

    a)   Pu *hat* ein Heffalump getroffen.
    b)   *Pu ein Heffalump getroffen *hat*.
    c)   *Pu ein Heffalump *hat* getroffen.

Die Beispiele in (2) deuten darauf hin, dass das finite Verb *hat* im Hauptsatz an zweiter Position stehen muss. Dementsprechend müsste man folgende Regel formulieren können:

Stelle das finite Verb an die zweite Stelle im Satz.

Auch eine solche Regel nimmt keinen Bezug auf eine etwaige Struktur des Satzes, sondern lässt sich durch einfaches Abzählen der Wörter anwenden.

Eine solche strukturunabhängige Regel kann aber nicht richtig sein, denn sie führt auch zu ungrammatischen Sätzen (3b). Umgekehrt schließt sie grammatische Sätze aus (3c).

(3)

    a)   Pu *hat* ein Heffalump getroffen.
    b)   *Ein *hat* Bär mit geringem Verstand ein Heffalump getroffen.
    c)   Ein Bär mit geringem Verstand *hat* ein Heffalump getroffen.

Betrachtet man allein die lineare Abfolge von Wörtern, so kann das finite Verb im deutschen Hauptsatz an ganz unterschiedlichen Positionen stehen: an zweiter (4a), an sechster (4b), an zehnter (4c) und sogar an vierzehnter Stelle (4d).

(4)

    a)   Pu *hat* ein Heffalump getroffen.
    b)   Ein Bär mit geringem Verstand *hat* ein Heffalump getroffen.
    c)   Ein Bär mit geringem Verstand, der Ferkel gerettet hat, *hat* ein Heffalump getroffen.
    d)   Ein Bär mit geringem Verstand, der Ferkel gerettet und I-Ahs Schwanz gefunden hat, *hat* ein Heffalump getroffen.

Die Beispiele zeigen, dass sich syntaktische Regeln in natürlichen Sprachen nicht über einzelne Wörter und ihre Position im Satz formulieren lassen, sondern auf Wortsequenzen von unterschiedlicher Länge, die intuitiv zusammengehören. Wortsequenzen, die eine abgeschlossene Gruppe bilden, nennt man *Konstituenten*. Die Regel für die Verbstellung im deutschen Hauptsatz lautet deshalb:

Stelle das finite Verb hinter die erste Konstituente.

Eine universelle Eigenschaft syntaktischer Regeln ist also deren Strukturabhängigkeit. Es gilt deshalb das folgende Prinzip:

> **Prinzip der Strukturabhängigkeit**:
> Syntaktische Regeln und Gesetzmäßigkeiten sind stets strukturabhängig.

## 2.2 Konstituententests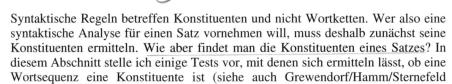

Syntaktische Regeln betreffen Konstituenten und nicht Wortketten. Wer also eine syntaktische Analyse für einen Satz vornehmen will, muss deshalb zunächst seine Konstituenten ermitteln. Wie aber findet man die Konstituenten eines Satzes? In diesem Abschnitt stelle ich einige Tests vor, mit denen sich ermitteln lässt, ob eine Wortsequenz eine Konstituente ist (siehe auch Grewendorf/Hamm/Sternefeld 1987:158 ff).[14]

---

14    Die aufgeführten Tests sind alle unvollkommen. Meist lassen sich durch einen Test nicht sämtliche Konstituenten eines Satzes ermitteln. Manche Tests lassen Wortfolgen als Konstituenten erscheinen, die gar keine Konstituenten sind. Eine Konstituente ist demnach nicht eine Wortfolge, die nur einen, sondern eine, die möglichst viele der unten aufgeführten Tests besteht.

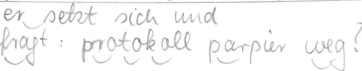

Einer der wichtigsten Tests ist die *Ersetzungsprobe*. Der Test stellt fest, welche Wörter und Wortfolgen an einer Stelle im Satz gegeneinander ausgetauscht werden können. Als Beispiel sollen noch einmal die Sätze in (4) gelten.

(4)

    a)   *Pu* hat ein Heffalump getroffen.

    b)   *Ein Bär mit geringem Verstand* hat ein Heffalump getroffen.

    c)   *Ein Bär mit geringem Verstand, der Ferkel gerettet hat,* hat ein Heffalump getroffen.

    d)   *Ein Bär mit geringem Verstand, der Ferkel gerettet und I-Ahs Schwanz gefunden hat,* hat ein Heffalump getroffen.

Man kann die kursiv gesetzten Wörter und Wortketten in (4) gegeneinander austauschen. Der Satz bleibt grammatisch. Wenn man nach der Ersetzungsprobe einen grammatischen Satz erhält, liegt es nahe, dass die ausgetauschten Wortketten eine Konstituente bilden. Das Kriterium lässt sich vorsichtig etwa so formulieren:

> **Ersetzungsprobe**:
> Wortfolgen, die sich durch andere Wortfolgen ersetzen lassen, ohne dass sich an der Grammatikalität des Satzes etwas ändert, bilden möglicherweise eine Konstituente.

Das Kriterium besagt allerdings noch recht wenig. Die Beispiele in (6) zeigen, dass man auch andere Wortfolgen gegeneinander austauschen kann.

(5)

    a)   Pu hat ein *Heffalump getroffen*.

    b)   Pu hat ein *Haus für I-Ah gebaut*.

    c)   Pu hat ein *neues Spiel erfunden*.

Die kursiv gesetzten Wortfolgen in (5) lassen sich gegeneinander austauschen. Der Satz bleibt grammatisch. Also müssten die kursiv gesetzten Wortfolgen in (5) Konstituenten sein, Wortfolgen also, in denen syntaktische Prozesse stattfinden können. Das ist natürlich nicht der Fall. Man muss die Ersetzungsprobe deshalb weiter einschränken. Nur solche Wortfolgen sind Konstituenten, die in möglichst vielen anderen Kontexten vorkommen können. Die Wortfolgen in (4) haben viel mehr Möglichkeiten, Bestandteile von Sätzen zu sein als die in (5). *Heffalump getroffen* ist deshalb ein schlechterer Kandidat für eine Konstituente als e*in Bär mit geringem Verstand*.

Ein Test, der leichter zu handhaben ist, ist der Pronominalisierungstest.

---

**Pronominalisierungstest**:
Proformen können für andere Ausdrücke stehen. Jedoch nur Konstituenten können durch Proformen ersetzt werden[15].

---

(6)
    a)   I-Ah hat seinen Schwanz verloren und Pu hat *ihn* gefunden.
    b)   Pu hat einen Besuch bei Kaninchen gemacht. *Dort* ist er an eine enge Stelle geraten.
    c)   Pu möchte ein Heffalump fangen. *Das* möchte Ferkel auch.

Das Pronomen *ihn* in (6a) bezieht sich auf die Wortfolge *seinen Schwanz*. Also ist *seinen Schwanz* eine Konstituente. In (6b) bezieht sich *dort* auf den präpositionalen Ausdruck *bei Kaninchen*. Also ist *bei Kaninchen* eine Konstituente. Die Proform *das* in (6c) steht für die Verbalphrase *ein Heffalump fangen*. Die Wortfolge *ein Heffalump fangen* bildet deshalb eine Konstituente.
    Auch die kursiv gesetzten Syntagmen in (4) lassen sich durch eine Proform ersetzen.

(4)
    a)   *Pu* hat ein Heffalump getroffen.
    b)   *Ein Bär mit geringem Verstand* hat ein Heffalump getroffen.
    c)   *Ein Bär mit geringem Verstand, der Ferkel gerettet hat,* hat ein Heffalump getroffen.
    d)   *Ein Bär mit geringem Verstand, der Ferkel gerettet und I-Ahs Schwanz gefunden hat,* hat ein Heffalump getroffen.

(7)       *Er* hat ein Heffalump getroffen.

Dies gilt aber nicht für die kursiv gesetzten Syntagmen in (5), weil sie eben keine Konstituenten sind.

(5)
    a)   Pu hat ein *Heffalump getroffen*.
    b)   Pu hat ein *Haus für I-Ah gebaut*.
    c)   Pu hat ein *neues Spiel erfunden*.

(8)       Pu hat ein ?

Ein anderer Test für das Vorliegen einer Konstituente ist die Weglassprobe:

---

15    Gemeint sind nicht nur Ausdrücke, die anstelle eines Nomens stehen (er (der Bär), sie (Eule) und es (Ferkel)), sondern allgemein Proformen, die für andere syntaktische Kategorien (präpositionale Ausdrücke, Adjektive, Verben und sogar ganze Sätze) stehen können.

> **Weglassprobe:**
> In elliptischen Konstruktionen können nur Konstituenten weggelassen werden.

(9)

    a)    Ferkel hat seinen roten Luftballon I-Ah geschenkt. Pu hat seinen ~~roten Luftballon~~ selbst behalten.

    b)    Tieger liebt ~~Kängas Stärkungsmedizin~~ und Ruh verabscheut Kängas Stärkungsmedizin[16].

    c)    Pu klopft ~~an Eules Tür~~ und klingelt an Eules Tür.

Demnach sind *roten Luftballon, Kängas Stärkungsmedizin* und *an Eules Tür* Konstituenten.
Weiterhin kann man viele Konstituenten mit dem *Fragetest* ermitteln:

> **Fragetest:**
> Eine Konstituente erkennt man daran, dass man nach ihr fragen kann.

(10)

    a)    *Wer* hat ein Heffalump getroffen? *Pu* hat ein Heffalump getroffen.

    b)    *Was* hat Pu getroffen? Pu hat *ein Heffalump* getroffen.

    c)    *Wo* wohnt Eule? Eule wohnt *im Hundertsechzig-Morgen-Wald.*

    d)    *Wohin* geht Pu? Pu geht *zu Christopher Robin.*

Die kursiv gesetzten Wortketten sind nach dem Fragetest Konstituenten.
Ein weiterer Test ist der *Koordinationstest.*

> **Koordinationstest:**
> Nur was sich mit einer Konjunktion (Konjunktionen sind Wörter wie *und, oder*) verbinden lässt, ist eine Konstituente.

(11)

    a)    Pu hat *ein Heffalump und ein Wuschel* getroffen.

    b)    Eule kann *schreiben* und *ihren Namen buchstabieren.*

    c)    Pu hat ein *Heffalump getroffen, Ferkel gerettet* und den *Nordpol entdeckt.*

Der Koordinationstest zeigt, dass die kursiven Wortfolgen Konstituenten sind.
    Müller und Riemer schlagen weitere Konstituententests vor, nämlich *Topikalisierungen* und *parenthetische Ausdrücke* (Müller/Riemer 1998:14 ff.).
    Man sagt, eine Wortfolge wird topikalsiert, wenn sie aus pragmatischen Gründen an die Satzspitze verschoben wird. Dies geschieht, um die Wortfolge

---

16    „Tieger" ist ein Eigenname und wird – allen Regeln der deutschen Rechtschreibung zum Trotz – mit *ie* geschrieben.

besonders hervorzuheben oder zu betonen. Für diesen Prozess kommen nur Konstituenten in Frage.

> **Topikalisierungstest:**
> Nur Konstituenten können topikalisiert werden.

(12)
    a)   *Ein Heffalump* hat Pu getroffen.
    b)   *Den Nordpol* hat Pu entdeckt.
    c)   *Ihren Namen buchstabieren* kann Eule.

Parenthetische Ausdrücke sind Ausdrücke wie *glaube ich, nehme ich an, vermute ich,* die in einen Satz eingeschoben werden können. Die einzigen Positionen, in denen sie stehen können, sind Positionen an Konstituentengrenzen. Der letzte Test, den ich vorstellen möchte, ist der Parenthesentest:

> **Parenthesentest:**
> Parenthesen können nur zwischen zwei Konstituenten gesetzt werden.

(13)
    a)   Pu hat – glaube ich – *ein Heffalump getroffen.*
    b)   I-Ah – glaube ich – sucht *seinen Schwanz.*
    c)   Eule benutzt *I-Ahs Schwanz – vermute ich – als Klingelzug.*

## 2.3 Die IC-Analyse

In 2.2. habe ich verschiedene Tests vorgestellt, mit deren Hilfe man ermitteln kann, ob eine Wortfolge eine Konstituente ist. Mithilfe dieser Tests werde ich in diesem Abschnitt einen einfachen Satz des Deutschen in seine Konstituenten zerlegen. Als Konstituenten lasse ich Wortfolgen gelten, die möglichst viele Tests bestehen. Zunächst fragt man nach den längsten Wortfolgen, in die man den Satz zerlegen kann. Man fragt nach seinen *unmittelbaren Konstituenten.* Die Konstituenten zerlegt man wiederum in ihre unmittelbaren Konstituenten, diese wiederum in ihre Teile. Am Schluss bleiben nur noch Wörter übrig. Dieses Verfahren nennt man *immediate constituent analysis* oder auch *IC-Analyse.*

(14)    Pu trifft ein Heffalump.

Der Satz lässt sich in zwei Konstituenten zerlegen.

(15)

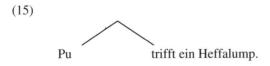

    Pu          trifft ein Heffalump.

Dafür sprechen die folgenden Konstituententests:

**Ersetzungstest:**

(16)

    a)   *Ein Bär* mit geringem Verstand trifft ein Heffalump.
    b)   Pu *entdeckt den Nordpol*.

**Pronominalisierungstest:**

(17)
    a)   Er trifft ein Heffalump.
    b)   Pu tut es.

**Fragetest:**

(18)
    a)   Wer trifft ein Heffalump? Pu.
    b)   Was macht Pu? Trifft ein Heffalump.

**Koordinationstest**

(19)
    a)   Pu trifft ein Heffalump und läuft davon.
    b)   Pu und Ferkel treffen ein Heffalump.

Die Konstituente *trifft ein Heffalump* lässt sich wiederum in zwei Konstituenten zerlegen:

(20)

trifft    ein Heffalump

Dafür sprechen folgende Tests:

**Ersetzungstest:**

(21)
    a)   Pu fängt ein Heffalump.
    b)   Pu trifft ein Wuschel.

**Weglassprobe:**

(22)
    a)   Pu trifft ein Heffalump und Ferkel ~~trifft~~ ein Wuschel.
    b)   Pu trifft ~~ein Heffalump~~ und Ferkel fängt ein Heffalump.

**Fragetest:**

(23)
    a)   Was trifft Pu? Ein Heffalump.
    b)   Was tut Pu mit dem Heffalump? Pu trifft ein Heffalump.

**Koordinationstest:**

(24)
    a)   Pu trifft ein Heffalump und ein Wuschel.
    b)   Pu trifft und fürchtet ein Heffalump.

**Topikalisierungstest:**

(25)    Ein Heffalump trifft der Bär.

**Parenthesentest:**

(26)    Pu trifft – glaube ich – ein Heffalump.

Auch die Konstituente *ein Heffalump* lässt sich in zwei Konstituenten zerlegen:

(27)

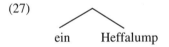

    ein    Heffalump

Dafür spricht der Ersetzungstest:

(28)
    a)   Pu trifft das / dieses / jenes Heffalump.
    b)   Pu trifft ein Wuschel.

Die Konstituentenstruktur von (14) lässt sich wie folgt darstellen:

(29)

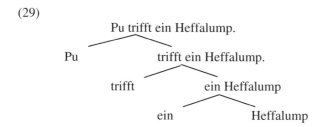

Es sind natürlich auch andere Strukturen denkbar:

(30)

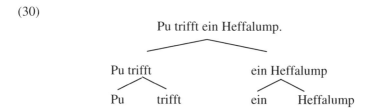

Für (30) sprechen der Ersetzungstest und der Koordinationstest. Nach der Konstituente *ein Heffalump* kann man fragen, man kann sie pronominalisieren und topikalisieren.

(31)
    a)    Ferkel fängt ein Heffalump.
    b)    Pu trifft ein Wuschel.
    c)    Pu trifft und Ferkel fängt ein Heffalump.
    d)    Pu trifft ein Heffalump und ein Wuschel.
    e)    Was trifft Pu? Ein Heffalump.
    f)    Pu trifft es.
    g)    Ein Heffalump trifft Pu.

Dennoch ist (29) ein besserer Kandidat für die Konstituentenstruktur als (30), denn es gibt keine Proform für die Konstituente *Pu trifft*. Man kann sie auch nicht erfragen. Eine andere mögliche Struktur für (21) ist (32).

(32)

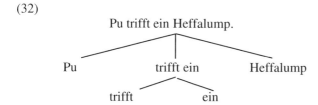

*Pu* ist eine Konstituente. Das zeigen die Ersetzungsprobe und der Pronominalisierungstest. Man kann nach *Pu* fragen.

(33)

    a)  *Ferkel* trifft ein Heffalump.

    b)  *Er* trifft ein Heffalump.

    c)  *Wer* trifft ein Heffalump?

*trifft ein* kann zwar ersetzt werden, aber nicht durch eine Proform. *trifft ein* kann nicht erfragt, nicht koordiniert und nicht topikalisiert werden (34). *trifft ein* kann deshalb keine Konstituente sein.

(34)

    a)  Pu *fängt das* Heffalump.

    b)  Pu ? Heffalump.

    c)  *Pu *trifft ein und fängt ein* Heffalump.

    d)  *Trifft ein Pu Heffalump.

Die Struktur in (29) ist auch der Struktur in (32) überlegen.

## Übungen

    2.)  Handelt es sich bei den Wortketten a) bis d um Konstituenten des folgenden Satzes? Begründen Sie!

    Ferkel nimmt ein Bad.

    a)  ein Bad

    b)  Ferkel nimmt

    c)  nimmt ein Bad

    d)  nimmt ein

2.)    Zerlegen Sie die folgenden Sätze in ihre Konstituenten:

    a)  Pu entdeckt den Nordpol.

    b)  Pu erfindet ein neues Spiel.

    c)  Pu baut ein Haus.

## 2.4 Die Klassifikation von Konstituenten

Die IC-Analyse ist eine Methode, mit der man Sätze hierarchisch in ihre Konstituenten gliedern kann. Damit kann man aber eine Sprache noch nicht ausreichend beschreiben. Denn der Strukturaufbau in einem Satz oder einer Konstituente unterliegt natürlich bestimmten Regeln. Über die Regeln, denen dieser hierarchische Strukturaufbau unterliegt, sagt die IC-Analyse nichts aus. Sie sagt zum Beispiel nichts über Reihenfolgebeziehungen innerhalb eines Satzes. Warum heißt es im Deutschen zum Beispiel *mit geringem Verstand* und nicht *mit Verstand geringem*? Warum heißt es *ein Bär* und nicht *Bär ein*? Wer sich aber mit Syntax beschäftigt, interessiert sich gerade für die Reihenfolgebeziehungen zwischen den Konstituenten.

Will man solche Regeln beschreiben, greift man auf die traditionellen grammatischen Kategorien wie Artikel, Nomen, Adjektiv, Verb, Präposition zurück.[17] Die Regeln besagen dann, dass das Adjektiv oder der Artikel dem Nomen vorangeht.

Auch für höhere Konstituenten gelten Abfolgeregeln.

(35)     Ferkel schickt eine Flaschenpost an Pu.

Wenn man die unmittelbaren Konstituenten *Ferkel* und *schickt eine Flaschenpost an Pu* vertauscht, erhält man einen ungrammatischen Satz.

(36)     *schickt eine Flaschenpost an Pu Ferkel.

Wenn man die Abfolgeregeln von höheren Konstituenten beschreiben will, muss man auch höhere Konstituenten syntaktischen Kategorien zuordnen – und zwar denselben Kategorien, denen man auch Wörter zuordnet. Zur selben Kategorie gehören die Konstituenten, die in derselben syntaktischen Umgebung stehen können, ohne dass ein der Satz ungrammatisch wird.

(37)

    a)  *Pu* trifft ein Heffalump.
    b)  *Ein Bär mit geringem Verstand* trifft ein Heffalump.
    c)  *Ein Bär mit geringem Verstand, der Ferkel gerettet hat,* trifft ein Heffalump.
    d)  *Ein Bär mit geringem Verstand, der Ferkel gerettet und I-Ahs Schwanz gefunden hat,* trifft ein Heffalump.

Zusammengesetzte Konstituenten, d. h. Konstituenten, die aus mehr als einem Wort bestehen, nennt man *Phrasen.* Man unterscheidet:

- **Nominalphrasen**: Konstituenten, die ein Nomen enthalten, dem ein Artikel oder Zahlwort sowie beliebig viele Adjektive vorangehen können. Dem Nomen können Präpositionalausdrücke folgen *ein (lieber guter alter) Bär (mit geringem Verstand)*,
- **Präpositionalphrasen**: Konstituenten, die aus einer Präposition und ihren Ergänzungen bestehen: *mit geringem Verstand*
- **Adjektivphrasen**: Konstituenten, die aus einem Adjektiv und seinen Ergänzungen bestehen: *stolz auf Ferkel*

---

17    Ich werde die Wortarten in Kapitel 2.6.1. (S. 42 ff.) vorstellen.

- **Verbalphrasen**: Konstituenten, die aus einem Verb und seinen Ergänzungen bestehen: *trifft ein Heffalump.*

Die Abkürzungen für die Kategorien und Phrasen sind:

| | | | |
|---|---|---|---|
| Nominalphrase: | NP | Nomen: | N |
| Präpositionalphrase: | PP | Präposition: | P |
| Adjektivphrase: | AP | Adjektiv: | A |
| Verbalphrase: | VP | Verb: | V |

Die oben diskutierten Abfolgeregeln kann man jetzt so formulieren: Die NP *Ferkel* steht vor der VP *schickt eine Flaschenpost an Pu* und nicht dahinter.
In 2.3. habe ich gezeigt, wie man einen Satz in seine Konstituenten zerlegt. Wir können jetzt den Konstituenten eine syntaktische Kategorie zuweisen.

(38)     Der Kröterich stiehlt ein Auto.

*Der Kröterich* ist eine NP. Grafisch kann man das so darstellen:

(39)

NP

Der Kröterich

Entsprechend ist *stiehlt ein Auto* eine VP:

(40

VP

stiehlt ein Auto.

Die beiden Phrasen ergeben zusammen einen Satz. Die Kategorie Satz wird durch die Abkürzung S dargestellt. Der Satz in (38) lässt sich so darstellen:

(41)

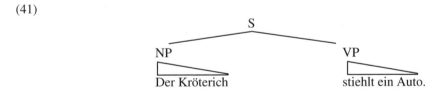

NP und VP lassen sich nun wiederum in ihre unmittelbaren Konstituenten zerlegen. Die NP *der Kröterich* gliedert sich in einen Artikel *der* und das Nomen *Kröterich*. Artikel heißen in der generativen Grammatik *Determinatoren* (D)[18].

---

18    In der Literatur werden Determinatoren oft auch *Det* abgekürzt.

(42)

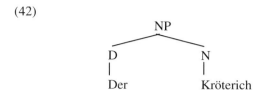

Die VP lässt sich in die Konstituenten V und NP zerlegen; die Konstituenten der NP sind wiederum D und N.

(43)

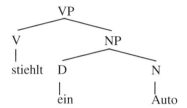

Für (38) ergibt sich die folgende Struktur:

(44)

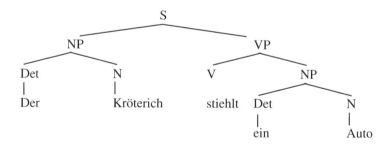

Eine solche Darstellung nennt man ein *Baumdiagramm*. S ist die *Wurzel* des Baumes. Die Verbindungslinien zwischen den Kategoriesymbolen heißen *Zweige*. Die Schnittpunkte der Zweige heißen *Knoten*.  —> *S.34*

Neben dieser Darstellung gibt es eine alternative Notation. Man klammert alle zusammengesetzten Konstituenten ein und versieht eine der Klammern mit dem Namen der Konstituente. Man nennt diese Darstellungsweise *indizierte Klammerung* (*labelled bracketing*):

(45)     [s[NP [D Der] [N Kröterich ]] [VP[V stiehlt] [NP [ D ein] [N Auto]]]

In den letzten Abschnitten habe ich dargelegt, dass Sätze in ihre Konstituenten zerlegt werden können. Diesen Konstituenten können syntaktische Kategorien wie

NP, VP, PP oder AP zugewiesen werden. Die Konstituentenstruktur lässt sich durch ein Baumdiagramm oder durch indizierte Klammerung darstellen.

## 2.5 Phrasenstrukturgrammatiken

Baumdiagramme erlauben, die Abhängigkeitsbeziehungen der Konstituenten in einem Satz hierarchisch darzustellen. Von zentraler Bedeutung ist der Begriff der *Dominanz*.

Ein Knoten *dominiert* all diejenigen Knoten, die im Baum unter ihm hängen. Der Knoten VP in (44) dominiert die Knoten V, NP, Det, N, *stiehlt, ein* und *Auto*. Er wird allein vom Knoten S dominiert. Ein Knoten wird von einem anderen unmittelbar dominiert, wenn zwischen den beiden keine weiteren Knoten auftreten.

---

**Unmittelbare Dominanz**
Ein Knoten $\alpha$ dominiert einen Knoten $\beta$ genau dann unmittelbar, wenn
a)          $\alpha$ $\beta$ dominiert,
b)          es keine Kategorie $\gamma$ gibt, die $\beta$ dominiert und von $\alpha$ dominiert wird.

---

Klausel a) sagt, dass $\alpha$ $\beta$ dominieren muss, d. h., $\beta$ muss im Baum unter $\alpha$ hängen. Die Klausel b) besagt, dass es zwischen $\alpha$ und $\beta$ keine weiteren Knoten geben darf. Deswegen dominiert VP nur V und NP unmittelbar, nicht aber D und N, weil zwischen VP und D und die NP liegt.

Kategorien, die von demselben Knoten dominiert werden, nennt man *Schwesterknoten*. Der Knoten, der zwei Schwesterknoten dominiert, heißt *Mutterknoten*. Ein Knoten, der keine weiteren Knoten dominiert, ist ein *terminaler Knoten*.

Der Baum in (44) liefert folgende Informationen:

> S dominiert unmittelbar NP und VP.
> VP dominiert unmittelbar V und NP.
> NP dominiert unmittelbar D und N.
>
> D dominiert unmittelbar *der*.
> D dominiert unmittelbar *ein*.
> N dominiert unmittelbar *Kröterich*.
> N dominiert unmittelbar *Auto*.
> V dominiert unmittelbar *stiehlt*.

Aus der Beziehung der unmittelbaren Dominanz werden Regeln zur Erzeugung von Sätzen abgeleitet. Der Pfeil → wird gelesen als: Ersetze durch.

(46)

> a)    S → NP VP
> b)    VP → V NP
> c)    NP → D N

d)  N → Kröterich
e)  N → Auto
f)  V → stiehlt
g)  D → *der*
h)  D → *ein*

Die Regeln in (46a-c) heißen *Phrasenstrukturregeln* oder *PS-Regeln*, die im zweiten Block *lexikalische* oder *terminale Regeln*. Grammatiken mit Phrasenstrukturregeln heißen *Phrasenstrukturgrammatiken*. Man kann nun einen Satz erzeugen, indem man die Symbole links neben dem Pfeil schrittweise durch die Symbole rechts neben dem Pfeil ersetzt, bis man schließlich bei einer Kette von Terminalsymbolen endet (Grewendorf/Hamm/Sternefeld, 1987: 175).

(47)

| | |
|---|---|
| S | (S → NP VP) |
| NP VP | (NP → D NP) |
| D N VP | (VP → V NP) |
| D N V NP | (NP → D NP) |
| D N V D N | (D → der) |
| Der N V D N | (N → Kröterich) |
| Der Kröterich V D N | (V → stiehlt) |
| Der Kröterich stiehlt D N | (D → ein) |
| Der Kröterich stiehlt ein N | (N → Auto) |
| Der Kröterich stiehlt ein Auto | |

Manche Sätze sind mehrdeutig, d. h., sie lassen mehrere semantische Interpretationen zu. Betrachten Sie den folgenden Satz:

(48)    Im wilden Wald leben *viele böse Wiesel und Hermeline*

In (48) kann sich das Adjektiv *böse* auf *Wiesel und Hermeline* beziehen oder nur auf *Wiesel*. Auch *viele böse* kann nur auf *Wiesel* bezogen werden oder auf *Wiesel und Hermeline*. In der traditionellen Grammatik können semantische Ambiguitäten nicht dargestellt werden. Phrasenstrukturgrammatiken weisen den verschiedenen semantischen Interpretationen von (56) verschiedene syntaktische Strukturen zu (Grewendorf/Hamm/ Sternefeld, 1987: 177).

(49)

(a)

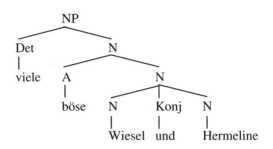

(b)

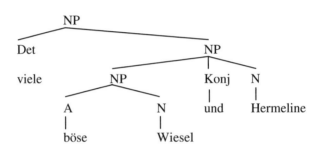

(c)

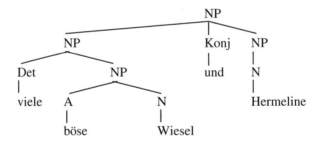

Eine wichtige Eigenschaft natürlich-sprachlicher Grammatiken ist deren *Rekursivität*. Man nennt eine Struktur rekursiv, wenn es einen Knoten X gibt, der einen anderen Knoten X der gleichen Kategorie (N, P, A, V oder S) dominiert.

**Rekursivität**
Eine rekursive Struktur ist eine Phrasenstruktur, in der ein Knoten X einen weiteren Knoten X der gleichen Kategorie dominiert.

(50)       meine liebste Ratte

Die NP entsteht durch die Anwendung zweier Regeln:

(51)

      a)   NP → D N
      b)   N → A N

In (51b) steht dasselbe Symbol N links und rechts vom Pfeil. Man kann auf das N rechts vom Pfeil wiederum die Regel in (59b) anwenden und erhält so beliebig viele Verschachtelungen der Kategorie N in sich selbst.

(52)

      a)   N → A N
      b)   N → A (A N)
      c)   N → A (A (A N))

Aus den Regeln in (52) lässt sich etwa die Struktur in (53) ableiten:

(53)

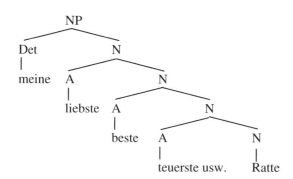

Ein weiteres Beispiel für die Entstehung rekursiver Strukturen sind eingebettete Sätze. Angenommen, der Satz *Ferkel sagt, dass Pu ein Heffalump getroffen hat* lässt sich durch folgende Regeln darstellen:

(54)

      a)   S → NP VP
      b)   VP → V S

Mit den Regeln in (54) wird ein Satz erzeugt, der einen weiteren Satz dominiert. Mit (54) kann man deshalb einen Satz erzeugen, in den unendlich viele Sätze eingebettet sind.

(55)

> Ferkel glaubt, dass Christopher Robin denkt, dass Eule sagt, dass I-Ah
> behauptet, dass Känga erzählt, dass Tiger meint usw., dass Pu ein
> Heffalump getroffen hat.

Phrasenstrukturgrammatiken, die Regeln wie (51b) und (54b) enthalten, erlauben,
unendlich lange Sätze abzubilden. Sie erlauben auch, unendlich viele Sätze zu
bilden.

Die Phrasenstrukturgrammatik, die ich bisher entwickelt habe, lässt zwei Kategorien unberücksichtigt, die in der generativen Grammatik eine wichtige Rolle
spielen.

(56)      Pu *hat* ein Heffalump getroffen.

In (56) erscheint vor der Verbalphrase *ein Heffalump getroffen* das Hilfsverb *hat*.
Hilfsverben werden in der generativen Grammatik als *Auxiliare* bezeichnet[19]. Das
Kategoriesymbol für Auxiliare ist AUX. (56) lässt sich mit der Grammatik in (46)
nicht erzeugen, weil das Symbol AUX in ihren Regeln nicht erscheint. Wenn man
(56) eine syntaktische Struktur zuweisen will, muss man überlegen, in welche
Regel AUX eingeordnet wird. Zwei Möglichkeiten bieten sich an: AUX ist eine
Konstituente von S und wird in die Ausgangsregel (46a) zwischen NP und VP
eingebettet. Oder AUX ist eine Konstituente von VP und wird in die VP-Regel in
(46b) eingesetzt. Es ergeben sich die folgenden Regeln:

(57)

>     a)   S → NP AUX VP
>     b)   VP → AUX NP V

Daraus lassen sich folgende Strukturbäume ableiten (siehe Fanselow/Felix 1987:
33):

(58)
a)

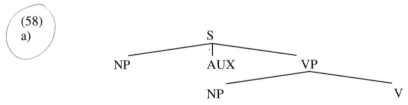

---

b)
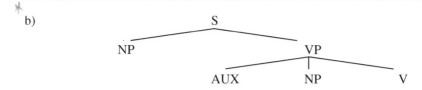

Fanselow und Felix zeigen anhand von Konstituententests (siehe Seite 22 ff.) dass die Sequenz AUX VP im Englischen keine Konstituente sein kann (Fanselow/ Felix 1987: 33).

(59) Ersetzung           a)         Marry a rich girl is what John will do.
                                  b)         *Will marry a rich girl is what John wants do.

In (59a) wird die an den Satzanfang gestellte VP *marry a rich girl* durch eine Proform *do* ersetzt. Der Satz ist grammatisch. In (59b) wird die Wortkette *will marry a rich girl* ersetzt. Das Ergebnis ist ein ungrammatischer Satz. *Will marry a rich girl* kann demnach keine Konstituente sein.

(60) Topikalisierung       a)         John wants to marry a rich girl and *marry a rich girl* he certainly will do.
                                  b)         *John wants to marry a rich girl and *will marry a rich girl* he certainly.

In (60a) wird die VP *marry a rich girl* an die Spitze des zweiten koordinierten Satzes gestellt. Der Satz ist grammatisch. In (60b) wird stattdessen die Wortkette *will marry a rich girl* an den Satzanfang verschoben. Der Satz ist ungrammatisch. *Will marry a rich girl* kann demnach keine Konstituente sein.

(61) Weglassprobe:       a)         John will *marry a rich girl* and so will Tom.
                                  b)         *John *will marry a rich girl* and so Tom.

In (61a) schließlich wird die Wortfolge *marry a rich girl* im zweiten koordinierten Satz getilgt. Der Satz ist grammatisch. In (61b) wird die Wortfolge *will marry a rich girl* getilgt. Das Ergebnis ist ein ungrammatischer Satz. Die Wortfolge *will marry a rich girl* kann deshalb keine Konstituente sein.

Die Konstituententests Ersetzung durch eine Proform, Topikalisierung und Weglassprobe führen alle zu einem grammatischen Ergebnis, wenn sie auf die Sequenz V NP angewandt werden (59a) bis (61a). Sobald man sie auf AUX V NP anwendet, wird der Satz ungrammatisch (59b) bis (61b).

Der Kontrast zeigt sich auch im Deutschen:

(62)                                                          *Topikalisierung*

    a)  Pu will ein Heffalump treffen und *ein Heffalump treffen* wird er
        sicherlich.

    b)  *Pu will ein Heffalump treffen und *wird ein Heffalump treffen* er
        sicherlich.

In (62a) wird die Wortfolge *ein Heffalump treffen* an den Satzanfang gestellt. Der
Satz ist grammatisch. In (62b) steht die Wortfolge *wird ein Heffalump treffen* am
Satzanfang. Der Satz ist ungrammatisch. Daraus folgt, dass *wird ein Heffalump
treffen* keine Konstituente ist.

(63)                                                          *Pronominalisierung*

    a)  Pu hat *ein Heffalump get*roffen und das hat Eule auch.

    b)  *Pu *hat ein Heffalump getroffen* und das Eule auch.

In (63a) wird die Wortfolge *ein Heffalump getroffen* im zweiten koordinierten
Satz getilgt. Der Satz ist grammatisch. In (63b) wird die Wortfolge *hat ein
Heffalump getroffen* im zweiten koordinierten Satz getilgt. Das Ergebnis ist ein
ungrammatischer Satz. Das zeigt, das *hat ein Heffalump getroffen* keine
Konstituente ist. Daraus folgt, dass die Struktur in (58a) die Richtige ist.
Eine weitere zentrale Kategorie, die ich bisher unberücksichtigt gelassen habe, ist
die der nebensatzeinleitenden Konjunktionen.

(64)

    a)  Die Wasserratte sagt dem Dachs, *dass* der Kröterich ein neues Auto
        gekauft hat.

    b)  *Weil* der Kröterich ein neues Auto gekauft hat, ist der Dachs ärger-
        lich.

Konjunktionen wie *dass* und *weil* nennt man in der generativen Grammatik
*Complementizer*. Das Symbol für diese Kategorie heißt C oder COMP.
Anhand von Konstituententests lässt sich zeigen, dass C eine von S unabhängige
Konstituente ist.

(65) Ersetzung   a) Ich weiß nicht   *ob*      Pu ein Heffalump getroffen hat.
              b)               *wann*
              c)               *warum*
              d)               *wo*

Der Complementizer *ob* in (65) lässt ersetzen, ohne dass sich an der
Grammatikalität von (65) etwas ändert[20]. Dies ist nur möglich, wenn Wörter oder
Wortgruppen eine Konstituente ist.

---

20   Ich werde in Abschnitt 6.2 zeigen, dass Complementizer wie *dass, weil* und *warum* nicht in
      exakt derselben Position realisiert werden wie Fragewörter (*wann, warum, wo*). Das spielt aber
      im Moment noch keine Rolle.

(66)    Weglassprobe:
        Ich weiß nicht, *ob* I-Ah Geburtstag hat und *ob* Eule ihm ein Geschenk
        bringt.

In (66) werden zwei Sätze durch die Konjunktion *und* miteinander verbunden. Im
zweiten Satz kann der Complementizer *ob* weggelassen werden. Dies ist deshalb
möglich, weil der Complementizer eine Konstituente bildet.

(67)    Koordinationstest:
        Ich weiß nicht *ob* und *wann* Pu ein Heffalump getroffen hat.

In (67) wird der Complementizer *ob* mit dem Fragewort *wann* verbunden. Das
spricht dafür, *ob* und *wann* von S unabhängige Konstituenten sind.
    C ist ein Schwesterknoten von S (siehe Seite 34), der zusammen mit S von einer
höheren Kategorie S' (S-bar) dominiert wird (Bresnan 1972). Es ergibt sich
folgende Struktur:

(68)

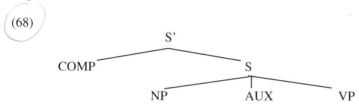

## Übungen

1.)    Schreiben Sie eine Phrasenstrukturgrammatik für die folgenden Sätze:

        a.)    Der Maulwurf bewacht den kranken Kröterich.
        b.)    Die Ratte schläft.
        c.)    Pu schenkt I-Ah einen leeren Honigtopf.

2.)    Schreiben Sie ein Baumdiagramm für den folgenden Satz:

        Der Kröterich kauft einen gelben Wohnwagen.

3.)    Der folgende Satz ist mehrdeutig. Weisen Sie jeder Lesart einen Struktur-
       baum zu:

        Kaninchen trifft seine vielen Verwandten und Bekannten.

## 2.6 Das Lexikon

→ S. 52

In der Linguistik geht man davon aus, dass Teil des sprachlichen Wissens das sogenannte Lexikon ist. Das Lexikon enthält alle idiosynkratischen Eigenschaften von Wörtern, d. h. alle Eigenschaften, die sich nicht aus Regeln ableiten lassen. Dazu gehört unter anderem die Wortklassenzugehörigkeit. Es gibt keinerlei Regeln, aus denen sich ableiten lässt, dass das Wort *bot* zur Kategorie Verb gehört, das Wort *tot* aber zur Kategorie Adjektiv. Dazu gehört auch die Information, dass die Vergangenheitsform von *geben gab* lautet, die Pluralform von *Atlas Atlanten* und die von *Kaktus Kakteen*, da es keine Regeln gibt, aus denen man eine solche Beziehung ableiten könnte[21].

### 2.6.1 Die Wortarten

Wörter gehören verschiedenen Wortarten an. Es gibt Nomen, Adjektive, Artikel (Determinatoren) Verben, Präpositionen, Adverbien, Konjunktionen, Partikeln usw. Die Wortarten weisen unterschiedliche semantische, syntaktische und morphologische Merkmale (Features) auf. Sie spielen in den neueren Forschungsarbeiten eine entscheidende Rolle. Ich komme in Kapitel 9 darauf zurück.

Die Kategorie Nomen umfasst Begriffswörter (**Abstrakta**) und Gegenstandswörter (**Konkreta**)

Ein **Abstraktum** bezeichnet etwas Nichtgegenständliches: ein Gefühl (*Freude*) eine Eigenschaft *(Dummheit)*, einen Zustand *(Gesundheit)*, einen Vorgang (*Verhaftung*), einen Sachverhalt (*Altersunterschied*), eine Idee (*Gerechtigkeit*) usw.

**Konkreta** bezeichnen wahrnehmbare Gegenstände und Lebewesen (*der Kröterich, die Ratte)* oder Dinge (*der Wohnwagen, das Segelboot*). Zu den Konkreta gehören Eigennamen (*Pu, Känga, Schloss Krötinhall*) Gattungsnamen (*Säugetiere*) sowie Stoffbezeichnungen (*Wasser, Holz, Mehl*).

Jedes Nomen hat ein Genus (Geschlecht). Im Deutschen gibt es drei Genera: Maskulinum (*der* Kröterich), Femininum *(die* Ratte) und Neutrum *(das Wiesel)*. Im Deutschen gibt es einige Morpheme, aus denen sich die Genuszugehörigkeit des Nomens ableiten lässt. Dies trifft aber nur auf einige wenige Wörter zu. Viele davon sind Fremdwörter:

---

21    Generell ist die Pluralbildung im Deutschen nicht arbiträr, sondern lässt sich aus unabhängigen phonologischen und prosodischen Eigenschaften des Nomens bzw. seiner Genuszugehörigkeit oder seiner Flexionsklassenzugehörigkeit bleiten (siehe Wegener 1999). Unregelmäßige Pluralbildung kommt nur bei einigen wenigen Fremdwörtern vor. Im Englischen gibt es mehr unregelmäßige Pluralformen *(child – children, tooth – teeth, mouse – mice).*

(69)

| Maskulinum | | Femininum | | Neutrum | |
|---|---|---|---|---|---|
| -or | Autor, Motor, Meteor | -enz | Pestilenz, Intelligenz | -chen | Mädchen, Märchen |
| -ling | Lehrling, Frühling, Schmetterling | -ie | Biologie, Astronomie, Psychologie | -lein | Kindlein, Büchlein |
| -ismus | Kommunismus, Atheismus, Rheumatismus | -ik | Physik, Musik, Kritik | -um | Gymnasium, Kollegium, Museum |
| -ant | Demonstrant, Protestant, Sekundant | -ion *(-tio) lat.* | Station, Nation, Infektion | -ment | Element, Instrument, Parlament |
| -er[22] | Jäger, Lehrer, Schüler | -tät | Universität, Nationalität | | |
| | | -ur | Kultur, Prozedur | | |
| | | -in | Lehrerin, Freundin | | |

Zudem scheint ein Zusammenhang zwischen Genus bestimmten Bedeutungskategorien zu bestehen. Dieser ist aber nicht zwingend, d. h., es gibt auch Ausnahmen: Die Tageszeiten, die Wochentage, Monate und Jahreszeiten sind oft maskulin: *der Morgen, der Mittag, der Mittwoch, der Januar, der Winter.* Aber: *die Nacht, die Woche.* Alkoholische Getränke sind oft maskulin: *der Wein, der Schnaps, der Likör.* Aber: *das Bier.* Pflanzen und Bäume sind oft feminin: *die Eiche, die Rose, die Tanne.* Aber: *das Veilchen*

Im Deutschen muss das grammatische Geschlecht nicht mit dem biologischen Geschlecht übereinstimmen (*das Weib*) (siehe Abschnitt 1).

Nomina können im Deutschen im Singular oder im Plural stehen (*die Ratte, die Ratten*). Die Pluralform ist morphologisch gekennzeichnet. In manchen Sprachen gibt es auch einen Dual, für die Zweizahl steht.

---

22  Es gibt Wörter, die auf –er enden, die aber dennoch nicht maskulin sind (Monster, Fenster, Leiter). In diesem Fall fungiert –er nicht als eigenes Morphem, sondern gehört zum Wortstamm.

✳ Stadion (n)

(70)

|  |  | Singular | Dual | Plural |
|---|---|---|---|---|
| a) | Slowenisch | korak | koraka | koraki |
|  |  | Schritt (mask.) |  |  |
|  |  | lipa | lipi | lipe |
|  |  | Linde (fem.) |  |  |
|  |  | mesto | mesti | mesta |
|  |  | Stadt (neutr.) |  |  |
| b) | Makedonisch |  |  |  |
|  |  | konj | konja | konji |
|  |  | Pferd (neutr.) |  |  |
|  |  | čekor | čekora | čekori |
|  |  | Schritt (mask.) |  |  |
|  |  | čas |  |  |
|  |  | Stunde (fem.) | časa | časovi |

Einige australische und austronesische Sprachen kennen auch einen Trial, der die Dreizahl ausdrückt und einen Quadral, der für die Vierzahl steht. Im Sursunga, einer austronesischen Sprache gibt des den Trial und den Quadral im Pronominalsystem:

(71)

| Singular |  | Plural |  | Dual |  | Trial |  | Quadral |  |
|---|---|---|---|---|---|---|---|---|---|
| iau | ich | git | wir | gitar | wir zwei | gittul | wir drei | gitat | wir vier |
|  |  | gim |  | giur |  | gimbul |  | gimat |  |
| i'au | du | dam | ihr | gaur | ihr zwei | gambul | ihr drei | gamat | ihr vier |
| 'ai | er | di | sie | diar | sie zwei | dtul | sie drei | diat | sie vier |

Einige Nomen können nur im Singular stehen (Singularetantum: *Milch, Laub, Fleisch, Lärm, Wetter* usw.), andere nur im Plural (Pluraletantum: *Eltern, Ferien, Leute* usw.).

Im Satz wird das Nomen in verschiedenen Kasus (Fällen) verwendet: im Nominativ (*der Kröterich*) Genitiv (*des Kröterichs*), Dativ (*dem Kröterich*) oder Akkusativ (*den Kröterich*). Das Lateinische kennt sechs Kasus: Nominativ (*Brutus*), Genitiv (*Bruti*), Dativ (*Bruto*), Akkusativ (*Brutum*), Ablativ (*Bruto*) und Vokativ (*Brute*). Das Finnische kennt fünfzehn Fälle, das Ungarische sogar achtzehn.

Nomina stehen mit dem Artikel (Determinator). Eigennamen lassen keinen Artikel zu.[23] Stoffbezeichnungen stehen für Stoffe und Flüssigkeiten, die nicht

---

23    Dies gilt speziell in norddeutschen Dialekten. In süddeutschen und österreichischen Dialekten ist
      der Artikel vor Eigennamen erlaubt; im Schweizerischen sogar obligatorisch.

zählbar sind. Sie können nicht mit dem unbestimmten Artikel stehen und lassen keine Pluralform zu.[24] Das Gleiche gilt für Abstrakta.

**Adjektive** beschreiben die durch das Nomen bezeichnete Person, das Ding oder den Sachverhalt und bestimmen sie näher (*der schöne, schnelle, beliebte, erfolgreiche Kröterich, der kanariengelbe Wohnwagen, eine ärgerliche Angelegenheit*). Adjektive können *attributiv* (72a) und *prädikativ* gebraucht werden. Prädikativ gebrauchte Adjektive stehen entweder mit einem Kopulaverb (sein, werden, bleiben) (72b)[25] oder mit fungieren als Resultativprädikative (72c)[26]

(72)

    a)   ein kanariengelber Wohnwagen
    b)   Der Wohnwagen ist kanariengelb.
    c)   Der Kröterich malt den Wohnwagen kanariengelb.

Resultativprädikate haben in der generativistischen Literatur als Prädikate sogenannter **Small Clauses** viel Beachtung gefunden (siehe u. a. Aarts 1992, Contreras 1987, Steube und Zybatov 1994, Staudinger 1997). Ich werde in Abschnitt 2.7.2.4 und 3.2.3.3 auf Small Clauses zu sprechen kommen. Prädikative mit Kopula wurden u.a. in Choe (2003) untersucht.

Attributiv gebrauchte Adjektive müssen mit dem Nomen, mit dem sie stehen, kongruieren (übereinstimmen) und zwar in Genus, Numerus und Kasus. Prädikativ gebrauchte Adjektive blieben unflektiert.

Adjektive werden *stark* oder *schwach* dekliniert. Wenn Adjektive stark dekliniert werden, kann man aus den Endungen Genus, Numerus und Kasus des Nomens ersehen. Bei schwach deklinierten Adjektiven ist dies nicht der Fall. Im Deutschen gilt folgende Regel: Wenn durch den Artikel Genus, Numerus und Kasus des Nomens ausreichend bestimmt wird, wird das Adjektiv schwach dekliniert (*der arme Kröterich*). Ist dies nicht der Fall, wird das Adjektiv stark dekliniert (*armer Kröterich*)

Einige Adjektive lassen sich nicht deklinieren; hierzu gehören Farbadjektive wie *lila* und *rosa*. Von Adjektiven lassen sich Komparativ (*bösere Hermeline*) und Superlativ (*böseste Hermeline*) bilden. Selten gibt es auch Adjektive, die Komparativ und Superlativ nicht zulassen. Es handelt sich hierbei um Adjektive, die eine absolute, d. h., nicht steigerbare Bedeutung haben (*tot, verheiratet, ledig*).

---

24    Der Satz
       Harry trinkt ein Butterbier
       ist grammatisch, weil *ein Butterbier* für *einen Krug Butterbier* steht. *Ein Krug Butterbier* ist eine Mengenangabe und sehr wohl zählbar. Deshalb ist der unbestimmte Artikel hier zugelassen.
25    Nicht nur Adjektive können prädikativ gebraucht werden. Auch Nomina können als Prädikativ fungieren:
       (72')
            a)       Der Wohnwagen ist knallgelb
            b)       Harry ist ein Zauberer.
26    Adjektive fungieren als Resultativprädikative, wenn sie das Ergebnis einer Handlung beschreiben.

Adjektive gehen dem Nomen voran; in Gedichten und Liedern können sie dem Nomen auch nachgestellt werden. Sie sind dann meist endungslos *(Hänschen klein)*.

**Artikel (Determinatoren)** stehen jeweils vor dem Nomen; sie begleiten es. Artikel stimmen mit dem Nomen bezüglich Genus, Numerus und Kasus überein.

Man unterscheidet zwischen dem bestimmten und dem unbestimmten Artikel. Mit dem bestimmten Artikel. Mit dem bestimmten Artikel kennzeichnet man die Person / den Gegenstand, den das Nomen bezeichnet, als bekannt *(der Kröterich)*. Mit dem unbestimmten Artikel führt man die Person / den Gegenstand, den das Nomen bezeichnet, erst ein *(ein Kaninchen)*. Der bestimmte Artikel kann im Singular und Plural stehen *(das Wiesel, die Wiesel)*. Den unbestimmten Artikel gibt es nur im Singular. Im Plural benutzt man stattdessen andere Pronomina oder Zahlwörter *(ein Wiesel, einige Wiesel, zwei Wiesel)*.

Der Artikel kann mit einigen Präpositionen zu einem Wort verschmelzen *(vor dem Schloss = vorm Schloss; zu dem Schloss = zum Schloss)*. Ich komme in 6.6 darauf zurück.

**Pronomina** zählen wie Artikel zu den Determinatoren. Pronomina stehen anstelle eines Nomens *(der Kröterich – er)*. Sie können dem Nomen aber auch vorangehen *(du Esel, dieser Bär)*. Auch Pronomina stimmen mit dem Nomen bezüglich Genus, Numerus und Kasus überein. Man unterscheidet

- Demonstrativpronomen *(dieser* Bär)
- Indefinitpronomen *(irgendjemand, irgendein* Bär)
- Personalpronomen *(er, sie, es)*
- Interrogativpronomen *(wer)*
- Reflexivpronomen (rückbezügliche Fürwörter) *(sich)*
- Relativpronomen (ein Bär, *der ...*)

Die Kategorie **Verb** umfasst drei Gruppen:

- Vollverben (Verben, die eine „volle Bedeutung" haben und deshalb allein im Satz vorkommen können): *kaufen, besuchen, töten,*
- Modalverben (Verben, die die Bedeutung des Vollverbs verändern oder „modifizieren": *können, dürfen, müssen,*
- Hilfsverben[27] (Verben, die „helfen", bestimmte Zeitformen und das Passiv zu bilden): *sein, haben, werden.*

Verben, insbesondere Vollverben, stehen für Ereignisse (Handlungen, Vorgänge, Zustände). Sie spielen beim Aufbau von Sätzen eine zentrale Rolle. Verben legen nämlich fest, welche weiteren Glieder vorkommen können oder müssen, damit ein grammatischer Satz entsteht. So kann man nicht sagen          *Valenz?*

(73)      *Pu besuchte

---

27   Ich habe oben bereits erwähnt, dass die generative Grammatik für Hilfsverben eine eigene Kategorie annimmt, die AUX genannt wird.

sondern man muss auch sagen, wen Pu besuchte (nämlich *Eule* oder *I-Ah* oder *Ferkel*). Ich komme in den folgenden Abschnitten darauf zurück.

Verben weisen Flexionsmerkmale für verschiedene Kategorien auf:

Person:     Person ist eine Kategorie, die auf der Kongruenz des Verbs zu einem oder mehreren Aktanten (Handelnden) beruht. Man gebraucht die
            1. Person, wenn der Sprecher der Aktant ist oder zu den Aktanten gehört: ***Ich*** *schlafe.* / ***Wir*** *schlafen.*
            In der 1. Person Plural unterscheidet man, ob der Adressat/ die Adressaten mit eingeschlossen sind (inklusives *wir*) oder ob sie ausgeschlossen sind (exklusives *wir*).

            2. Person, wenn der Adressat der Aktant ist oder zu den Aktanten gehört: ***Du*** *schläfst.* / ***Ihr*** *schlaft.*

            3. Person, wenn der Aktant ein unbeteiligter Sprechgegenstand ist: *Pu* ***schläft.*** / *Sie* ***schlafen.***

Numerus:    Numerus ist ebenfalls eine Kategorie, die auf der Kongruenz des Verbs mit Aktanten beruht. Man gebraucht den

            Singular,   wenn von einem Aktanten die Rede ist: *Pu* ***schläft.***

            Plural,     wenn von mehreren Aktanten die Rede ist: *Pu und Ferkel* ***schlafen.***

            In manchen Sprachen (z. B. im Litauischen) gibt es auch einen

            Dual,       wenn von zwei Aktanten die Rede ist: *(ein-ava* = wir zwei gehen)

Tempus:     Man unterscheidet zwischen absoluten und relativen Tempora. Die absoluten Tempora bezeichnen das Zeitverhältnis des Ereigniszeitpunktes zum Sprechzeitpunkt. Man gebraucht das

            Präteritum, wenn der Ereigniszeitpunkt vor dem Sprechzeitpunkt liegt: *Pu* ***schlief.***

            Präsens,    wenn der Ereigniszeitpunkt gleichzeitig der Sprechzeitpunkt ist: *Pu* ***schläft.***

Futur,      wenn der Ereigniszeitpunkt nach dem Sprechzeitpunkt
            liegt: *Pu **wird schlafen**.*

Relative Tempora setzen das Ereignis, über das gesprochen wird,
relativ zu einem anderen Zeitpunkt, der Referenzzeit. Man gebraucht
das

Plusquamperfekt, wenn der Ereigniszeitpunkt vor der Referenzzeit
            liegt und die Referenzzeit vor dem Sprechzeitpunkt:
            *Gestern **hatte** Ruh seine Medizin **genommen**.*

Perfekt,    wenn der Ereigniszeitpunkt vor der Referenzzeit liegt und
            die Referenzzeit gleichzeitig der Sprechzeitpunkt ist:
            *Heute **hat** Ruh seine Medizin **genommen**.*

Futur II,   wenn der Ereigniszeitpunkt vor der Referenzzeit liegt und
            die Referenzzeit nach dem Sprechzeitpunkt: *Morgen **wird**
            Ruh seine Medizin **genommen haben**.*

Genus Verbi: Mit dem Genus Verbi wird das Verhältnis der durch das Verb aus-
            gedrückten Handlungen, Vorgänge, Zustände usw. zu den Aktanten
            ausgedrückt. Man gebraucht das

Aktiv,      wenn die Handlung unmittelbar vom Handelnden aus-
            geht: *Pu **besucht** Eule.*

Passiv,     wenn die Handlung an einem Satzgegenstand von außen
            vollzogen wird.
            *Eule **wird** (von Pu) **besucht**.*

In altindoeuropäischen Sprachen (z. B. im Altgriechischen) gibt es
ein weiteres Genus Verbi, nämlich das Medium. Das Medium drückt
aus, dass sich die durch das Verb ausgedrückte Handlung unmittelbar auf den Handelnden auswirkt.[28] Man unterscheidet das

transitives Medium: *paideu-etai* = er/sie erzieht sich selbst (für sich)
intransitives Medium:
*paideutetai* = er/sie erzieht sich / lässt sich erziehen.

---

28   Im Lateinischen (und Altgriechischen) gibt es sogenannten Deponentien. Das sind Verben, die
     nur in der Form des Passivs existieren und die oft eine aktivische Bedeutung haben. Dabei
     handelt es sich oft um reflexive Verben (z. B. *mirari* = sich wundern). Das deutet auf die
     (frühere) Existenz eines Medium hin.

In vielen sogenannten Ergativsprachen[29] gibt es kein Passiv. Hier gibt es eine Konstruktion, die Antipassiv genannt wird. Man spricht von

Antipassiv, wenn derjenige, an dem die Handlung vollzogen wird, entweder unausgedrückt bleibt oder in einem anderen Kasus als im Aktivsatz bzw. in einer Präpositionalphrase erscheint. Im Deutschen gibt es kein Antipassiv, wohl aber Konstruktionen, die an ein Antipassiv erinnern. *Pu erwartet Ferkel.* vs. *Pu wartet auf Ferkel.*

Modus: Der Modus drückt die Einstellung des Sprechers zur Satzaussage aus. Im Deutschen gibt es drei Modi.

Indikativ: Der Indikativ ist die Wirklichkeitsform: *Ich schlafe.*

Konjunktiv:Der Konjunktiv ist die Möglichkeits- Wunsch- oder Wahrscheinlichkeitsform: Ich wünsche, *ich schliefe.*

Imperativ: Befehlsform. *Schlafe*!

In andren Sprachen gibt es weitere Modi. So gibt es den

Optativ: (Altgriechisch) Der Optativ drückt einen Wunsch aus: *paideu-oimi* – ich möge erziehen

Jussiv: (z. B. im Persischen) Modus der Aufforderung oder des Befehls

Kohortativ: (z. B. in den Bantusprachen) Modus der Ermahnung

Dubitativ: (z. B. im Türkischen) Modus des Zweifelns

Konditional:(z. B. im Französischen) Modus der Bedingung

Aspekt: Aspekt drückt aus, ob die durch das Verb bezeichnete Ereignis abgeschlossen ist. Man gebraucht den

---

29 Ergativsprachen verwenden für das Subjekt intransitiver Verben und das Objekt transitiver Verben Absolutiv; Subjekte transitiver Verben tragen einen anderen Kasus – den Ergativ. Zu den Ergativsprachen zählen das Baskische, das Sumerische, das Dyirbal (eine australische Sprache), das Paschtu, das Hindi und das Tibetische. Ich komme in Kapitel 6.1.4 ausführlicher auf Ergative Sprachen zu sprechen.

Perfektiv, wenn das durch das Verb bezeichnete Ereignis innerhalb
der Referenzzeit abgeschlossen wird: *At noon, Harry*
*wrote a letter (\*and he is still writing it).*

Imperfektiv, wenn das durch das Verb bezeichnete Ereignis während
der Referenzzeit nicht abgeschlossen wird:
*At noon, Harry was writing a letter (and he is still writing*
*it).*

Verschiedene Sprachen drücken Aspekt unterschiedlich aus. Im
Standarddeutschen gibt es keinen Aspekt; man kann aber Wort-
zusätze gebrauchen (etwa *gerade*) um Aspekt zu kennzeichnen:
*Hermine arbeitete gerade (imperfektiv), als Harry vorbeikam.*
In westdeutschen Dialekten entwickelt sich ein imperfektiver
Aspekt, der mit sein + am + Infinitiv gebildet wird.
*Hermine war am Arbeiten, als Harry vorbeikam.*
Im Altgriechischen stehen verschiedene Tempora für verschiedene
Aspekte. Präsens und Präteritum sind imperfektiv, Aorist wird
punktuell interpretiert und Perfekt und Plusquamperfekt stehen für
einen perfektiv-resultativen Aspekt.
Im Französischen wird das Imparfait imperfektiv, das Passé Simple
und das Passé Composé perfektiv interpretiert.
Im Englischen gibt es die Verlaufsform, die imperfektiven Aspekt
ausdrückt neben den einfachen Tempusformen, für eine perfektive
Interpretation steht.
Im Russischen und in den slawischen Sprachen wird die perfektive
Form des Verbs durch ein Präfix gebildet, das an die Imperfektive
angefügt wird: *čitat* (ich las gerade) vs. *pročitat* (ich las)).
Im Chinesischen, das eine flexionslose Sprache ist, gibt es ver-
schiedene Partikeln, die Aspekt ausdrücken. Die Partikel *le* zu Bei-
spiel steht für perfektiven Aspekt; die Partikel *zai* für imperfektiven
Aspekt.

*Wo         zuotian xie       le          yi feng   xin*
ich         gestern  schrieb Perfektiv   einen     Brief
Ich schreib gestern einen Brief (fertig).
*Tamen zai            da       qiu*
Sie       Imperfektiv spielen  Ball
Sie spielen gerade Ball.

**Präpositionen** werden nicht flektiert. Sie treten immer mit einem anderen Wort
zusammen auf, meist mit einem Nomen oder Pronomen, deren Kasus sie be-

stimmen (regieren). Die deutsche Bezeichnung **Verhältniswort** deutet die inhaltliche Leistung der Präpositionen an: Sie bezeichnen bestimmte (z. B. räumliche
oder zeitliche) Verhältnisse (*zu* Christopher Robin, *seit* Christopher Robins Ge-
burtstag).

Die meisten Präpositionen fordern einen bestimmten Kasus: den Genitiv (wegen
*des Bären*), den Dativ (mit *dem Bären*) oder den Akkusativ (für *den Bären*).
Manche Präpositionen lassen auch zwei Kasus zu, nämlich Dativ und Akkusativ:

*Wechselprap.*

(74)

    a)   Pu geht in *sein Haus*.

    b)   In *seinem Haus* gibt es einen Topf mit Honig.

**Adverbien** oder Umstandswörter bestimmen die Umstände des Geschehens oder
des Zustandes, das durch ein Verb, ein Adjektiv oder einen ganzen Satz ausgedrückt wird. Die Umstände, die die Adverbien beschreiben, sind

(75)

    a)   Ort         *hier, da, dort, außen*
           I-Ah sagt, dass Pu seinen Honig *hier* aufgegessen hat.

    b)   Zeit        *heute, morgen, damals*
           I-Ah sagt, dass Pu seinen Honig *gestern* aufgegessen hat.

    c)   Art und Weise  *so, gern, sehr*
           I-Ah sagt, dass Pu seinen Honig *gern* aufgegessen hat.

Adverbien gehören – wie Präpositionen – zu den nicht-deklinierbaren Wortarten.[30]
In der generativen Grammatik werden Adverbien zusammen mit den Adjektiven
zu einer Kategorie A zusammengefasst.

**Konjunktionen** (Bindewörter) gehören zu den unveränderlichen Wörtern. Sie
haben die Aufgabe, Sätze oder Konstituenten miteinander zu verbinden. Es gibt
zwei Arten von Konjunktionen:

| | |
|---|---|
| nebenordnende Konjunktionen | *und, oder, aber, denn* |
| unterordnende Konjunktionen | *weil, dass, obwohl, ob* |

Nebenordnende Konjunktionen wie *und, oder, aber* verbinden gleichrangige Sätze
miteinander, also Hauptsätze mit Hauptsätzen oder Nebensätze mit Nebensätzen
oder Konstituenten mit Konstituenten.

(76)

    a)   Pu gibt eine Party *und* er lädt I-Ah dazu ein.

    b)   Eule sagt, dass Pu eine Party gibt *und* dass er I-Ah dazu einlädt.

    c)   Pu *und* Ferkel geben eine Party und laden I-Ah *und* Eule dazu ein.

---

30    Dennoch lassen sich mache Adverbien steigern
      I-Ah sagt, dass Pu *oft* Honig isst.
      I-Ah sagt, dass Pu *öfter* Honig isst als Ferkel.

Unterordnende Konjunktionen schließen immer Sätze an. Die satzeinleitende Konjunktion bewirkt, dass das finite Verb immer am Satzende steht. Ich komme in 6.5. darauf zurück.

(77)     Eule sagt, *dass* Pu eine Party *gibt.*

Nebenordnende Konjunktionen spielen in der generativen Grammatik kaum eine Rolle. Unterordnende Konjunktionen heißen **Complementizer** und bilden eine eigene syntaktische Kategorie.

**Partikeln** stellen keine einheitliche Wortart dar, weil ihre Funktionen im Satz zu unterschiedlich sind. Ihr Hauptmerkmal ist, dass sie unflektiert sind. Am nächsten stehen sie den Adverbien. Sie sind aber – anders als diese – nicht erfragbar.

(78)
   a)   Wann hat der Kröterich das Auto gestohlen? Gestern (Adverb)
   b)   *Wie hat der Kröterich das Auto gestohlen? Leider (Partikel)

Man kann die folgenden Partikelfunktionen unterscheiden (Duden 2005):

| | |
|---|---|
| Gradabstufung (Gradpartikeln / Fokuspartikeln): | *nur, sogar, auch, besonders, gerade* |
| Bewertung, Einschätzung (Modalpartikeln) | *leider, glücklicherweise, vielleicht, sicherlich, zweifellos* |
| Verneinung (Negationspartikeln) | *nicht* |
| Abtönung (Abtönungspartikeln) | *ja, aber, denn, doch, etwa, halt, bloß* |

Partikel wie *denn* oder *doch* lassen sich als Konjunktionen analysieren. Der Negationspartikel. Für Negationspartikeln nimmt man in neueren Arbeiten zur generativen Grammatik eine eigenständige Kategorie NegP an; oft werden Partikeln auch als Adverbien analysiert.

Partikeln wurde in der generativen Grammatik bisher wenig Aufmerksamkeit geschenkt (siehe aber die Arbeiten über Gradpartikeln / Fokuspartikeln von Bayer (1996), Büring & Hartmann (2001), Jacobs (1983) und Reis & Rosengren (1997)): Die syntaktische Kategorie eines Wortes bestimmt, in welchen Satzpositionen es auftreten kann. Wenn man Wörter verschiedener Wortarten gegeneinander austauscht, ist das Ergebnis ein ungrammatischer Satz (siehe auch Haegeman 1994:38).

(79)     *Der Kröterich Kauf ein neues Auto.

In (79) wurde das Verb *kaufen* durch das semantisch ähnliche Nomen *Kauf* ersetzt. Das Ergebnis ist ein ungrammatischer Satz.

In der generativen Grammatik nimmt man an, dass es einen Bereich sprachlichen Wissens gibt, der *Lexikon* genannt wird. Das Lexikon enthält alle Wörter einer Sprache, die der Sprecher kennt und alle Information über die Wörter, die

sich nicht aus grammatischen Universalien oder allgemeinen Regeln der einzelsprachlichen Grammatik ableiten lassen. Dazu gehört auch die Information,
welcher syntaktischen Kategorie ein Wort angehört. Das Lexikon eines Sprechers
des Deutschen könnte unter anderem folgende Information enthalten:

(80)

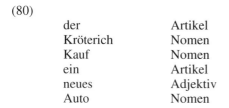

| der | Artikel |
| Kröterich | Nomen |
| Kauf | Nomen |
| ein | Artikel |
| neues | Adjektiv |
| Auto | Nomen |

(81)
*

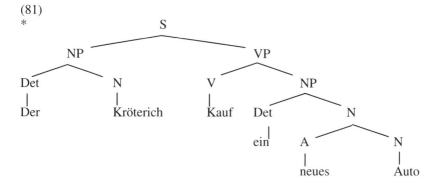

(81) ist ungrammatisch, weil ein Nomen in eine Position eingesetzt wurde, die
unmittelbar von V dominiert wird. In diese Position können aber nur Verben
stehen. Die syntaktische Kategorie eines Wortes bestimmt die syntaktische Kategorie des Knotens, der sie unmittelbar dominiert. Und nicht nur das: Sie legt auch
die Kategorie der Phrase fest, die das Wort dominiert. Eine VP, in der kein Knoten
V vorkommt, ist keine mögliche Struktur des Deutschen. Deswegen ist auch (82)
ungrammatisch:

(82)      *[$_{VP}$[$_N$ Kauf][$_{NP}$ ein Auto]]

Jeder phrasale Knoten muss einen terminalen Knoten dominieren, der derselben
syntaktischen Kategorie angehört. Diesen Knoten nennt man den **Kopf** der Phrase.
Dieses ist durch ein universales Prinzip, das **Kopfprinzip,** geregelt. Ich werde in
Kapitel 2.7. noch ausführlich auf das Kopfprinzip zu sprechen kommen.
    Und so erzeugen alle Phrasenstrukturregeln in (83) ungrammatische Strukturen.

(83)

| | | |
|---|---|---|
| *VP → N PP | *VP → P PP | *VP → A PP |
| *VP → N NP | *VP → P NP | *VP → A NP |
| *VP → N AP | *VP → P AP | *VP → A AP |
| *VP → N VP | *VP → P VP | *VP → A VP |

## 2.6.2 Subkategorisierung

Lexikalische Eigenschaften von Wörtern bestimmen die kategorialen Eigenschaften der dominierenden Phrase. Ein Verb kann nur von einer VP, ein Nomen nur von einer NP dominiert werden. Lexikalische Eigenschaften legen aber auch fest, wie die Phrase aufgebaut sein muss, die sie dominiert.

(84)

   a)   Pu [$_{VP}$ besucht [$_{NP}$ Eule] [$_{PP}$ im Hundertsechzig-Morgen-Wald]].

   b)   Der Maulwurf [$_{VP}$ bewacht [$_{NP}$ den Kröterich] [$_{PP}$ in seinem Schlafzimmer]].

   c)   Snape [$_{VP}$ trifft [$_{NP}$ Harry] [$_{PP}$ im verbotenen Wald]].

Alle Sätze sind ähnlich aufgebaut. Die VPs bestehen aus einem Verb, einer Nominalphrase (NP) und einer Präpositionalphrase (PP). Die PP ist eine Ortsangabe. Sie ist optional; d. h., der Satz ist auch dann grammatisch, wenn die PP fehlt[31].

(85)

   a)   Pu besucht Eule.

   b)   Der Maulwurf bewacht den Kröterich.

   c)   Snape trifft Harry.

Die NPs hingegen sind obligatorische Ergänzungen der Verben *besuchen, bewachen* und *treffen*. Fehlen sie, wird der Satz ungrammatisch.

(86)

   a)   *Pu besucht im Hundersechzig-Morgen-Wald.

   b)   *Der Maulwurf bewacht in seinem Schlafzimmer.

   c)   *Snape trifft im verbotenen Wald.

Nicht alle Verben verlangen genau eine NP als Ergänzung.

---

31   Natürlich gibt es auch VPs, in denen die PP-Ergänzung obligatorisch ist. Das zeigt das folgende Beispiel:
Pu stellt den Honig auf den Tisch.
*Pu stellt den Honig.

(87)

    a)   Pu schläft.

    b)   Pu schenkt Ferkel einen Luftballon.

Wenn man in (87a) eine NP einsetzt, wird der Satz ungrammatisch.

(88)     *Pu schläft Ferkel.

Das Verb *zeigen* in (81b) andererseits verlangt zwei NP-Ergänzungen:

(89)

    a)   *Pu schenkt Ferkel.

    b)   *Pu schenkt einen Luftballon.

Ganz allgemein könnte man sagen:

> Optionale phrasale Ergänzungen heißen **Adjunkte**. Obligatorische phrasale Ergänzungen heißen **Komplemente**.

Nun gibt es aber Komplemente, die nicht obligatorisch sind:

(90)     Pu verspricht (Christopher Robin), keinen Honig mehr zu essen.

Es gilt also folgende Verallgemeinerung:

> Adjunkte sind optionale phrasale Ergänzungen. Komplemente sind entweder obligatorisch oder optional.

Wodurch unterscheiden sich dann Komplemente von Adjunkten? Ein Unterscheidungskriterium besteht darin, dass die Anzahl der Komplemente durch das Verb festgelegt ist, nicht aber die der <u>Komplemente</u>. Das bedeutet, dass Adjunkte beliebig weggelassen werden können (85); es können aber auch beliebig Adjunkte zugefügt werden, ohne dass sich an der Grammatikalität des Satzes etwas ändert.

(91)     Pu besucht Eule am frühen Morgen in ihrem Haus in der hohen dicken Eiche im Hundertsechzig-Morgenwald, weil er ihren neuen Klingelzug bewundern wollte.

Die Anzahl der Komplemente hingegen ist nicht beliebig. Komplemente sind zwar nicht immer obligatorisch; es können aber keineswegs beliebig Komplemente hinzugefügt werden.

(92)     *Pu besucht Eule Christopher Robin im Hundertsechzig-Morgenwald.

In der traditionellen Grammatik nennt man Verben, die eine NP-Ergänzung verlangen (*besuchen, bewachen, treffen*) **transitive** Verben. Verben, die keine NP-Ergänzung brauchen (*schlafen*) heißen **intransitiv**. Verben, die wie *zeigen* als Ergänzung zwei NPs brauchen, heißen **bitransitiv**. Eigenschaften dieser Art nennt man **Subkategorisierungseigenschaften**. Die Verben werden in „Unterkategorien" eingeteilt, je nachdem, ob sie ein, zwei oder gar kein Nomen als Ergänzung nehmen. Ob ein Verb transitiv, intransitiv oder bitransitiv ist, lässt sich nicht aus den Prinzipien der Universalgrammatik oder den Regeln einer einzelsprachlichen Grammatik ableiten. Es ist daher anzunehmen, dass diese Information im Lexikon enthalten ist.

Im Lexikon finden sich also nicht nur Angaben zur syntaktischen Kategorie eines Wortes, sondern auch seine Subkategorisierungseigenschaften. Die Lexikoneinträge für die Verben in (78) und (81) könnten daher wie folgt aussehen:

(93)

|   |          |      |             |
|---|----------|------|-------------|
| a) | *besuchen* | Verb | transitiv   |
| b) | *bewachen* | Verb | transitiv   |
| c) | *treffen*  | Verb | transitiv   |
| d) | *schlafen* | Verb | intransitiv |
| e) | *schenken* | Verb | bitransitiv |

In der generativen Grammatik werden Begriffe wie ‚transitiv', ‚intransitiv' und ‚bitransitiv' durch **Subkategorisierungsrahmen** dargestellt, die die syntaktische Umgebung des Verbs festlegen.

(94)     *besuchen* V, [ ___ NP]

(94) besagt, dass *besuchen* ein Verb ist, das als Komplement eine NP nimmt. Die anderen Verben in (84) erhalten die folgenden Lexikoneinträge:

(95)

|   |          |                |
|---|----------|----------------|
| a) | *bewachen* | V, [ ___ NP]  |
| b) | *treffen*  | V, [ ___NP]   |
| c) | *schlafen* | V, [ ___ ]    |
| d) | *zeigen*   | V, [ ___ NP NP] |

Natürlich sind nicht nur NPs mögliche syntaktische Ergänzungen für ein Verb.

(96)

|   |                                             |
|---|---------------------------------------------|
| a) | Harry wartet *auf Ron.*                    |
| b) | Malfoy glaubt, *dass Hippogreife nicht gefährlich sind.* |

Das Verb *warten* hat eine PP als Ergänzung. Das Verb *glauben* verlangt ein S', d. h., einen Satz, der durch einen Complementizer eingeleitet wird. Es ergeben sich die folgenden Lexikoneinträge:

(97)

    a)   *warten* V, [ ___ PP]
    b)   *glauben* V, [ ___ S']

Der Subkategorisierungsrahmen eines Wortes kann auch mehrere syntaktische Umgebungen erfassen:

(98)

    a)   Harry glaubt Ron.              *glauben* V, [ ___ NP]
    b)   Harry glaubt an Rons        *glauben* V, [ ___ PP]
         Geschichte
    c)   Harry glaubt, dass Rons    *glauben* V, [ ___ S']
         Geschichte wahr ist

Der Subkategorisierungsrahmen eines Wortes gibt an, wie eine Phrase aufgebaut sein muss, die es dominiert. Das Verb *treffen* hat den Subkategorisierungsrahmen in (95b). Eine VP, die das Verb *treffen* dominiert, wird deshalb mit der folgenden Phrasenstrukturregel generiert.

(99)    VP→ V NP

Dementsprechend erhält man durch den Subkategorisierungsrahmen einerseits und die Phrasenstrukturregeln andererseits dieselbe Information. Ich werde in 2.7. darstellen, dass sich die Phrasenstrukturregeln durch eine sehr allgemeine Erzeugungsregel ersetzen lassen, die durch die Subkategorisierungseigenschaften des jeweiligen Wortes spezifiziert wird.

    In frühen Arbeiten zur generativen Grammatik stellte man Überlegungen an, ob das Verb zusätzlich semantische Merkmale wie [± belebt] oder [± menschlich] für seine Komplemente festlegt. Dies geschah, um Sätze wie (90) zu vermeiden.

(100)    ? Harry trifft seinen Besen im verbotenen Wald.

(100) ist semantisch fragwürdig, da das Verb *treffen* ein Objekt verlangt, das [+ belebt] ist. Das Nomen *Besen* aber ist [- belebt]. Dennoch ist (90) grammatisch. Zudem sind Kontexte denkbar, in denen *Besen* das semantische Merkmal [+ belebt] hat und (83) auch semantisch einwandfrei ist. (90) verletzt keine syntaktischen Prinzipien; der Satz widerspricht lediglich unserem Weltwissen. Es ist aber nicht Aufgabe einer Syntaxtheorie, das konzeptuelle Wissen des Sprechers/Hörers zu beschreiben. Merkmale wie [± belebt] und [± menschlich] spielen in der modernen Syntaxtheorie keine Rolle mehr.

## 2.6.3 Prädikate und Argumente

Subkategoriale Eigenschaften sind keine zufälligen Eigenschaften des Verbs. Sie ergeben sich vielmehr aus seinen semantischen Eigenschaften.

### 2.6.3.1 Prädikate und Argumente in der formalen Semantik

In der formalen Semantik geht es darum, die Bedingungen anzugeben, unter denen ein Satz wahr oder falsch ist. Betrachten Sie die folgenden Sätze:

(101)

    a)   Pu schläft.
    b)   Ferkel weint.

Unter welchen Umständen sind diese Sätze wahr? Das hängt davon ab, wer *Pu*, wer *Ferkel* und wer zu dem Zeitpunkt schläft oder weint, zu dem die Aussage gemacht wird. Man kann Folgendes festlegen: Namen entsprechen Personen (oder in diesem Falle: Stofftieren); Verben entsprechen Mengen. Das Verb *schläft* entspricht der Menge der Individuen, die schlafen; das Verb *weint* der Menge der Individuen, die singen. Der Satz in (101a) ist wahr, wenn das Individuum, das als *Pu* bezeichnet wird, Element der Menge der Individuen ist, die schlafen. (101b) ist wahr, wenn das Individuum, das als *Ferkel* bezeichnet wird, Element der Menge der Individuen ist, die weinen.

    *Schläft* bzw. *weint* sind einstellige Prädikate. Einstellige Prädikate entsprechen den intransitiven Verben in der Syntax. Einstellige Prädikate verlangen ein Argument als Ergänzung. Prädikate werden in der formalen Semantik als Großbuchstaben dargestellt, Argumente als Kleinbuchstaben. Das Prädikat geht dem Argument voran; dieses steht in Klammern hinter dem Prädikat.

    Für die Sätze in (101) erhält man folgende semantische Repräsentationen:

(102)

    a)   $S(p)$
            mit S = schläft, p = Pu
    b)   $W(f)$
            mit W = weint, f = Ferkel

Nun gibt es in der natürlichen Sprache nicht nur intransitive Verben; ebenso gibt es in der formalen Semantik nicht nur einstellige Prädikate.

    Betrachten Sie den folgenden Satz:

(103)   Pu sucht Ferkel.

Unter welchen Umständen ist (103) wahr? (103) ist wahr, wenn es in der Menge derer, die jemanden suchen, ein **geordnetes Paar** <Pu, Ferkel> gibt. Man nennt ein Paar von Personen geordnet, wenn die Reihenfolge nicht egal ist, also wenn <Pu, Ferkel> ≠ <Ferkel, Pu>. Dies ist gegeben, denn aus (104a) folgt nicht notwendigerweise (104b).

(104)

    a)   Pu sucht Ferkel.
    b)   Ferkel sucht Pu.

Für (103) erhält man folgende semantische Repräsentation:

(105)     S (p,f) mit S = sucht, p = Pu und f = Ferkel

Schließlich gibt es dreistellige Prädikate. Dreistellige Prädikate entsprechen bi-transitiven Verben:

(106)
    a)   Der Kröterich zeigt der Ratte sein Auto.
    b)   Z(kra) mit Z = zeigen, k = Kröterich, r = Ratte und a = Auto

### 2.6.3.2 Prädikate und Argumente in der Syntax

Jedes Prädikat hat seine eigene Argumentstruktur[32]. D. h., für jedes Prädikat ist festgelegt, wie viele Argumente es nimmt. Die Argumente sind die obligatorischen Teilnehmer des Sachverhalts, den das Prädikat bezeichnet. Die Besonderheit der Argumente als obligatorische Teilnehmer drückt sich auch syntaktisch aus. Argumente stehen im Strukturbaum in anderen Positionen als Nicht-Argumente. Positionen, in denen Argumente stehen, nennt man Argument-Positionen (**A-Positionen**), Positionen, die durch Adjunkte ausgefüllt werden, heißen Non-Argument-Positionen (**A'-Positionen***).

Die Argumentstruktur eines Verbs legt fest, welche Elemente notwendig sind, um einen grammatischen Satz zu erzeugen. Wenn ein Verb für ein Prädikat steht, das zwei Argumente nimmt, dann muss es zwei Konstituenten geben, die für die beiden Argumente stehen.

(107)

|   |   |   |   |   |   |
|---|---|---|---|---|---|
| *a)* | *besuchen* | Verb | 1 | 2 |   |
|   |   |   | NP | NP |   |
| *b)* | *bewachen* | Verb | 1 | 2 |   |
|   |   |   | NP | NP |   |
| *c)* | *treffen* | Verb | 1 | 2 |   |
|   |   |   | NP | NP |   |
| *d)* | *schlafen* | Verb | 1 |   |   |
|   |   |   | NP |   |   |
| *e)* | *zeigen* | Verb | 1 | 2 | 3 |
|   |   |   | NP | NP | NP |

---

32    Zwischen der Argumentstruktur und dem Subkategorisierungsrahmen besteht ein wichtiger Unterschied. Während die Argumentstruktur alle obligatorischen Teilnehmer des durch das Prädikat ausgedrückten Sachverhalts aufführt – also auch das Subjekt – werden im Subkate-gorisierungsrahmen nur die syntaktischen Kategorien der Komplemente angegeben (z. B. NP für das direkte Objekt). Um die einzelnen Verbklassen (transitiv, intransitiv oder bitransitiv) zu unterscheiden, benötigt man nur die Anzahl die Objekte; das Subjekt hat keinen Einfluss darauf, welcher Verbklasse ein Verb zugeordnet wird.

Nicht alle Argumente eines Verbs müssen syntaktisch realisiert werden. Sie werden trotzdem mitverstanden. Diese Argumente heißen **implizite Argumente**.

In Passivkonstruktionen ist dasjenige Argument, das im Aktivsatz das Subjekt darstellt, nicht obligatorisch. Es kann – muss aber nicht – als PP realisiert werden. Selbst wenn die PP fehlt, versteht man die handelnde Person dennoch mit. Der Satz bleibt grammatisch.

(108)    Der Kröterich wird (vom Maulwurf) bewacht.

(109)

| | | | |
|---|---|---|---|
| *bewacht* | Verb | 1 | (2) |
| | | NP | PP |

Nicht nur Verben, sondern alle anderen lexikalischen Kategorien können Argumente haben.

(110)

    a)    Harry ist *müde*.
    b)    Ron ist *neidisch* (auf Harry).
    c)    Ron ist *eifersüchtig* (auf Krum).
    d)    Hermine ist *wütend* (auf Ron).

*Müde* hat nur ein Argument: das Subjekt des Satzes *Harry*. *neidisch, eifersüchtig* und *wütend* sind zweistellig. Die jeweils zweiten Argumente der Adjektive in (98b) bis (98d) werden nicht durch eine NP, sondern durch eine PP realisiert. Die PP ist optional. Die Sätze sind auch dann grammatisch, wenn die PP fehlt. Sie erhalten die folgende Argumentstruktur:

(111)

| | | | |
|---|---|---|---|
| a)  *müde* | Adjektiv | 1 | |
| | | NP | |
| b)  *neidisch* | Adjektiv | 1 | (2) |
| | | NP | PP |
| c)  *eifersüchtig* | Adjektiv | 1 | (2) |
| | | NP | PP |
| d)  *wütend* | Adjektiv | 1 | (2) |
| | | NP | PP |

Auch NPs können Argumentstrukturen haben.

(112)

    a)    die *Verwandlung* des Käfers in einen Knopf
    b)    die *Zubereitung* des Zaubertranks aus Eisenhut und Bilsenkraut
    c)    die *Teilnahme* am Trimagischen Turnier

Eine typische Eigenschaft von Nomen ist, dass all ihre Argumente implizit, also unausgedrückt bleiben können. Das ist bei Verben nicht der Fall.

(113)

    a) Harry verwandelt den Käfer in einen Knopf.
    b) Harry bereitet den Zaubertrank aus Eisenhut und Bilsenkraut zu.
    c) Harry nimmt am Trimagischen Turnier teil.
    d) die Verwandlung (des Käfers in einen Knopf)
    e) die Zubereitung (des Zaubertranks aus Eisenhut und Bilsenkraut)
    f) die Teilnahme (am Trimagischen Turnier)
    g) *Harry verwandelt.
    h) *Harry bereitet zu.
    i) *Harry nimmt teil.

Die Nomen in (112) erhalten die folgende Argumentstruktur:

(114)

*[handschriftlich: durch Harry, des Käfers, in Knopf]*

| | | (1) | (2) | (3) |
|---|---|---|---|---|
| *Verwandlung* | Nomen | PP | NP | PP |
| *Zubereitung* | Nomen | (1) PP | (2) NP | (3) PP |
| *Teilnahme* | Nomen | (1) PP | 2 PP | |

Auch **Präpositionen** haben eine Argument-Struktur:

(115)

    a) *Der Verbotene Wald* liegt hinter *Hagrids Hütte*.
    b) *Snapes Klassenzimmer* befindet sich in *einem Kerker*.
    c) *Harry* sitzt zwischen *Ron und Hermine*.

Die Präpositionen hinter, in und zwischen haben die folgenden Argument-strukturen:

(116)

*[handschriftlich: geordnetes Paar]*

| | | 1 | 2 | 3 |
|---|---|---|---|---|
| hinter | Präposition | NP | NP | |
| in | Präposition | 1 | 2 | |
| | | NP | NP | |
| zwischen | Präposition | 1 | 2 | 3 |
| | | NP | NP | NP |

*[handschriftlich: Harry, Ron, Hermine]*

## 2.6.4 Die Theta-Theorie

### 2.6.4.1 Die syntaktische Realisierung von θ-Rollen

Betrachten Sie den folgenden Satz:

(117)

    a)   Snape tötet Dumbledore.

    b)

| *töten* | Verb | 1 | 2 |
|---------|------|---|---|
|         |      | NP | NP |

Die semantischen Beziehungen der beiden NPs zum Verb *töten* sind unterschiedlich. Die NP *Snape* in der Subjekt-Position steht für den Mörder, die NP
*Dumbledore* für das Opfer. Formaler ausgedrückt: *Snape* ist das AGENS der Handlung des Tötens, *Dumbledore* ist das PATIENS.

Stellen Sie sich vor, dass der Satz in 105 ein Theaterstück wäre. In einem
Theaterstück wird nicht nur die Anzahl der Rollen festgelegt, sondern auch,
welche Charaktere mitspielen und welche Rollen die Charaktere spielen. Wenn
man die semantischen Beziehungen zwischen dem Verb und seinen Argumenten
bestimmt, dann kann man das vergleichen mit der Festlegung von Rollen in einem
Theaterstück. In der linguistischen Literatur nennt man die semantischen Beziehungen des Verbs zu seinen Argumenten **thematische Rollen** oder **Theta-
Rollen (θ-Rollen)**.[33]

Man kann sagen, dass das Verb *töten* zwei Argumente verlangt und diesen zwei
θ-Rollen zuweist. Es weist die θ-Rolle AGENS an die Subjekt-NP *Snape* zu und
die θ-Rolle PATIENS an die Objekt-NP *Dumbledore*. Alle Prädikate haben eine θ-
Struktur. Das Modul der Grammatik, das sich mit den θ-Rollen befasst, heißt
**Theta-Theorie.**

Die Beispiele in (118) geben eine Auswahl möglicher θ-Rollen[34]:

(118)

    AGENS:     die Person, die die Handlung begeht.
    *Snape* tötet Dumbledore.
    PATIENS:    die Person, die eine Handlung erleidet.
    Moody verwandelt *Malfoy* in ein Frettchen.
    THEMA:     der Gegenstand, die durch eine Handlung bewegt wird.
    Dumbledore schickt *einen Heuler* an Tante Petunia.
    REZIPIENT:   die Person, die einen Gegen-stand bekommt.
    *Petunia* erhält einen Heuler.
    INSTRUMENT:  der Gegenstand, mit dem eine Handlung durchgeführt wird.

---

[33] Die Idee der Vergabe von θ-Rollen geht auf Fillmore (1968) zurück. Bei ihm hießen die θ-Rollen
    Tiefenkasus.
[34] Es ist offen, wie viele und welche θ-Rollen es gibt.

Crouch beschwört das dunkle Mal *mit Harrys Zauberstab.*
EXPERIENCER: die Person, die eine psychologische Erfahrung macht.
*Harry* freut sich auf die Quidditch-Weltmeisterschaft.
BENEFIZIENT: die Person, die aus einer Handlung Nutzen zieht.
ZIEL:        der Ort, an den etwas durch die Handlung hinbewegt wird.
Harry steckt seinen Zauberstab *in seine Tasche.*
URSPRUNG:    der Ort, von dem etwas durch die Handlung fortbewegt wird.
Dobby stiehlt das Dianthuskraut *aus Snapes Büro.*
LOKATION:    der Ort, an dem die Handlung stattfindet.
Die Dursleys wohnen *im Ligusterweg.*

θ-Rollen werden als **θ-Raster** notiert und sind Teil des Lexikon-Eintrags für ein Prädikat.
Jeder referenzielle Ausdruck wird mit einem Index verstehen (z. B. i / j). Der Index dient dazu, sprachliche Ausdrücke mit Personen oder Gegenständen (*Snape* und *Dumbledore*) in der außersprachlichen Welt zu identifizieren.

(119)   töten

| | | 1 | 2 |
|---|---|---|---|
| Argumentstruktur: | | 1 | 2 |
| θ-Raster: | | AGENS | PATIENS |
| syntaktische Struktur: | | NP | NP |
| referenzieller Index: | | i | j |

(120)

    a)   Snape$_i$ tötet Dumbledore$_j$.
    b)   *Snape$_i$ tötet.
    c)   *Snape$_i$ tötet Dumbledore$_j$ Avada Kedavra Fluch$_?$.

In (120a) kann jedem referenziellen Ausdruck ein Index zugewiesen werden. Der Satz ist deshalb grammatisch. Warum ist (120b) ungrammatisch? Das Verb *töten* vergibt eine θ-Rolle PATIENS. Das geht aus dem Lexikon-Eintrag in (119) hervor. In (120b) gibt es aber keine NP, der diese θ-Rolle zugewiesen werden könnte. Der referenzielle Index j kann nicht vergeben werden.

(120b')

| Argumentstruktur: | 1 | 2 |
|---|---|---|
| θ-Raster | AGENS | PATIENS |
| Syntaktische Struktur: | NP | NP |
| Referenzieller Index | i | ? |

(120c) ist ungrammatisch, weil der zusätzlichen NP *Avada Kedavra Fluch* keine θ-Rolle und deshalb kein referenzieller Index vom Verb zugewiesen werden kann.

(120c')

| | Argumentstruktur: | 1 | 2 | |
|---|---|---|---|---|
| | θ-Raster | AGENS | PATIENS | |
| | Syntaktische Struktur: | NP | NP | |
| | Referenzieller Index | i | j | ? |

(120c) wird grammatisch, wenn man anstelle der NP eine PP einsetzt. In diesem Fall ist es die Präposition *mit* die die θ-Rolle INSTRUMENT an die NP vergibt.

(121)    Snape$_i$ tötet Dumbledore$_j$ mit dem Avada-Kedavra-Fluch$_k$.

Es zeigt sich, dass die θ-Rollen, die ein Verb vergibt, durch ein Argument verwirklicht werden müssen. Auf der anderen Seite muss jedes Argument im Satz eine θ-Rolle erhalten. Es scheint eine 1:1-Relation zwischen θ-Rollen und Argumenten zu geben.

(122) ⋇ Neville bekommt ein Buch von Moody.
(*, wenn [von Moody] gleichzeitig AUTOR und URSPRUNG ist)

(122) ist grammatisch, wenn die NP *Moody* entweder die θ-Rolle AUTOR oder URSPRUNG bekommt. Beides sind mögliche θ-Rollen, die einmal das Verb *bekommen* und einmal die NP *ein Buch* vergeben könnte. Es ist aber nicht möglich, (122) so zu interpretieren, dass Moody Neville das Buch gibt und gleichzeitig der Autor des Buches ist. Ein solcher Sachverhalt müsste etwa wie folgt ausgedrückt werden:

(123)    Neville bekommt ein Buch von Moody, das er selbst geschrieben hat.

Offenbar kann ein Argument nicht gleichzeitig zwei θ-Rollen realisieren. Es stellt sich nun die Frage, ob dieselbe θ-Rolle an mehr als ein Argument vergeben werden kann. Die Beispiele in (114) zeigen, dass dies nicht der Fall ist.

(124)

a)    Snape tötet   Dumbledore mit dem Avada-Kedavra-Fluch.
AGENS        PATIENS        INSTRUMENT
b)    Der Avada-Kedavra-Fluch tötet   Dumbledore.
INSTRUMENT                       PATIENS
c)    *Der Avada-Kedavra-Fluch tötet Dumbledore mit dem Zauberstab.
INSTRUMENT                                        INSTRUMENT

Das Verb *töten* vergibt die θ-Rollen AGENS und PATIENS. Zusätzlich kann es – optional – die θ-Rolle INSTRUMENT. Wenn die θ-Rolle AGENS realisiert wird, ist die θ-Rolle INSTRUMENT optional – sie kann durch ein PP-Adjunkt ausgedrückt werden. Wenn das AGENS nicht erscheint, muss INSTRUMENT in der Subjekt-Position stehen. Es ist aber unmöglich, die θ-Rolle INSTRUMENT in der Subjekt-Position erscheint und gleichzeitig als PP-Adjunkt realisiert wird (124c).

Es ist außerdem unmöglich die NP *Snape* und die NP *der Avada-Kedavra-Fluch* zu koordinieren. Aus den koordinierten NPs würde sich nämlich wiederum eine NP ergeben, die gleichzeitig zwei θ-Rollen realisieren müsste. Ich habe am Beispiel von (122) dargestellt, dass dies nicht möglich ist.

(124)
     f)    *Snape und der Avada-Kedavra-Fluch töten Dumbledore.
          AGENS       INSTRUMENT

Die Beschränkungen lassen sich im θ-Kriterium zusammenfassen. Das Theta-Kriterium ist universell gültig.

---
**Theta-Kriterium:**
a)      Jedes Argument muss genau eine θ-Rolle erhalten.
b)      Jede θ-Rolle muss genau einem Argument zugewiesen werden.

---

Es gibt Verben, die an die Subjektposition keine θ-Rolle zuweisen. Es handelt sich dabei um sogenannte Witterungsverben wie *regnen, hageln, schneien* und um Verben wie *gefallen, passen, frieren* und *grausen*.[35]

(125)
     a)    *Es* regnet / hagelt / schneit.
     b)    *Es* gefällt Ron nicht, dass Hermine sich mit Krum trifft.
     c)    *Es* passt Ron nicht, dass Hermine sich mit Krum trifft.
     d)    *Es* scheint Hermine, dass Ron Fleur mag.

In der Subjektposition der Sätze in (115) kann nur das Pronomen *es* stehen. Ersetzt man es durch eine andere NP, werden die Sätze ungrammatisch.

(126)
     a)    *Harry* regnet / hagelt / schneit.
     b)    *Harry* gefällt Ron nicht, dass Hermine sich mit Krum trifft.
     c)    *Harry* passt Ron nicht, dass Hermine sich mit Krum trifft.
     d)    *Harry* scheint Hermine, dass Ron Fleur mag.

Die NP *Harry* ist ein referenzieller Ausdruck. Dem Theta-Kriterium zufolge muss ihr eine θ-Rolle zugewiesen werden. Die Verben in (116) können aber keine θ-Rolle an die Subjektposition zuweisen. Die Sätze in (116) sind nur grammatisch, wenn in der Subjektposition ein semantisch leeres Pronomen *es* steht, ein sogenanntes **Expletivpronomen.** Das Expletivpronomen muss hier stehen, weil im

---

35    Freilich lassen sich die Beispiele in (115b) bis (115d) durch folgende Sätze ersetzen:
     (115')        Ron gefällt nicht, dass Hermine sich mit Krum trifft.
                    Ron passt nicht, dass Hermine sich mit Krum trifft.
                    Ron scheint Fleur zu mögen.
    Ich werde die Syntax der Verben in (115) in 6.2.5 diskutieren.

Deutschen die Subjekt-Position immer besetzt sein muss. Dies ist auch in vielen anderen Sprachen der Fall.

(127)

|     |                |                |
| --- | -------------- | -------------- |
| a)  | Es regnet      | Deutsch        |
| b)  | It is raining. | Englisch       |
| c)  | Il pleut.      | Französisch    |
| d)  | Het regent.    | Niederländisch |

Bisher habe ich nur lexikalische Verben mit ihrem θ-Raster untersucht, aber nicht Auxiliare. Können auch sie θ-Rollen zuweisen?

(128)

a)  Snape hat Dumbledore getötet.
b)  Dobby hat Dianthuskraut gestohlen.
c)  Rita hat Hermine und Krum belauscht.

Würden Hilfsverben θ-Rollen zuweisen, wären die Sätze in (120) ungrammatisch. Die Verben *töten*, *stehlen* und *belauschen* weisen jeweils zwei θ-Rollen zu. Das Verb *haben* weist, wenn man es transitiv gebraucht, ebenfalls zwei θ-Rollen zu. Demnach müssten in (120) zwei Argumente fehlen, um dem θ-Kriterium zu genügen. Dies ist aber nicht der Fall. Man kann daraus schließen, dass das Hilfsverb *haben* keine θ-Rollen zuweisen kann.

Es stellt sich die Frage, ob sich aus der semantischen Information vorhersagen lässt, welche syntaktische Kategorie eine bestimmte θ-Rolle realisiert. Anders formuliert: Gibt es eine Korrelation zwischen θ-Rollen und phrasalen Kategorien? Können θ-Rollen durch alle syntaktischen Kategorien realisiert werden, oder werden sie vielmehr durch bestimmte Kategorien realisiert? Es scheint in der Tat so zu sein, dass es für jede θ-Rolle eine lexikalische Kategorie gibt, in der sie vorzugsweise steht, ihre **CSR** (Canonical Structural Representation). Die kanonische Realisierung für AGENS ist die NP; für die θ-Rolle INSTRUMENT ist es die PP.

Die Subkategorisierungseigenschaften (c-Selektion, c = categorial) lassen sich also aus dem θ-Raster (s-selektionale Eigenschaften, s = semantic) ableiten und müssen nicht eigens im Lexikon vermerkt werden. Nur für den Fall, dass bei einem Verb die θ-Rollen abweichend von der CSR vergeben werden, muss dies im Lexikon vermerkt werden[36].

---

36  Vergleiche auch Givón (2001). Givón entwickelt Hierarchien für semantische Rollen ( θ-Rollen). Je höher eine semantische Rolle in seiner Hierarchie positioniert ist, desto wahrscheinlicher ist es, dass sie in einem unmarkierten Satz (einem affirmativen, deklarativen Aktivsatz) die Subjektposition einnehmen. Wenn sie niedriger positioniert sind, ist es wahrscheinlicher, dass sie die Funktion des direkten bzw. indirekten Objekts einnehmen. Givón schlägt folgende Hierarchie vor:

AGENS > DATIV /BENEFIZIENT > PATIENS > LOKATIV > andere.

### 2.6.4.2 Die Subjekt-θ-Rolle

Im vergangenen Abschnitt habe ich θ-Rollen und ihre syntaktische Realisierung diskutiert. Ich habe dabei Subjekt- und Objekt-θ-Rollen gleich behandelt. In (129) zum Beispiel erhalten nach meiner bisherigen Analyse das Subjekt wie die beiden Verb-Komplemente ihre θ-Rollen vom Verb *bezichtigen.*

(129)    Snape bezichtigt Harry der Lüge.

In der Literatur wurde oft gezeigt, dass sich Subjekt-Argumente anders verhalten als Verb-Komplemente (vergleiche hierzu Haegeman 1994: 71 ff.).
Die Wahl eines bestimmten Verb-Komplements verändert nämlich die thematische Rolle des Subjekts. Andererseits beeinflusst die Wahl des Subjekts die θ-Rolle des Verbkomplements nicht.

(130)
    a)    Neville brach die Teetasse (in Stücke).
    b)    Neville brach sich alle Knochen.

In (122a) erhält die NP *Neville* die θ-Rolle AGENS. In (122b) ist *Neville* PATIENS. Außerdem gibt es metaphorische Idiome (Redensarten), in denen das Objekt, aber nicht das Subjekt festgelegt ist.

(131)
    a)    Harry bricht alle Schulregeln.
    b)    Harry bricht Ginnys Herz.

Es zeigt sich also, dass zwischen dem Verb und seinen Komplementen einerseits und zwischen der ganzen VP und dem Subjekt andererseits eine thematische Beziehung besteht. Man nimmt deshalb an, dass das Subjekt seine θ-Rolle kompositional erhält. Sie wird bestimmt durch die Semantik des Verbs und die der anderen VP-Konstituenten. Man sagt deshalb, dass das Verb seine Objekte **direkt θ-markiert**, während es sein Subjekt **indirekt θ-markiert**. Williams (1981) bezeichnet das Argument in der Subjektposition – also das Argument, das indirekt θ-markiert wird – als das **externe Argument.** Man das externe Argument, in dem man es unterstreicht.

(132)
| | | | |
|---|---|---|---|
| *töten* | Verb | 1 | 2 |
| | | AGENS | PATIENS |

Die Argumente in Objekt-Positionen heißen **interne Argumente**. θ-Rollen, die an interne Argumente vergeben werden, heißen **interne θ-Rollen,** diejenige, die an das externe Argument vergeben wird, heißt die *externe θ-Rolle.*

### 2.6.4.3 Sätze ohne Subjekt

Es gibt Sprachen, in denen das Subjekt offenbar nicht realisiert werden muss. Das gilt zum Beispiel für das Lateinische:

(133)

      Veni, vidi, vici.                                              Latein
      kam-1.Sg. sah-1.Sg. siegte-1.Sg
      Ich kam, ich sah, ich siegte.

Die lateinischen Sätze scheinen dem θ-Kriterium zu widersprechen. Verben wie *delire, venire, videre* und *vincere* weisen eindeutig eine θ-Rolle an die Subjektposition zu. In der Subjektposition erscheint aber keine NP, an die die θ-Rolle zugewiesen werden kann. Man nimmt an, dass die Verben in (133) dennoch ein Subjekt haben, nämlich ein phonetisch unsichtbares Pronomen. Dieses Pronomen wird in der generativen Grammatik *pro* (Klein-pro) genannt[37]:

(134)    *pro* veni, *pro* vidi, *pro* vici

*pro* gibt es auch im Italienischen und Spanischen:

(135)

    a)  *pro* dorme                                          Italienisch
        er / sie / es schläft
    b)  *pro* duerme                                           Spanisch

Wie ist es nun möglich, dass im Lateinischen (wie auch im Italienischen und Spanischen) das Subjekt durch *pro* realisiert werden kann. Eine mögliche Erklärung besteht darin, dass diese Sprachen eine ausgeprägte Verbalflexion besitzen. Die grammatischen Eigenschaften des Subjekts (Numerus und Person) werden bereits durch die Verbalflexion spezifiziert.

(136)

| cant-o | ich singe | cant-amus | wir singen | Latein |
|--------|-----------|-----------|------------|--------|
| cant-as | du singst | cant-atis | ihr singt | |
| cant-at | er/sie/es singt | cant-ant | sie singen | |

In Sprachen, die Objektkongruenz aufweisen, kann auch das Objekt ein *pro* sein (siehe Fanselow&Felix 1987: 212 zitiert aus Kiss 1981)

---

37    Die generative Grammatik kennt auch ein PRO (Groß-Pro). Diesen Punkt werde ich in Abschnitt 5 vorstellen.

(137)

    a)    Janós      szereti          *pro*            Ungarisch
         Janós      liebt-3.Sg.-3.Sg   ihn / sie / es
         Janós liebt sie.
    b)    seretlek    *pro*   pro
         lieben-1.Sg.-2.Sg.
         Ich liebe dich.

Im Irischen können Präpositionen mit ihrem Objekt kongruieren. Hier können auch Präpositionen ein *pro* als Komplement haben (Fanselow&Felix 1987: 213 zitiert aus McCloskey & Hale 1983):

(138)

                                                             Irisch

    a)    bhi    mé     ag       caint       le       Márie  inné.
         war    ich    sprechen  PROGRESSIV  mit     Marie  gestern
         Ich sprach gestern mit Marie.
    b)    bhi   mé   ag      caint     léithi-3.Sg.fem    *pro*   inné.
         war   ich   sprechen  PROGRESSIV  mit       ihr      gestern
         Ich sprach gestern mit ihr.

Die Daten deuten darauf hin, dass pro offenbar nur dann erlaubt ist, wenn seine grammatischen Merkmale (Person, Numerus) an anderer Stelle – zum Beispiel am Verb – eindeutig identifiziert werden können. Ob dies möglich ist, ist sprachspezifisch parametrisiert. Im Deutschen und im Englischen können die Merkmale des Pronomens nicht am Verb identifiziert werden; im Lateinischen, Italienischen, Spanischen und Portugiesischen ist dies möglich. Diesen Parameter nennt man in der generativen Grammatik den ***pro*-drop-Parameter**.

> ***pro*-drop-Parameter:**
> [+ *pro*-drop]: *pro* kann anhand der (Verbal)-Flexion identifiziert werden.
> [-*pro*-drop]: *pro* kann nicht anhand der Verbal-Flexion identifiziert werden.

Es gibt aber auch Sprachen, die keine Verbal-Flexion aufweisen und dennoch *pro* zulassen, zum Beispiel Chinesisch, Japanisch und Koreanisch (Huang 1984: 537)

(139)

    Zhangshan    shuo    bu    renshi    Lisi            Chinesisch
    Zhangshan    sagen   nicht  kennen   Lisi
    Zhangshan sagt, dass er Lisi nicht kennt.

Die Beobachtung führte zu der Annahme, dass *pro* nur dann lizensiert werden kann, wenn Sprachen entweder eine reiche Verbalflexion aufweisen oder gar keine (**Morphological Uniformity**) (siehe auch Müller & Riemer 1997: 162). *pro*-drop-Sprachen haben eine weitere Eigenschaft. Das Subjekt kann dem Verb nachgestellt werden.

(140)

| Delirant | isti | Romani | Latein |
|----------|------|--------|--------|
| spinnen-3.Pl | diese | Römer | |

Die spinnen, die Römer!

Auch in -*pro*-drop-Sprachen gibt es postverbale Subjekte:

(141)

    a)   Es zogen drei Burschen wohl über den Rhein.

    b)   There came three men into the room.                 Englisch

    c)   Il arrivait un garçon á Paris.                   Französisch

        Es kam ein Junge nach Paris.

Auffällig ist, dass in (141) in der Position vor dem Verb jeweils ein Expletivpronomen steht. Da die Subjekt-θ-Rolle jeweils nur in die präverbale Position vergeben wird, nimmt man in der generativen Grammatik an, dass diese von dem Expletivpronomen an das postverbale Subjekt „weitergereicht" wird. Deswegen werden das Expletivpronomen und das Subjekt mit demselben Index gekennzeichnet. In der generativen Grammatik sagt man, sie werden koindiziert (vgl. Chomsky 1981).

(141)

    d)     Es$_i$ zogen drei Burschen wohl über den Rhein.

Wenn nun in [+*pro*-drop]-Sprachen *pro* generell als Subjekt zugelassen ist, so ist zu erwarten, dass *pro* in diesen Sprachen auch für Expletivpronomina stehen kann. Dies ist in der Tat der Fall:

(142)

    a)   *pro* pluit                           Latein

        Es regnet.

    b)   *pro* piove                        Italienisch

    c)   *pro* llueve                       Spanisch

Wenn aber in den [+*pro*-drop]-Sprachen *pro* anstelle eines Expletivpronomens stehen kann, so ist anzunehmen, dass (140) analog zu (141) analysiert werden muss und das in (141) in der präverbalen Position ein *pro* steht, das mit dem postverbalen Subjekt koindiziert ist.

(143)        *pro*$_i$ delirant isti Romani$_i$.

### 2.6.4.4 Topic Drop

Betrachten Sie die folgenden Sätze:

(144)

    a)   Hat den Schulleiter getötet.

    b)   Hat der Lehrer für „Verteidigung gegen die dunklen Künste" getötet.

Es scheint als würden die Sätze das θ-Kriterium verletzen; sie müssen deshalb ungrammatisch sein. Es gibt aber Kontexte, in denen die Sätze (144) vollkommen grammatisch sind – zum Beispiel als Antwort auf folgende Fragen:

(145)

    a)   Was hat Snape getan?

    b)   Was ist mit Dumbledore geschehen?

Man nimmt an, dass in (144a) die Subjekt-NP und in (144b) die Objekt-NP durch ein leeres Pronomen ersetzt wird, sodass (144) wie folgt analysiert werden muss:

(146)

    a)   ∅ hat den Schulleiter getötet.

    b)   ∅ hat der Lehrer für Verteidigung gegen die dunklen Künste getötet.

Dieses Phänomen wird in der Grammatiktheorie **Topic-Drop** genannt. Beim *pro-drop* werden die grammatischen Merkmale des leeren Pronomens anhand der Flexionsmerkmale des Verbs rekonstruiert; beim Topic-Drop wird der muss sich der semantische Gehalt des Pronomens aus dem Kontext (nicht notwendigerweise dem verbalen Kontext) rekonstruieren lassen.

In 2.2 habe ich die Topikalisierung vorgestellt als einen Prozess, bei dem man Konstituenten an die Satzspitze verschiebt, um sie besonders hervorzuheben. Auch beim Topic-Drop muss das leere Pronomen an die Satzspitze verschoben werden. Steht ein anderes Element an der Satzspitze, ist der Satz ungrammatisch (Weerman 1989: 54).

(147)

    a)   *Den Schulleiter hat ∅ getötet.

    b)   *Snape hat ∅ getötet.[38]

Topic-Drop ist auch im Niederländischen sehr gebräuchlich:

---

38    Der Satz ist ungrammatisch, wenn das leere Pronomen auf *den Schulleiter* referiert. Wenn man den Satz generisch interpretiert (*Snape hat jemanden getötet*), so ist er grammatisch.

(148)

    a)   Wat doet Jan?                                        Niederländisch
           Was macht Jan?
           ∅ geeft Marie een boek.
           Gibt Marie ein Buch.
    b)   Wat doen we met Marie?
           Was machen wir mit Marie?
           ∅ geeft Jan een boek.
           Gibt Jan ein Buch.
    c)   Wat doen we met een boek?
           Was machen wir mit einem Buch?
           ∅ geeft Jan Marie.
           Gibt Jan Marie.

### 2.6.5 Das Projektionsprinzip

In den vorangegangenen Kapiteln habe ich dargelegt, dass die lexikalische Information der Verben die Satzstruktur entscheidend bestimmt. Insbesondere müssen alle θ-Rollen, die ein Verb (oder ein Nomen, ein Adjektiv, eine Präposition) vergibt, im Satz auch ausgedrückt werden. Diese Beobachtung führt zur Formulierung des **Projektionsprinzips.**

> **Projektionsprinzip**
> Lexikalische Information wird syntaktisch abgebildet.

Das Projektionsprinzip allein reicht noch nicht aus, um die minimale Struktur von Sätzen zu erklären. Für Sätze, in denen der Subjektposition keine θ-Rolle zugewiesen wird, braucht nach dem Projektionsprinzip auch keine Subjektposition geschaffen werden. Ein Satz ohne Subjekt ist aber ungrammatisch. Wenn Verben keine externe θ-Rolle zuweisen – das ist etwas bei Witterungsverben (*regnen, schneien, donnern*) der Fall – muss in der Subjektposition ein Expletivpronomen – das ist ein semantisch leeres Pronomen – stehen[39].

Dies wird durch das **erweiterte Projektionsprinzip (EPP)** gewährleistet, das besagt, dass alle Sätze ein Subjekt haben müssen.

> **Erweitertes Projektionsprinzip (EPP)**
> Jeder Satz hat ein Subjekt.
> S → NP AUX VP

---

39   Dies ist nicht nur im Deutschen der Fall – hier ist es aber offensichtlich – sondern auch in Sprachen, die scheinbar subjektlose Sätze erlauben. Hier wird in der Subjektposition ein phonetisch leeres Subjekt *pro* angenommen (siehe Seite 70)

## Übungen

1.) Wie sieht der Lexikon-Eintrag für die folgenden Verben aus:

a) *schlagen*
b) *bekommen*
c) *rennen*
d) *bringen*

2.) Formulieren Sie das θ-Kriterium.

3.) Die folgenden Satzstrukturen scheinen dem Theta-Kriterium zu widersprechen.

a) *Harry und Ron* besuchen die maulende Myrte.
b) Peeves bewirft *Ron und Hermine* mit Tintenfässern.
c) Filch *hasst und verachtet* jeden Schüler.

Finden Sie eine Lösung.

4.) Welche Beziehung besteht zwischen den folgenden Satzpaaren:

i.)
    a) Harry öffnet die Tür.
    b) Die Tür öffnet sich.

ii.)
    a) Snape kocht einen Zaubertrank.
    b) Der Zaubertrank kocht.

iii.)
    a) Harry überlistet einen Drachen.
    b) Der Drache wird überlistet.

5.) Was sind Expletivpronomina?

6.) Erklären Sie den Grammatikalitätsunterschied zwischen dem lateinischen und dem englischen Satz:

a) Puellam amat.
b) * loves a girl.

7.) Was versteht man unter Topic-Drop? Geben Sie Beispiele.

## 2.7 X-Bar-Syntax

In den einleitenden Abschnitten dieses Buches habe ich dargelegt, dass sich innerhalb von Sätzen hierarchisch aufgebauten Strukturen erkennen lassen: die Konstituenten. Syntaktische Prozesse beziehen sich auf Konstituenten, nicht auf Wörter.
Der Satz in (149) erhält die Struktur in (150):

(149)    Der Kröterich hat ein Auto gestohlen.

(150)

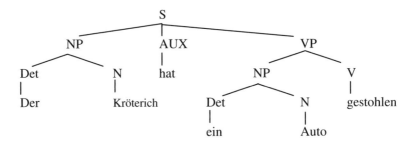

Ich habe in 2.5. Phrasenstrukturregeln vorgestellt. Diese bestimmen den internen
Aufbau der Konstituenten eines Satzes. In 2.6. habe ich die lexikalischen Eigenschaften von Wörtern – insbesondere die Subkategorisierungseigenschaften und
die thematischen Eigenschaften diskutiert. Auch diese bestimmen den internen
Aufbau von Phrasen. Wegen des Projektionsprinzips (siehe Seite 72) müssen
nämlich sämtliche θ-Rollen, die ein Verb (oder ein Nomen, ein Adjektiv, eine
Präposition) zuweist, in der syntaktischen Struktur auch erscheinen. Das wiederum bedeutet, dass die Information, wie eine Phrase aufgebaut ist, zweimal gegeben wird. Und damit ist entweder die lexikalische Information oder die Information, die aus den Phrasenstrukturregeln hervorgeht, redundant.
    Sowohl Phrasenstrukturregeln als auch lexikalische Eigenschaften von Wörtern
lassen sich nicht aus universalen Prinzipien ableiten. Das heißt, dass sie von einem
Kind, das seine Muttersprache erwirbt, gelernt werden müssen. Will man erklären,
warum sich der Spracherwerb so schnell vollzieht, muss man davon ausgehen,
dass die Grammatiken, die die Kinder lernen, möglichst einfach sind. Das bedeutet, dass sie mit wenigen Regeln auskommen sollten. Wenn also die Information über den internen Aufbau von Konstituenten doppelt gegeben ist – einmal
durch die Phrasenstrukturregeln und einmal durch die lexikalischen Eigenschaften
von Wörtern – sollte man untersuchen, ob man entweder auf die Phrasenstrukturregeln oder auf die Lexikoneinträge von Wörtern verzichten kann.
    In der Tat lässt sich zeigen, dass der interne Aufbau von NPs, VPs, APs und
PPs sehr ähnlich ist. Phrasenstrukturregeln lasse sich in der Tat durch einige, sehr
allgemeine Regeln ersetzen. Diese sehr allgemeinen Regeln möchte ich in den
folgenden Abschnitten vorstellen.

In 2.6.1 habe ich dargelegt, dass jede NP ein N(omen), jede VP ein V(erb), jede AP ein A(djektiv) und jede PP ein P(räposition) enthalten muss. Allgemein formuliert: Jede Phrase enthält eine Kategorie, die die kategorialen Eigenschaften der Phrase bestimmt. Das ist der **Kopf** der Phrase. Der Kopf ist grundsätzlich ein terminaler, d. h., ein nicht verzweigender Knoten, der lediglich ein lexikalisches Element (ein Wort) dominiert. N ist der Kopf der NP, V ist der Kopf der VP, A ist der Kopf der AP und P ist der Kopf der PP. Es muss also jede Phrase einen Kopf haben. Dies ist ein universelles Prinzip.

---

**Kopfprinzip**
Jede Phrase hat genau einen Kopf. Der Kopf muss ein terminaler Knoten sein.

---

(151)

| | | | |
|---|---|---|---|
| VP → V | NP → N | AP → A | PP → P NP |
| *schläft* | *Harry* | *eifersüchtig* | *neben Harry* |
| VP → V NP | NP → D N | AP → Adv. A | PP → Adv. P NP |
| *tötet Dumbledore* | *der Junge* | eifersüchtig auf Harry | *Direkt     neben Harry* |
| VP → V PP | NP → D N PP | AP → Adv. A PP | |
| *wohnen im Ligusterweg* | *der Junge mit der Narbe* | *Schrecklich eifersüchtig auf Harry* | |
| VP → V NP PP | NP → D AP N PP | | |
| *stiehlt das Dianthuskraut aus Snapes Büro* | *der große Junge mit der Narbe* | | |

Was sind die besonderen Eigenschaften des Kopfes in einer Phrase? Auf dem Kopf einer Phrase werden deren morphologische Merkmale realisiert.

(152) Snape bestraft *den Jungen mit der Narbe*.

Das Verb *bestrafen* subkategorisiert eine Akkusativ-NP. Das Merkmal [Akkusativ] wird auf dem Nomen *Jungen* realisiert, welches der Kopf der NP *den Jungen mit der Narbe* ist. Von dort überträgt es sich auf die ganze Phrase. D. h., wenn ein Nomen im Akkusativ steht, dann steht auch die dominierende NP im Akkusativ.

Eine Subjekt-NP im Plural braucht eine VP, die ebenfalls im Plural steht.

(153)
  a) Die Dursleys wohnen im Ligusterweg.
  b) *Die Dursleys wohnt im Ligusterweg.

Das Merkmal [Plural] wird wiederum auf dem Verb, dem Kopf der VP realisiert und überträgt sich von dort auf die ganze VP. D. h., wenn ein Verb im Plural steht, ist auch die dominierende VP für [Plural] spezifiziert. Es gilt also folgendes universelles Prinzip:

**Kopf-Vererbungsprinzip**
Die morphologischen Merkmale des Kopfes einer Phrase übertragen sich auf die ganze Phrase.

Das Vererbungsprinzip ermöglicht, auch den Begriff der Phrase zu definieren. Hierfür braucht man zunächst einen Hilfsbegriff:

**Projektionslinie**
Der Weg von einer komplexen Kategorie zu ihrem lexikalischen Kopf heißt Projektionslinie.

Nach dieser Vorstellung werden die Merkmale des Kopfes (z. B. [Akkusativ] und [Singular]) des Nomens (*Jungen*) entlang dieser Linie auf die ganze Phrase (*den Jungen mit der Narbe*) hochprojiziert (übertragen). Da *Jungen* im Akkusativ steht, steht auch die ganze NP *den Jungen mit der Narbe* im Akkusativ. Die Projektionslinie umfasst daher die Konstituenten *Jungen, Jungen mit der Narbe* und *den Jungen mit der Narbe*. Der Begriff der Phrase definiert sich nun wie folgt:

**Phrase**
Merkmale eines Kopfes werden nur ein Stück weit hochprojiziert. Am Ende einer solchen Projektionslinie ist man bei der Phrase angelangt.

Die Merkmale [Akkusativ] und [Singular] des Nomens *Jungen* werden eben nur bis zur NP *den Jungen* hochprojiziert, nicht zu der die NP dominierenden VP *bestraft den Jungen*. Die VP hat andere Merkmale ([3. Person], [Singular], [Präsens], [Aktiv], [Indikativ] usw.), die auf dem Kopf V realisiert werden.

(154)

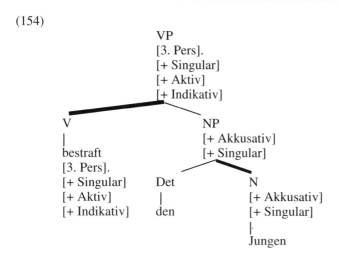

Jede Phrase hat einen Kopf. Alle anderen Konstituenten der Phrase sind ihrerseits Phrasen. Auch dies ist ein universelles Prinzip:

**Phrasenprinzip**
Jeder Nicht-Kopf ist eine Phrase.[40]

Je nach Subkategorisierungsrahmen verlangen die lexikalischen Köpfe ein oder mehrere Komplemente, die in der Syntax realisiert werden müssen.

Betrachten Sie das Verb. Ein Verb **regiert** seine Komplemente. In der traditionellen Grammatik heißt das: Es weist ihnen Kasus zu. Im Deutschen weist das Verb *helfen* den Dativ zu, das Verb *töten* den Akkusativ und das Verb *gedenken* den Genitiv.

In der generativen Grammatik beschränkt sich Rektion nicht auf Kasuszuweisung, sondern bezeichnet ganz generell die Beziehung zwischen dem regierenden Element (das immer ein Kopf sein muss) und dem Komplement (das immer eine Phrase sein muss).

Rektion sei vorläufig wie folgt definiert:

**Rektion** (vorläufige Definition)
α regiert β genau dann, wenn
a)  α ein Kopf ist ,
b)  α ein Regens ist[41] und
c)  α und β Schwesterknoten sind .

---

40  Es gibt einige Strukturen, die dem Phrasenprinzip zu widersprechen scheinen. So steht bei der NP in der Spezifikator-Position ein Det, das keine Phrase ist; ein C–Kopf nimmt ein S als Komplement. Ich komme in 2.7.2.3 und 2.7.2.4 darauf zurück.

41  α ist ein Regens, wenn α ein Komplement nimmt.

Ein spezieller Fall von Rektion ist die θ-Rektion. θ-Rektion liegt vor, wenn ein lexikalischer Kopf ein Element regiert und diesem außerdem eine θ-Rolle zuweist. In (149) θ-regiert das Verb *gestohlen* die NP *ein Auto*. Das heißt, sie regiert die NP (weist ihr u. a. den Akkusativ zu) und weist ihr die θ-Rolle THEMA zu.

### 2.7.1 Lexikalische Kategorien

#### 2.7.1.1 Die Verbalphrase

Für die Struktur der VP habe ich bisher die folgende Struktur angenommen:

(155)

a)

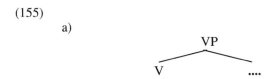

b)      VP → V .....

wobei ..... für alle Konstituenten steht, die nicht Kopf der VP sind, also NP, VP, AP, PP, S, S' usw.

Die Abbildung zeigt, dass eine VP immer einen Kopf V haben muss. Das entspricht dem Kopfprinzip (siehe Seite 75). Über weitere Elemente in der VP, deren Beziehung zum Verb und untereinander macht sie keine Aussagen. Außer einem Verb kann eine VP ein Objekt enthalten und Angaben über den Ort des Geschehens und den Zeitpunkt der Handlung oder die Art und Weise, in der die Handlung vonstattengeht (Adjunkte). Es stellt sich die Frage, wie die Elemente innerhalb der VP strukturiert sind.

Eine Möglichkeit ist, dass sie linear angeordnet sind.

(156)    Harry trifft seine Freunde am Morgen im Eberkopf.

(157)

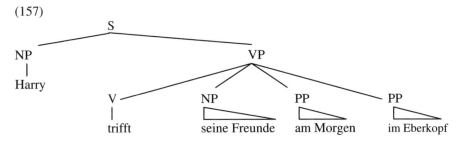

Die Struktur der VP in (157) bezeichnet man als **flach**; es gibt keinen syntaktischen Unterschied zwischen Komplementen und Adjunkten.

Wie können wir nun feststellen, ob die Struktur in (157) die Richtige ist? In Abschnitt (2.2) habe ich verschiedene Tests vorgestellt, mit denen man überprüfen kann, ob bestimmte Wortketten eine Konstituente bilden oder nicht. Einer der möglichen Tests war der Pronominalisierungstest, bei dem eine Konstituente durch eine Proform ersetzt wird. Geht man davon aus, dass (156) durch (157) repräsentiert wird, sollte nur die gesamte VP durch eine Proform ersetzt werden kann. Die Beispiele in (158) zeigen, dass dies nicht der Fall ist.

(158)

    a) Harry trifft seine Freunde am Morgen im Eberkopf. Das tut Malfoy auch.

    b) Harry trifft seine Freunde am Morgen im Eberkopf. Das tut Malfoy im Gemeinschaftsraum der Slytherins .

    c) Harry trifft seine Freunde am Morgen im Eberkopf. Das tut Malfoy am Abend im Gemeinschaftsraum der Slytherins.

In (158a) wird die VP *trifft seine Freunde am Morgen im Eberkopf* durch eine Proform *tut* ersetzt. Daraus folgt, dass die VP eine Konstituente ist. In (158b) wird ein kleinerer Teil der VP *trifft seine Freunde am Morgen* durch dieselbe Proform ersetzt. Der Satz bleibt grammatisch. Daraus folgt, dass auch *trifft seine Freunde am Morgen* eine Konstituente ist. In (158c) wird ein noch kleinerer Teil der VP – nämlich *trifft seine Freunde* durch die Proform *tut* ersetzt. Es stellt sich heraus, dass auch *trifft seine Freunde* eine Konstituente ist.

Die Struktur in (157) wird dem nicht gerecht. Wenn etwa *trifft seine Freunde* eine Konstituente ist, muss es einen Knoten geben, der *trifft seine Freunde* ausschließlich dominiert. Dies ist in (157) nicht gegeben. Es müsste auch einen Knoten geben, der *trifft seine Freunde im Eberkopf* dominiert. Auch dies ist in (157) nicht der Fall. Die Substitutionstests in (158) sprechen klar gegen eine flache und für eine hierarchische Struktur von (156):[42].

(159)

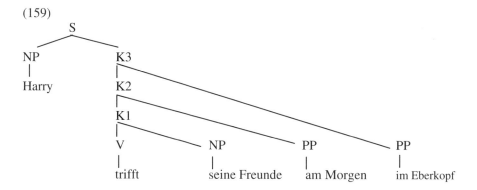

---

42   K steht für Konstituente.

Das Baumdiagramm in (159) gibt die interne Struktur der Verbalphrase besser wieder. Hier ist *trifft seine Freunde* eine Konstituente, die von dem Knoten K1 dominiert wird. Es gibt einen Knoten K2, der K1 zusammen mit der Adjunkt-PP *am Morgen* dominiert. Schließlich gibt es einen Knoten K3, der die K2 zusammen mit der Adjunkt-PP *im Eberkopf* dominiert.

Was ist nun die Kategorie der Konstituenten K1 und K2? Sind sie V oder VP? V können sie nicht sein, denn sie sind keine terminalen Knoten. Sie können auch keine vollen oder maximalen VPs sein, weil sie ihrerseits von verbalen Projektionen dominiert werden. K1 (*trifft seine* Freunde) wird von K2 (*trifft seine Freunde am* Morgen) dominiert und K2 ist eine verbale Projektion. K2 wird von K3 (*trifft seine Freunde am Morgen im Eberkopf*) dominiert und K3 ist wiederum eine verbale Projektion. In der generativistischen Literatur nimmt man deshalb an, dass K1 und K2 keine VPs sind, sondern **Zwischenprojektionen** von V bilden, nämlich V' (V-bar). Es ergibt sich die folgende Struktur:

(160)

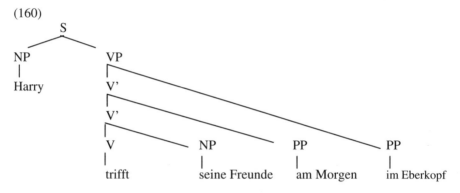

V' ist die Ebene, an der die Adjunkte angefügt werden. Die PPs *am Morgen* und *im Eberkopf* sind Adjunkte. Adjunkte sind optional. Man kann in einer VP beliebig viele Adjunkte realisieren, ohne dass sich an der Grammatikalität etwas ändert. Man sagt auch, dass die Projektion V' rekursiv ist (siehe Seite 36).

(161)
  a)   Harry trifft seine Freunde am Morgen im Eberkopf in Hogsmeade.
  b)   Harry trifft seine Freunde am Morgen im Eberkopf in Hogsmeade, um Bertie Botts Bohnen zu kaufen.

Weil die Projektionsebene V' rekursiv ist, wird ein V', an das ein Adjunkt angefügt wird, wiederum von einem V' dominiert.

Welches Element ergibt zusammen mit V' die VP oder VP? Betrachen Sie (162):

(162)

    a)    Alle Gryffindors haben „Geschichte der Zauberei" geschwänzt.

    b)    Die Gryffindors haben alle „Geschichte der Zauberei" geschwänzt.

    c)    Haben sie wirklich?

    d)    *Haben sie alle wirklich?

    e)    Die Hufflepuffs haben es (alle) auch getan.

Das Wort *alle* ist ein **Quantor**. Quantoren habe ich bisher nicht eingeführt. Quantoren sind Mengenbezeichnungen wie *alle, viele, wenige, einige, keine* usw. Quantoren spielen in der semantischen Interpretation von Sätzen eine wichtige Rolle (siehe Abschnitt 7.1). Syntaktisch verhalten sie sich ähnlich wie Determinatoren. In der generativen Grammatik steht Q für Quantor.

In (162b) geht V' der Quantor *alle* voran. In (162c) wird die VP getilgt. Der Quantor *alle* muss mitgetilgt werden, sonst erhält man einen ungrammatischen Satz (162d). Daraus folgt, dass *alle* Teil der Konstituente ist, denn nur ganze Konstituenten können getilgt werden (siehe Seite 25). In (162e) wird die VP durch die Proform *getan* ersetzt. Der Quantor *alle* kann stehen bleiben. Der Satz bleibt dennoch grammatisch. Daraus folgt, dass *alle* strukturell unabhängig von V' „*Geschichte der Zauberei" geschwänzt* sein und deshalb eine eigene Konstituente innerhalb der VP sein muss. *Alle* kann kein Adjunkt sein, denn Quantoren verhalten sich anders als die Adjunkte in (156). So können Quantoren nicht rekursiv gebraucht werden.

(163)    *Beide alle viele Gryffindors haben „Geschichte der Zauberei" geschwänzt.

Man nimmt deshalb an, dass *alle* in einer anderen Position innerhalb der VP realisiert wird als die Adjunkte. Die Position, in der Quantoren realisiert werden, nennt man die **Spezifikator-Position** (Spec). Die Spezifikator-Position bildet zusammen mit V' die VP. Man sagt auch, dass VP die **maximale Projektion** von V ist, weil es keine verbalen Projektionen gibt, die VP dominieren. (162b) erhält folgende Struktur:

(164)

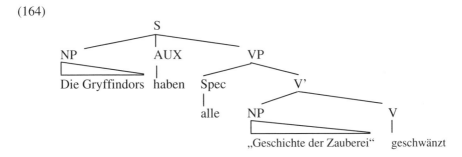

In [Spec VP] können auch Satzadverbien stehen:

(165)

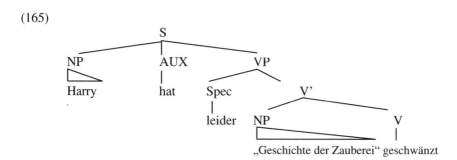

„Geschichte der Zauberei" geschwänzt

Man kann nun für VPs folgende generalisierte Struktur annehmen:

(166)
    a)    VP → Spec V'
    b)    V' → V' XP
    c)    V' → V YP

XP und YP sind Beliebigkeitsvariablen. Das heißt, es können all die Phrasen eingesetzt werden, die als Komplemente oder Adjunkte von V fungieren können – also NP, PP, S' usw.[43]

    (166) ist aber noch zu restriktiv, um eine universelle Regel für den Aufbau einer VP zu sein. Die Position der Verbalkomplemente variiert nämlich von Sprache zu Sprache. Das zeigen die folgenden Beispiele (vgl. Haegeman 1994, 95):

(167)
    a)    John-ga Mary-o but-ta                      Japanisch
           John-(Nom.) Mary-(Akk ) schlägt-Imperf.
           John schlug Mary
    b)    John hit Mary                               Englisch
    c)    John-ga Mary-ni hon-o yat-ta.             Japanisch
           John-(Nom.) Mary-(Dat.) Buch-(Akk.) gibt-Imperf.
           John gab Mary das Buch.
    d)    John gave Mary the book.                Englisch

Die Beispiele in (167) zeigen, dass das Verb in manchen Sprachen nach den Komplementen steht (Japanisch) und in manchen Sprachen vor den Komplementen (Englisch). Man nennt Sprachen, in denen das Verb vor den Komplementen steht, **SVO-Sprachen.** (SVO steht für die Reihenfolge Subjekt – Verb – Objekt). Sprachen, in denen die Komplemente vor dem Verb stehen, heißen **SOV-Sprachen.** (SOV steht für die Reihenfolge Subjekt – Objekt – Verb).

    Im Deutschen kann das Verb vor dem Objekt stehen (im Hauptsatz); das Objekt kann aber auch vor dem Verb stehen (im Nebensatz). In der generativen

---

43    In 2.7.2.3 werde ich zeigen, dass auch S' als Phrase analysiert werden kann.

Grammatik nimmt man an, dass das Deutsche eine SOV-Sprache ist. Wie es dazu kommt, werde ich in 6.3. erklären.

Die Regeln in (164) muss man demnach wie folgt umschreiben:

(168)

  a)  VP → Spec; V'
  b)  V' → V'; YP
  c)  V' → V; XP

Das Semikolon sagt, das die Reihenfolge von Spezifikator und V' bzw. die Reihenfolge von V und seinen Komplementen oder Adjunkten beliebig ist.

Die grafische Darstellung von (168) ist (169):

(169)

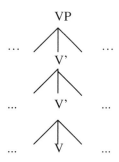

Die Spezifikator-Position kann leer bleiben. Ebenso können die Komplement- und die Adjunkt-Position unbesetzt bleiben. Das zeigen die folgenden Analysen[44]:

(170)   Intransitives Verb ohne Adjunkt:

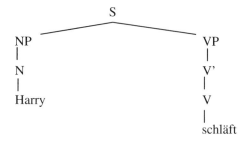

_____

44   Wie man ditransitive Verben analysiert, zeige ich in 6.4 und in 9.8.

(171)    <u>Intransitives Verb mit Adjunkt:</u>

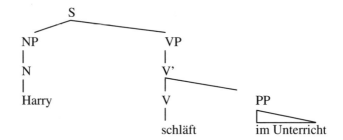

(172)    <u>Transitives Verb ohne Adjunkt:</u>

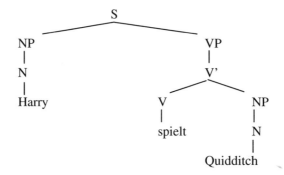

### 2.7.1.2 Die Nominalphrase

Welche Struktur hat die NP in (173)?

(173)    Die Rettung der Wolpertingerwelpen vor dem Bollog[45]

Sind die Konstituenten der NP linear angeordnet?

(174)

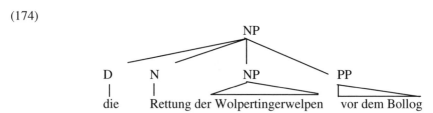

Gegen die Analyse in (174) spricht der Pronominalisierungstest. Man kann nämlich nicht nur die ganze NP pronominalisieren, sondern auch Teile davon. In (174)

---

45 ...ist nachzulesen in Walter Moers: Die 13 ½ Leben des Käpt'n Blaubär.

wird [$_{NP}$ N NP] *die Rettung der Wolpertingerwelpen* durch das Pronomen *die* ersetzt. [$_{NP}$ N NP] muss deshalb eine Konstituente sein.

(175)    Die Rettung der Wolpertingerwelpen vor dem Bollog war gefährlicher als
         die vor der Waldspinnenhexe.

Man kann auch einen noch kleineren Teil der NP pronominalisieren, nämlich [$_{NP}$ N]. [$_{NP}$ N] *die Rettung* muss deshalb ebenso eine Konstituente sein.

(176)    Die Rettung der Wolpertingerwelpen vor dem Bollog war gefährlicher als
         die des Stollentrolls vor den Tratschwellen.

Daraus folgt, dass auch NPs eine hierarchische Struktur aufweisen müssen:

(177)

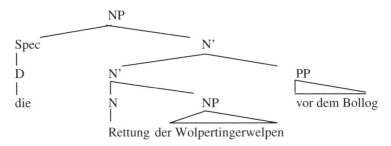

Die NP dominiert den Artikel, der sich in der Spezifikator-Position befindet und einen Knoten N'. N' dominiert einen Knoten N' und die PP *vor dem Bollog*. Die PP befindet sich einer Adjunkt-Position. Der Knoten N' dominiert einen weiteren Knoten N', der seinerseits den N-Kopf der Nominalphrase und dessen NP-Komplement dominiert.
    Nicht nur PPs können in der Adjunkt-Position einer NP stehen, sondern auch Relativsätze:

(178)

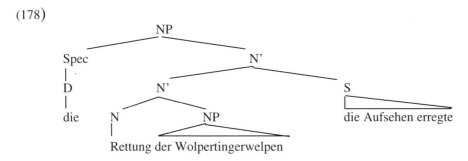

Wie in der VP kann auch in der NP die Spezifikator-Position leer bleiben, ebenso wie die Komplement- und die Adjunkt-Position.

(179)

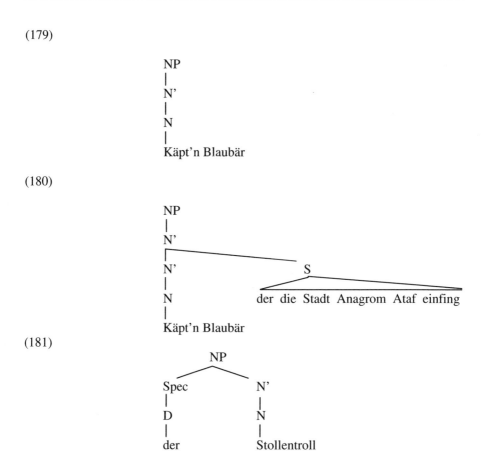

(180)

(181)

Für NPs nimmt man folgende Struktur an:

(182)

     a)   NP → Spec ;N'
     b)   N' → N;' YP
     c)   N'→ N; XP

Das Semikolon sagt, das die Reihenfolge von Spezifikator und N' bzw. die Reihenfolge von N und seinen Komplementen oder Adjunkten beliebig ist. In manchen Sprachen stehen nämlich die Komplemente vor dem N-Kopf, in anderen folgen sie dem N-Kopf nach.

(183)

    a)   buturigaku-no gakusei            Japanisch
         Physik-(Gen.) Student
         (ein) Student der Physik
    b)   a student of physics                Englisch

Die grafische Darstellung von (182) ist (184):

(184)

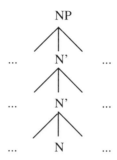

Die Punkte stehen für die Komplemente, die vor und nach dem N-Kopf stehen können. Wo sie stehen, ist sprachspezifisch verschieden.

### 2.7.1.3 Die Adjektivphrase

Für die Adjektivphrase kann man eine ähnliche Struktur annehmen.

(185)    Harry ist *ziemlich stolz auf seinen neuen Besen*.

Die AP *ziemlich stolz auf seinen neuen Besen* hat folgende Struktur:

(186)

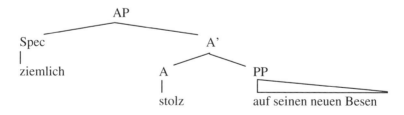

APs haben die folgende Struktur:

(187)

    a)   AP → Spcc; A'
    b)   A' → A'; YP
    c)   A' → A; XP

Das Semikolon sagt, das die Reihenfolge von Spezifikator und A' bzw. die Reihenfolge von A und seinen Komplementen oder Adjunkten beliebig ist. In manchen Sprachen stehen nämlich die Komplemente vor dem A-Kopf, in anderen folgen sie dem A-Kopf nach.

(188)

    a)   Kobe yoori ookii                  Japanisch
           Kobe Komparativ groß
           größer als Kobe
    b)   bigger than Kobe                 Englisch

Die grafische Darstellung von (187) ist (189):

(189)                                                    AP

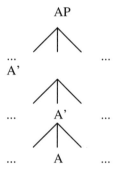

### 2.7.1.4 Die Präpositionalphrase

Alle Präpositionen verlangen ein NP-Komplement:

(190)

    a)   bei den Zwergpiraten
    b)   für die Klabautergeister
    c)   in den Finsterbergen
    d)   mit den Gimpeln

Präpositionalphrasen können auch Spezifikatoren haben:

(191)      genau in das Dimensionsloch

Die Struktur von (191) ist (192):

(192)

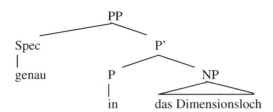

PPs haben die folgende Struktur:

(193)

      a)   PP → Spec; P'
      b)   P' → P'; YP
      c)   P' → P; XP

Das Semikolon sagt auch hier, das die Reihenfolge von Spezifikator und P' bzw. die Reihenfolge von P und seinen Komplementen oder Adjunkten beliebig ist. In manchen Sprachen stehen nämlich die Komplemente vor dem P-Kopf, in anderen folgen sie dem P-Kopf nach.

(194)

      a)   hito-e                                       Japanisch
          Mensch zu
          zu dem Menschen
      b)   to the people                              Englisch

Die grafische Darstellung von (193) ist (195)

(195)

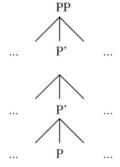

### 2.7.1.5 Zusammenfassung: das X-Bar-Schema

In den vorangegangenen Abschnitten habe ich dargelegt, dass VPs, NPs, APs und PPs dieselbe interne Struktur aufweisen:

(196)

| | | | |
|---|---|---|---|
| VP → Spec; V' | NP → Spec; N' | AP → Spec; A' | PP → Spec; P' |
| V' → V'; YP | N' → N'; YP | A' → A'; YP | P' → P'; YP |
| V' → V; XP | N' → N; XP | A' → A; XP | P' → P; XP |

Die Regeln in (196) lassen sich durch noch allgemeinere Regeln ersetzen:

(197)

      a)   XP → Spec; X'
      b)   X' → X' YP
      c)   X' → X' YP

Man nennt den allgemeinen Bauplan für Phrasen **X-Bar-Schema**, weil man für die Variable X die lexikalischen Kategorien V, N, A und P einsetzen kann. Das X-Bar-Schema sagt, dass alle Phrasen einen Kopf haben. Der Kopf und ein eventuelles Komplement ergeben zusammen die X'-Ebene. Die Ebene X' ist rekursiv. D. h., X' wird zusammen mit dem eventuellen Adjunkt wiederum von einem Element X' dominiert. Der Spezifikator bildet zusammen mit X' die maximale Projektion. Die Ebenen X, X' und XP sind universal. Die Position des Kopfes zu seinen Komplementen ist sprachspezifisch verschieden. Im Englischen zum Beispiel steht der Kopf vor seinen Komplementen. Im Japanischen folgt der Kopf seinen Komplementen.

| | |
|---|---|
| **X-Bar-Schema** | |
| a) | Jede Phrase hat einen Kopf. Der Kopf muss ein terminaler Knoten sein. |
| b) | Die Ebenen X, X' und XP sind universal. |
| c) | Die Position des Kopfes in Relation zu seinen Komplementen ist sprachspezifisch verschieden. |

Für den Spracherwerb kann man annehmen, dass das Wissen um die universalen Eigenschaften der Phrasenstruktur (das X-Bar-Schema) angeboren ist. Das Kind muss sie also nicht lernen. Es muss lediglich für die Sprache, die es erwirbt, die Position des Kopfes festlegen.

### Übungen

1.)    Formulieren Sie das X-bar-Schema

2.)    Zeichnen Sie Strukturbäume für folgende Ausdrücke. Was fällt Ihnen auf?

      a)   (weil Pu) heute I-Ah besucht hat.
      b)   Ferkels Angst vor dem Heffalump
      c)   (Pu ist) ziemlich stolz auf Ferkel.
      d)   (Ferkel wohnt) nahe bei Pu.

3.)    Erklären Sie den Gammatikalitätsunterschied:

    a)       ein Freund von Pu, der gerne Disteln frisst
    b)       *ein Freund, der gerne Disteln frisst, von Pu

## 2.7.2 Funktionale Kategorien

### 2.7.2.1 Einführung

In den letzten Kapiteln habe ich dargelegt, dass alle phrasalen Kategorien dieselbe interne Struktur aufweisen (173). Welche Struktur haben aber Sätze?

(198)    Harry glaubt, [$_{S'}$ dass [$_S$ Filch schläft]].

Der Nebensatz *dass Filch schläft* setzt sich zusammen aus dem Complementizer *dass* und dem Satz *Filch schläft*. Bisher habe ich dem Nebensatz die folgende (vereinfachte) Struktur zugewiesen.

(199)

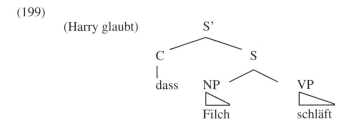

(199) widerspricht dem X-Bar-Schema. S' ist eine Projektion von S. Als Kopf von S' sollte S – wie V, N, A oder P – ein terminaler Knoten sein. S hat aber zwei Töchter, NP und VP. Auch der Knoten S ist problematisch für das X-Bar-Schema, denn weder NP noch VP sind terminale Knoten. Sie kommen beide als Köpfe von S nicht in Frage. S hat deshalb offensichtlich keinen Kopf und verletzt das Kopf-Prinzip (siehe Seite 75).

    Zwei Wege bieten sich an, das Problem zu lösen. Entweder man nimmt an, dass die Grammatik verschiedene Strukturen kennt: **endozentrische** und **exozentrische** Strukturen. Als endozentrische Strukturen bezeichnet man Strukturen wie VP, NP, AP und PP. Diese Strukturen haben einen Kopf. Exozentrische Strukturen sind Strukturen wie S und S'. Diese Strukturen haben keinen Kopf. Das würde aber bedeuten, dass ein Kind im Spracherwerb zwei Arten von Phrasenstrukturen unterscheiden und diese den jeweiligen Kategorien korrekt zuweisen müsste. Vorteilhafter scheint es daher, den zweiten der möglichen Wege zu beschreiten und nachzuweisen, dass sich auch S und S' ins X-Bar-Schema eingliedern lassen.

### 2.7.2.2. S als Inflection-Phrase

(200)    Der Kröterich hat ein Auto gestohlen.

(201)

S hat drei Töchter, nämlich NP, AUX und VP. AUX ist die einzige Tochter von S, die ein terminaler, d. h. ein nicht verzweigender Knoten ist. Nach dem Kopfprinzip (siehe Seite 75) ist ein Kopf stets ein terminaler Knoten, AUX muss deshalb der Kopf von S sein.

Was aber geschieht dann in Sätzen, die kein Hilfsverb und deshalb keine Konstituente AUX enthalten? Haben diese Sätze keinen Kopf?

In den Arbeiten zur generativen Grammatik, die in den Achtzigerjahren des letzten Jahrhunderts diskutiert wurden, wird AUX durch die Kategorie I ersetzt[46]. Unter I werden nicht nur Hilfsverben (*haben, sein,* werden) und Modalverben (*können, müssen, dürfen,* wollen usw.) realisiert, sondern auch die *Flexionsmorpheme* von Vollverben. I steht für **Inflection** (engl. für: Flexion). Unter I werden grammatische Merkmale des Verbs festgelegt, nämlich:

- Tempus [TNS] (von engl. *tense*): Präsens, Präteritum usw.
- Kongruenz [AGR] (von engl. *agreement*): Person, Numerus usw.[47]

Warum analysiert man Flexionsmorpheme als eine eigene, vom Verb unabhängige Kategorie? Dafür gibt es Argumente aus verschiedenen Sprachen: Im Englischen kann die Verbalphrase an den Satzanfang gestellt (topikalisiert) werden. Das Verb bleibt unflektiert. Ein Hilfsverb steht an der ursprünglichen Position des Verbs. Auf dem Hilfsverb werden die Flexionsendungen des Verbs ausgedrückt. (Haegeman 1994: 109).

(201)

     *Abandon* the investigation, Poirot *did* indeed.              Englisch
     Aufgeben die Untersuchung Poirot tat zweifellos.
     Die Untersuchung aufgeben ist, was Poirot zweifellos tat.

---

46   I heißt in der Literatur oft auch INFL.
47   Kongruenz soll hier die Übereinstimmung des Verbs mit dem Nomen über die Merkmale Person und Numerus sein. Natürlich werden auch andere grammatische Merkmale (Modus, Genus Verbi, in manchen Sprachen auch Aspekt) auf INFL realisiert. In der generativen Grammatik liegt aber das Hauptinteresse auf den Merkmalen [TNS] und [AGR].

Oben habe ich Topikalisierung als einen möglichen Konstituententest angeführt. Nur Konstituenten können topikalisiert werden (vgl. Seite 26). Folglich muss das Verb zusammen mit der NP eine Konstituente bilden, die von dem Flexionsmorphem unabhängig ist.

Für eine unabhängige Flexionskategorie sprechen auch Daten aus dem Chinesischen. Hier kann die Aspektpartikel *le* getrennt vom Verb am Satzende stehen (siehe Fanselow/Felix 1987: 55)[48]. [49]

(203)

| ta | jintian-zaochen | shang | feiji | le | Chinesisch |
|----|------|------|------|------|------|
| er | heute morgen | besteigt | Flugzeug | Perfektiv | |

Er hat heute morgen ein Flugzeug bestiegen

Wenn I eine eigenständige Kategorie ist, erhält man für (204a, b) die folgende Repräsentation (205).

(204)

    a)   Der Kröterich klaut ein Auto.
    b)   Der Kröterich hat ein Auto geklaut.

(205)

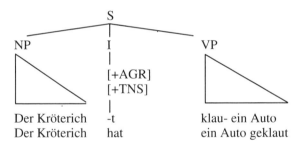

---

48   Das Chinesische ist eine flexionslose Sprache, d. h. Tempus und Kongruenz sind am Verb nicht erkennbar. Tempus und Aspekt werden durch Adverbien bzw. bestimmte Partikeln ausgedrückt.

| Zhangshan | dangshi | zai | kan | yil ben | shu. |
|----|------|------|------|------|------|
| Zhangshan | zu jener Zeit | Imperfektiv | lesen | ein | Buch |

Zhangshan war zu jenem Zeitpunkt gerade dabei, ein Buch zu lesen.

49   Problematisch erscheinen Sätze, in denen *le* zweimal gebraucht wird – unmittelbar nach dem Verb und in satzfinaler Position. *le* kann aber in verschiedenen Funktionen gebraucht werden: als Aspektmarker und als Partikel, mit der man die durch den Satz ausgedrückte Handlung als für den Augenblick relevant darstellen kann.

| Wo | he | le | san | bei | le |
|----|------|------|------|------|------|
| Ich | trinken | Perfektiv | drei | Glas | schon |

Ich habe schon drei Gläser getrunken (und möchte deshalb nichts mehr trinken)

(Li & Tompson 1981: 266 ff.)

[+AGR] bedeutet, dass *klaut* und *hat geklaut* kongruierte Verbformen sind. Die Verben weisen Kongruenzmerkmale auf. Sie stehen in der 3. Person Singular. [+TNS] heißt, dass *klaut* bzw. *hat geklaut* für Tempus positiv spezifiziert sind. *klaut* steht im Präsens, *hat geklaut* im Perfekt.

Flexionsmorpheme wie *–t* sind gebundene Morpheme, d. h., sie brauchen ein Element, mit dem sie zu einem finiten Verb verschmelzen können. Man nimmt deshalb an, dass der Verbstamm nach I „bewegt" wird und dort mit dem Flexionsmorphem einen komplexen Kopf ergibt[50]. Da sich bei dieser Art von Bewegung ein Kopf in eine andere Kopf-Position bewegt, spricht man auch von **Kopf-zu-Kopf-Bewegung**. Bei unregelmäßig flektierenden Verben wie etwa *stehlen (stiehlt, stahl, gestohlen)* geht man davon aus, dass sie als Ganzes aus dem Lexikon in V eingesetzt werden. Obwohl sie schon die Flexionsendung tragen, werden sie dennoch nach I bewegt, um dort die Übereinstimmung der Flexionsmerkmale des Verbs mit denen des Subjekts zu gewährleisten.[51]

Wie aber werden Infinitive analysiert, die keine Tempusmerkmale aufweisen und die auch nicht mit dem Nomen kongruieren?

(206)    Der Maulwurf sieht [s den Kröterich ein Auto *stehlen*].

Man nimmt an, dass bei Infinitivsätzen der Kopf I phonetisch nicht realisiert wird, wohl aber für [TNS] als auch für [AGR] negativ spezifiziert ist.

(207)

Der Maulwurf sieht

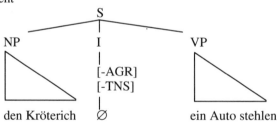

Es gibt auch Sätze, die für [TNS] positiv und für [AGR] negativ spezifiziert sind.

(208)    Der Kröterich bestreitet, [ *geschlafen zu haben*].

Sätze, die mit dem Subjekt kongruieren, gleichzeitig aber keine Tempusmorpheme aufweisen, gibt es im Deutschen nicht. Das Portugiesische aber kennt eine Verbform, die als persönlicher oder flektierter Infinitiv bezeichnet wird. Wie der Name

---

50    Ich werde das Konzept „Bewegung" in Kapitel 6 genauer diskutieren. Auf Kopf-zu-Kopf-Bewegung komme ich in 6.3 zu sprechen.

51    In neueren Arbeiten zur generativen Grammatik nimmt man an, dass alle Verben voll flektiert in den V-Knoten eingesetzt werden. Sie müssen dennoch nach I bewegt werden, weil sie dort auf ihre Tempus- und Kongruenzmerkmale hin überprüft werden.

schon vermuten lässt, besteht diese Form aus dem Infinitiv und einer Flexionsendung, ist also für Person und Numerus spezifiziert [+AGR], nicht aber für
Tempus [-TNS] (vgl. Müller & Riemer 1997: 173).

(209)

| Infinitiv + | 1.Sg. | 2.Sg. | 3.Sg. | 1.Pl. | 2.Pl. | 2.Pl. | Portugiesisch |
|---|---|---|---|---|---|---|---|
| falar- (sprechen), | -∅ | -es | -∅ | -mos | -des | -em | |
| vender- (verkaufen) | | | | | | | |
| partir- (weggehen) | | | | | | | |

Der flektierte Infinitiv ist – wie auch der unflektierte Infinitiv – nur in Nebensätzen zugelassen:

(210)

  a) Será  difícil  eles  aprovarem  a  proposta
     Ist  schwierig  sie  zustimmen-Inf.3.Pl  zu  Antrag
     Es ist schwierig (für sie), dem Antrag zuzustimmen.
  b) *Eles  approvarem  a  proposta
     sie  zustimmen-Inf.3.Pl  zu  Antrag

Flektierte Infinitive ähneln finiten Verben, weil sie Nominativsubjekte zulassen
(211b). Unflektierte Infinitive lassen keine Nominativsubjekte zu (211c).

(211)

  a) Será  difícil  que  eles  aprovem  a  proposta
     Ist  schwierig  dass  sie  zustimmen-3.Pl  zu  Antrag
     Es ist schwierig, dass sie dem Antrag zustimmen.
  b) Será  difícil  eles  aprovarem  a proposta
  c) *Será  difícil  eles  aprovar  a  proposta
     Ist  schwierig  sie  zustimmen-Inf.  zu  Antrag

In der Tat verhält sich I wie ein Kopf. Die Merkmale von I übertragen sich auf den
ganzen Satz. Ist I für [AGR] positiv spezifiziert, liegt ein finiter Satz vor (181); ist
I für [AGR] negativ spezifiziert, liegt ein Infinitivsatz vor (183). Das Gleiche gilt
für [TNS]. Ist I für [TNS] positiv spezifiziert, ist auch für den gesamten Satz das
Tempus festgelegt (181); ist I für [TNS] negativ spezifiziert, liegt auch für den
gesamten Satz das Tempus nicht fest. Dies entspricht dem Kopf-Vererbungs-
Prinzip (siehe Seite 76), das besagt, dass sich die Merkmale des Kopfes auf den
ganzen Satz übertragen.
   Die Elemente in I lassen sich nur mit bestimmten Typen von VPs kombinieren.
*Werden* kann nur mit einer Infinitiv-VP oder Partizip-VP stehen; ein voll
flektiertes Verb führt zu Ungrammatikalität. *Haben* und *sein* lassen nur Verben im
Partizip Perfekt zu. Flexionsmorpheme können nur mit einem Verbstamm stehen,
nicht aber mit einem Partizip oder einem Infinitiv:

(212)

    a)   Der Kröterich wird ein Auto klauen / *klaut.
    b)   Ein Auto wird geklaut.
    c)   Der Kröterich hat ein Auto *klauen / geklaut/ *klaut.
    d)   Der Kröterich klaut /*geklaut-t/*klauen-t ein Auto.

Die Abhängigkeit zwischen I und VP erinnert an die Subkategorisierungseigenschaften von Verben oder Präpositionen, die ihre Kombinierbarkeit mit möglichen Komplementen regeln. Deswegen sagt man, dass I VP als Komplement nimmt.

Angesichts dieser Überlegungen ist der Satz eine Phrase (oder eine maximale Projektion) deren Kopf I ist. Komplement von I ist die VP, die den selektionalen Eigenschaften von I genügen muss. I und VP sind Töchter eines Knotens I', der die nächsthöhere Projektion von I ist. Das Satzsubjekt steht in der Spezifikator-Position von IP. Das Satzsubjekt wird zusammen mit der Projektion I' von der maximalen Projektion IP dominiert. Es gibt eine Besonderheit in der Beziehung zwischen dem Satzsubjekt und dem I-Kopf: Das Subjekt muss mit I hinsichtlich der AGR-Merkmale Numerus und Person übereinstimmen. Andernfalls ist der Satz ungrammatisch. Man spricht hier von einer **Spezifikator-Kopf-Kongruenz**. Die Spezifikator-Kopf-Konkurrenz spielt in neueren Arbeiten zur generativen Grammatik eine entscheidende Rolle.

(213)

    a)   Der Kröterich hat ein Auto geklaut.
    b)   *Ich / *Du / *Wir / * Ihr hat ein Auto geklaut.
    c)   *Der Kröterich haben ein Auto geklaut.

Die Sätze in (204) erhalten die folgende Struktur:

(214)

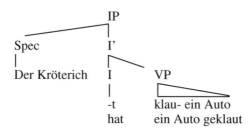

IP lässt sich wie folgt ableiten:

(215)

    a)   IP → Spec; I'
    b)   I' → I; VP

Die Satzstruktur fügt sich nun nahtlos in das X-Bar-Schema ein.

Die Kategorie I hat einige Eigenschaften, die sie von V, N, A und P unterscheidet:

**Eigenschaften von V, N, A und P**

- Worte von diesem Typ bedeuten etwas; sie stehen auf Personen, Länder, Dinge (N), Aktionen wie *geben, lachen, trinken* (V), Eigenschaften wie *grün, klein* (A) oder Relationen wie *unter* und *in* (P).

- V, N und A bilden offene Klassen, d. h., es können immer neue Wörter hinzukommen (z. B. Komposita: *Todes-Kaffee, Frauenbeißer, UFO-Baby* (BILD-Zeitung))

- V, N, A und P können verschiedene Phrasen als Komplement nehmen. Subkategorisierung ist ein wortspezifisches Merkmal: Subkategorisierungseigenschaften werden deshalb im Lexikon festgelegt.

**Eigenschaften von I**

- Elemente, die unter I realisiert werden, haben keine Bedeutung und weisen keine θ-Rollen zu. Unter I werden vielmehr grammatisch relevante Informationen wie Tempus und Kongruenzmerkmale festgelegt.

- Die Elemente, die unter I realisiert werden können, bilden eine geschlossene Klasse. Das bedeutet, dass es nur einige wenige Wörter oder Morpheme gibt (Modalverben, Auxiliarverben, Flexionselemente), die unter I realisiert werden können. Neue Is gibt es erst nach jahrzehnte- oder jahrhundertelangem Sprachwandel.

- I kann nur eine Kategorie als Komplement nehmen, nämlich VP und legt grammatische Merkmale fest, die V aufweisen muss. Bestimmte Is fordern eine Infinitiv-VP als Komplement, andere ein Partizip, wieder andere einen Verbalstamm.

I gehört zu einer anderen Gruppe von Kategorien als V, N und A. V, N und A sind **lexikalische Kategorien,** während I eine **funktionale Kategorie** ist. In den folgenden Abschnitten werde ich weitere funktionale Kategorien vorstellen.

### 2.7.2.3 S' als Complementizer-Phrase

Wie lässt sich nun S' in das X-Bar-Schema einfügen? S' wurde eingeführt, um die Struktur von Nebensätzen darzustellen. S' wird durch die folgende Regel generiert:

(216)    S' → C; S/IP

C steht für **Complementizer**. Complementizer sind nebensatzeinleitende Konjunktionen wie *dass, weil, ob* oder *um*. Nach der Regel in (216) erhält (217) folgende (vereinfachte) Struktur (218):

(217)    Harry sieht, dass Filch schläft.

(218)

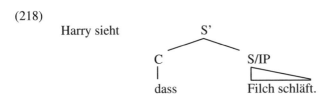

Harry sieht

S' hat zwei Töchter: C und IP. C ist ein terminaler, d. h. ein nicht verzweigender Knoten; IP ist eine Phrase. In einer Phrase ist nur der Kopf ein terminaler Knoten. Das besagen das Kopfprinzip und das Phrasenprinzip (siehe Seite 75). C muss demnach der Kopf von S' sein.

Genau wie I ist auch C für bestimmte Merkmale spezifiziert. Die Beispiele in (219) zeigen, dass manche Complementizer Aussagesätze (Deklarativsätze) einleiten (219a), andere Fragesätze (Interrogativsätze) (219b).

(219)
  a)    Harry sieht, dass Filch schläft.
  b)    Harry fragt sich, ob Filch schläft.

C weist ein Merkmal [± WH] auf. WH steht für *Frage*, denn die meisten englischen Fragewörter beginnen mit *wh* (*where, who, when, what* usw.). Der Complementizer *dass* in (219a) ist für WH negativ spezifiziert ([-WH]), d. h. der Nebensatz in (219a) ist keine Frage. *Ob* (193b) ist für [WH] positiv spezifiziert ([+WH]), d. h. der Nebensatz in (219b) ist eine Frage. Das Merkmal WH überträgt sich von C auf den ganzen Satz. Das entspricht dem Kopf-Vererbungsprinzip (siehe Seite 76), das besagt, dass sich die Merkmale des Kopfes auf die ganze Phrase übertragen.

Die Beispiele in (220) zeigen, dass zwischen C und IP Selektionsbeschränkungen bestehen. *Dass, weil* und *ob* leiten einen finiten Satz ein, *zu* einen Infinitivsatz. Das spricht dafür, dass IP Komplement von C ist.

(220)
  a)    Harry sieht, dass Filch schläft.
  b)    Filch legt sich hin, um zu schlafen.

C und IP sind Töchter eines Knotens COMP' oder C'. C' wird zusammen mit dem Spezifikator (Spec) von einer maximalen Projektion CP dominiert. (217) erhält folgende (vereinfachte) Struktur:

(221)

Harry sieht

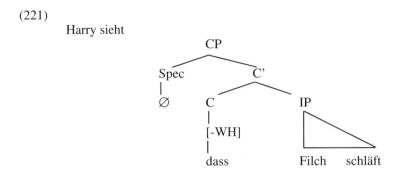

Die Position Spec wird phonetisch nicht realisiert. In manchen Sätzen stehen Fragewörter in der Spec-Position von C[52]. Das Fragewort kann in [Spec CP] stehen, weil der C-Kopf für [+ WH] spezifiziert ist. In den moderneren Arbeiten zur generativen Grammatik wird gesagt, dass [Spec CP] ebenfalls für [± WH] positiv spezifiziert ist. [Spec CP] kongruiert mit C bezüglich des Merkmals [+WH]. Es liegt also ein Fall von Spezifikator-Kopf-Kongruenz vor, ähnlich der in IPs; wo die NPs in [Spec IP] mit dem Element in I bezüglich der AGR-Merkmale Person und Numerus kongruieren müssen.

(222)

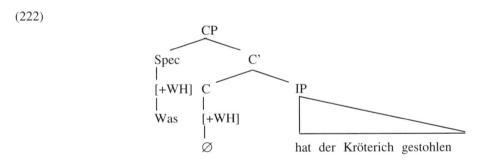

Was spricht dafür, Fragewörter in der Spec-Position und nicht in C zu realisieren? Zum einen lässt sich die Konstituente *was* durch komplexere Phrasen ersetzen:

(223)    Welches Auto hat der Kröterich gestohlen?

*Welches Auto* kann kein terminaler Knoten sein und deshalb nicht unter C realisiert werden. Außerdem gibt es Dialekte im Deutschen, in denen beide Positionen besetzt sein können. [Spec CP] enthält das Fragewort, C eine semantisch leere Konjunktion *dass* (Beispiele aus Bayer 1984).

---

52   Die Syntax von Fragesätzen ist etwas komplizierter; ich werde sie in Kapitel 6.7. erklären.

(224)

|   | a) | I woaß net | wer | dass | des | toa | hod. | Bairisch |
|---|----|-----------|-----|------|-----|-----|------|----------|
|   |    | Ich weiß nicht | wer | dass | das | getan | hat. | |
|   | b) | I woaß net | wos | dass | mer | tõa | soin. | |
|   |    | Ich weiß nicht | was | dass | wir | tun | sollen. | |
|   | c) | I woaß net | wann | dass | da Xavea | kummt. | |
|   |    | Ich weiß nicht | wann | dass | der Xaver | kommt. | |

CP lässt sich wie folgt ableiten:

(225)

    a)      CP → Spec, C'

    b)   C' → C IP

Die Struktur von CP fügt sich nun nahtlos in das X-Bar-Schema ein.
Die Kategorie C hat sehr ähnliche Eigenschaften wie I.

- Die Wörter, die unter C realisiert werden, haben keine eigene Bedeutung. Sie legen Eigenschaften des Satzes fest, etwa ob es sich um einen Deklarativsatz handelt oder einen Interrogativsatz. Die Elemente, in I haben ebenfalls keine Bedeutung, sondern legen Merkmale des Satzes wie Tempus und Finitheit fest.
- Die Wörter, die unter C realisiert werden, bilden eine geschlossene Klasse. Das bedeutet, dass es nur einige wenige Wörter gibt, die unter C realisiert. Entsprechend können auch unter I nur wenige Wörter (oder Morpheme) realisiert werden.
- Elemente in [Spec CP] kongruieren mit C bezüglich des Merkmals [+ WH]. Ebenso kongruieren Elemente in [Spec IP] mit I bezüglich der Merkmale Person und Numerus.
- C kann nur eine Kategorie als Komplement nehmen, nämlich IP. Entsprechend kann auch I nur eine Kategorie – nämlich VP – als Komplement nehmen.

Es liegt deshalb nahe, C zu den funktionalen Kategorien zu zählen.

I und C lassen sich mithilfe bestimmter Merkmale charakterisieren. Es stellt sich die Frage, ob dies auch für lexikalische Kategorien gilt.

Es ist der Vorschlag gemacht worden, lexikalische Kategorien durch die Merkmale [N] und [V] zu beschreiben:

(226)

    a)   V → [+V, -N]

    b)   N → [+N, -V]

    c)   A → [+N, +V]

    d)   P → [-N, -V]

Die Annahme, dass Verben verbalen und Nomen nominalen Charakter haben, leuchtet unmittelbar ein. Warum aber sollen Adjektive für beide Merkmale positiv und Präpositionen für beide Merkmale negativ spezifiziert sein? Adjektive tragen die Merkmale, die auch für NPs typisch sind. Sie flektieren nach Numerus und Genus; sie können wie Verben durch Adverbien modifiziert werden.

(227)

    a)   der kluge (Sg. Mask.) Dachs (Sg. Mask.)

    b)   die sehr beschämte Ratte – Die Ratte schämt sich sehr.

Präpositionen haben weder verbale noch nominale Eigenschaften. Deshalb gibt es auch die Überlegung, ob Präpositionen zu den funktionalen Kategorien zählen sind (Rauh 1995). Dafür spricht auch, dass Präpositionen eine geschlossene Klasse bilden und nur NPs als Komplemente zulassen.

Mithilfe der Merkmale [N] und [V] lassen sich sogenannte **natürliche Klassen** definieren. So lassen Kategorien mit dem Merkmal [-N], also Verben und Präpositionen, universal ein NP-Komplement zu[53].

### 2.7.2.4 Small Clauses als Agr(eement)-Phrasen

Neben finiten und infiniten Sätzen gibt es weitere Konstruktion, die man in der generativen Grammatik als satzwertig annimmt: sogenannte Small Clauses (Small Clause = kleiner Satz)[54]. Small Clauses enthalten keine Verbalphrase, sondern ein Prädikativ (das ist eine prädikativ gebrauchte Adjektiv-, Nominal- oder Präpositionalphrase). Small Clauses können als ganze Sätze paraphrasiert werden.

(228)

    a)   Harry findet [„Geschichte der Zauberei" langweilig].

    b)   Harry findet, dass „Geschichte der Zauberei" langweilig ist.

    c)   Hermine nennt [Professor Trelwaney eine Lügnerin].

    d)   Hermine sagt, dass Professor Trelawney eine Lügnerin ist.

    e)   Harry glaubt [Ron und Hermine außer Gefahr].

    f)   Harry glaubt, dass Ron und Hermine außer Gefahr sind.

Die Small Clauses in (228a) könnte man wie folgt darstellen:

---

53    Im Deutschen können auch Nomen und Adjektive Kasus zuweisen; dies nicht in allen Sprachen der Fall.

    das Haus des Kröterichs           des Kröterichs überdrüssig

    *the house Mr. Oats             *sick Mr Oat

    the house of Mr. Oat           sick of Mr. Oat

    Der pränominale Genitiv in Mr.Oat's house bekommt seinen Kasus nicht durch das Nomen, sondern durch ein Element in D. Wie das möglich ist, erkläre ich in 2.7.2.5.

54    Small Clauses werden in der traditionellen Grammatik „verblose Sätze" genannt.

(229)

Harry findet

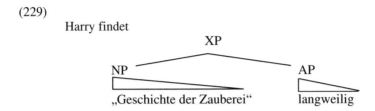

(229) widerspricht dem X-Bar-Schema. XP hat keinen Kopf; außerdem gibt es keine Strukturen, die zwei maximale Projektionen dominieren. Alternativ kann man die Small Clause (202a) als maximale Projektionen eines funktionalen Kopfes F analysieren. F ist phonetisch leer; in der Spezifikator-Position steht die NP. Die AP ist das Komplement von F.

(230)

Harry findet

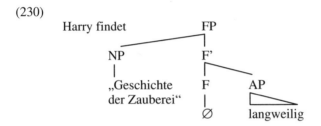

Welches ist der kategoriale Status von Small Clauses. Betrachten Sie die französischen Beispiele in (231):

(231)

Im Französischen kongruieren prädikativ gebrauchte Adjektive mit dem Nomen, d. h. sie stimmen bezüglich der Merkmale [Genus] und [Numerus] mit dem Nomen überein. In der generativistischen Literatur nimmt man an, dass es diese Flexionsmerkmale sind, die auf dem funktionalen Kopf von Small Clauses realisiert werden. Small Clauses werden deshalb als maximale Projektionen eines Kopfes Agr(eement = Kongruenz) analysiert (siehe u. a. Haegeman 1994)[55].

---

55   Alternativ wurde vorgeschlagen, Small Clauses als Prädikatsphrasen (PrädP) zu analysieren (Bowers 1993).

(232)

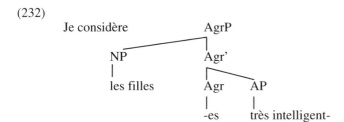

Im Deutschen kongruieren prädikativ gebrauchte Adjektive nicht mit dem Nomen bzw. die Kongruenzmerkmale sind nicht sichtbar. Deshalb bleibt in (232) der Agr-Kopf leer.

Zusätzliche Evidenz für die Annahme eines funktionalen Kopfes in Small Clauses liefern die sogenannten „Als-Prädikationen" im Deutschen.

(233)
    a)   Harry bezeichnet Professor Binns als einen Schnarchsack.
    b)   Harry hält Professor Binns für einen Schnarchsack.

Hier ist die Kopf-Position der AgrP durch ein lexikalisches Element besetzt, nämlich durch die Partikel *als* bzw. *für*. Die NP *Professor Binns* steht in der Spezifikator-Position, die NP *einen Schnarchsack* in der Komplement-Position.

(233a) wird wie folgt analysiert (234):

(234)

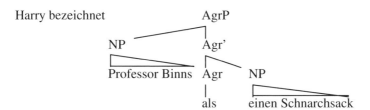

Als-Prädikationen kommen auch in anderen Sprachen vor:

(235)

    a)   I consider John *as* my best friend.          Englisch
    b)   Je considère Louise *comme* ma meilleure amie.   Französisch
          Ich betrachte Louisa als meine beste Freundin.

### 2.7.2.5. NPs als Determinatorphrasen

Bisher habe ich Nominalphrasen wie folgt analysiert:

(236)

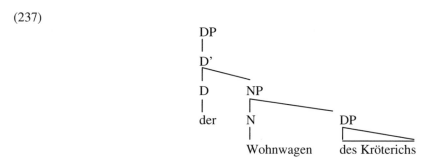

(236) widerspricht dem X-Bar-Schema, denn D ist ein terminaler Knoten. Das Phrasenprinzip (siehe Seite 77) spricht dafür, dass D ein Kopf ist und nicht in der Spec-Position stehen kann. 1987 schlug Steven Abney in seiner Dissertation vor, dass Nominalphrasen – ähnlich wie auch Verbalphrasen – von einer funktionalen Projektion dominiert werden, deren Kopf D ist. Der funktionale Kopf D nimmt NP als Komplement. (Abney 1987). Abneys Ansatz wurde von vielen Autoren auf das Deutsche übertragen. (Bhatt 1990, Gallmann /Lindauer 1994, Haider 1988, Löbel 1990, Olsen 1991, Vater 1991). Die Nominalphrase in (202) erhält folgende (vereinfachte) Struktur:

(237)

Es gibt eine Reihe von Argumenten, Determinatoren zu den funktionalen Kategorien zu zählen:

- Die Kategorie D hat eng mit Definitheit zu tun, d. h. einer Merkmalsklasse [± definit]. Die Merkmalsklasse hat keinen semantischen Gehalt. Eine Determinatorphrase ist für [+definit] markiert, wenn die Person / der Gegenstand, auf den sie verweist, bereits in den Text eingeführt ist. Sie ist [-definit], wenn von der Person / dem Gegenstand, auf den die DP verweist, noch nicht die Rede gewesen ist. Entsprechend ist C für [± WH] spezifiziert und I für [± AGR] und [± TNS].
- Die Wörter, die unter D realisiert werden, bilden eine geschlossene Klasse, d. h., es gibt nur wenige Elemente, die unter D realisiert werden können. Dazu gehören der bestimmte und der unbestimmte Artikel, Demonstrativpronomina, Indefinitpronomina und Personalpronomina (siehe Seite 46). D ähnelt damit I, wo nur Modalverben, Auxiliarverben und verbale Flexionselemente realisiert werden können. D ähnelt auch C.

Dort können nur nebensatzeinleitende Konjunktionen stehen. Personalpronomina sind intransitive Determinatoren, d. h. Determinatoren, die
kein NP-Komplement nehmen[56]. Die Det-Position kann leer bleiben (bei
Eigennamen und Massennomina (Butterbier)), ebenso wie I leer bleiben
kann (bei Infinitivsätzen). Auch C kann leerbleiben, wenn in [Spec CP]
ein Element steht, das für [± WH] positiv spezifiziert ist.

- Die Kategorie D ist also Träger der nominalen Kongruenzmerkmale
  (AGR-Merkmale). D ähnelt damit I und C. Auf I werden die AGR-
  Merkmale des Verbs realisiert (siehe Seite 92). C ist für das Merkmal [±
  WH] spezifiziert.
- D nimmt NP als Komplement, weist NP aber keine θ-Rolle zu. I kann nur
  ein VP-Komplement nehmen und C nur ein IP-Komplement.

(238)

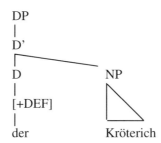

Pränominale Genitive – wie etwa *Harrys* in (239) – werden in [Spec DP]
realisiert.

(239)    Harrys Besen

Pränominale Genitive stehen im Deutschen niemals zusammen mit einem Artikel.

(240)    *Harrys der Besen

Olsen (1991) nimmt deshalb an, dass die D-Position mit einem Merkmal [+
POSS] besetzt ist. Olsen identifiziert das Merkmal [+POSS] mit dem Kasus-
morphem *-s* der Possessorphrase. Possessivpronomina analysiert Olsen wie pränominale Genitive. Das Pronomen steht in Spec, das Flexionsmorphem in D.

---

56    Das erklärt, warum Personalpronomina niemals mit einem Artikel stehen können. Die Position D
      für Artikel ist dann nämlich bereits vom Personalpronomen besetzt.

(241)

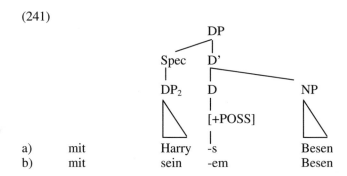

|     |     |       |     |       |
|-----|-----|-------|-----|-------|
| a)  | mit | Harry | -s  | Besen |
| b)  | mit | sein  | -em | Besen |

Fasst man NPs als DPs auf, so kann man Sätze und Nominalphrasen parallel analysieren:

(242)

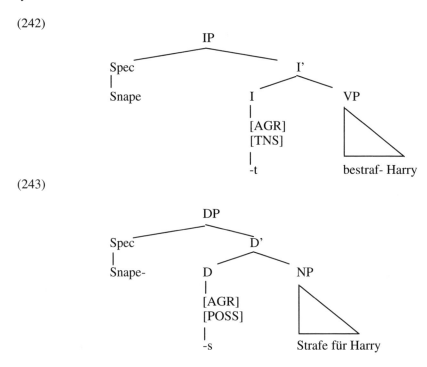

(243)

## Übungen

1.) Welche Argumente sprechen dafür, S als IP und S' als CP zu interpretieren?

2.) Zeichnen Sie einen Strukturbaum für folgende Sätze:

    a)      Chemluth liebt Fredda.

    b)      (Blaubär fragt sich) ob er den Gallertprinzen wiedertrifft.

    c)      (Das Publikum jubelt) weil Blaubär den Stollentroll besiegt.

3.)    Welche funktionalen und welche lexikalischen Kategorien gibt es?

4.)    Worin unterscheiden sich lexikalische von funktionalen Kategorien?

5.)    Zeichnen sie Strukturbäume zu den folgenden Strukturen. Was fällt Ihnen auf?

    a)      Blaubär fürchtet die Waldspinnenhexe.

    b)      Blaubärs Furcht vor der Waldspinnenhexe

6.)    Welche Argumente sprechen dafür und welche dagegen, Präpositionen zu den funktionalen Kategorien zu zählen?

# 3 Die Kasustheorie

Im vorangegangenen Kapitel habe ich das X-Bar-Schema vorgestellt. Das X-Bar-Schema bestimmt den Aufbau phrasaler Kategorien. Alle Phrasen XP haben einen Kopf X. D. h., dass es in VPs einen Knoten V geben muss, in NPs einen Knoten N, in APs einen Knoten A und in PPs einen Knoten P. Die Schwester des Kopfes ist das Komplement. Das Komplement muss eine maximale Projektion, d. h. eine ganze Phrase sein. Kopf und Komplement werden von einem Knoten X' dominiert. Der Schwesterknoten von X' das Adjunkt ist ebenfalls eine maximale Projektion und ebenso der Spezifikator.

Das X-Bar-Schema macht aber keine Angaben über die Reihenfolge, in der Köpfe und Komplemente angeordnet sein müssen. Und die ist keineswegs beliebig – auch im Deutschen nicht, das eine relativ freie Wortstellung aufweist. Die Wortfolge innerhalb von Phrasen wird durch die **Kasustheorie** festgelegt[57].

(1)

    a)    Pu sagt, dass Ferkel I-Ah einen Luftballon zum Geburtstag schenkt.

    b)    Pu sagt, dass Ferkel I-Ah zum Geburtstag einen Luftballon schenkt.

    c)    *Pu sagt, dass Ferkel I-Ah zum Geburtstag schenkt einen Luftballon.

    d)    *Pu sagt, dass Ferkel einen Luftballon zum Geburtstag schenkt I-Ah.

Die Daten in (1) zeigen, dass im deutschen Nebensatz DP-Komplemente – also nominale Komplemente – grundsätzlich vor dem Verb (oder links vom Verb) stehen müssen. Steht die DP nach dem V-Kopf (oder rechts vom Verb), ist der Satz ungrammatisch[58].

Infinite Satzkomplemente andererseits können sowohl links als auch rechts vom Verb stehen. Finite Sätze stehen sogar besser in postverbaler Position. Auch adverbiale Präpositionen können links und rechts vom Verb stehen.

(2)

    a)    Pu sagt, dass Ferkel [ein Heffalump zu fangen] versucht.

    b)    Pu sagt, dass Ferkel versucht [ein Heffalump zu fangen].

---

57    Die Kasustheorie besteht zusätzlich zur θ-Theorie. In 6.1.1.7 werde ich Chomskys „Sichtbarkeitsbedingung" vorstellen (Chomsky 1986a). Nach Chomsky hängen die Kasustheorie und die θ-Theorie zusammen. Einer DP kann nur dann Kasus zugewiesen werden, wenn sie Kasus trägt.

58    Wenn die DP im Satz vor dem Verb steht, steht sie im Strukturbaum links vom V-Kopf. Steht sie nach dem Verb, wird sie im Strukturbaum rechts vom Verb realisiert.

    Die DP steht links von V            Die DP steht rechts von V.

c)   ?Ferkel glaubt, dass Känga [dass Ruh seine Stärkungsmedizin nicht isst] niemals zulassen wird.

d)   Ferkel glaubt, dass Känga niemals zulassen wird, [dass Ruh seine Stärkungsmedizin nicht isst].

e)   Pu sagt, dass auch Kaninchen mit seinen Bekannten und Verwandten mitkommt.

f)   Pu sagt, dass auch Kaninchen mitkommt mit seinen Bekannten und Verwandten.

Der Unterschied zwischen DPs einerseits und Sätzen und PPs andererseits liegt darin, dass DPs für **Kasus** markiert sind. Eine DP *muss* Kasus tragen. Welchen Kasus eine DP trägt, hängt vom Verb ab, dessen Komplement die DP ist (siehe Seite 77). Manche V-Köpfe nehmen eine DP im Akkusativ zum Komplement, manche eine DP im Dativ und manche eine DP im Genitiv. Sätze und PPs sind morphologisch unabhängig vom Verb.

(3)

a)   Akkusativ:   dass Pu *das Heffalump* fängt.

b)   Dativ:          dass Pu *dem Heffalump* aus der Grube hilft.

c)   Genitiv:        dass Pu *des Heffalumps* gedacht hat.

Da der Kasus der DP vom regierenden Verb abhängt, sagt man in der generativen Grammatik auch, dass das Verb der DP den Kasus **zuweist**.

Im Deutschen weist das Verb den Kasus nach links zu. Das Verb steht nämlich viel häufiger in der Endposition des Satzes als in der Anfangsposition, d. h. an zweiter Stelle. Verb-End-Stellung liegt grundsätzlich in eingeleiteten Nebensätzen vor, aber auch in vielen Hauptsätzen. Wenn das Verb im Perfekt, Futur oder Plusquamperfekt steht, nimmt nur das Hilfsverb die zweite Position im Satz ein. Das Hilfsverb kann aber dem Objekt keinen Kasus zuweisen. In 3.2.1 werde ich erklären, warum das so ist.

(4)

a)   Pu hat ein Heffalump *getroffen*.

b)   Pu wird ein Heffalump *treffen*.

c)   Pu hatte ein Heffalump *getroffen*.

Die Nebensatzstellung, in der das Verb in der Endposition steht, gilt in der generativen Grammatik als Grundstellung im deutschen Satz. Die Verb-Zweit-Stellung ist eine abgeleitete Struktur. Ich komme in 6.3 darauf zurück.

(1c) und (1d) sind ungrammatisch, weil die Objekt-DP rechts vom Verb steht, d. h. in einer Position, in die das Verb keinen Kasus zuweist. Diese Ungrammatikalität lässt sich mithilfe der Kasustheorie erklären. Das zentrale Prinzip der Kasustheorie ist der **Kasusfilter**:

**Kasusfilter:**
Eine DP ist ungrammatisch, wenn sie keinen Kasus zugewiesen bekommt.

Der Kasusfilter wirkt wie ein Filter auf alle Strukturen, die das X-Bar-Schema erzeugt. Das X-Bar-Schema lässt unendlich viele Strukturen zu, von denen sind nur diejenigen wohlgeformt, die dem Kasusfilter genügen.

Die Bedingungen, wann ein Kopf seinem Komplement Kasus zuweisen kann, sind in den Sprachen verschieden. Die generative Grammatik kennt drei verschiedene Parameter, die das Kind im Spracherwerb festlegen muss.

Es unterliegt parametrischer Variation

- welche Köpfe Kasus zuweisen,
- in welche Richtung Köpfe Kasus zuweisen und
- wo die Komplement-DP stehen muss, damit sie Kasus erhalten kann.

Im Deutschen weisen nicht nur Verben Kasus an ihr Komplement zu, sondern alle lexikalischen Köpfe[59].

(5)

|   |   |   |
|---|---|---|
| a) | Verben | dass Pu *ein Heffalump* fängt. |
| b) | Nomen | das Haus *des Bären* |
| c) | Adjektive | Pu ist *(dem) Ferkel* treu. |
| d) | Präpositionen | in *Kaninchens Haus* |

Das ist nicht in allen Sprachen so. Im Englischen können nur Verben und Präpositionen Kasus zuweisen, also nur die Kategorien, die für das Merkmal [-N] spezifiziert sind. Nomen und Adjektive lassen als Komplement nur Präpositionalphrasen zu (siehe Seite 101):

(6)

|   |   |   |
|---|---|---|
| a) | Verben | Pooh loves *honey* |
| b) | Nomen | *the house *Mr. Oat* |
| c) | Adjektive | *sick *Mr. Oat* |
| d) | Präpositionen | a present for *Mr. Oat* |

(6b) und (6c) können vor dem Kasusfilter „gerettet" werden, wenn man die Präposition *of* einsetzt:

(7)

|   |   |
|---|---|
| a) | sick *of* Mr. Oat |
| b) | the house *of* Mr. Oat |

---

59  Auch funktionale Köpfe können Kasus zuweisen – nicht an ihr Komplement, sondern an die DP in der Spezifikator-Position. Man sagt auch, die DP wird via Spezifikator-Kopf-Kongruenz (siehe Seite 142) zugewiesen. Dies ist der Fall bei Satzsubjekten – I weist nach [Spec IP] Kasus zu – und bei pränominalen Genitiven – D weist nach [Spec DP] Kasus zu. Ich komme in 3.2.2 darauf zurück.

Man kann auch sagen, dass nur Wörter mit dem Merkmal [-N] universale Kasus-zuweiser sind. Wörter mit dem Merkmal [+N] können nur in manchen Sprachen Kasus zuweisen.

Lexikalische Köpfe können nur in eine bestimmte Richtung Kasus zuweisen: nach rechts oder nach links. Sprachen unterscheiden sich darin, in welche Richtung lexikalische Köpfe ihren Kasus zuweisen. Im Englischen steht die Objekt-DP nach dem Verb (oder der Präposition). Man sagt auch, dass die Kasus-zuweisung nach **rechts** erfolgt[60]. Dasselbe gilt für das Französische, Italienische und Spanische (siehe Müller/Riemer 1997: 80).

(8)

|     |                              |             |
| --- | ---------------------------- | ----------- |
| a)  | John has read the book.      | Englisch    |
|     | Johann hat das Buch gelesen. |             |
| b)  | * John has a book read.      |             |
| c)  | Jean a lu le livre.          | Französisch |
| d)  | *Jean a le livre lu.         |             |
| e)  | Gianni ha letto il libro.    | Italienisch |
| f)  | *Gianni ha il libro letto.   |             |
| g)  | Juan ha leido el libro.      | Spanisch    |
| h)  | *Juan ha el libro leido.     |             |

Im Japanischen und Türkischen stehen die Objekt-DPs vor dem Verb. Hier erfolgt die Kasuszuweisung nach **links** (Fanselow/Felix 1987: 45).

(9)

|     |              |                |               |           |
| --- | ------------ | -------------- | ------------- | --------- |
| a)  | Taroo-wa     | Hanako-o       | ai-shiteru.   | Japanisch |
|     | Taroo-Top    | Hanako-(Akk)   | liebt         |           |
|     | Taroo liebt Hanako. |         |               |           |
| b)  | Baba-ma      | mektup         | yazdim.       | Türkisch  |
|     | Vater-meinem | Brief          | ich-schrieb   |           |
|     | Ich schrieb meinem Vater einen Brief. |  |               |           |

Im Deutschen ist die Sache komplizierter: Verben und Adjektive – lexikalische Kategorien also, die das Merkmal [+V] tragen, weisen Kasus nach links zu, Nomen und Präpositionen, lexikalische Kategorien, die das Merkmal [-V] tragen, nach rechts.

---

60   Wenn die Objekt-DP nach dem Verb steht, dann erscheint sie im Baumdiagramm rechts vom Verb.

(10)

| Verben | dass Pu *ein Heffalump* fängt. |
| | *dass Pu fängt ein Heffalump. |
| Nomen | das Haus *des Bären* |
| | * das *des Bären* Haus |
| Adjektive | Pu ist *dem Ferkel* treu. |
| | *Pu ist treu *dem Ferkel.* |
| Präpositionen | in *Kaninchens Haus* |
| | *Kaninchens Haus* in |

Im Deutschen kommen aber auch – ganz selten – Postpositionen vor. Hier steht die Komplement-DP links vom Kopf:

(11)
   a)   der Umstände halber
   b)   *halber der Umstände

Dieses ist eine besondere Eigenschaft des Wortes *halber*, die im Lexikon vermerkt werden muss. Im Deutschen erfolgt die Kasuszuweisung in unterschiedliche Richtungen – wohin hängt einmal von der Wortart ab, zum anderen aber von lexikalischen Eigenschaften einzelner Wörter.

   Im Englischen unterliegt Kasuszuweisung einer weiteren Beschränkung. Hier muss das Komplement direkt neben dem lexikalischen Kopf stehen. Man sagt auch, dass Kopf und Komplement **adjazent** sein müssen. Andernfalls kann ihm kein Kasus zugewiesen werden.

(12)
   a)   Mr. Oat bought the car a few days before.
   b)   *Mr. Oat bought a few days before the car.

Die Adjazenzbedingung gilt nicht in allen Sprachen. Im Deutschen können zwischen Kopf und Komplement andere Konstituenten stehen.

(13)
   a)   weil der Kröterich in der Stadt ein Auto gekauft hat.
   b)   weil der Kröterich ein Auto in der Stadt gekauft hat.

In der generativen Grammatik wird **Kasuszuweisung** wie folgt definiert.

Kasuszuweisung
In einer Konfiguration [α β...] oder [...β α] weist α β genau dann Kasus zu, wenn
- α der Kopf einer phrasalen Kategorie ist oder
- α [-N] ist.
Parameter: Kasus kann auch durch [+N] zugewiesen werden.
Parameter: α weist Kasus nach links / rechts zu.
Parameter: α und β müssen adjazent sein.

## 3.1 Morphologischer und abstrakter Kasus

Im Deutschen sind die verschiedenen Kasus direkt an der morphologischen Endung des Nomens oder am Determinator sichtbar. Feminina und Neutra benutzen die gleichen Endungen für Nominativ und Akkusativ; bei Feminina fallen außerdem Genitiv und Dativ morphologisch zusammen.

(14)

| Kasus | Maskulin | Feminin | Neutrum |
|-------|----------|---------|---------|
| Nominativ | der Kröterich | die Wasserratte | das Kaninchen |
| Genitiv | des Kröterichs | der Wasserratte | des Kaninchens |
| Dativ | dem Kröterich | der Wasserratte | dem Kaninchen |
| Akkusativ | den Kröterich | die Wasserratte | das Kaninchen |

Die Tatsache, dass die Feminina bzw. Neutra für Nominativ und Akkusativ die gleiche morphologische Form benutzen, ändert nichts daran, dass es sich um zwei verschiedene Kasus handelt. Man würde sicher nicht behaupten, dass es nur bei den Maskulina vier verschiedene Kasus gibt, bei den Neutra hingegen nur drei und bei den Feminina nur zwei. Vielmehr gibt es bei allen Genera gleichermaßen vier verschiedene Kasus.

Im Englischen gibt es nur die Kasus Nominativ, Genitiv und Akkusativ. Nur der Genitiv ist morphologisch markiert.

(15)

| Nominativ | Mr. Oat | the rat | the rabbit |
|-----------|---------|---------|------------|
| Genitiv | Mr. Oat's | the rat's | the rabbit's |
| Akkusativ | Mr. Oat | the rat | the rabbit |

Bei den Pronomina werden die Kasus im Englischen noch sichtbar[61]:

(16)

| Nominativ | he | she | it |
|-----------|-----|------|-----|
| Genitiv | his | her | its |
| Akkusativ | him | her | it |

---

61   Das englische Kasussystem unterscheidet sich vom Deutschen. Im Englischen wird an Objekte grundsätzlich der Akkusativ zugewiesen. Man unterscheidet aber drei Objektarten: das direkte, das indirekte und das präpositionale Objekt. Bei Verben, die nur ein Objekt zuweisen, ist dieses stets ein direktes Objekt. Gibt es zwei Objekte, so ist das Objekt, das die θ-Rolle „Rezipient" trägt, das indirekte Objekt, dasjenige Objekt, das „Thema" oder „Patiens" ist, ist direktes Objekt.

Das indirekte Objekt muss unmittelbar rechts vom Verb stehen.

I gave *him* (indirektes Objekt) *a book* (direktes Objekt).

Das präpositionale Objekt ist das Komplement einer Präposition *to*.

I gave a book *to him*.

Das indirekte Objekt und das präpositionale Objekt entsprechen dem Dativ im Deutschen.

Auch wenn im Englischen die morphologische Kasusmarkierung noch eingeschränkter ist, als im Deutschen, gibt es auch hier die verschiedenen Kasus. Das zeigt sich daran, dass es auch hier Restriktionen gibt, in welcher Position ein DP-Komplement stehen darf:

(17)

    a)    Pooh loves Christopher Robin.
    b)    Christopher Robin loves Pooh.
    c)    He loves him.
    d)    *Him loves he.

Im Chinesischen gibt es gar keine Kasusmarkierung. Dennoch gibt es Kasus, denn das Subjekt kann nur in Subjektposition (vor dem Verb) und das Objekt nur in Objekt-Position stehen.

(18)

| Wo | xihuan | Zhangshan | | Chinesisch |
|----|--------|-----------|---|------------|
| Ich | mag | Zhangshan | | |

Die Wortstellung Objekt-Verb-Subjekt (Zhangshan mag ich) ist im Chinesischen unmöglich. Wenn das Objekt vorangestellt wird, dann muss es mit einer Präposition stehen, die ihm Kasus zuweist. Vorangestellte Objekte sind meist definit – d. h. bereits in den Diskurs eingeführt.

(19)

| a) | Zhangshan | kan | le | yi | ben | shu. | |
|----|-----------|-----|-----|-----|-----|------|---|
| | Zhangshan | lesen | Perfektiv | ein | Zählwort | Buch | |
| | Zhangshan hat ein Buch gelesen. | | | | | | |
| b) | Zhangshan | ba | zhe | ben | shu | kan | le |
| | Zhangshan | Präposition | das | Zählwort | Buch | lesen | Perf. |
| | Zhangshan hat das Buch gelesen. | | | | | | |

In der generativen Grammatik unterscheidet man deshalb zwischen dem Kasus, der in eine bestimmte Position zugewiesen wird (**abstrakter Kasus**) und der morphologischen Realisierung dieses Kasus (**morphologischer Kasus**). Der abstrakte Kasus ist der Kasus, den ein Kasuszuweiser (V, N, A oder P im Deutschen, V oder P im Englischen) einer DP in einer bestimmten syntaktischen Position zuweist. Nur der abstrakte Kasus ist Teil der Universalgrammatik. Wenn in der generativen Grammatik von Kasus die Rede ist, ist immer der abstrakte Kasus gemeint, der unabhängig ist von der morphologischen Ausgestaltung in der jeweiligen Sprache.

## 3.2 Der strukturelle Kasus: Nominativ und Akkusativ

### 3.2.1 Objekte im Akkusativ

Transitive Verben weisen ihrem Komplement den Akkusativ zu:[62]

(20)     weil Pu *ein Heffalump* trifft.

Transitive Verben können nur an das Komplement, d. h. nur an eine DP Kasus zuweisen, die sie regieren. Allgemein kann Kasuszuweisung nur unter Rektion erfolgen. Den Begriff **Rektion** hatte ich auf Seite 77 wie folgt definiert:

Rektion (vorläufige Definition)
$\alpha$ regiert $\beta$ genau dann, wenn
a)        $\alpha$ ein Kopf ist,
b)        $\alpha$ ein Regens ist und
c)        $\alpha$ und $\beta$ Schwesterknoten sind.

Die DP in *den Bären* (21a) steht in der Spezifikator-Position von IP. V regiert [Spec IP] nicht, denn V und [Spec IP] sind keine Schwesterknoten. V kann deshalb an [Spec IP] keinen Kasus zuweisen. (21a/b) ist ungrammatisch.

(21)

         a)     *Den Bären schläft.

         b)

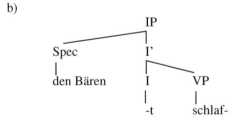

Ein intransitives Verb kann an eine Objekt-DP keinen Kasus zuweisen, denn es nimmt keine Komplement-DP und ist deshalb kein Regens. (22) ist ungrammatisch, weil die DP *den Honig* in einer Position steht, in der sie keinen Kasus erhält. (22) verletzt damit den Kasusfilter.

(22)     *Pu schläft den Honig.

---

62    Verben, die ihrer Komplement-DP den Dativ oder Genitiv zuweisen, werde ich in Kapitel 3.3 behandeln.

Wie ich bereits erwähnt habe, weisen im Deutschen nicht nur Verben, sondern auch andere lexikalische Kategorien Kasus zu.

(23)

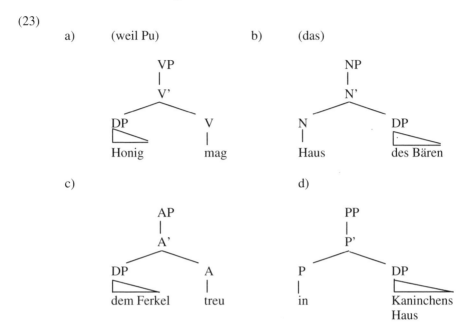

Es stellt sich die Frage, woher die DP *Pu* in (24) ihren Kasus bekommt – von V oder von P.

(24)     dass Ferkel zu Pu kommt.

Die Daten in (25) zeigen, dass es die Präposition sein muss, die der DP den Kasus zuweist:

(25)
    a)   weil Christopher Robin einen Brief schreibt.
    b)   weil Christopher Robin mit einem Bleistift schreibt.
    c)   *weil Christopher Robin mit einen Bleistift schreibt.

Das Verb weist einer Komplement-DP den Akkusativ zu (25a). Die Präposition *mit* weist der Komplement-DP den Dativ zu (25b). In (25c) kann der V-Kopf der DP nicht den Akkusativ zuweisen, weil er nicht über die PP hinweg regieren kann. In der Literatur sagt man auch, dass die PP eine **Barriere** für die Rektion der DP durch V ist.
    Der Begriff Barriere wird wie folgt definiert:

**Barriere:**
Eine maximale Projektion ist für ein Rektionsverhältnis eine Barriere, wenn sie zwischen dem Regens $\alpha$ und dem zu regierenden Element $\beta$ lokalisiert ist.

(26)

weil Christopher Robin

```
                        VP
                        |
                        V'
              PP              Barriere        V
              |                               |
              P'                           schreibt

        P           DP
        |           |
       mit     einem/*einen Bleistift
```

V kann die DP nicht regieren, weil die PP als Barriere zwischen V und DP steht. Der P-Kopf steht näher an der DP als der V-Kopf. In der Literatur sagt man, dass P zwischen V und DP **interveniert**. Einzig mögliches Regens für die DP ist der P-Kopf *mit*, der der DP den Dativ zuweist.

Genauso kann I an das Komplement von V keinen Kasus zuweisen, weil V eine Barriere für die Rektion von DP durch I ist. I weist den Nominativ zu (siehe Kapitel 3.2.2), aber Objekt-DPs können niemals im Nominativ stehen.

(27)

    a)   *weil der Kröterich der Wagen gestohlen hat  
    b)   weil der Kröterich den Wagen gestohlen hat.  
    c)   *weil der Richter der Kröterich verurteilt hat.  
    d)   weil der Richter den Kröterich verurteilt hat.

### 3.2.2 Subjekte finiter Sätze

Im Deutschen stehen Subjekte finiter Sätze grundsätzlich im Nominativ.

(28)    *Der Kröterich* schläft.

Dies ist in fast allen indoeuropäischen Sprachen der Fall (Beispiele aus: Fanselow/Felix 1987: 72):

(29)

    a)   He loves Mary.                                      Englisch
    b)   Han elsker Maria.                               Schwedisch
    c)   Il aime Marie.                                    Französisch
    d)   Él quiere a Maria.                               Spanisch
    e)   Aftos agapa ti Maria                          Griechisch
    f)   On ljubit Mariu.                              Russisch

Wie kommt die Subjekt-DP zu ihrem Kasus? Zwei Kategorien kommen als mögliche Kasuszuweiser in Frage: V und I.

Nominativsubjekte sind nur in finiten Sätzen zugelassen; in infiniten Sätzen sind sie ungrammatisch:

(30)

    a)   Der Kröterich hat versprochen, dass er kein Auto stiehlt.
    b)   Der Kröterich hat versprochen, kein Auto zu stehlen.
    c)   *Der Kröterich hat versprochen, er kein Auto zu stehlen.

Dasselbe gilt im Englischen:

(31)

    a)   Mr Oat promised that he would not steal a car.
    b)   Mr Oat promised not to steal a car.
    c)   *Mr oat promised he not to steal a car.

In 2.7.2.2 habe ich dargelegt, dass es die Eigenschaften des I-Kopfes sind, die bestimmen, ob ein Satz finit oder infinit ist. In finiten Sätzen weist I die Merkmale [+TNS, +AGR] auf, in infiniten Sätzen [-TNS, -AGR] (siehe Seite 92ff). Wenn es nun die Eigenschaften des I-Kopfes sind, die festlegen, ob das Satzsubjekt im Nominativ stehen darf oder nicht, muss die Subjekt-DP ihren Kasus von I erhalten.

Wie kann I nach [Spec IP] Kasus zuweisen? In 3.2.1 bin ich davon ausgegangen, dass Kasuszuweisung nur unter Rektion erfolgen kann. In 2.7. habe ich Rektion vorläufig als eine Beziehung zwischen einem Kopf $\alpha$ und einer maximalen Projektion $\beta$ definiert. $\alpha$ und $\beta$ mussten Schwesterknoten sein; $\beta$ musste das Komplement von $\alpha$ sein (siehe Seite 77). Die Definition schient nicht ausreichend zu sein, weil sie die Beziehung zwischen dem Kopf und seinem Spezifikator nicht erfasst. Tatsächlich wird Rektion in der Literatur anders definiert:

---

**Rektion:**

$\alpha$ regiert $\beta$ genau dann, wenn

a.)   $\alpha$ ein Kopf ist,

b.)   $\alpha$ $\beta$ m-kommandiert und

c.)   es keine Barriere (maximale Projektion) $\gamma$ gibt, die zwischen $\alpha$ und $\beta$ interveniert.

Was versteht man unter m-Kommando?

Eine Kategorie α m-kommandiert all diejenigen Kategorien, die von derselben **maximalen Projektion** dominiert werden, die auch α dominiert, die aber nicht von α dominiert werden.

---

**m-Kommando:**
Ein Knoten α m-kommandiert einen Knoten β, α ≠ β genau dann, wenn:
a)   weder α β dominiert noch β α dominiert und
b)   jede maximale Projektion γ, die α dominiert, auch β dominiert.

---

(32)

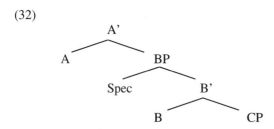

In (29) m-kommandiert B CP, denn die nächste maximale Projektion BP, die B dominiert, dominiert auch CP. B m-kommandiert auch [Spec BP], denn BP dominiert B und [Spec BP]. B m-kommandiert nicht A, weil BP A nicht dominiert. Nach der neuen Definition regiert ein Kopf nicht nur seine Komplemente, sondern auch die Elemente, die sich in der Spezifikator-Position befinden.

In 2.7.2.2 habe ich dargelegt, dass I mit der DP in der Spezifikator-Position hinsichtlich seiner Kongruenzmerkmale (AGR-Merkmale) übereinstimmen muss (Spezifikator-Kopf-Kongruenz: siehe Seite 96). Chomsky 1981 hat vorgeschlagen, dass die Kasuszuweisung an das Subjekt nicht über Rektion, sondern über Spezifikator-Kopf-Kongruenz erfolgt. Finite Verben tragen demnach nicht nur die Merkmale wie Person oder Numerus, sondern auch Kasus (Nominativ) und müssen bezüglich dieses Merkmals mit dem Subjekt übereinstimmen. Das bedeutet, dass Subjekt-Verb-Kongruenz und Nominativzuweisung stets zusammenfallen. DPs im Nominativ müssen mit dem Verb kongruieren und umgekehrt: DPs, die mit dem Verb kongruieren, müssen für Nominativ kasusmarkiert sein. DPs in Infinitivsätzen dürfen nicht im Nominativ stehen. Dies ist in der Tat der Fall:

(33)
    a)   Der Kröterich hat versprochen, dass er kein Auto stiehlt.
    b)   Der Kröterich hat versprochen, kein Auto zu stehlen.
    c)   *Der Kröterich hat versprochen, er kein Auto zu stehlen.

Nominativ-DPs in infiniten Sätzen sind ungrammatisch, weil ein infiniter I-Kopf keine Kongruenz-Merkmale aufweist, mit denen die Subjekt-DP übereinstimmen kann[63].

### 3.2.3 Subjekte in infiniten Sätzen

Im letzten Abschnitt habe ich dargelegt, dass nur ein finiter I-Kopf Nominativ zuweisen kann. In infiniten Sätzen sind Nominativ-Subjekte ungrammatisch. Dies ging aus den Beispielsätzen in (32) hervor.

In der generativen Grammatik geht man davon aus, dass ein I, das für [TNS] und [AGR] negativ spezifiziert ist, generell keinen Kasus zuweisen kann. (31c) ist ungrammatisch, weil die Subjekt-DP in einer Position steht, in der sie keinen Kasus erhalten kann. (31c) verletzt damit den Kasusfilter. Es gibt aber infinite Sätze, die ein **overtes** (d. h. sichtbares) Subjekt aufweisen und dennoch grammatisch sind.

Im Lateinischen gibt es sogenannte AcI-Konstruktionen (Accusativus cum Infinitivo), d. h. Nebensatzkonstruktionen mit einem infiniten Verb und einem Akkusativ-Subjekt. AcI-Konstruktionen sind nur nach bestimmten Verben möglich (Verben der Wahrnehmung (*sehen, hören*), Verben der Einschätzung (*glauben, meinen, finden*)) (Gallmann 2005):

(34)

| (Ceterum | censeo) | carthagin*em* | *esse* | delendam | Latein |
|---|---|---|---|---|---|
| Übrigens | mein-1.Sg.Präs. | Karhago-Akk | sein-Inf | zu zerstören | |

Übrigens meine ich, dass Karthago zerstört werden muss.

AcI-Konstruktionen gibt es auch im Deutschen und im Englischen:

(35)

    a) Harry sieht *Ron gewinnen.*
    b) Harry lässt *Ron gewinnen.*
    c) Ron believes *Harry to win.*          Englisch

Im Englischen gibt es auch AcI-Konstruktionen, die durch eine Partikel *for* eingeleitet werden:

(36)    For Snape/ him to ride a bike would be difficult.

Die Infinitivsätze in (34) bis (36) haben eines gemeinsam: Die Subjekt-DPs stehen in Positionen, in denen sie keinen Kasus erhalten können, nämlich in der Spezifikator-Position einer infiniten IP.

Auch Small Clauses, die ich in 2.7.2.4 vorgestellt habe, stellen ein Problem dar, denn sie haben gar keinen finiten I-Kopf, der der Subjekt-DP Kasus zuweisen könnte:

---

63    In den neusten Arbeiten zur generativen Grammatik geht man davon aus, dass Kasuszuweisung generell über Spezifikator-Kopf-Kongruenz erfolgt. Ich komme in Kapitel 7 darauf zurück.

(37)     Harry findet [„Geschichte der Zauberei" langweilig].

Wie kommt es, dass die Strukturen in (33) – (36) grammatisch sind, obwohl die
Subjekte eigentlich gar nicht in einer Kasusposition stehen? Wie kommen die
Subjekt-DPs zu ihrem Kasus?

### 3.2.3.1 For-Sätze

Betrachten Sie noch einmal (36):

(36)     For Snape / him to ride a bike would be difficult.

(36) erhält die folgende Struktur:

(38)

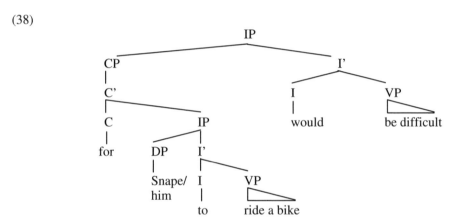

Die Partikel *for* kann man als eine Mischung aus Präposition und Complementizer
auffassen. Sie wird in C realisiert, hat aber die subkategorialen Eigenschaften von
Präpositionen. In (38) ist es nicht der I-Kopf, der der Subjekt-DP den Kasus zuweist. I ist nicht finit und kann keinen Kasus zuweisen. Vielmehr muss die DP
ihren Kasus von außen erhalten. Der Kasuszuweiser ist die Partikel *for*. Da Präpositionen im Englischen den Akkusativ zuweisen, muss die DP im Akkusativ
stehen.

Wie ist es nun möglich, dass C an eine DP Kasus zuweist, die in der Spezifikator-Position von I steht? IP ist eine maximale Projektion, die zwischen der Partikel
*for* und der DP *Snape / him* interveniert, und sollte damit eine Barriere sein, die
Rektion und damit Kasuszuweisung verhindern.

In der generativen Grammatik geht man davon aus, dass ein infinites I
„schwach" und – anders als andere maximale Projektionen – keine Barriere ist. IP
kann Rektion durch den C-Kopf nicht blockieren. Deshalb kann die Partikel *for* in
die IP „hineinregieren" und der DP Kasus zuweisen.

Das finite I aus dem Hauptsatz *would* kann der Subjekt-DP des Infinitivsatzes keinen Kasus zuweisen, weil CP eine Barriere ist. Der finite I-Kopf, der außerhalb der CP steht, kann nicht in die CP hineinregieren. (39) ist deshalb ungrammatisch.

(39)     *For he to ride a bike would be difficult.

### 3.2.3.2. AcI-Konstruktionen

(40)     Ron sieht [ihn gewinnen].

In (40) nimmt der V-Kopf *sieht* einen Infinitiv-Satz als Komplement. Welches ist der kategoriale Status von Infinitiv-Sätzen? Sind sie IP oder CP? Da man AcI-Konstruktionen nicht mit einem Complementizer gebrauchen kann, liegt es nahe, sie als IPs zu analysieren.

(41)     *Ron sieht [dass ihn gewinnen].

(40) erhält folgende Struktur:

(42)

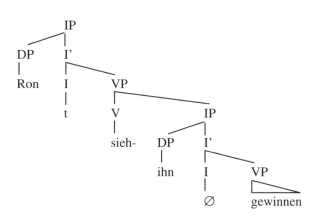

Die Subjekt-DP im infiniten Satz *ihn* kann ihren Kasus nicht von I bekommen, denn I ist für [AGR] und [TNS] negativ spezifiziert und kann deshalb keinen Kasus zuweisen. Die DP muss ihren Kasus von außen erhalten. In (42) ist es das Verb *sieht*, das der DP den Kasus zuweist. Das Verb *sieht* weist DPs den Akkusativ zu. Also steht das Subjekt der AcI-Konstruktion im Akkusativ. Wiederum stellt sich die Frage, warum V an eine DP in [Spec IP] Kasus zuweisen kann. Die IP ist eine maximale Projektion und sollte damit eine Barriere sein, die Kasuszuweisung von V nach DP verhindert. Die Erklärung ist dieselbe wie im Fall der *For*-Sätze: Eine infinite IP ist keine Barriere und kann damit die Rektion der DP durch V nicht blockieren.

### 3.2.3.3. Small Clauses

Betrachten Sie (37):

(37)     Harry findet [„Geschichte der Zauberei" langweilig].

Die Konstruktion [„*Geschichte der Zauberei" langweilig*] ist eine Small Clause.
Small Clauses werden in der Literatur als AgrP analysiert. In (37) bleibt der Kopf
der AgrP leer. Die DP „*Geschichte der Zauberei*" steht in der [Spec AgrP]-
Position und *langweilig* in der Komplement-Position von Agr. (37) wird wie folgt
analysiert:

(43)

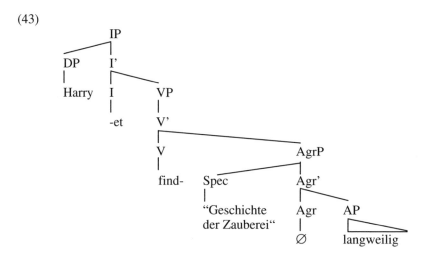

Der leere Agr-Kopf kann der Subjekt-DP keinen Kasus zuweisen. Die DP muss
ihren Kasus von außen, d. h. von V erhalten. Das wird daraus ersichtlich, dass eine
Small Clause nur in der Objekt-Position stehen kann.

(44)
    a)   Alle empfinden „Geschichte der Zauberei" als langweilig.
    b)   [*„Geschichte der Zauberei" als langweilig] wird von vielen
         empfunden.
    c)   [Dass „Geschichte der Zauberei" langweilig ist], wird von allen
         empfunden.

In (44a) ist die Small Clause das Komplement des Verbs *empfinden*. Das Verb des
Matrix-Satzes weist der Subjekt-DP in der Small Clause Kasus zu; der Satz ist
grammatisch. In (44b) steht die Small Clause in der Subjekt-Position des Hauptsatzes. Hierher kann V keinen Kasus zuweisen. Auch der Agr-Kopf weist der DP
keinen Kasus zu. Der Satz ist ungrammatisch, weil der Kasusfilter verletzt ist. In
(44c) erhält das Subjekt des eingebetteten Satzes seinen Kasus vom finiten I-Kopf
des eingebetteten Satzes. Der Satz ist grammatisch.

Wie kann V an eine DP Kasus zuweisen, die in der Spezifikator-Position von AgrP steht? Die AgrP ist eine maximale Projektion. Sie sollte deshalb eine Barriere sein, die Kasuszuweisung von V nach DP verhindert.

Small Clauses werden wie AcI-Konstruktionen analysiert. Agr ist – wie auch ein infiniter I-Kopf schwach. AgrP ist keine Barriere. Eine Kasuszuweisung von V nach DP über eine AgrP-Grenze hinweg ist möglich. Es ist nur eine kleine Klasse von Verben, die AcI-Konstruktionen oder Small Clauses als Komplemente zulassen. In der Literatur nennt man sie ECM-Verben. ECM steht für *exceptional case marking*. ECM-Verben haben die besondere Eigenschaft, dass sie in ihr Satzkomplement hineinregieren können und der DP in der [Spec IP] / [Spec AgrP]-Position von außen Kasus zuweisen können.

## 3.3 Der inhärente Kasus

Im Deutschen gibt es Verben, die ihren Objekten auch andere Kasus als den Akkusativ zuweisen. Es gibt Dativ-Objekte und Genitiv-Objekte:

(45)

  a)  Dativ:       dass Pu *dem Heffalump* aus der Grube hilft.
  b)  Genitiv:     dass Pu *des Heffalumps* gedacht hat.

In Sprachen mit einem noch reicheren Kasussystem kann das Verb noch weitere Kasus zuweisen (Beispiele aus: Fanselow/Felix 1987: 70 ff)

(46)

  a)                                                         Latein
      vari*is*-       instrument*is*   ad   lanificia   untuntur   (Ablativ)
      verschiedene   Geräte          zum   Weben   gebrauchen-3.Pl
      Sie gebrauchen verschiedene Geräte zum Weben.
  b)                                                        Russisch
      Ivan        rukovodit    otdel*om*.            (Instrumentalis)
      Ivan        leitet       Abteilung
      Ivan leitet die Abteilung.
  c)                                                         Finnisch
      Matti   ei      välitä   musiik*ista*            (Elativ)
      Matti   nicht   mag     Musik
      Matti mag keine Musik

In der generativen Grammatik unterscheidet man zwei Arten von Kasus: den **strukturellen** und den **inhärenten** oder **lexikalischen** Kasus. Der Akkusativ und der Nominativ sind strukturelle Kasus. Sie werden an bestimmte Positionen vergeben: Der Akkusativ wird in die Objekt-Position, d. h. an das Komplement von V zugewiesen, der Nominativ in die Subjekt-Position, also nach [Spec IP]. Dativ und Genitiv sind **inhärente** Kasus. Wenn ein Verb an sein Objekt Dativ oder Genitiv zuweist, so ist das auf besondere lexikalische Eigenschaften des Verbs zurückzuführen. Das heißt: Wenn ein Verb Dativ oder Genitiv zuweist, so muss dies im Lexikon-Eintrag verzeichnet sein. Das Verb *helfen* hat den folgenden Lexikon-Eintrag:

(47)

| *helfen* | | |
|---|---|---|
| Argumentstruktur: | 1 | 2 |
| θ-Raster: | AGENS | BENEFIZIENT |
| syntaktische Struktur: | NP | NP |
| Inhärenter Kasus: | | Dativ |

Wenn ein Verb an sein Objekt den Akkusativ zuweist, so muss das im Lexikon-Eintrag nicht vermerkt werden, weil der Akkusativ der Kasus ist, der normalerweise an das Objekt zugewiesen wird.

Ob ein Verb an das Objekt inhärenten Kasus (Dativ oder Genitiv) zuweist, muss im Spracherwerb gelernt werden. Dementsprechend machen Kinder Fehler, wenn sie Verben gebrauchen, die inhärenten Kasus zuweisen.

(48)

    a)   Du musst *mich* draufhelfen.
    b)   weil ich *mich* wehgetan hab.                     Linus, 3 Jahre

Linus hat noch nicht gelernt, dass das Verb *draufhelfen* bzw. *wehtun* seinem Objekt den Dativ zuweist. In seiner Grammatik tragen alle Objekte den strukturellen Kasus, d. h. den Akkusativ.

Generell gilt, dass ein lexikalischer Kopf nur dann inhärenten Kasus an eine DP zuweisen kann, wenn er sie auch θ-markiert. Dies zeigen die folgenden Beispiele:

(49)

    a)   Harry findet, [dass „Geschichte der Zauberei" langweilig ist].
    b)   Harry empfindet [„Geschichte der Zauberei" als langweilig].
    c)   die Empfindung, [dass „Geschichte der Zauberei" langweilig ist]
    d)   *die Empfindung [„Geschichte der Zauberei" als langweilig]

In (47a) nimmt das Verb *findet* einen finiten Satz als Komplement. Es ist der finite I-Kopf des eingebetteten Satzes, der der Subjekt-DP *„Geschichte der Zauberei"* den Kasus (Nominativ) zuweist. In (47b) nimmt das Verb *empfindet* eine Small Clause als Komplement. Das Verb regiert in die Komplement-IP hinein und weist der Subjekt-DP in Spec IP via ECM den Akkusativ zu. In (47c) nimmt das Nomen *Empfindung* einen finiten Satz als Komplement. Wiederum ist des der I-Kopf, der der Subjekt-DP den Kasus zuweist. In (47d) nimmt das Nomen eine Small Clause als Komplement. Hier ist ECM nicht möglich, denn Nomina können an eine DP nur den Genitiv zuweisen. Der Genitiv ist aber ein inhärenter Kasus. Ein Kopf kann den inhärenten Kasus nur an DPs zuweisen, die er auch θ-markiert. Die Subjekt-DP bekommt ihre θ-Rolle aber nicht vom Nomen sondern vom Adjektiv *langweilig*. Sie trägt keinen Kasus. Die Struktur ist ungrammatisch, weil sie den

Kasusfilter verletzt. Chomsky (1986a) legt folgendes universal gültiges Prinzip fest:

---

**Bedingung für die Zuweisung von inhärentem Kasus (Inherent Case Condition)**
α kann nur dann inhärenten Kasus an eine DP zuweisen, wenn α die DP auch θ-markiert.

---

## Übungen:

1.) Begründen Sie, warum der Subjektkasus von I zugewiesen wird.

2.) Was sind ECM-Konstruktionen?

   3.) Betrachten Sie die folgenden Beispielsätze. Wie bekommen die DPs ihren Kasus?

   a)   Ron liebt Hermine.
   b)   Harry liebt die Schwester seines besten Freundes.
   c)   Die Schüler leben in einem Schloss.
   d)   Harry sieht Filch schlafen.
   e)   Hermine hält Professor Trelawney für eine Schwindlerin.

4.) Die Sätze (a-c) sind grammatisch, die in (d-f) nicht. Erklären Sie, warum.

   a)   Harry sieht Filch schlafen.
   b)   Harry hält Professor Binns für einen Schnarchsack.
   c)   Harry prefers for Snape to resign.
   d)   *Harry sieht, dass Filch schlafen.
   e)   *Harry hält dass Professors Binns einen Schnarchsack.
   f)   *Snape to resign Harry prefers.

6.) Betrachten Sie die englischen und lateinischen Beispielsätze und erklären Sie die Grammatikalitätsunterschiede:

   a)   Cornelia          serpentem        in horto            videt.              Latein
        Cornelia-Nom   Schlange-Akk   in Garten-Abl   sieht

        Cornelia sieht im Garten eine Schlange.
   b)   Cornelia          in horto           serpentem   videt.
   c)   Cornelia sees a snake in the garden.                                    Englisch
   d)   *Cornelia sees in the garden a snake.

7.) Warum sind die Strukturen (a) und (c) grammatisch, nicht aber (b) und (d)?

   a)   Harry believes that Dobby is honest.
   b)   *Harry's believe that Dobby is honest.

c)       Harry believes Dobby to be honest.
d)       *Harry's believe Dobby to be honest

# 4 Die Bindungstheorie

In diesem Abschnitt geht es um die semantische Interpretation von DPs. DPs referieren auf Entitäten (das sind Menschen, Tiere, Dinge usw.) der außersprachlichen Welt. Es gibt zwei Arten von DPs: Einerseits gibt es DPs, die *direkt* auf eine außersprachliche Entität referieren (Eigennamen und volle DPs wie *der Kröterich*). Man nennt sie referenzielle DPs oder R-Ausdrücke. Andererseits gibt es DPs, die **indirekt** auf Entitäten verweisen, indem sie sich auf einen R-Ausdruck beziehen: Pronomina (*er, sie, es*). Reflexivpronomina (*sich*) bilden eine besondere Klasse unter den Pronomina.

In 2.6.4.1 habe ich dargelegt, dass jede DP mit einem Index versehen werden muss, damit man die Entität, auf die sie verweist, in der außersprachlichen Welt identifizieren kann. R-Ausdrücke erhalten einen unabhängigen Index; Pronomina erhalten den Index desjenigen R-Ausdrucks, auf den sie sich beziehen. Man sagt, dass ein R-Ausdruck und ein Pronomen / bzw. ein Reflexivum koreferent sind, wenn sie denselben Index tragen.

Die **Bindungstheorie** ist ein weiteres Modul der universalen Grammatik. Sie regelt die Referenzmöglichkeiten und damit die Interpretationsmöglichkeiten von R-Ausdrücken, Pronomina und Reflexiva. Diese sind nämlich – wenigstens zum Teil – durch syntaktische Prinzipien bestimmt.

Betrachten Sie die folgenden Sätze:

(1)

    a) Dobby$_i$ mag ihn$_{*i/j}$.
    b) Dobby$_i$ bestraft sich$_{i/*j}$.
    c) Dobby$_i$ sagt, dass er$_{i/j}$ krank ist.
    d) Dobby$_i$ hört ihn$_{*i/j}$ singen.
    e) Er$_i$ hört Dobby$_{*i/j}$ singen.
    f) Er$_i$ sagt, dass Dobby$_{*i/j}$ krank ist.

In (1a) können der R-Ausdruck *Dobby* und das Pronomen *ihn* nicht auf dieselbe Person verweisen. D. h. *Dobby* und *ihn* dürfen nicht koreferent sein. In (1b) hingegen müssen der R-Ausdruck *Dobby* und das Reflexivpronomen *sich* denselben Index tragen; andernfalls ist der Satz ungrammatisch. In (1c) kann das Pronomen *er* auf dieselbe Person verweisen wie der R-Ausdruck. Es kann aber auch einen unabhängigen Index tragen. (1f) hingegen ist nur grammatisch, wenn der R-Ausdruck und das Pronomen auf verschieden Personen verweisen. Zwischen (1c) und (1f) besteht ein Unterschied: In (1c) nimmt der R-Ausdruck die Subjekt-Position des Hauptsatzes ein. Das Pronomen steht in der Subjekt-Position des abhängigen Satzes. In (1f) ist es umgekehrt. In (1d) müssen der R-Ausdruck und das Pronomen unterschiedliche Indizes tragen. Die unterschiedliche Interpretation von (1c) und (1d) ist wiederum auf syntaktische Unterschiede zwischen den beiden Sätzen zurückzuführen. Während der abhängige Satz in (1c) ein finiter Satz ist, ist der Nebensatz in (1d) ein Infinitivsatz. (1e) ist – wie auch (1d) – nur dann grammatisch, wenn das Pronomen und der R-Ausdruck auf verschiedene Personen referieren.

Die Bindungstheorie stellt 3 universale Prinzipien bereit, die die Interpretation von DPs regeln: Prinzip A regelt die Interpretation von Reflexivpronomina, Prinzip B die von Pronomina und Prinzip C die von R-Ausdrücken. Die drei Prinzipien werde ich in den folgenden Abschnitten vorstellen.

## 4.1 Prinzip A: Die Interpretation von Reflexivpronomina

### 4.1.1 Reflexivpronomina, Antezedenten und Bindung

Eine der wichtigsten Eigenschaften von Reflexivpronomina ist, dass sie nicht isoliert im Satz stehen können. Sie brauchen eine DP, auf die sie sich beziehen können und durch die sie auf eine außersprachliche Entität verweisen können. Darin unterscheiden sich Reflexivpronomina von Personalpronomina. Diese können auch auf eine Entität verweisen, die in einem Vorsatz eingeführt wurde oder sich anderweitig aus dem Kontext rekonstruieren lässt.

In (1b) bezieht sich das Reflexivpronomen *sich* auf dieselbe Entität wie der R-Ausdruck *Dobby*. In der Literatur nennt man den R-Ausdruck, auf den sich ein Reflexivpronomen bezieht, sein **Antezedens.** Man sagt auch, dass das Antezedens das Reflexivpronomen **bindet.** (2) ist ungrammatisch, weil es zu dem Reflexivpronomen *sich* kein Antezedens gibt.

(2)        *Sich schläft.

---

**Prinzip zur Interpretation von Reflexivpronomina (1):**
Zu jedem Reflexivpronomen muss es ein Antezedens geben, das es bindet.

---

Das Reflexivpronomen und sein Antezedens müssen bezüglich ihrer grammatischen Merkmale (Person, Numerus, Geschlecht) übereinstimmen. In Deutschen sind die Merkmale [Genus] und [Numerus] am Reflexivpronomen nicht sichtbar, wohl aber im Englischen. Die englischen Sätze in (3b-d) sind ungrammatisch, weil das Reflexivpronomen mit seinem Antezedens bezüglich der Merkmale [Genus] (3b), [Person] (3c) und [Numerus] (3d) nicht übereinstimmt. Die deutschen Sätze in (4) sind nur dann grammatisch, wenn *mich* bzw. *dich* nicht als Reflexivpronomina interpretiert werden und auf andere Personen verweisen als der R-Ausdruck[64].

---

64    Die Pronomina *mich* und *dich* werden als Reflexivpronomina gebraucht, aber auch als normale Akkusativ-Pronomina.

(3)

    a)    Dobby$_i$ punishes himself$_i$.
    b)    *Dobby$_i$ punishes herself$_i$.
    c)    *Dobby$_i$ punishes myself$_i$.
    d)    *Dobby$_i$ punishes themselves$_i$.

(4)

    a)    Dobby$_i$ bestraft mich$_{*i/j}$.
    b)    Dobby$_i$ bestraft dich$_{*i/j}$.

Nicht nur R-Ausdrücke, sondern auch Pronomina können Antezedenten für Reflexivpronomina sein.

(5)    Er bestraft sich.

## 4.1.2 Lokalitätsbedingungen

Es gibt noch weitere Bedingungen, die ein Antezedens erfüllen muss. Antezedenten dürfen nicht zu weit vom Reflexivpronomen entfernt sein.

(6)

    a)    Dobby$_i$ bestraft sich$_i$.
    b)    *Dobby$_i$ sieht, wie Kreacher$_j$ sich$_i$ bestraft
    c)    Dobby$_i$ sieht, wie Kreacher$_j$ sich$_j$ bestraft.

In (6a) bindet der R-Ausdruck *Dobby* das Reflexivpronomen *sich*. In (6b) kann *Dobby* das Reflexivpronomen nicht binden. Der Satz ist ungrammatisch, wenn der R-Ausdruck *Dobby* und das Reflexivpronomen auf dieselbe Person referieren. Der Abstand zwischen der DP *Dobby* und dem Reflexivpronomen ist zu groß. In (6c) ist das Reflexivpronomen mit dem R-Ausdruck *Kreacher* koindiziert. Der Satz ist grammatisch.

    D. h., dass das Relativpronomen in einer bestimmten lokalen Domäne gebunden sein muss. Welches ist diese lokale Domäne? In (6b) ist das Antezedens Subjekt des Hauptsatzes, das Relativpronomen ist das Verbkomplement im eingebetteten Satz. In (6a) und (6c) befinden sich Antezedens und Reflexivpronomen in demselben Satz.

    Dies lässt folgende vorläufige Generalisierung zu.

> **1. Generalisierung:**
> Antezedens und Reflexivpronomen müssen in demselben Satz stehen.

Die Generalisierung ist aber nicht streng genug. Dies zeigen die folgenden Beispiele:

(7)

    a.   Dobby$_i$ bestraft sich$_i$.
    b.   *Sich$_i$ (Subj.) bestraft Dobby$_i$ (Obj.).

In beiden Sätzen stehen Antezedens und Reflexivpronomen in demselben Satz. Warum ist (7b) dann ungrammatisch? Es gibt einen wichtigen Unterschied zwischen (7a) und (7b). In (7a) geht das Antezedens dem Reflexivpronomen voran. In (7b) geht das Reflexivpronomen dem Antezedens voran. Als eine weitere Generalisierung kann man deshalb annehmen:

> **2. Generalisierung:**
> Das Antezedens muss dem Reflexivpronomen vorangehen.

Dies legt auch schon der Name nahe. Antezedens kommt von lat. *antecedere* (= vorangehen).

    (7b) wird grammatisch, wenn man *sich* nicht als Subjekt, sondern als stark betontes topikalisiertes Objekt interpretiert. Es soll hervorgehoben werden, dass Dobby sich und keinen sonst bestraft.

(7b')    **Sich** bestraft Dobby und nicht Winky.

Warum dies möglich ist, werde ich in 4.1.4 erläutern.

    Die oben genannten Generalisierungen schließen (6b) und (7b) aus, nicht aber (8b):

(8)

    a)   [Dobbys Freundin]$_i$ bestraft sich$_i$.
    b)   *[Dobbys$_i$ Freundin] bestraft sich$_i$.

In (8a) und (8b) geht das Antezedens dem Reflexivpronomen voran; außerdem befinden sich Antezedens und Reflexivpronomen in demselben Satz. Trotzdem ist (8b) ungrammatisch.

    Zwischen (8a) und (8b) besteht folgender Unterschied: In (8a) ist die ganze Subjekt-DP *Dobbys Freundin* mit dem Reflexivpronomen koindiziert; in (8b) nur die DP *Dobby* in der Spezifikator-Position der Subjektphrase.

(9)

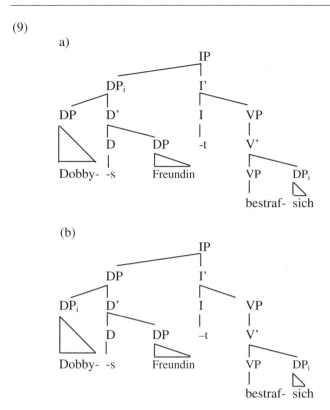

Offensichtlich ist die DP *Dobby* zu tief in die Subjekt-DP eingebettet, um als Antezedens für das Reflexivpronomen fungieren zu können.

Als dritte Generalisierung kann man deshalb annehmen:

---

**3. Generalisierung:**
Das Antezedens darf nicht zu tief eingebettet sein.

---

Das Antezedens muss dem Reflexivpronomen nicht nur vorangehen, es muss es **c-kommandieren**. Unter c-Kommando versteht man eine wichtige syntaktische Beziehung zwischen zwei Knoten. Eine Kategorie α c-kommandiert alle diejenigen Kategorien, die von dem Knoten dominiert werden, der auch α unmittelbar dominiert (vgl. m-Kommando, S. 120).

---

**c-Kommando:**
α c-kommandiert β, α ≠ β, genau dann, wenn
a)     jeder verzweigende Knoten γ, der α dominiert, auch β dominiert,
b)     α β nicht dominiert.

---

Betrachten Sie noch einmal die Bäume in (9): Der erste verzweigende Knoten in (9a), der die Subjekt-DP *Dobbys Freundin* ( = $\alpha$) dominiert, ist die IP (= $\gamma$). Die IP dominiert auch die DP *sich* (= $\beta$). Die Subjekt-DP c-kommandiert das Reflexivpronomen und kann deshalb als sein Antezedens fungieren. Die DP *Dobby* (= $\alpha$) in (9b) wird von der Subjekt-DP (= $\gamma$) dominiert. Diese dominiert nicht das Reflexivpronomen (= $\beta$). Die DP *Dobby* c-kommandiert das Reflexivpronomen nicht und kann deshalb nicht sein Antezedens sein. Der Satz ist deshalb ungrammatisch.

Die vorangegangenen Beobachtungen lassen sich wie folgt zusammenfassen: Ein Reflexivpronomen kann nicht allein in einem Satz stehen. Es muss durch mit einer Antezedens-DP koindiziert, d. h. durch eine Antezedens-DP gebunden sein. Die Antezedens-DP muss sich in demselben Satz befinden wie das Reflexivpronomen und es c-kommandieren. Formal ausgedrückt heißt das:

> Ein Reflexivpronomen muss innerhalb eines Satzes gebunden sein.

Bindung wird wie folgt definiert.

> **Bindung:**
> $\alpha$ bindet $\beta$ genau dann, wenn
> a)      $\alpha$ $\beta$ c-kommandiert.
> b)      $\alpha$ und $\beta$ koindiziert sind (d. h., denselben Index tragen).

### 4.1.3 Die Rektionskategorie

Nach den Prinzipien, die ich im letzten Abschnitt formuliert habe, müsste (10) ungrammatisch sein:

(10)      Dobby$_i$ hört [sich$_i$ singen].

Die Antezedens-DP *Dobby* ist das Subjekt des Hauptsatzes, das Reflexivpronomen ist Subjekt des eingebetteten Infinitivsatzes. Das Reflexivpronomen und sein Antezedens müssen aber nach den Prinzipien in 4.1.2 in demselben Satz stehen. Andernfalls ist die Struktur ungrammatisch:

(11)      *Dobby$_i$ hört, dass sich$_i$ singt.

Dennoch ist (10) grammatisch. Die Domäne, in der das Reflexivpronomen gebunden ist, scheint hier nicht der eingebettete, sondern der ganze Satz zu sein. Wie kann das sein?
    Es gibt einen wichtigen Unterschied zwischen (10) und (11). Das Reflexivpronomen in (10) ist Subjekt einer ECM-Konstruktion (siehe Seite 125 f). Das Besondere an ECM-Konstruktionen ist, dass es hier nicht der I-Kopf ist, der das Subjekt des eingebetteten Satzes regiert und ihm Kasus zuweist. Vielmehr be-

kommt das Subjekt seinen Kasus vom Verb des Hauptsatzes. Die Tatsache, dass das Reflexivpronomen seinen Kasus von außerhalb des Infinitivsatzes erhält, scheint der Grund zu sein, weshalb in (10) die Bindungsdomäne für das Reflexivpronomen ausgeweitet werden kann.

Auch in Small Clauses (siehe Seite 101) muss das Reflexivpronomen in der Subjektposition von einem Antezedens im Hauptsatz gebunden sein.

(12)    Gilderoy$_i$ findet [sich$_i$ toll].

(12) kann durch (13) paraphrasiert werden.

(13)    Gilderoy$_i$ findet, dass er$_i$ toll ist.

In der Subjekt-Position des eingebetteten Satzes von (13) kann kein Reflexivpronomen stehen.

(14)    *Gilderoy findet, dass sich toll ist.

In (12) weist der leere Agr-Kopf dem Subjekt der Small Clause keinen Kasus zu. Die DP *sich* bekommt ihren Kasus vom Verb des Hauptsatzes *findet*. Weil aber – wie in (10) – das Subjekt seinen Kasus von außerhalb der Small Clause bekommt, kann auch hier die Domäne, in der das Reflexivpronomen gebunden sein muss, auf den Hauptsatz ausgedehnt werden. Das Prinzip für die Interpretation von Reflexivpronomina muss also ausgeweitet werden.

---

**Prinzip zur Interpretation von Reflexivpronomina (2)**
Ein Reflexivpronomen muss in dem Satz gebunden sein, der das Reflexivpronomen und sein Regens enthält.

---

Nach den Prinzipien, die ich bisher angenommen habe, ist der Satz diejenige Domäne, innerhalb derer ein Reflexivpronomen gebunden sein muss. Die Daten in (15) zeigen, dass dies nicht immer der Fall ist:

(15)
    a)    Hermine$_i$ liest Ritas$_j$ Artikel über sich (selbst)$_j$.
    b)    *Hermine$_i$ liest Ritas$_j$ Artikel über sich (selbst)$_i$.

(15b) ist ungrammatisch, obwohl das Reflexivpronomen innerhalb des Satzes durch das Antezedens *Hermine* gebunden ist. Das Antezedens ist offenbar zu weit entfernt vom Reflexivpronomen. In (15a) ist *sich (selbst)* durch das Antezedens *Rita* in der Spezifikator-Position der DP gebunden, die auch das Reflexivpronomen dominiert. Der Satz ist grammatisch. Es scheint, dass nicht nur Sätze, sondern auch DPs als Bindungsdomäne für Reflexivpronomina fungieren können.

In 2.7.2.5. habe ich dargelegt, dass man Sätze und DPs parallel analysieren kann.

(16)
    a)   Snape straft Harry.
    b)   Snapes Strafe für Harry.

In beiden Strukturen steht die Phrase *Snape* in der Spezifikator-Position der IP / DP. In beiden Strukturen erhalten die DPs in der Spezifikator-Position eine θ-Rolle – AGENS. Während die DP in [Spec IP] das Satzsubjekt ist, ist die DP in [Spec DP] das Subjekt der Determinatorphrase. Dementsprechend erscheint es logisch, dass in (15b) das Reflexivpronomen durch die DP in [Spec DP] – das Subjekt der DP – gebunden sein muss.

Betrachten Sie (17):

(17)       Hermine$_i$ liest den Artikel über sich (selbst)$_i$.

In (17) ist das Reflexivpronomen nicht innerhalb der DP gebunden, die es dominiert. Das Antezedens ist das Satzsubjekt *Hermine*. Warum ist (17) dennoch grammatisch?

Der Unterschied zwischen (15a) und (17) besteht darin, dass in (15a) die Subjekt-Position [Spec DP] besetzt ist – durch die DP *Rita*. In (17) hingegen ist sie leer. Eine DP kann demnach nur dann als Bindungsdomäne fungieren, wenn die Subjekt-Position besetzt ist. Ist die Subjektposition leer, ist der nächsthöhere Satz die Domäne, innerhalb derer das Reflexivpronomen gebunden ist.

Um die besondere Bedeutung des Subjekts für die Feststellung der Bindungs-domäne zu erfassen hat Chomsky (1986a) den Begriff des *vollständigen funktionalen Komplexes (complete functional complex),* abgekürzt CFC, ein-geführt.

> **Complete Functional Complex (CFC)**
> Eine Kategorie α ist ein Complete Functional Complex (CFC), wenn α einen Kopf β und alle mit β verträglichen grammatischen Funktionen (Subjekt, Objekt usw.) enthält.

Diese Beobachtungen führen zu der folgenden Generalisierung:

> **Prinzip zur Interpretation von Reflexivpronomina (3):**
> Ein Reflexivpronomen muss im kleinsten CFC gebunden sein, die das Reflexivpronomen, sein Regens und ein Subjekt enthält.

Um die für die Bindung eines Reflexivpronomens relevante Domäne zu finden, muss man also die folgenden Schritte gehen:

1. Suche das Regens des Reflexivpronomens.
2. Suche das nächste Subjekt.
3. Die kleinste DP, die beides enthält, ist die für die Bindung relevante Domäne, d. h. die Rektionskategorie des Reflexivpronomens. Das Antezedens muss in dieser Domäne enthalten sein.

Die Definition für den Begriff der Rektionskategorie lautet wie folgt:

> **Rektionskategorie:**
> α ist die Rektionskategorie für β genau dann, wenn
> a)   α ein CFC ist,
> b)   α β und das Regens von β enthält,
> c)   es kein γ gibt, das a) und b) erfüllt und von α dominiert wird.

## 4.1.4 Reziprokpronomina

Reziprokpronomina (von lat. reciprocere = zurückfließen) drücken eine wechselseitige Beziehung aus. Im Deutschen benutzt man das unveränderliche Pronomen *einander*.

(18)    Sirius und Severus geben einander die Hand.

Reziprokpronomina verhalten sich genau wie Reflexivpronomina. Reflexivpronomen können nicht unabhängig – d. h. ohne ein Antezedens stehen. Das zeigt der Beispielsatz in (2). Dasselbe gilt für Reziprokpronomina. Sie können nicht unabhängig im Satz stehen, sondern müssen durch ein Antezedens gebunden sein.

(19)
        a)   *einander$_i$ schlafen.
        b)   [Harry und Ginny] mögen einander$_i$.

Reflexivpronomina müssen mit ihrem Antezedens bezüglich ihrer grammatischen Merkmale übereinstimmen. Das zeigen die Beispielsätze in (3) und (4). Auch Reziprokpronomina müssen dieselben grammatischen Merkmale aufweisen, wie ihr Antezedens. Reziprokpronomina sind zum Beispiel inhärent für [Plural] spezifiziert; das Antezedens darf deshalb ebenfalls nur im Plural stehen. (20) ist ungrammatisch, weil das Antezedens des Reziprokpronomens im Singular steht.

(20)    *Harry$_i$ mag einander$_i$.

Reziprokpronomina müssen – ebenso wie Reflexivpronomina – lokal gebunden sein. Das zeigen die Beispielsätze in (6). Dasselbe gilt für Reziprokpronomina.

(21)

    a)   *[Ron und Hermine]$_i$ glauben, dass [Harry und Ginny]$_j$ einander$_i$ mögen.

    b)   [Ron und Hermine]$_i$ glauben, dass [Harry und Ginny]$_j$ einander$_j$ mögen.

In (21a) ist das Antezedens das Subjekt des Hauptsatzes; das Reziprokpronomen ist das Objekt des eingebetteten Satzes. Der Satz ist ungrammatisch, denn das Antezedens ist anscheinend zu weit entfernt vom Reflexivpronomen. In (21b) ist das Subjekt des eingebetteten Satzes das Antezedens des Reziprokpronomens. Der Satz ist grammatisch. Offensichtlich müssen auch Reziprokpronomina in demselben Satz stehen wie das Antezedens. Dies gilt nicht in (22), wo das Reziprokpronomen in einem Infinitivsatz steht.

(22)       Harry und Ron hören [einander singen].

In (22) ist die Rektionskategorie für das Reziprokpronomen der ganze Satz. Das Reziprokpronomen bekommt seinen Kasus nicht vom I-Kopf des eingebetteten Satzes. Kasuszuweiser ist vielmehr das Verb des Hauptsatzes, welches ein ECM-Verb ist und deshalb ausnahmsweise in die Spezifikator-Position der Komplement-IP hineinregieren kann. Die Rektionskategorie muss nicht nur das Reziprokpronomen sondern auch sein Regens enthalten. Deshalb ist in (22) der ganze Satz die Rektionskategorie für die DP *einander*. Dasselbe lässt sich bei Reflexivpronomina beobachten. Das zeigt der Beispielsatz in (10):

Ebenso gilt für Small Clauses: Das Subjekt des Hauptsatzes kann als Antezedens für das Subjekt der Small Clause fungieren, weil nicht der Agr-Kopf der Small Clause dem Subjekt den Kasus zuweist, sondern das Verb des Hauptsatzes. Das zeigt der Beispielsatz in (23). Folglich ist nicht die Small Clause, sondern der ganze Satz die Rektionskategorie für das Reziprokpronomen. Dasselbe lässt sich auch für Reflexivpronomina zeigen ((12)).

(23)       [Harry und Ginny]$_i$ finden [einander$_i$ toll].

Auch DPs können als Rektionskategorie für Reziprokpronomina fungieren – allerdings nur, wenn sie ein Subjekt haben:

(24)

    a)   *Harry und Hermine$_i$ lesen [Ritas Artikel über einander$_i$].

    b)   Harry und Hermine lesen [ihre$_i$ Artikel über einander$_i$].

    c)   Harry und Hermine$_i$ lesen [die Artikel über einander$_i$].

(24a) ist ungrammatisch, denn die Subjektposition der DP, die das Reziprokpronomen enthält, ist besetzt. Die DP ist deshalb die Rektionskategorie für das Reziprokpronomen. Das Antezedens liegt außerhalb der Rektionskategorie des Reziprokpronomens.

    (24b) ist grammatisch, denn das Antezedens für das Reziprokpronomen, das Pronomen *ihre* steht in der Spezifikator-Position der DP, die es dominiert. Die DP ist damit die Rektionskategorie und das Reziprokpronomen ist innerhalb dieser Rektionskategorie gebunden.

In der Objekt-DP in (24c) ist die Spezifikator-Position nicht besetzt. Die DP hat kein Subjekt. Rektionskategorie für das Reziprokpronomen ist deshalb nicht die DP, sondern der ganze Satz. Das Reziprokpronomen ist innerhalb des Satzes gebunden und der Satz ist grammatisch.

Wie für Reflexivpronomina ist auch für Reziprokpronomina diejenige Domäne Rektionskategorie, die das Reziprokpronomen, dessen Regens und ein Subjekt enthält.

Weil sich Reziprokpronomina wie Reflexivpronomina verhalten, werden sie in der generativen Grammatik unter dem Begriff **Anapher** (von griech: Anaphora: Wiederaufnahme) zusammengefasst.

Es gilt das also folgende Prinzip der Interpretation von Anaphern (Prinzip A der Bindungstheorie):

---

**Prinzip A der Bindungstheorie:**
Eine Anapher muss in ihrer Rektionskategorie gebunden sein.

---

Betrachten Sie noch einmal (7b'):

(7b')    **Sich** bestraft Dobby und nicht Winky.

Warum ist der Satz grammatisch, wenn man das *sich* als ein stark betontes Objekt interpretiert. In (7b') wird das Objekt an die Satzspitze topikalisiert. Über Topikalisierung habe ich bereits in Abschnitt 2.2., 2.6.4.4 und 2.7.2.2 gesprochen. Bei Topikalisierungen handelt es sich um Bewegungsprozesse. Was ein Bewegungsprozesse sind, werde ich in Kapitel 6 erklären. In der generativen Grammatik nimmt man an, dass das Prinzip A der Bindungstheorie „überprüft" wird, bevor das Objekt an die Satzspitze vorschoben wird. Bevor dieser Prozess stattfindet, befindet sich das Reflexivpronomen in der Objekt-Position und wird dort von seinem Antezedens, der DP *Dobby* c-kommandiert.

## 4.2 Prinzip B: Pronomina

Pronomina (d. h. Personalpronomina) verhalten sich anders als Anaphern:

(25)
    a)    Dobby$_i$ bestraft sich$_{i/*j}$.
    b)    Dobby$_i$ bestraft ihn$_{*i/j}$.

Das Reflexivpronomen in (25a) muss für dieselbe Entität stehen wie *Dobby*. Steht es für eine andere Entität, z. B. für *Kreacher*, ist der Satz ungrammatisch. In (25b) muss das Personalpronomen für eine andere Entität stehen als der referenzielle Ausdruck. Pronomina und Anaphern sind komplementär verteilt. Während Anaphern in ihrer Rektionskategorie gebunden sein müssen, dürfen Pronomina in ihrer

Rektionskategorie nicht gebunden sein. Ist die Rektionskategorie für Pronomina dieselbe wie für Anaphern?

(26)

    a)   Dobby$_i$ sagt, dass Keacher$_j$ sich $_{*i/j}$ bestraft.
    b)   *Dobby$_i$ sagt, dass Kreacher$_i$ ihn $_{i/*j}$ bestraft.

In (26) ist der eingebettete Satz diejenige Domäne, in der die Anapher gebunden muss, das Personalpronomen aber nicht gebunden sein darf. (26a) ist nur grammatisch, wenn das Reflexivpronomen auf die gleiche Entität referiert wie die Subjekt-DP des eingebetteten Satzes. Ist sie mit der Subjekt-DP des Hauptsatzes koindiziert, dann liegt das Antezedens außerhalb der Rektionskategorie der Anapher und die Struktur ist ungrammatisch. Das Pronomen hingegen kann nur mit einer DP außerhalb der Rektionskategorie koindiziert werden, also zum Beispiel mit der DP *Dobby*. Referiert das Pronomen auf die Subjekt-DP des eingebetteten Satzes, ist das Pronomen in seiner Rektionskategorie gebunden und die Struktur ungrammatisch (26b).

Ich habe dargelegt, dass Anapher und Antezedens nicht nur in demselben Satz stehen müssen. Das Antezedens muss die Anapher auch c-kommandieren.

(27)

    a)   *[Kreachers$_i$ Freund] bestraft sich$_i$.
    b)   [Kreachers$_i$ Freund] bestraft ihn$_i$.

Die Anapher in (27a) kann nicht mit der DP *Kreacher* koindiziert werden, weil diese das Reflexivpronomen nicht c-kommandiert. Der Satz ist ungrammatisch. Aus demselben Grund kann das Personalpronomen in (27b) mit der DP *Kreacher* koindiziert werden. Die DP c-kommandiert das Pronomen nicht und kann es deshalb nicht binden. Das Pronomen ist in seiner Rektionskategorie nicht gebunden und der Satz ist deshalb grammatisch.

Weiterhin habe ich dargelegt, dass in der Subjektposition eines Infinitivsatzes eine Anapher stehen kann (28a). Die Anapher wird dann mit der Subjekt-DP des Hauptsatzes koindiziert. Das ist möglich, weil die Anapher ihren Kasus nicht vom I-Kopf der infiniten IP, sondern vom Verb des Hauptsatzes erhält. Aus demselben Grund kann ein Pronomen, das in der Subjektposition eines Infinitivsatzes steht, niemals mit der Subjekt-DP im Hauptsatz koindiziert werden (28b). Die Rektionskategorie des Pronomens ist der ganze Satz und ein Pronomen darf in seiner Rektionskategorie nicht gebunden sein. Das gilt auch für Small Clauses. Ein Pronomen in der Subjektposition einer Small Clause kann nicht mit dem Satzsubjekt koindiziert werden (28d). Die Subjekt-DP in einer Small Clause bekommt ihren Kasus vom Verb des Hauptsatzes. Deshalb ist der ganze Satz die Rektionskategorie des Pronomens.

(28)

    a)   Dobby$_i$ hört sich$_{i/*j}$ singen.
    b)   Dobby$_i$ hört ihn$_{*i/j}$ singen.
    c)   Gilderoy$_i$ findet sich$_{i/*j}$ toll.
    d)   Gilderoy findet ihn$_{*i/j}$ toll.

Eine DP ist Rektionskategorie, wenn sie ein Subjekt hat. Deshalb muss in (29a) die Anapher durch die DP *Rita* gebunden sein; das Pronomen darf nicht mit der Subjekt-DP koindiziert werden:

(29)

    a)    Ritas$_i$ Geschichten über sich (selbst)$_{i/*j}$
    b)    Ritas$_i$ Geschichten über sie$_{*i/j}$

Für die Interpretation von Pronomina lässt sich folgendes Prinzip festlegen:

---

**Prinzip B der Bindungstheorie:**
Ein Pronomen muss in seiner Rektionskategorie frei sein. Dabei gilt:

1.    Die Rektionskategorie für ein Pronomen ist die kleinste Domäne, die das Pronomen, sein Regens und ein Subjekt enthält.
2.    Frei heißt: Es gibt (in der Rektionskategorie) kein Antezedens, das das Pronomen bindet.

---

## 4.3 R-Ausdrücke

Referenzielle Ausdrücke heißen in der Literatur **R-Ausdrücke**. R-Ausdrücke referieren selbst. Sie brauchen kein Antezedens, mehr noch, sie dürfen nicht mit einer anderen DP gebunden sein.

(30)    Er$_i$ bestraft Dobby$_{*i/j}$.

(30) ist nur dann grammatisch, wenn die DPs *er* und *Dobby* verschiedene Entitäten bezeichnen. Ein R-Ausruck kann auch dann nicht an ein Antezedens gebunden sein, wenn

- das Antezedens die Subjektposition im Hauptsatz und der R-Ausdruck die Subjekt- oder Objekt-Position im eingebetteten Satz einnimmt (31a-b),
- das Antezedens den R-Ausdruck nicht c-kommandiert (31c) oder
- der R-Ausruck die Objekt-Position in einer anderen DP einnimmt, deren Subjektposition besetzt ist (31d).

(31)

    a.    Er$_i$ will, dass Dobby$_{*i/j}$ Kreacher$_k$ bestraft.
    b.    Er$_i$ will, dass Kreacher$_j$ Dobby$_{*i/k}$ bestraft.
    c.    Seine$_i$ Freundin bestraft Dobby$_{*i/j}$.
    d.    Er$_i$ bestraft Sirius' Hauselfen$_{*j/k}$.

Aus den Daten folgt, dass R-Ausdrücke in nicht nur in der Rektionskategorie, sondern überall frei sein müssen.

**Prinzip C der Bindungstheorie:**
Ein R-Ausdruck muss überall frei sein.

## 4.5 Das ABC der Bindungstheorie

Anaphern müssen ein lokales Antezedens haben; Pronomina können ein Antezedens haben, müssen aber in ihrer Rektionskategorie frei sein. R-Ausdrücke müssen überall frei sein. Diese Eigenschaften werden im ABC der Bindungstheorie zusammengefasst.

**Prinzip A:**
Eine Anapher muss in ihrer Rektionskategorie gebunden sein.
**Prinzip B:**
Ein Pronomen muss in seiner Rektionskategorie frei sein.
**Prinzip C:**
Ein R-Ausdruck muss überall frei sein.

## 4.6 DPs und ihre Merkmale

Chomsky (1982) schlägt vor, Anaphern, Pronomina und R-Ausdrücke mit Hilfe von Merkmalen zu charakterisieren. In 2.7.2.3 habe ich dargelegt, dass lexikalische Kategorien durch zwei Merkmale [±N] und [±V] beschrieben werden können.

(32)

    a) $V \rightarrow$ [+V, –N]
    b) $N \rightarrow$ [+N, –V]
    c) $A \rightarrow$ [+N, +V]
    d) $P \rightarrow$ [–N, –V]

Analog dazu schlägt Chomsky vor, DPs mithilfe der Merkmale [± anaphorisch] und [± pronominal] zu beschreiben. Eine DP, die für das Merkmal [± anaphorisch] positiv und für das Merkmal [± pronominal] negativ spezifiziert ist, muss in ihrer Rektionskategorie gebunden sein. Eine DP, die für das Merkmal [± anaphorisch] negativ und für das Merkmal [± pronominal] positiv spezifiziert ist, muss in ihrer Rektionskategorie frei sein. Eine DP, die für [± anaphorisch] und [± pronominal] negativ spezifiziert ist, muss überall frei sein. Es gilt deshalb:

(33)

    a)    Anaphern:        [+ anaphorisch], [– pronominal]
    b)    Personalpronomina:    [– anaphorisch], [+ pronominal]
    c)    R-Ausdrücke:      [– anaphorisch], [– pronominal]

Zu fragen bleibt, ob es auch eine DP gibt, die für [± anaphorisch] und [± pronominal] positiv spezifiziert ist. Eine solche DP müsste in ihrer Rektionskategorie gleichzeitig gebunden und frei sein. Die Merkmalskombination [+ anaphorisch], [+pronominal] führt offenbar zu einem Widerspruch. Der Widerspruch kann aber aufgelöst werden, wenn man annimmt, dass es sich um ein Element handelt, dass gar keine Rektionskategorie hat. Ein Element ohne Rektionskategorie muss unregiert sein. Eine solche DP würde aber den Kasusfilter verletzen, der verlangt, dass eine DP Kasus tragen und damit regiert sein muss (siehe Seite 110). Der Kasusfilter gilt aber nur für sichtbare und nicht für phonetisch leere DPs. Es gibt tatsächlich eine phonetisch leere DP, die für die Merkmale [± anaphorisch] und [±pronominal] positiv spezifiziert ist. Es handelt sich um die Kategorie PRO: Die Kategorie PRO werde ich in Kapitel 5 besprechen.

## Übungen

1.)    Welches sind die drei Prinzipien der Bindungstheorie?

2.)    Welcher Knoten c-kommandiert B? Welcher F? Warum kann D F nicht c-kommandieren?

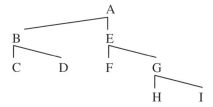

3.)    Bestimmen Sie die Referenzmöglichkeiten der Anaphern und Pronomina in den folgenden Sätzen:

    a)    Lupin sagt, dass er ein Werwolf ist.
    b)    Er sagt, dass Lupin ein Werwolf ist.
    c)    Harry glaubt, dass Gilderoy sich mag.
    d)    Harry glaubt, dass Gilderoy ihn mag.

4.)    Erklären Sie die Grammatikalitätsunterschiede in den folgenden Sätzen:

    a)    Gilderoy$_i$ findet sich$_i$ toll.
    b)    *Gilderoy$_i$ findet ihn$_i$ toll.

c)      Er$_i$ findet Gilderoy$_j$ toll.

d)      *Er$_i$ findet Gilderoy$_i$ toll.

e)      Hermine$_i$ bewundert Gilderoys$_j$ Bücher über sich selbst$_j$.

f)      *Hermine$_i$ bewundert Gilderoys$_j$ Bücher über sich selbst$_i$.

g)      Gilderoy$_i$ bewundert die Bücher über sich selbst$_i$.

h)      *Gilderoy$_i$ bewundert die Bücher über ihn$_i$.

# 5 Kontrolltheorie

## 5.1 Leere Subjekte in Infinitivsätzen

Betrachten Sie den folgenden Satz:

(1)    Harry beschließt, dass er Hagrid besucht.

Das Verb *beschließen* im Hauptsatz nimmt zwei Argumente: die Subjekt-DP *Harry*, die die θ-Rolle AGENS trägt, (siehe Kapitel 2.6.4) und den Komplementsatz *dass er Hagrid besucht.* Das Verb *besuchen* hat ebenfalls zwei Argumente: die DP *er*, der ebenfalls die θ-Rolle AGENS zugewiesen wird, und die DP *Hagrid,* die die θ-Rolle BENEFIZIENT erhält.

Die Lexikoneinträge für die Verben *beschließen* sehen wie folgt aus:

(2)    *beschließen:*

| | | |
|---|---|---|
| Argumentstruktur: | 1 | 2 |
| θ-Raster: | AGENS | THEMA |
| syntaktische Struktur: | DP | CP |
| referenzieller Index: | i | j |

(3)    *besuchen:*

| | | |
|---|---|---|
| Argumentstruktur: | 1 | 2 |
| θ-Raster: | AGENS | BENEFIZIENT |
| syntaktische Struktur: | DP | DP |
| referenzieller Index: | i | j |

Das θ-Kriterium (siehe Seite 65) sieht vor, dass alle Argumente des Verbs syntaktisch realisiert werden müssen. Das θ-Kriterium ist nicht erfüllt, wenn in der Subjektposition in semantisch leeres Expletivpronomen *es* steht. Das Expletivpronomen kann nur bei Verben stehen, die keine externe θ-Rolle zuweisen. Im Deutschen wird das nicht so deutlich, weil das deutsche Expletivpronomen *es* auch als Personalpronomen interpretiert werden kann.

(4)    Es besucht Hagrid.

Der entsprechende englische Satz hingegen ist eindeutig ungrammatisch:

(5)    *There visits Hagrid.

Wenn in der Subjektposition des Verbs *to visit* ein Expletivpronomen steht, kann dort nicht gleichzeitig eine andere DP stehen, der eine θ-Rolle zugewiesen werden kann. D. h., das externe Argument von *visits* kann nicht realisiert werden. (5)

verletzt das θ-Kriterium, weil nur die interne, nicht aber die externe θ-Rolle vergeben wird.

Betrachten Sie jetzt (6):

(6)      Harry beschließt, [Hagrid zu besuchen].

Anders als in (1) nimmt in (6) das Verb *beschließt* einen Infinitivsatz als Komplement. Das Infinitivverb *besuchen* nimmt die DP *Hagrid* als Komplement. Die Subjektposition ist phonetisch leer. In der generativen Grammatik geht man davon aus, dass der Satz dennoch ein Subjekt hat. Das Subjekt des Infinitivsatzes wird – wenn es auch nicht sichtbar ist – mitverstanden. Derjenige, der Hagrid besucht, ist Harry.

Phonetisch unsichtbare Kategorien sind in der Grammatik nicht ungewöhnlich. In der Flexionsmorphologie gibt es sogenannte **Nullmorpheme**. Die Nomina in (7) haben einheitliche Singular- und Pluralformen. Man nimmt an, dass die Pluralformen mit einem unsichtbaren Nullmorphem gebildet werden.

(7)

|          | Singular     | Plural         |
|----------|--------------|----------------|
| a)       | der Hund     | die Hund-e     |
| b)       | der Ritter   | die Ritter-∅   |
| c)       | das Gemälde  | die Gemälde-∅  |
| d)       | der Räuber   | die Räuber-∅   |

Nullmorpheme kommen auch in der Verbalmorphologie vor. So nimmt man zum Beispiel an, dass das Präsens durch ein Nullmorphem ausgedrückt wird.

(8)

|          | *Präteritum* | *Präsens*    |
|----------|--------------|--------------|
| a)       | spiel-t-e    | spiel-∅-e    |
| b)       | kauf-t-e     | kauf-∅-e     |
| c)       | hol-t-e      | hol-∅-e      |

Schließlich werden bei manchen Verben – etwa *können* oder *wollen* – die Morpheme der 1. und 3. Person Singular phonetisch nicht realisiert.

(9)

|          |             |             |             |
|----------|-------------|-------------|-------------|
| a)       | ich komm-e  | ich kann-∅  | ich will-∅  |
| b)       | du komm-st  | du kann-st  | du will-st  |
| c)       | sie komm-t  | sie kann-∅  | sie will-∅  |

Nicht nur in der Morphologie gibt es leere Kategorien, sondern auch in der Syntax. Ich habe dargelegt, dass die funktionalen Köpfe I, C und D phonetisch leer bleiben können (siehe Kapitel 2.7.2). Auch leere Subjekte kommen vor. In

Sprachen mit reicher Verbalmorphologie kann die Position des Subjektpronomens leer bleiben. Man nimmt an, dass an seiner Stelle ein leeres Pronomen *pro* (klein pro) steht (siehe Seite 68).

(10)

    a)   *pro* pluit                             Latein
         es regnet
    b)   *pro* piove                          Italienisch

Es gibt mehrere grammatische Prinzipien, die die Annahme eines phonetisch leeren Subjekts in (6) rechtfertigen.

Ein subjektloser Infinitivsatz verletzt das $\theta$-Kriterium: Das Verb *besuchen* weist zwei $\theta$-Rollen zu. Hätte nun der Infinitivsatz kein Subjekt, so könnte die externe $\theta$-Rolle nicht vergeben werden. Der Satz müsste ungrammatisch sein. Ein subjektloser Satz verletzt auch das erweiterte Projektionsprinzip. Das erweiterte Projektionsprinzip schreibt vor, dass alle IPs ein Subjekt haben müssen (siehe Seite 72). Sätze ohne Subjekt sind ungrammatisch.

(11)      *Schläft.

Das heißt, dass [Spec IP] immer besetzt sein muss. IPs weisen deshalb immer dieselbe Struktur auf.

(12)

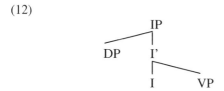

Betrachten Sie den englischsprachigen Satz:

(13)      Harry decides [to visit Hagrid].

Der Infinitiv-Nebensatz (9) müsste demnach wie folgt strukturiert sein:

(14)

Harry decides

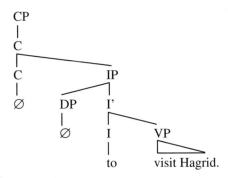

Die Struktur von (14) ähnelt der von (15). (15) ist ebenfalls ein Infinitiv-Satz –
allerdings mit einem **overten** (d. h. sichtbaren) Subjekt.

(15)

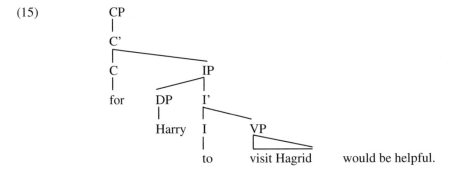

In (15) ist das Subjekt des Infinitivsatzes der R-Ausdruck *Harry*. Es verweist auf
eine außersprachliche Entität: einen Jungen namens Harry. Das unsichtbare
Subjekt des Infinitivsatzes in (14) muss wie eine Anapher interpretiert werden, die
ihre Referenz über das Subjekt des Hauptsatzes, *Harry*, erhält.

Leere Subjekte von Infinitivsätzen heißen in der generativen Grammatik PRO
(groß-PRO).

(13) erhält deshalb die folgende Struktur:

(16)     Harry decides

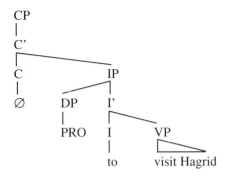

Auch die Bindungstheorie liefert Anhaltspunkte, die die Annahme einer Kategorie PRO rechtfertigen. Betrachten Sie den folgenden Satz:

(17)     Es ist sinnlos, [sich über Snape zu ärgern].

Die Grammatikalität von (17) lässt sich nur dann erklären, wenn man in der Subjektposition des Infinitivsatzes ein phonetisch leeres Element PRO annimmt. Prinzip A der Bindungstheorie verlangt, dass ein Reflexivpronomen in seiner Rektionskategorie gebunden sein ist (siehe Seite 142). Rektionskategorie für das Reflexivpronomen ist die kleinste maximale Projektion, die das Reflexivpronomen selbst, sein Regens und ein Subjekt enthält (siehe Seite 137). Das Regens für das Reflexivpronomen ist das Verb *ärgern*; das Subjekt ist PRO: Also ist der Infinitivsatz die Rektionskategorie für die Anapher. PRO ist gleichzeitig das Antezedens für das Reflexivpronomen. Prinzip A ist erfüllt, der Satz ist grammatisch.

Geht man davon aus, dass Infinitivsätze kein Subjekt haben, ist der vollständige Satz die Rektionskategorie für das Reflexivpronomen. Subjekt wäre dann das Expletivpronomen *es*. Das kommt aber als Antezedens nicht in Frage, weil es semantisch leer ist. Die Anapher wäre ungebunden; der Satz müsste ungrammatisch sein.

(17) muss deshalb wie folgt analysiert werden:

(18)     Es ist sinnlos, [PRO$_i$ sich$_i$ über Snape zu ärgern].

## 5.2 Eigenschaften von PRO

### 5.2.1 [+ anaphorisch] [+ pronominal]

PRO hat anaphorische und pronominale Eigenschaften. In der Literatur sagt man auch, dass PRO eine **pronominale Anapher** ist. In (18) verhält sich PRO wie ein Pronomen. Es referiert unabhängig und hat etwa die Bedeutung von „man".

Auf der anderen Seite gibt es Sätze, in denen sich PRO wie eine Anapher verhält. Es kann nur in Abhängigkeit von einem Antezedens interpretiert werden. Man sagt auch, dass PRO von einem Antezedens **kontrolliert** werden muss. In (19a) ist Harry der **Kontrollierer** von PRO, in (19b) Hermine.

(19)

    a)   Harry beschließt, [PRO Hagrid zu besuchen].

    b)   Harry überredet Hermine, [PRO Hagrid zu besuchen].

Um die Beziehung zwischen PRO und seinem Kontrollierer anzuzeigen, werden die beiden DPs koindiziert. Die Sätze in (19) erhalten die folgende Repräsentation:

(20)

    a)   Harry$_i$ beschließt, [PRO$_i$ Hagrid zu besuchen]

    b)   Harry überredet Hermine$_i$, [PRO$_i$ Hagrid zu besuchen]

Auch wenn PRO – wie in (18) – nicht kontrolliert wird, erhält es einen Index. Ein PRO ohne Kontrollierer wird wie folgt repräsentiert:

(21)    PRO$_{arb}$

*arb* steht für *arbitrary* (= beliebig). Ein PRO$_{arb}$ ist ein PRO, das auf eine beliebige Entität verweisen kann. (18) wird deshalb wie folgt analysiert:

(22)    Es ist sinnlos, [PRO$_{arb}$ sich über Snape zu ärgern].

### 5.2.2 Weitere Eigenschaften von PRO

Ich habe dargelegt, dass PRO sowohl [+ anaphorisch] als auch [+ pronominal] ist. Da PRO eine DP ist, muss es außerdem nominale Eigenschaften haben, also [+N, -V] sein. Es stellt sich die Frage, ob PRO noch für andere Merkmale – etwa [Genus], [Numerus] oder [Person] spezifiziert sein kann.

Diese Merkmale werden natürlich an PRO nicht sichtbar. Ich habe aber dargelegt, dass PRO als Antezedens für ein Reflexivpronomen fungieren kann. Die Anapher muss mit ihrem Antezedens bezüglich der Merkmale [Genus], [Numerus] und [Person] übereinstimmen. Das Merkmal [Person] wird am deutschen Reflexivpronomen sichtbar, nicht aber die Merkmale [Genus] und [Numerus].

(23)
    a) Kreacher$_i$ redet mit sich selbst$_i$/*dir selbst$_i$/*mir selbst$_i$.
    b) Winky$_i$ redet mit sich selbst/*dir selbst/*mir selbst.
    c) [Kreacher und Winky]$_i$ reden mit sich selbst$_i$ /*dir selbst$_i$ /*mir selbst$_i$.

Im Englischen werden auch die Merkmale [Genus] und [Numerus] am Reflexivpronomen sichtbar.

(24)
    a) Kreacher$_i$ talks to himself$_i$ / *herself$_i$ / *themselves$_i$.
    b) Winky$_i$ talks to *himself$_i$ / herself$_i$ *themselves$_i$.
    c) [Kreacher and Winky] talk to *himself$_i$ / *herself$_i$ / themselves$_i$.

Betrachten Sie nun (25):

(25)    Dobby asks Kreacher$_i$ [not PRO$_i$ to talk to himself$_i$ in public].

Das Reflexivpronomen ist für die Merkmale [+ Singular] und [+ Maskulin] spezifiziert. Also muss auch sein Antezedens, das phonetisch leere Subjekt PRO des Infinitivsatzes, für diese Merkmale spezifiziert sein. In der Tat ist PRO mit der DP *Kreacher* koreferent, die ebenfalls diese Merkmale aufweist.

Ein unabhängiges PRO muss im Englischen im Singular stehen und es kann für [+ 2. Person] oder für [+ 3. Person] spezifiziert sein.

(26)    It is curious [PRO$_i$ to talk to yourself$_i$ / oneself$_i$ in public].

Im Deutschen hingegen kann ein unabhängiges PRO nur [+ 3. Person] sein.

(27)    Es wirkt wunderlich, [PRO$_i$ in der Öffentlichkeit mit sich selbst / *dir selbst zu sprechen].

## 5.3 Das PRO-Theorem

### 5.3.1 Die Distribution von PRO

In allen Fällen, die ich bisher besprochen habe, nahm PRO die Subjektposition eines Infinitivsatzes ein. Es stellt sich die Frage, ob PRO auch in anderen Positionen auftreten kann. Kann PRO etwa als Objekt fungieren oder als Subjekt eines finiten Satzes? Die folgenden Beispiele zeigen, dass dies nicht der Fall ist:

(28)

    a)   *Harry$_i$ beschließt, [PRO$_i$ PRO zu besuchen].
    b)   *Harry$_i$ beschließt, [dass er$_i$ PRO besucht].
    c)   *Harry$_i$ beschließt, [dass PRO$_i$ Hagrid besucht].

(28a) und (28b) zeigen, dass PRO niemals in Objekt-Position stehen kann. In (29a) steht anstelle von PRO eine DP in der Objekt-Position. Die Sätze sind grammatisch. Die Ungrammatikalität der Sätze in (28) ist daher auf das PRO in der Objekt-Position zurückzuführen.

(29)

    a)   Harry$_i$ beschließt, [PRO$_i$ Hagrid zu besuchen].
    b)   Harry$_i$ beschließt, [dass er$_i$ Hagrid besucht].

(28c) ist ebenfalls ungrammatisch. Die Ungrammatikalität des Satzes ist auf das PRO in der Subjektposition des eingebetteten Satzes zurückzuführen. (29b) zeigt, dass derselbe Satz grammatisch wird, wenn anstelle von PRO eine overte DP steht.

Kann PRO als Subjekt anderer infiniter Sätze – etwa ECM-Konstruktionen (siehe Seite 125) – stehen? Auch dies ist nicht der Fall.

(30)

    a)   *Harry sieht [PRO schlafen].
    b)   Harry sieht [Filch schlafen].

Die eingebetteten Sätze in (30) sind Infinitivsätze. In (30a) ist das Subjekt ein phonetisch nicht sichtbares PRO. Der Satz ist ungrammatisch. In (30b) nimmt die overten DP *Filch* die Subjektposition des Infinitivsatzes ein. Der Satz ist grammatisch. Wie ist der Unterschied zwischen (30a) und den Sätzen in (19) zu erklären? *Sehen* ist ein ECM-Verb; die eingebetteten Infinitivsätze sind ECM-Sätze. Offensichtlich ist PRO in ECM-Konstruktionen nicht zugelassen.

### 5.3.2 Overte DPs

Die Beispiele in (28), (29) und (30) zeigen, dass overte DPs überall dort stehen können, wo PRO nicht stehen darf. Umgekehrt dürfen overte DPs nicht in Positionen stehen, in denen PRO erlaubt ist.

(31)     *Harry beschließt [er Hagrid zu besuchen].

Der Satz in (31) ist ungrammatisch, weil er den Kasusfilter verletzt. Der DP *er* kann kein Kasus zugewiesen werden. Ein I, das für [TNS] (= Tempus) und [AGR] (= Kongruenz) negativ spezifiziert ist, kann nach [Spec IP] keinen Kasus zuweisen. Anders als in ECM-Konstruktionen (z. B. 30b) kann auch das Verb des Hauptsatzes der Subjekt-DP im eingebetteten Satz keinen Kasus zuweisen. Infinitivsätze in ECM-Konstruktionen sind nämlich IPs; Infinitivsätze, die ein PRO-Subjekt verlangen, hingegen CPs. Eine IP, die für [AGR] und [TNS] negativ spezifiziert ist, ist keine Barriere. Das Verb des Hauptsatzes kann deshalb an das Subjekt des eingebetteten Satzes Kasus zuweisen (siehe Kapitel 3.2.3). Eine CP hingegen ist in jedem Fall eine Barriere. Ein Verb kann über eine CP-Grenze hinweg keinen Kasus zuweisen.

Warum sind Infinitivsätze, die PRO zulassen, CPs und nicht – wie auch Infinitivsätze in ECM-Konstruktionen – IPs? ECM-Konstruktionen lassen grundsätzlich keinen Complementizer zu (32). Es gibt aber durchaus Infinitivsätze mit PRO-Subjekt, die Complementizer erlauben – zwar nicht im Deutschen, wohl aber im Englischen (33)[65].

(32)

     a)    *Harry überlegt [ob PRO Hagrid zu besuchen].
     b)    Harry überlegt [PRO Hagrid zu besuchen].

(33)     Harry wonders [whether PRO to visit Hagrid]

In (28a) und (28b) hingegen weist das Verb *besuchen* an PRO den Akkusativ zu; in (28c) erhält PRO von dem finiten I-Kopf den Nominativ. In (30a) hingegen ist es das Verb *sehen*, das PRO den Akkusativ zuweist. Die Sätze sind alle ungrammatisch. PRO darf also niemals in einer Kasusposition stehen. Da Kasus grundsätzlich unter Rektion zugewiesen wird, folgt, dass PRO niemals regiert sein darf. Overte DPs, die grundsätzlich Kasus tragen müssen, können müssen regiert sein und Kasus tragen. Deswegen sind overte DPs und PRO komplementär verteilt: Wo overte DPs stehen dürfen, ist PRO nicht erlaubt; wo PRO nicht erlaubt ist, dürfen overte DPs nicht stehen.

### 5.3.3 PRO und die Bindungstheorie

In Kapitel 5.2.1 habe ich dargelegt, dass PRO Merkmale aufweist, die typisch für Anaphern sind und Merkmale, die typisch für Pronomina sind. Ich habe dargelegt, dass PRO sowohl für [± anaphorisch] als auch für [± pronominal] positiv spezifiziert ist.

Alle DPs unterliegen den Prinzipien der Bindungstheorie. Die Prinzipien, die die Interpretation von Anaphern und Pronomina bestimmen, sind die Folgenden:

---

**Prinzip A:**
Eine Anapher muss in ihrer Rektionskategorie gebunden sein.
**Prinzip B:**
Ein Pronomen muss in seiner Rektionskategorie frei sein.
(Siehe Seite 142)

---

65 Ich erkläre den Grammatikalitätsunterschied zwischen (32a) und (33) in Kapitel 5.3.3.

Wenn PRO für [anaphorisch] positiv spezifiziert ist, wenn PRO also eine Anapher ist, so muss es in seiner Rektionskategorie gebunden sein. Wenn PRO für [±pronominal] positiv spezifiziert ist, wenn PRO also ein Pronomen ist, so muss es gleichzeitig in seiner Rektionskategorie frei sein. Daraus entsteht ein Widerspruch, denn eine DP kann in ihrer Rektionskategorie nicht gleichzeitig gebunden und frei sein.

Der Widerspruch kann aufgelöst werden, wenn man annimmt, dass PRO gar keine Rektionskategorie hat. Dies ist tatsächlich der Fall. In den letzten beiden Abschnitten habe ich dargelegt, dass PRO nur in Positionen erlaubt ist, die nicht regiert sind. Eine DP, die nicht regiert ist, hat keine Rektionskategorie.

Aus dem bisher Gesagten lässt sich ein Theorem ableiten. Ein Theorem ist eine Aussage, die logisch abgeleitet aus den Axiomen eines Systems durch Anwendung eines Beweises gewonnen und bewiesen wurde.

**PRO-Theorem:**
PRO muss unregiert sein.

Betrachten Sie noch einmal die Sätze in (32) und (33). Warum ist (32a) ungrammatisch, nicht aber der Satz in (33)? (32a) hat die folgende Struktur:

(34)      Harry überlegt

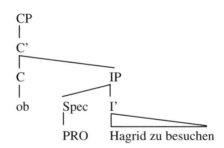

In (34) regiert der Complementizer *ob* das Subjekt des Infinitivsatzes PRO. Das ist möglich, weil der I-Kopf für die Merkmale [± AGR] und [± TNS] negativ spezifiziert und deshalb für die Rektion von außerhalb keine Barriere ist. PRO ist aber nach dem PRO-Theorem nur in unregierten Positionen zugelassen. Betrachten Sie nun die Struktur von (33):

(35)    Harry wonders

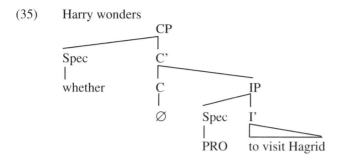

*Whether* wird behandelt wie eine Wh-Phrase. Wh-Phrasen sind Phrasen, die so-genannte W-Fragen einleiten (*wer, wo was*).

Wh-Phrasen werden aus Gründen, die ich in Kapitel 6.4. erläutern werde, immer in [Spec CP] realisiert. In (35) ist deshalb die C-Position leer. PRO in [Spec IP] wird nicht regiert; der Satz ist deshalb grammatisch.


## 5.4 Kontrolle


### 5.4.1 Subjektkontrolle und Objektkontrolle

Wenn PRO sich wie ein Pronomen verhält, so kann man es frei, d. h. unabhängig von einem Kontrollierer interpretieren. Verhält es sich wie eine Anapher, dann gibt es ein Kontrollierer, ein Antezedens, das PRO kommandiert.

(36)
    a)   Harry$_i$ verspricht Hermine, [PRO$_i$ Hagrid zu besuchen].
    b)   Harry überredet Hermine, [PRO$_i$ Hagrid zu besuchen].

In (36a) kommandiert das Subjekt des Hauptsatzes *Harry* PRO; in (36b) kann PRO nur mit dem Objekt *Hermine* koindiziert werden. Der einzige Unterschied zwischen den Sätzen in (36a) und (36b) besteht in der Wahl des Matrix-Verbs. In der Literatur nennt man Verben wie *versprechen* und *überreden* deshalb **Kontrollverben**. Abhängig davon, ob ihr Subjekt oder ihr Objekt als Kontrollierer des PRO-Subjekts des eingebetteten Satzes interpretiert werden muss, spricht man von **Subjekt-Kontrollverben** und **Objekt-Kontrollverben.**

Nun sind es nicht allein lexikalische Eigenschaften des Matrix-Verbs, die fest-legen, ob PRO mit dem Subjekt oder dem Objekt des Matrix-Satzes – d. h. des Hauptsatzes – koreferent ist. Betrachten Sie die folgenden Sätze:

(37)
    a)   Harry verspricht Hermine$_i$, [PRO$_i$ Hagrid besuchen zu dürfen].
    b)   Harry$_i$ bittet Hermine, [PRO$_i$ Hagrid besuchen zu dürfen].

In (37) wechseln die Lesarten. In (37a) wird PRO vom Objekt des Matrix-Satzes *Hermine* kontrolliert; in (37b) ist PRO mit *Harry* koreferent. Der Wechsel der Lesart (von der Subjektkontrolle zur Objektkontrolle bei *versprechen* und von der Objektkontrolle zur Subjektkontrolle bei *bitten*) wird in der Literatur **Kontrollwechsel** genannt. Der Kontrollwechsel wird ausgelöst durch die Bedeutungsstruktur des Hilfsverbs *dürfen*.

Die Kontrolleigenschaften von Verben ergeben sich offensichtlich aus einem Zusammenspiel aus der Bedeutung des übergeordneten und des eingebetteten Verbs. Welche Gesetzmäßigkeiten hier gelten, ist eine noch nicht vollständig geklärte Frage. Es scheint aber, dass semantische und nicht syntaktische Faktoren verantwortlich sind.

### 5.4.2 Obligatorische oder optionale Kontrolle

In der Literatur unterscheidet man zwischen optionaler und obligatorischer Kontrolle. Betrachten Sie die Sätze in (38):

(38)
    a)   Harry$_i$ beschließt, [PRO$_i$ Hagrid zu besuchen].
    b)   Es ist nützlich, [PRO Hagrid zu besuchen].
    c)   Harry$_i$ findet es nützlich, [PRO$_{i/arb}$ Hagrid zu besuchen].

In (38a) kommandiert die Subjekt-DP des Hauptsatzes *Harry* das Subjekt des eingebetteten Satzes PRO. In (38b) liegt ein arbiträres PRO vor. (38c) lässt zwei Lesarten zu:

(39)
    a)   Harry findet es nützlich, wenn *er* Hagrid besucht.
    b)   Harry findet es nützlich, wenn *man* Hagrid besucht.

Das Subjekt des Hauptsatzes *Harry* kann PRO kontrollieren; PRO kann aber auch eine arbiträre Lesart haben. Man sagt auch, dass *Harry* PRO **optional** kommandiert.

### 5.4.3 C-Kommando und Kontrolle

Betrachten Sie den folgenden Satz:

(40)
    a)   [Grawps$_i$ Bruder]$_j$ verspricht [PRO sich$_{*i/j}$ zu benehmen].
    b)   Harry bittet [Grawps$_i$ Bruder]$_j$, [PRO sich$_{*i/j}$ zu benehmen].

In (40a) kann nur die ganze Subjekt-DP *Grawps Bruder* des Hauptsatzes das PRO-Subjekt des Nebensatzes kontrollieren. In (40b) kann nur die ganze Objekt-

DP das PRO-Subjekt des Nebensatzes kontrollieren. Die DP in der Spec-Position des Subjekts bzw. Objekts ist kein möglicher Kontrollierer für PRO.

Es gibt eine konfigurationale Beschränkung für obligatorische Kontrolle: Der Kontrollierer muss PRO c-kommandieren (siehe Seite 133). Betrachten Sie (41):

(41)

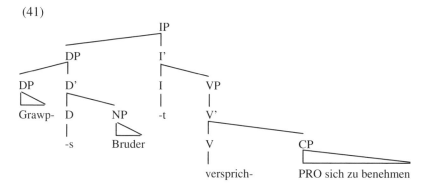

In (41) ist der nächsthöhere Knoten, der die DP *Grawps Bruder* dominiert, die IP. Die IP dominiert auch das PRO-Subjekt des eingebetteten Satzes. Also c-kommandiert die DP *Grawps Bruder* das Subjekt des eingebetteten Satzes und kann deshalb als Kontrollierer von PRO fungieren. Der nächste Knoten, der die DP *Grawp* dominiert, ist wiederum eine DP, nämlich *Grawps Bruder*. Diese dominiert das PRO-Subjekt des eingebetteten Satzes nicht und kann es deshalb auch nicht c-kommandieren. Die DP *Grawp* kommt deshalb als Kontrollierer für PRO nicht in Frage.

Diese Beschränkung gilt nicht für optionale Kontrolle.

(42)     Harrys$_i$ Meinung nach ist es wichtig, [PRO Hagrid zu besuchen].

In (42) kann die DP *Harry* als Kontrollierer des PRO-Subjekts des eingebetteten Satzes fungieren, obwohl sie PRO nicht c-kommandiert. Das liegt daran, dass in (42) optionale Kontrolle vorliegt. Es sind nämlich zwei Lesarten möglich. PRO kann von *Harry* kontrolliert sein; es kann aber auch arbiträr sein. (42) kann wie folgt interpretiert werden:

(43)
    a)   Harrys Meinung nach ist es wichtig, dass Harry Hagrid besucht.
    b)   Harrys Meinung nach ist es wichtig, dass man Hagrid besucht.

Die Beschränkung gilt auch dann nicht, wenn PRO rein arbiträr interpretiert werden muss:

(44)     [PRO sich über Snape zu ärgern] ist sinnlos.

### 5.4.4 Argumentkontrolle

Nach Haegeman (1994) können nur Argumente als Kontrollierer für PRO
fungieren (Beispiele aus: Haegeman 1994: 279):

(45)
    a)   Three accidents occurred after lunch.
    b)   There occurred three accidents after lunch.
    c)   There occurred three more accidents after lunch without there being
        any medical help available.
    d)   *There occurred three more accidents after lunch without PRO being
        any medical help available

Das Verb *to occur* nimmt in (45a) ein Argument *three accidents*. In (45b) steht in
der Subjektposition ein Expletivpronomen *there*. In (45c) steht in der Subjekt-
position des Hauptsatzes und in der Subjektposition des Nebensatzes ein Expletivpronomen. In (45d) wird das Expletivpronomen im eingebetteten Satz durch
ein PRO ersetzt. Der Satz ist ungrammatisch.

    Haegeman argumentiert, dass Expletivpronomina keine Argumente sind. Sie
stehen nur, damit das erweiterte Projektionsprinzip (siehe Seite 72) erfüllt wird.
Expletivpronomina können deshalb nicht als Kontrollierer für PRO fungieren.

    Dies scheint aber sprachspezifisch verschieden zu sein, denn im Deutschen
können Expletivpronomina durchaus Kontrollierer sein:

(46)     Es regnet ohne [PRO aufzuhören].

### Übungen

1.)     Welche Argumente sprechen dafür, in der folgenden Struktur ein
        phonetisch leeres PRO als Subjekt des Infinitivsatzes anzunehmen?

        Harry freut sich, Hagrid zu besuchen.

2.)     Erklären Sie den Grammatikalitätsunterschied in den folgenden
        Strukturen:

        a)    Snape befiehlt Harry, sein Buch über Zaubertränke zu holen.
        b)    *Snape befiehlt Harry, er sein Buch über Zaubertränke zu holen.
        c)    *Snape befiehlt Harry, dass PRO sein Buch über Zaubertränke holt.
        d)    Snape befiehlt Harry, dass er sein Buch über Zaubertränke holt.

3.)     Leiten Sie das PRO-Theorem aus den Prinzipien der Bindungstheorie ab.

4.)     Was versteht man unter Subjektkontrolle, was unter Objektkontrolle. Er-
        läutern Sie anhand von Beispielen.

5)      Bestimmen Sie die Referenzmöglichkeiten von PRO in den folgenden
        Sätzen. Worin unterscheiden sich (a) und (b)?

   a)      Harry findet es sinnvoll, [PRO Hausaufgaben zu machen].
   b)      Harry hat keine Lust, [PRO Hausaufgaben zu machen].

6)      Warum kann das PRO im folgenden Satz nicht mit *Hermine* koreferent
        sein?

        Hermines Kater versucht, PRO Rons Ratte zu fangen.

# 6 Bewege Alpha

## 6.1 DP-Bewegung

### 6.1.1 Passiv-Strukturen

#### 6.1.1.1 Die externe θ-Rolle

In Kapitel 2.6.4 habe ich das θ-Kriterium eingeführt. Das θ-Kriterium besagt, dass jedes Argument eine θ-Rolle erhalten muss und dass umgekehrt jede θ-Rolle an genau ein Argument zugewiesen werden muss (siehe Seite 65). Das θ-Kriterium ist ein universales Prinzip; Sätze, die das θ-Kriterium verletzen, sind un-grammatisch.

(1)
  a) Snape bestraft Harry.
  b) *Snape bestraft.
  c) *Bestraft Harry.
  d) *Snape bestraft Harry Ron.

Das Verb *bestrafen* weist offensichtlich die folgende Argumentstruktur auf:

(2)
  *bestrafen:*  $\underline{1}$  $\underline{2}$
  AGENS  PATIENS

Nun lassen sich unschwer Sätze finden, die vollständig grammatisch sind, obwohl das θ-Kriterium verletzt zu sein scheint.

(3)    Harry wird (von Snape) bestraft.

In (3) liegt – anders als in (1a) ein Passivsatz vor. Das Verb *bestrafen* hat nur ein Argument in der Subjektposition. Dieses Argument, *Harry,* trägt aber nicht die-selbe θ-Rolle, die das externe Argument des Aktivsatzes trägt (AGENS). Harry ist vielmehr derjenige, mit dem etwas geschieht, der etwas erleidet. Das Subjekt in (3) trägt die θ-Rolle PATIENS. Die externe Rolle fehlt oder wird (fakultativ) einer anderen, nicht-subjektivischen XP zugewiesen. Auch wenn die externe θ-Rolle nicht ausgedrückt wird, wird sie trotzdem „mitverstanden". Man weiß, dass es jemanden gibt, der Harry bestraft.

Dies gilt nicht nur für das Deutsche; es handelt sich vielmehr um ein Universal und gilt für alle Sprachen – sofern sie Passivkonstruktionen kennen (Beispiele entnommen aus: Fanselow/Felix 1987: 115 ff).

(4)

    a)                                                                        Walisisch

fe'i      lladdodd    draig
ihn      tötete       Drache
Ein Drache tötete ihn.
fe'i      lladdwyd    (gan draig)
er       wurde getötet  (von Drache)
Er wurde (von einem Drachen) getötet.

    b)                                                                        Japanisch

Taroo-wa   go-han-o takusan      taberu
Taroo      (Reis-Akk) viel        isst.
Taroo isst viel Reis.
go-han-o     (Taroo-ni)     takusan     taberareru
Reis (Akk)    (von Taroo)    viel        wird-gegessen
Viel Reis wird (von Taroo) gegessen

    c)                                                                        Hebräisch

Ya'akov  katavt'      et      ha-yedi'a    ha-zot ba-'iton
Jakob    schrieb    (Akk)   die-Nachricht  dieser-auf-Zettel
Jakob hat die Nachricht auf diesen Zettel geschrieben.
haya katuv        'er hayedi'a   hazot ba-'iton
wurde-geschrieben  die Nachricht  dieser-auf Zettel
Die Nachricht wurde auf diesen Zettel geschrieben.

Im Deutschen, Englischen und in den oben genannten Sprachen erscheint eine PP; im Sanskrit und im Litauischen eine DP mit einem nicht-nominativischen Kasus (Fanselow/Felix 1987: 116):

(5)

    a)                                                                        Sanskrit

caitrena      kusulo        bhidyata
Chaitra (Instr)  Korngefäß (Akk)  wurde-zerbrochen

    b)                                                                        Litauisch

Kristolinis sietynas  buvo     mano       pirktas
Kandelaber (Nom)    ist       ich (Gen)   gekauft
Der Kandelaber wurde von mir gekauft.

Wie kommt es, dass (3) grammatisch ist, obwohl die es kein Argument gibt, dem die externe θ-Rolle Agens zugewiesen werden kann? In der Literatur sagt man, dass passivische Verben die Subjekt-θ-Rolle wird, **suspendiert**.

Betrachten Sie die folgenden Sätze:

(6)

    a)   Harry sagt, dass Snape ein Mörder ist.
    b)   Es wird gesagt, dass Snape ein Mörder ist.

In (6b) nimmt das Expletivpronomen die Subjektposition des Hauptsatzes ein, ein Pronomen also, dem keine θ-Rolle zugewiesen werden kann. Dies ist nur möglich, wenn Verben keine externe θ-Rolle zuweisen (siehe Seite 65). Expletivpronomina in Argument-Positionen sind ungrammatisch. Das wird im Deutschen nicht ersichtlich, weil das Expletivpronomen *es* gleichzeitig als Personalpronomen fungieren kann. Im Englischen ist die Ungrammatikalität offensichtlich.

(7)      *There punishes Harry.

### 6.1.1.2 Der strukturelle Kasus

Im vorangegangenen Kapitel habe ich dargelegt, dass in der Subjektposition von Passivsätzen ein Expletivpronomen stehen kann. Das ist aber nicht immer der Fall.

(8)       *Es wird den Schüler bestraft.

Zwischen (6b) und (8) gibt es einen wichtigen Unterschied: Das Verb *sagen* nimmt einen Satz zum Komplement, das Verb *bestrafen* eine DP. In der generativen Grammatik geht man davon aus, dass ein passivisches Verb an sein Komplement keinen strukturellen Kasus, also keinen Akkusativ zuweisen kann. Man sagt auch, dass ein passivisches Verb den strukturellen Kasus **absorbiert**. In (8) erhält die Objekt-DP keinen Kasus. Der Kasusfilter ist somit verletzt und der Satz ist ungrammatisch.
   Eine Möglichkeit, die Grammatikalität von Passivsätzen zu „retten" besteht darin, dass die Objekt-DP ihren Kasus in einer anderen Position erhält. Eine mögliche Position ist [Spec IP], die Subjekt-Position des Satzes. Das erweiterte Projektionsprinzip (siehe Seite 72) schreibt vor, dass diese Position vorhanden sein muss, auch wenn das Verb keine externe θ-Rolle zuweist. In der generativen Grammatik sagt man, dass die Objekt-DP in die Subjekt-Position, also nach [Spec IP] **bewegt** wird. Dort erhält sie ihren Kasus – Nominativ – und der Satz ist grammatisch.

(9)      Der Schüler wird bestraft.

Auch Satzkomplemente können nach [Spec IP] bewegt werden (10). Der Beispielsatz in (6) macht deutlich, dass dies nicht obligatorisch ist. CPs können nach auch in der Position des Verb-Komplements verbleiben. In der Subjektposition steht dann ein Expletivpronomen.

(10)      Dass Snape ein Mörder ist, wird (gemeinhin) gesagt.

Auch DPs müssen nicht nach [Spec IP] bewegt werden. Sie können in der Komplement-Position des Verbs verbleiben. Allerdings müssen sie dann im Nominativ stehen (11). Steht die DP im Akkusativ, ist der Satz ungrammatisch. Das zeigt der Beispielsatz in (8).

(11)      Es wird ein Schüler bestraft.

Im Englischen ist Passivbewegung obligatorisch.

(12)     *It is punished the pupil (he).

Warum ist (11) grammatisch, obwohl die DP in einer Position steht, in der sie eigentlich keinen Kasus tragen kann. Wie bekommt die DP *der Schüler* in (11) ihren Kasus? Es wurde vorgeschlagen, dass im Deutschen der Nominativ auch indirekt zugewiesen werden kann. Das heißt, dass in (11) der Nominativ an das Expletivpronomen zugewiesen wird. Dieses „vererbt" den Kasus dann an die DP in der Objekt-Position (Grewendorf 1990: 301).

### 6.1.1.3 Burzios Generalisierung

In den letzten beiden Kapiteln habe ich zwei wichtige Eigenschaften passivischer Verben aufgezeigt.

1.     Passivverben weisen keine externe θ-Rolle zu.
2.     Passivverben weisen keinen strukturellen Kasus zu.

Beide Eigenschaften hat Luigi Burzio in einen Zusammenhang gestellt:

**Burzios Generalisierung:**
1.  Ein Verb, das keine externe θ-Rolle vergibt, weist keinen inhärenten Kasus zu.
2.  Ein Verb, das keinen inhärenten Kasus zuweist, vergibt keine externe θ-Rolle.
    (Burzio, 1986: 184)

Burzio unterscheidet drei Klassen von Verben:

1.     Verben, die eine externe und eine interne θ-Rolle vergeben: Diese Verben werden in der traditionellen Grammatik **transitive Verben** genannt. Verben wie *töten* oder *bestrafen* gehören zu den transitiven Verben. Diese Verben können an ihre Komplement-DP strukturellen Kasus zuweisen.
2.     Verben, die nur eine externe θ-Rolle vergeben. Diese Verben heißen intransitive Verben. Manchmal werden sie auch **unergative Verben** genannt. Verben wie *tanzen* oder *arbeiten* gehören zu den unergativen Verben.
3.     Verben, die nur eine interne θ-Rolle vergeben. Diese Verben weisen keine externe θ-Rolle zu und können deshalb an die DP in der Komplement-Position keinen Kasus zuweisen. Die Komplement-DP muss in die Subjekt-Position bewegt werden, um dort Kasus zu erhalten. Zu diesen Verben zählen die sogenannten **ergativen Verben**. Dazu zählen Verben wie *sterben* sowie die Bewegungsverben *kommen, gehen, rennen*, aber auch die Passivverben. Auf die Syntax ergativer Verben komme ich in 6.1.3 zu sprechen.

### 6.1.1.4 Der inhärente Kasus

In Kapitel 3.3 habe ich dargelegt, dass es zwei Arten von Kasus gibt: den strukturellen und den inhärenten Kasus. Der strukturelle Kasus wird automatisch in bestimmten Positionen vergeben. Im Deutschen steht der Nominativ in [Spec IP] und der Akkusativ in der Komplement-Position des Verbs, wenn nicht lexikalische Eigenschaften des Verbs anderes verlangen. Der inhärente Kasus hingegen wird in Abhängigkeit von bestimmten lexikalischen Eigenschaften des Verbs vergeben. Es gibt noch einen weiteren Unterschied: In 6.1.1.2 habe ich dargelegt, dass Passivverben keinen strukturellen Kasus zuweisen können. Passivverben können aber sehr wohl inhärenten Kasus (Dativ oder Genitiv) zuweisen.

(13)

    a)   Es wird dem Schüler geholfen.
    b)   Es wird des Schulleiters gedacht.

Dativ- und Genitivkomplemente können auch an den Satzanfang bewegt werden. Dort erscheinen sie aber nicht im Nominativ. Der Dativ oder Genitiv bleibt erhalten.

(14)

    a)   Snape bestraft den Schüler.
    b)   Der Schüler wird bestraft.
    c)   *Den Schüler wird bestraft.
    d)   Dumbledore hilft den Schülern.
    e)   *Die Schüler wird geholfen.
    f)   Den Schülern wird geholfen.
    g)   Die Schüler gedenken des Schulleiters.
    h)   *Der Schulleiter wird gedacht.
    i)   Des Schulleiters wird gedacht.

In welcher Position landen Dativ- und Genitivkomplemente, wenn sie an den Satzanfang verschoben werden? Es kommen zwei Positionen in Frage [Spec IP] und [Spec CP]. Stünden sie in [Spec IP], müssten sie mit I kongruieren (siehe Seite 96). Die Beispiele in (15) zeigen, dass das nicht der Fall ist.

(15)

    a)   Dem Schüler *wird* geholfen.
    b)   *Den Schüler-*n werden* geholfen.
    c)   Den Schüler-*n wird* geholfen.
    d)   Des Schüler-*s wird* gedacht.
    e)   *Der Schüler *werden* gedacht.
    f)   Der Schüler *wird* gedacht.

[Spec IP] ist keine mögliche „Landeposition" für Dativ- und Genitivkomplemente. Man geht deshalb davon aus, dass sie nach [Spec CP] bewegt werden. Diese Analyse entspricht der für Sätze mit einem topikalisierten Objekt (siehe Seite 26).

(16)      Diese Schüler hat Snape bestraft.

Bei diesen Konstruktionen geht man davon aus, dass die topikalisierte Objekt-DP nach [Spec CP] und das Hilfsverb *hat* von I nach C bewegt wird. Letzteres wird daraus ersichtlich, dass das Hilfsverb vor dem Subjekt steht, das in [Spec IP] angenommen wird.

Vergleicht man die Sätze in (15a/b) mit dem in (16), so fällt auf, dass es in (15a/b) kein phonetisch realisiertes Subjekt, d. h. keine mit dem Verb kongruierende DP gibt. Dennoch muss die [Spec IP]-Position gefüllt sein, weil andernfalls das erweiterte Projektionsprinzip (siehe Seite 72) verletzt würde. In der generativen Grammatik vermutet man, dass es im Deutschen unter bestimmten Bedingungen ein phonetisch nicht realisiertes Expletivpronomen gibt (cf. u.a Müller&Riemer 1997: 99). Phonetisch leere Expletivpronomina kommen auch in anderen Konstruktionen vor:

(17)

    a)   Heute wird gefeiert.
    b)   Es wird gefeiert.
    c)   Hier muss geholfen werden.
    d)   Es muss geholfen werden.

Das Deutsche ähnelt somit jenen Sprachen, die phonetisch leere Subjekte zulassen (pro-drop-Sprachen). In diesen Sprachen gibt es ebenfalls phonetisch leere Expletivpronomina (18). In der Tat nimmt Grewendorf (1990) an, dass das Deutsche eine Semi-pro-drop-Sprache ist, die anstelle eines Expletivpronomens auch ein phonetisch leeres *pro* erlaubt.

(18)

    a)   *pro* pluit                                                   Latein
        es regnet
    b)   *pro* piove                                                  Italienisch

### 6.1.1.5 Passiv in Doppel-Objekt-Konstruktionen.

Manche Verben nehmen zwei DPs als Komplemente. Eine DP steht im Akkusativ. Das ist das direkte Objekt. Eine DP steht im Dativ. Das ist das indirekte Objekt.

(19)      Winky stiehlt dem Jungen den Zauberstab.

Passivische Verben weisen keinen strukturellen Kasus zu. Das direkte Objekt muss also – um Kasus zu erhalten – nach [Spec IP] bewegt werden. Die Position ist leer, weil Passivverben keine externe θ-Rolle zuweisen. In [Spec IP] wird der DP der Nominativ zugewiesen.

(20)     Der Zauberstab wird dem Jungen gestohlen.

Zusätzlich kann das indirekte Objekt nach [Spec CP] verschoben werden. Diese Bewegung ist nur fakultativ, denn die DP erhält ihren Kasus bereits in der Komplement-Position. Gleichzeitig wird das Hilfsverb von I nach C bewegt.

(21)     Dem Jungen wird der Zauberstab gestohlen.

Unmöglich sollte sein, nur das indirekte Objekt, nicht aber das direkte Objekt an den Satzanfang zu stellen. Das Verb kann nämlich in seiner passivischen Form keinen strukturellen Kasus (Akkusativ) an das direkte Objekt zuweisen. Ein direktes Objekt, das in der Komplement-Position eines Passivverbs steht, verletzt den Kasusfilter; der Satz ist ungrammatisch. Genau das ist der Fall.

(22)     *Dem Jungen wird den Zauberstab gestohlen.

### 6.1.1.6 Die Repräsentationsebenen

In den vergangenen Abschnitten habe ich dargelegt, dass in Passivkonstruktionen die DP, die ursprünglich in der Objekt-Position steht, in die Subjekt-Position bewegt werden muss. Dieser Prozess wird in der generativen Grammatik Passivbewegung – oder allgemeiner DP-Bewegung – genannt. Welcher Status kommt der DP-Bewegung innerhalb der Grammatik zu? DP-Bewegung ist keine Grammatikalitätsbedingung wie etwa das (θ-Kriterium oder der Kasusfilter). Durch DP-Bewegung werden auch keine Strukturen erzeugt, wie etwa durch das X-Bar-Schema. Durch DP-Bewegung werden vielmehr *bereits bestehende Strukturen verändert*. Das bedeutet, dass es mehrere Strukturebenen geben muss und dass die Oberflächenstruktur nicht der ursprünglichen Satzstruktur entspricht.

In der generativen Grammatik nimmt man eine D-Struktur (D steht für englisch *deep*) und eine S-Struktur (S steht für englisch *surface*) an[66]. Die Strukturebenen werden wie folgt definiert:

| |
|---|
| **D-Struktur:** <br> Als D-Struktur bezeichnet man diejenige Strukturebene, die durch die lexikalische Information (Subkategorisierungseigenschaften, θ-Raster etc.) und das X-Bar-Schema bestimmt wird. |

| |
|---|
| **S-Struktur:** <br> Als S-Struktur bezeichnet man diejenige Strukturebene, die durch die Anwendung von Bewegungsregeln auf die D-Struktur entsteht. |

Den Aufbau einer Grammatik kann man sich nun wie folgt vorstellen:

---

66   Es gibt noch zwei weitere Repräsentationsebenen: die Logische Form (LF) und die Phonetische Form. Ich werde sie in Kapitel 7 vorstellen.

D-Struktur

Bewegungsregeln

S-Struktur

Die Bewegungsregeln stellen eine Beziehung her zwischen den Repräsentationsebenen D-Struktur und S-Struktur. Ein Element, das in der D-Struktur eine bestimmte Position einnimmt, kann auf der S-Struktur in eine andere Position bewegt werden. Bewegungsprozesse unterliegen einer wichtigen Beschränkung:

**Strukturerhaltungsprinzip:**
Bewegungen müssen strukturerhaltend sein.

Das bedeutet, dass Strukturen, die auf der D-Struktur erzeugt werden, weil etwa
das θ-Kriterium oder das Projektionsprinzip dies verlangen, auch auf der S-
Struktur vorhanden sein müssen.

Phrasen dürfen zudem immer nur in phrasale Positionen bewegt werden und
Köpfe immer nur in Kopf-Positionen. Außerdem muss die Ausgangsposition des
bewegten Elements derselben grammatischen Kategorie angehören wie die
Landeposition. Das heißt DPs grundsätzlich nur in DP-Positionen, PPs nur in PP-
Positionen usw. oder aber in Positionen, die kategorial nicht spezifiziert sind. Eine
solche Position ist zum Beispiel [Spec CP]. Ich habe bereits dargelegt, dass DPs,
die inhärenten Kasus tragen, nicht in die Subjektposition [Spec IP], sondern nach
[Spec CP] bewegt werden müssen.

Der Satz in (9) – hier wiedergegeben als (23) – hat die folgende D-Struktur:

(23)    Der Schüler wird bestraft.

(24)

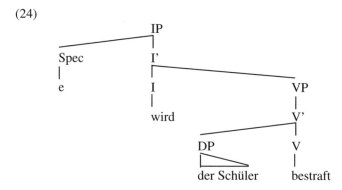

Das Passivverb weist an die Subjektposition keine θ-Rolle zu. Das erweiterte Projektionsprinzip erzwingt, dass die Position dennoch vorhanden ist. Sie ist aber in der D-Struktur leer. Die leere Position wird in der Struktur mit *e* (für englisch: *empty*) gekennzeichnet

Da das Passivverb keinen strukturellen Kasus zuweisen kann, muss die Objekt-DP nach [Spec IP] bewegt werden, wo sie einen Kasus (Nominativ) erhält. Die Objekt-Position muss auf der S-Struktur erhalten bleiben. Das erzwingt das Strukturerhaltungsprinzip. Die DP *der Schüler* hinterlässt in ihrer Ausgangsposition eine **Spur**[67]. Die Spur wird in der Struktur als *t* (für englisch: *trace*) gekennzeichnet. Die DP, die nach [Spec IP] bewegt wurde, ist das **Antezedens** der Spur und mit der Spur koindiziert. (23) erhält die folgende S-Struktur:

(25)

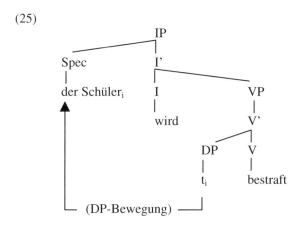

### 6.1.1.7 Spuren und ihre Eigenschaften

*6.1.1.7.1 Sichtbarkeitsbedingung*
In den vorangegangenen Abschnitten habe ich die DP-Bewegung eingeführt. In Passivsätzen muss die Objekt-DP in die Subjektposition bewegt werden, um dort Kasus zu erhalten. Es stellt sich die Frage, warum es eigentlich nötig ist, dass eine DP Kasus trägt. Wie ist der Kasusfilter motiviert?

Chomsky (1986a) formuliert eine **Sichtbarkeitsbedingung** für DPs. Einer DP kann nur dann eine θ-Rolle zugewiesen werden, wenn sie **sichtbar** ist. Sichtbar ist eine DP aber nur, wenn sie Kasus trägt.

*6.1.1.7.2 Spuren und Ketten*
Die Analyse von Passivsätzen, die ich in den vorangegangenen Abschnitten vorgestellt habe, weist ein wesentliches Problem auf. Betrachten Sie noch einmal (23).

---

67    Auf die Eigenschaften von Spuren komme ich im folgenden Abschnitt zu sprechen.

(23)      Der Schüler wird bestraft.

Die DP *der Schüler* wird auf der D-Struktur als Objekt in die Phrasenstruktur eingesetzt. Man sagt auch, sie wird dort **basisgeneriert.** Weil das Passivverb *bestraft* keinen Kasus zuweisen kann, muss sie in die Subjekt-Position bewegt werden., um dort Kasus zu erhalten. Die DP muss Kasus tragen, damit sie eine θ-Rolle erhalten kann. Eine interne θ-Rolle kann die DP aber nur dann erhalten, wenn das Verb sie regiert. Steht sie in [Spec IP], regiert das Verb sie nicht mehr. Es stellt sich die Frage: Wie wird an die Subjekt-DP in (20) die θ-Rolle zugewiesen?

Ich habe in 6.1.1.6 bereits darauf hingewiesen, dass die DP *der Schüler* in ihrer Ausgangsposition eine Spur hinterlässt. Die DP *der Schüler* und die Spur werden miteinander koindiziert und bilden eine **Kette** *<der Schüler$_i$, t$_i$>*. Die DP *der Schüler*, der in [Spec IP] Kasus zugewiesen wird, ist der **Kopf** der Kette, die Spur in der θ-Position ist der **Fuß** der Kette[68].

Chomsky (1986a) schlägt vor, dass nicht an Phrasen an DPs θ-Rollen zugewiesen werden, sondern an Ketten.

Das θ-Kriterium muss wie folgt umformuliert werden.

---

**θ-Kriterium (modifiziert):**
Jedes Argument A erscheint in einer Kette, die eine einzige sichtbare θ-markierte Position P enthält und jede θ-markierte Position P ist sichtbar in einer Kette, die ein einziges Argument A enthält (Chomsky 1986a: 97).

---

Eine Position P in einer Kette ist sichtbar, wenn die Kette eine kasusmarkierte Position enthält. Es besteht also eine 1:1-Relation zwischen θ-Rollen und Ketten.

Auch der Kasusfilter muss neu formuliert werden:

---

**Kasusfilter (modifiziert):**
Overte DPs müssen abstrakten Kasus erhalten. In einer Kette muss genau einem Element zugewiesen werden.

---

Betrachten Sie (26):

(26)
        a)    Snape bestraft den Schüler.
        b)    Der Schüler wird bestraft.

θ-Rollen werden in Positionen – sogenannte θ-Positionen – zugewiesen. In (26a) steht die DP in ihrer θ-Position. Dorthin wird auch der Kasus zugewiesen. Die DP *den Schüler* bildet eine Kette mit nur einem Element: *<den Schüler$_i$>*.

---

68    In 6.1.2 werde ich komplexere Bewegungen einführen. Ich werde zeigen, dass es Ketten mit
      noch mehr als zwei Elementen gibt.

(27)   [$_{IP}$ Snape [$_{I'}$ -t [$_{VP}$ bestraf- den Schüler]]]

In (26b) wird die DP *der Schüler* aus der Komplement-Position des Verbs heraus nach [Spec IP] bewegt. Sie bildet zusammen mit ihrer Spur eine Kette mit zwei Elementen. Die Kette ist sichtbar, weil die DP in [Spec IP] Kasus erhält. Ihr kann deshalb auch eine θ-Rolle zugewiesen. Die DP *der Schüler* erhält ihre θ-Rolle über die Kette.

(28)   [$_{IP}$ Der Schüler$_i$ [$_{I'}$ wird [$_{VP}$ t$_i$ bestraft ]]].

Möglicher Landeplatz für DP-Bewegung sind übrigens immer nur Positionen, die nicht θ-markiert sind. Erfolgt DP-Bewegung in eine θ-markierte Position, so erhält die Kette zwei θ-Rollen. Der Satz verletzt das θ-Kriterium und ist ungrammatisch.

(29)   *Der Schüler$_i$ bestraft t$_i$.
       (im Sinne von: Der Schüler bestraft sich selbst.)

### 6.1.1.8 Nominale Merkmale von Spuren

Nachdem ich die DP-Bewegung eingeführt und aufgezeigt habe, wodurch sie motiviert ist, möchte ich mich jetzt den Spuren zuwenden, die die Bewegung hinterlässt. Welches sind die Merkmale dieser Spuren. Diese Spuren werden stets in einer DP-Position realisiert. Verhalten sie sich auch wie DPs?

In Kapitel 4 habe ich dargelegt, dass es vier Typen von DPs gibt. Die DPs sind dadurch charakterisiert, dass sie für die Merkmale [± anaphorisch] und [± pronominal] unterschiedlich spezifiziert sind (siehe Seite 143).

| | | |
|---|---|---|
| Anaphern | (Reflexivpronomina, Reziprokpronomina | [+ anaphorisch] [– pronominal] |
| Pronomina | Personalpronomina | [– anaphorisch] [+ pronominal] |
| R-Ausdrücke | DPs, die unabhängig referieren | [– anaphorisch] [– pronominal] |

Zusätzlich habe ich die phonetisch leere DP PRO eingeführt. PRO hat die folgenden Merkmale:

PRO                                                          [+ anaphorisch] [+ pronominal]

Die Bindungstheorie besagt:

**Prinzip A:**
Eine Anapher muss in ihrer Rektionskategorie gebunden sein.
**Prinzip B:**
Ein Pronomen muss in seiner Rektionskategorie frei sein.
**Prinzip C:**
Ein R-Ausdruck muss überall frei sein. (Siehe Seite 142)

Welches sind nun die Merkmale von DP-Spuren? Verhalten sie sich wie R-Ausdrücke?

Betrachten Sie noch einmal (28):

(28)     [$_{IP}$ Der Schüler$_i$ [$_{I'}$ wird [$_{VP}$ bestraft   t$_i$ ]]].

Sind DP-Spuren [– anaphorisch] [– pronominal]? Verhalten sie sich wie R-Ausdrücke? Das kann nicht sein, denn die Spur in (28) ist koindiziert mit der DP *der Schüler*. Die DP c-kommandiert die Spur und bindet sie deshalb (siehe Seite 134). Nach Prinzip C der Bindungstheorie darf ein R-Ausdruck nicht gebunden sein. Der Satz in (30) ist ungrammatisch, wenn die Subjekt-DP und die Objekt-DP koindiziert sind, also auf dieselbe Person verweisen. Das Prinzip C ist verletzt.

(30)     * Er$_i$ bestraft Harry$_i$.

Wären DP-Spuren R-Ausdrücke, würde (28) das Prinzip C der Bindungstheorie verletzen; der Satz müsste ungrammatisch sein.

Sind DP-Spuren [– anaphorisch] [+ pronominal]? Verhalten sie sich wie Pronomina? Prinzip B der Bindungstheorie schreibt vor, dass Pronomina in ihrer Rektionskategorie frei sein müssen. Die Rektionskategorie ist die kleinste Kategorie, die das zu bindende Element (in diesem Fall die Spur), sein Regens und ein Subjekt enthält. Betrachten Sie (31). Die DP *Harry* bindet das Pronomen *ihn*. Das bedeutet: Die DPs *Harry* und *ihn* verweisen auf dieselbe Person. Die Rektionskategorie für das Pronomen ist der Satz, denn er enthält das Pronomen, sein Regens (das Verb) und das Subjekt (die DP *Harry*). Das Pronomen ist in seiner Rektionskategorie gebunden; der Satz ist ungrammatisch.

(31)     *Harry$_i$ bestraft ihn$_i$.

Die Rektionskategorie für die Spur ist die IP, denn sie ist der kleinste CFC, der die Spur und ihr Regens, das Verb, enthält (siehe Seite 137). Die DP *der Schüler*, die mit der Spur koindiziert ist, wird von IP dominiert. Das Antezedens befindet sich daher in derselben Rektionskategorie wie die Spur. Wären DP-Spuren Pronomina, so würde (28) das Prinzip B der Bindungstheorie verletzen: Der Satz müsste ungrammatisch sein.

Sind DP-Spuren [+ anaphorisch] [+ pronominal]? Verhalten sie sich wie das phonetisch leere Subjekt PRO, das ich in Abschnitt 5 eingeführt habe? Solche DPs müssen in ihrer Rektionskategorie gleichzeitig gebunden und frei sein. Der Widerspruch, der sich daraus ergibt, lässt sich nur aufheben, wenn man annimmt, dass DPs mit der Merkmalskombination [+ anaphorisch] [+ pronominal] grundsätzlich unregiert sein müssen (PRO-Theorem, siehe Seite 145). Die Spur in (25) wird aber vom Verb regiert. Würden sich DP-Spuren wie pronominale Anaphern verhalten, würde (28) das PRO-Theorem verletzen. Der Satz müsste ungrammatisch sein.

Sind DP-Spuren [+ anaphorisch] [– pronominal]? Verhalten sie sich wie Anaphern? Prinzip A der Bindungstheorie besagt, dass eine Anapher in ihrer Rektionskategorie gebunden sein muss. Betrachten Sie (32). (32) ist nur dann grammatisch, wenn die Objekt-DP *sich* mit der Subjekt-DP koindiziert ist, d. h., wenn Subjekt und Objekt auf dieselbe Person verweisen.

(32)     Dobby$_i$ bestraft sich$_{i/*j}$.

Gleichermaßen ist in (28) die Spur mit der DP *der Schüler* koindiziert. Die DP befindet sich in der Rektionskategorie der Spur und c-kommandiert sie. Die Spur ist deshalb in ihrer Rektionskategorie gebunden. Spuren, die aus DP-Bewegung resultieren, verhalten sich also wie Anaphern: Sie tragen die Merkmalskombination [+ anaphorisch] [– pronominal].

## 6.1.2 Anhebungsverben

In den folgenden beiden Kapiteln möchte ich Bewegungsprozesse vorstellen, die der Passivbewegung ähneln und deshalb ebenfalls als DP-Bewegung analysiert werden müssen. Betrachten Sie das folgende Satzpaar.

(33)
        a)   Es scheint, dass Kerberos Kuchen mag.
        b)   Kerberos scheint Kuchen zu mögen.

Das Verb *scheinen* weist an sein Subjekt keine θ-Rolle zu. In der Subjektposition von *scheinen* kann deshalb ein Expletivpronomen stehen. Eine von *Kerberos* verschiedene DP in der Subjekt-Position des Hauptsatzes ist nicht zugelassen.

(34)     *Das Mädchen scheint der Hund Kuchen zu mögen.

In (34) steht die DP *das Mädchen* in einer Position, in der ihr keine θ-Rolle zugewiesen werden kann. Der Satz ist ungrammatisch, weil das θ-Kriterium verletzt ist.

Die DP *Kerberos* in (33a, b) erhält ihre θ-Rolle von dem Verb *mögen*. In Kapitel 3.2.3 habe ich dargelegt, dass ein I, das für [± TNS] (= Tempus) und [±

AGR] (= Kongruenz) negativ spezifiziert ist, an die Subjektposition keinen Kasus zuweisen kann. Die [Spec IP]-Position im eingebetteten Satz ist daher keine Kasus-Position. Die DP *Kerberos* in (33b) wird in der [Spec IP]-Position des eingebetteten Satzes basisgeneriert; sie muss aber in eine andere Position bewegt werden, um dort Kasus zu erhalten. Die [Spec IP]-Position des Hauptsatzes ist leer und deshalb ein guter Landeplatz für das Subjekt des eingebetteten Satzes. Die DP *Kerberos* wird in die Subjektposition des Hauptsatzes bewegt und erhält dort Kasus. Verben wie *scheinen* nennt man in der Literatur **Anhebungsverben** (engl. *raising verbs*). Das Subjekt des infinitivischen Komplementsatzes des Verbs wird angehoben, um aus einer kasusunmarkierten in eine kasusmarkierte Position zu gelangen.

Die D-Struktur von (33b) ist in (35), die S-Struktur in (36) dargestellt.

(35)

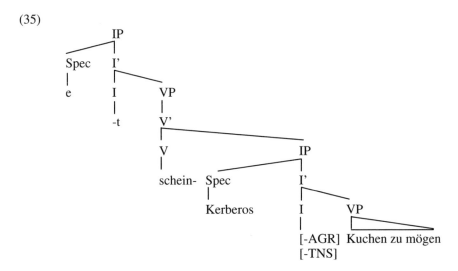

(36)

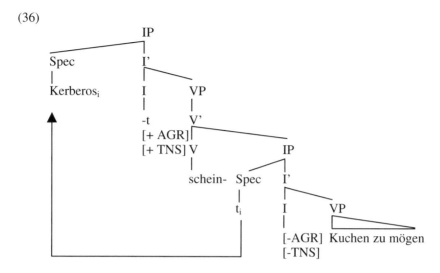

Welches ist der Unterschied zwischen den beiden Fällen von DP-Bewegung? Bei Passivverben findet eine Anhebung aus der Objekt- in die Subjektposition statt (**object-to-subject-raising**). Bei Anhebungsverben wird die Subjekt-DP des eingebetteten Satzes in die Subjektposition des Hauptsatzes bewegt. Beide Formen von Bewegung können natürlich miteinander kombiniert werden.

(37)    Der Schüler scheint bestraft zu werden.

Das Passivverb *bestraft* kann an die Objekt-DP *der Schüler* keinen Kasus zuweisen. Die DP muss deshalb in die Subjekt-Position bewegt werden. Dort kann es aber ebenfalls nicht kasusmarkiert werden, weil der I-Kopf der für [± AGR] und [± TNS] negativ spezifiziert ist und deshalb nach [Spec IP] keinen Kasus zuweist. Es ist eine weitere Anhebung in die Subjekt-Position des Hauptsatzes erforderlich.

Die D-Struktur von (37) ist in (38), die S-Struktur ist in (39) dargestellt.

(38)

(39)

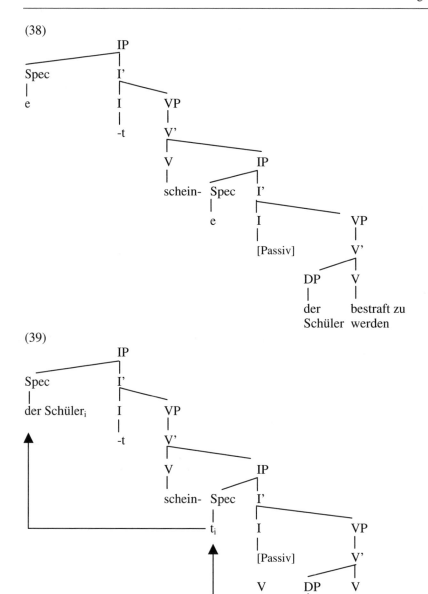

### 6.1.3 Ergative Verben

Akkusativsprachen und Ergativsprachen unterscheiden sich folgendermaßen: Subjekten transitiver und intransitiver Verben wird in Akkusativsprachen derselbe Kasus – Nominativ – zugewiesen. Objekte tragen – wenn sie lexikalisch nicht anders spezifiziert sind – den Akkusativ. Latein ist eine typische Akkusativsprache:

(40)
    a)   Domin*us*           venit                                          Latein  
           Herr (Nom. Sg.)    kommen (Präs. 3. Ps. Sg.)  
           Der Herr kommt  
    b)   Domin*us*           serv*um*           audit  
           Herr (Nom. Sg.)    Sklave (Akk. Sg.)   hören (Präs 3. Ps. Sg.)  
           Der Herr hört den Sklaven.

In Ergativsprachen tragen Objekte transitiver und Subjekte intransitiver Verben denselben Kasus – den Absolutiv. Subjekten transitiver Verben wird der Ergativ zugeschrieben. Das Baskische ist eine Ergativsprache.

(41)
    a)   Ume-a               erori da                                Baskisch  
           Kind (def. Abs. Sg.)   fallen (Perf. 3. Ps. Sg.)  
           Das Kind ist hingefallen  
    b)   Ermakume-ak       gizon-a             ikusi du  
           Frau (Def. Erg.Sg.)   Mann (Def. Abs. Sg.)   sehen (Perf. 3. Ps. Sg.)  
           Die Frau hat den Mann gesehen.

Ein ähnliches Phänomen ist auch in Akkusativsprachen zu beobachten. Bei manchen Verben nimmt nämlich dasjenige Argument, das die θ-Rolle PATIENS trägt – und das damit eher einem Objekt als einem Subjekt ähnelt – dennoch die Subjektposition ein.
    Betrachten Sie die folgenden Satzpaare:

(42)
    a)   Neville zerbricht die Tasse.  
    b)   Die Tasse zerbricht.

(43)
    a)   Sisyphos rollt den Stein auf den Berg.  
    b)   Der Stein rollt den Berg hinunter.

In (42a) trägt der Subjekt-DP die θ-Rolle AGENS und der Objekt-DP die θ-Rolle THEMA zu. In (42b) trägt die Subjekt-DP die θ-Rolle THEMA. Dasselbe gilt in

(43): In (43a) trägt die Objekt-DP und in (43b) die Subjekt-DP die θ-Rolle THEMA.

Baker (1988: 46) formulierte die folgende Hypothese: Wenn zwei Argumente in derselben thematischen Relation zum Subjekt stehen, dann wird das auch in der Syntax ausgedrückt. Diese Argumente werden in derselben Position basisgeneriert. Baker nennt diese Hypothese die Hypothese der uniformen Theta-Zuweisung (Uniform Theta Assignment Hypothesis = UTAH):

---

**Hypothese der uniformen Theta-Zuweisung**
Identische thematische Beziehungen zwischen Prädikaten und ihren Argumenten werden in der D-Struktur durch identische strukturelle Beziehungen ausgedrückt.

---

Folglich müssen die Subjekte in (42b) und (43b) in derselben syntaktischen Position basisgeneriert werden wie die Objekte in (39a) und (43b). Das bedeutet, dass die DP *die Tasse* in (42b) und die DP *der Stein* in (43b) in der Objekt-Position basisgeneriert werden. Burzios Generalisierung zu Folge können Verben, die keine externe θ-Rolle zuweisen, keinen strukturellen Kasus vergeben (siehe Seite 164). Die DPs müssen deshalb in eine andere Position bewegt werden, um dort Kasus zu erhalten. Als Landeposition kommt [Spec IP] in Frage, weil hierhin keine thematische Rolle vergeben wird. Die Sätze in (42b) und (43b) müssen daher wie Passivsätze analysiert werden, in denen ebenfalls das Objekt in der Komplement-Position des Verbs keinen Kasus bekommen kann und deshalb nach [Spec IP] bewegt werden muss. Die D-Struktur von (42b) ist in (44), die S-Struktur in (45) dargestellt.

(44)

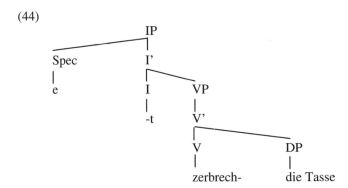

(45)

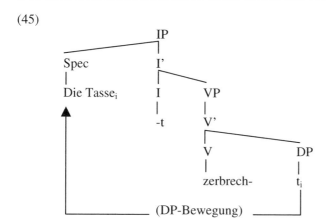

In der Literatur werden Verben, deren Subjekte in der Objekt-Position basis-generiert werden, **ergative** oder **unakkusative** Verben genannt. Verben, die ein AGENS-Subjekt haben, heißen **unergative** Verben.

Ähnlich wie bei passivischen Sätzen ist auch bei Ergativkonstruktionen die DP-Bewegung nicht obligatorisch. Die DP kann in ihrer Basisposition verbleiben. In der Subjektposition steht dann ein Expletivpronomen, von dem die DP in der Objekt-Position den Kasus erbt. Eine solche Konstruktion ist u. U. besser, wenn die DP rhematisch, d. h. wenn die Entität, auf die die DP verweist, noch nicht in den Diskurs eingeführt ist.

(46)

  a)   Es ist ein Mann gestorben.
  b)   ?Es ist Dumbledore gestorben.

Burzio (1986) zeigt, dass sich die Subjekte ergativer Verben in vieler Hinsicht wie Objekte verhalten. Er führt verschiedene Tests ein, anhand derer man feststellen kann, ob ein ergatives oder ein unergatives Verb vorliegt.

Im Italienischen gibt es die Möglichkeit, die Objekt-DP durch ein unbetontes Pronomen (Klitikum) *ne* zu ersetzen und in eine Adjunkt-Position der VP zu be-wegen. Diese Bewegung nennt man Ne-Klitisierung. Der Spezifikator bleibt in der D-stukturellen Position zurück:

(47)

  a)   Giovanni   ha   insultato   *due amici.*                    Italienisch
       Giovanni   hat   beleidigt   zwei Freunde
       Giovanni hat zwei Freunde beleidigt.
  b)   Giovanni   *ne*              ha   insultato   *due.*
       Giovanni   von ihnen   hat   beleidigt   zwei
       Giovanni hat zwei von ihnen beleidigt.

Subjekte transitiver Verben können nicht klitisieren:

(48)

| *Ne | hanno | fatto | domanda. | *molti* |
|------|-------|-------|----------|---------|
| von ihnen | haben | eingereicht | einen Antrag | |

Viele von ihnen haben einen Antrag eingereicht.

Subjekte passivischer Verben können klitisieren.

(49)

| *Ne* | furono | arrestati | *molti.* |
|------|--------|-----------|----------|
| von ihnen | wurden | verhaftet | viele |

Viele von ihnen wurden verhaftet.

Subjekte intransitiver Verben verhalten sich unterschiedlich: Subjekte ergativer Verben können klitisiert werden, Subjekte unergativer Verben nicht.

(50)

a)  Arrivano *'ti      lenti.*                                    Ergative Verben
    kamen an  viele    Studenten
    Viele Studenten kamen an.

b)  *Ne*              arrivano    *molti.*
    von ihnen         kamen an    viele
    Viele von ihnen kamen an.

c)  Lavorano  *molti    studenti*                      Unergative Verben
    arbeiteten  viele    Studenten
    Viele Studenten arbeiteten,

d)  *Ne*              lavorano    *molti.*
    von ihnen         arbeiteten  viele
    Viele von ihnen arbeiteten.

Wie lässt sich das erklären? Nur Objekt-DPs lassen sich klitisieren. Subjekte in Passivsätzen werden in Objekt-Position basisgeneriert und ebenso Subjekte ergativer Verben. Sie verhalten sich deshalb wie Objekte.

Es gibt einen weiteren Unterschied zwischen ergativen und unergativen Verben im Italienischen. Unergative stehen im Perfekt mit dem Hilfsverb *avere (haben)*, ergative mit *essere ( sein)*.

(51)

a)  Giacomo   *ha*  telefonato.                        unergatives Verb
    Jakob     *hat* angerufen.

b)  Giacomo   *e*   morto.                              ergatives Verb
    Jakob     *ist* gestorben.

Laut Burzio (1986: 55) kann das Perfekt mit *sein* nur gebildet werden, wenn die Objekt-DP in die Subjektposition bewegt wurde. Das heißt, es muss eine Kette geben von der Objekt- und der Subjektposition. Dies ist bei ergativen, nicht aber bei unergativen Verben der Fall.

(52)

a)

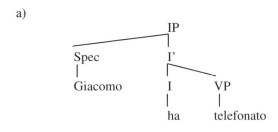

b)

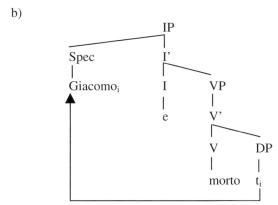

Auch im Deutschen bilden transitive und unergative Verben das Perfekt mit *haben*, ergative und Passivverben hingegen mit *sein*.

(53)

    a)    Voldemort *hat* Snape *getötet*.               transitives Verb
    b)    Snape *hat gemordet*.                      unergatives Verb
    c)    Dumbledore *ist gestorben*.                 ergatives Verb
    d)    Dumbledore *ist ermordet worden*.              Passiv

Es gibt aber auch Ausnahmen: Manche transitive Verben bilden ihr Perfekt mit *sein*.

(54)

    a)    Bill ist den Bund des Lebens eingegangen.
    b)    Snape ist die Arbeit durchgegangen.

Gleichermaßen bilden die Bewegungsverben (laufen, rennen, springen) ihr Perfekt mit *sein*. Diese weisen eindeutig eine externe θ-Rolle, nämlich AGENS zu.

(55)      Ron ist nach Hause gelaufen / gerannt / gesprungen.

Grewendorf (1989) stellt fest, dass Ergativität auch durch perfektiven Aspekt ausgelöst wird. Perfektive intransitive Verben sind Verben, die für eine ab-geschlossene Handlung stehen, die einen neuen Zustand herbeiführen. Diese Verben bilden ihr Perfekt mit sein. Imperfektive Verben sind Verben, die für eine fortdauernde Handlung stehen. Sie bilden ihr Perfekt mit *haben*[69]. Interessanterweise wird auch bei sogenannten Split-Ergativsprachen Ergativität durch perfektiven Aspekt ausgelöst[70]:

(56)
|  |  |  |  |  | Hindi |
|---|---|---|---|---|---|
| a) | polis-ne | jeldi-se | cor | peker liya. | Perfektiv |
|  | Polizei-(Erg) | schnell | Dieb | gefangen nahm |  |
|  | Die Polizei hat den Dieb gefangen genommen. |  |  |  |  |
| b) | polis | jeldi-se | cor | peker leti he. | Imperfektiv |
|  | Polizei | schnell | Dieb | gefangen nimmt |  |
|  | Die Polizei nimmt (gerade) den Dieb gefangen |  |  |  |  |

Es gibt weitere Tests, die verwendet werden können, um ergative von unergativen Verben zu unterscheiden. Diese Tests funktionieren alle gleich: Es gibt bestimmte Eigenschaften, die Objekte transitiver Verben aufweisen. Diese Eigenschaften lassen sich auch bei Subjekten ergativer, nicht aber bei Subjekten unergativer Verben feststellen.

Das Partizip II kann man wie ein Adjektiv gebrauchen. Es bezieht sich dann auf das zugrundeliegende Objekt.

(57)
      a)   Der Kröterich stiehlt ein Auto.

      b)   das gestohlene Auto

Intransitive Verben zerfallen in zwei Gruppen. Es gibt solche, deren Partizipien nicht attributiv gebraucht werden können (unergative Verben) und solche, deren Partizipien als Adjektive fungieren können (ergative Verben). Letzteres ist mög-

---

69   Auch dieses Kriterium reicht nicht aus. Bewegungsverben haben nur dann eine resultativ-perfektive Bedeutung, wenn sie mit einer Zielangabe stehen.
      Der Kröterich ist nach Hause gelaufen.
      Stehen sie aber ohne Zielangabe, müssen sie irrresultativ – also imperfektiv interpretiert werden (siehe Primus (2003)).
      Der Kröterich ist (stundenlang) gelaufen.
70   Split-Ergativsprachen sind Sprachen, die sowohl Ergativ- als auch Akkusativmuster gebrauchen. Eine typische Split-Ergativsprache ist das Georgische.

lich, weil Subjekte ergativer Verben auf der D-Struktur keine Subjekte sind. Sie werden in der Objekt-Position basisgeneriert.

(58)

    a)   Molly hat gearbeitet.                       Unergatives Verb
    b)   *die gearbeitete Molly

(59)

    a)   Die Blume ist verwelkt.                  Ergatives Verb
    b)   die verwelkte Blume

Ergative Verben können nicht passiviert werden. Unergative Verben lassen zumindest ein unpersönliches Passiv zu. Charakteristisch für Passivverben ist, dass sie die externe θ-Rolle suspendieren. Ergative Verben aber haben keine externe θ-Rolle, die suspendiert werden könnte.

(60)

    a)   Es wird getanzt / gearbeitet.             Unergative Verben
    b)   *Es wird angekommen/ eingeschlafen / gestorben.   Ergative Verben

Mit dem *er*-Suffix kann man aus dem Verb ein Nomen ableiten, das das AGENS – also das externe Argument – bezeichnet. Ergative Verben haben kein externes Argument. Deshalb ist AGENS-Suffigierung bei ergativen Verben nicht möglich.

(61)

    a)   Arbeiter, Tänzer, Denker, Schläfer          Unergative Verben
    b)   *Ankommer, *Faller, *Wachser, *Sterber    Ergative Verben

Mit dem Suffix *-ling* kann man ebenfalls aus dem Verb ein Nomen ableiten, das mit dem internen Argument assoziiert ist. Entsprechend ist die Nominalisierung mit dem Suffix *-ling* nur bei transitiven und ergativen Verben, nicht aber bei unergativen Verben, weil diese kein internes Argument haben.

(62)

    a)   prüfen → Prüfling                  Transitives Verb
    b)   tanzen → *Tänzling                Unergatives Verb
    c)   ankommen → Ankömmling          Ergatives Verb

Die Beispiele zeigen, dass es im Deutschen tatsächlich Verben gibt, die nur eine interne, aber keine externe θ-Rolle zuweisen. Aufgrund von Burzios

Generalisierung wird dem Argument in seiner D-strukturellen Position kein Kasus zugewiesen; es muss in die Subjekt-Position bewegt werden, um dort Kasus zu erhalten[71].

## Übungen

1.) Warum sind die folgenden englischen Sätze ungrammatisch?

    a)    *It was killed Medusa.
    b)    *It was rewarded Philemon.
    c)    *It was loved Io.

2.) Was ist die D-Struktur und was die S-Struktur der folgenden Sätze? Zeichen Sie Strukturbäume. Wie bekommen die DPs Kasus? Wie werden ihnen θ-Rollen zugewiesen?

    a)    Polyphem wird geblendet.
    b)    Orpheus scheint Eurydike zu lieben.
    c)    Hera scheint beleidigt zu sein.

3.) Was besagt Burzios Generalisierung?

4.) Erklären Sie die Syntax der folgenden Sätze. Argumentieren Sie auf der Basis von Burzios Generalisierung und UTAH.

    a)    Die Sonne schmilzt den Schnee.
    b)    Der Schnee schmilzt.
    c)    Johann stürzt den Baum ins Wasser.
    d)    Der Baum stürzt ins Wasser.

5.) Untersuchen Sie anhand der Tests, welches ergative und welches unergative Verben sind.

---

71    Der Terminus „Ergativität" ist in der Literatur umstritten. Die Konstruktionen, die im Deutschen als Ergativkonstruktionen analysiert werden, verhalten sich nämlich ganz anders als wirkliche Ergativkonstruktionen. Gerade die Merkmale der Verben, die als charakteristisch für ergative Verben im Deutschen angenommen werden, sind eben nicht charakteristisch für „echte" Ergativ-konstruktionen. So gibt es durchaus Sprachen, in denen aus Ergativkonstruktionen ein Passiv gebildet werden kann (Dixon 1994). Dieses und weitere Argumente gegen den Terminus „Ergativität" sind nachzulesen in Primus (2003).

a)    ertrinken
b)    erkranken
c)    träumen
d)    verblühen
e)    landen

## 6.2 Wh-Bewegung

### 6.2.1 Die Syntax von Fragesätzen

In den letzen Abschnitten habe ich das Konzept der DP-Bewegung eingeführt. Ich habe dargestellt, dass in Passivsätzen und Ergativkonstruktionen das Subjekt in der D-Struktur die Objekt-Position einnimmt und auf der S-Struktur in die Subjektposition bewegt werden muss, um dort Kasus zu erhalten. Ebenso muss in Sätzen, die ein Anhebungsverben (z. B. *scheinen*) das Subjekt des eingebetteten Infinitivsatzes in die Subjektposition des Hauptsatzes bewegt werden, um dort kasusmarkiert zu werden.

In den folgenden Abschnitten werde ich mich mit Fragesätzen beschäftigen. Auch in Fragesätzen unterscheidet sich die D-Struktur von der S-Struktur. Auch in Fragesätzen muss Bewegung angenommen werden.

Aus dem Aussagesatz in (63a) lassen sich verschiedene Fragesätze ableiten (63b-d):

(63)

a)    Der Kröterich hat ein Auto gestohlen.
b)    *Hat* der Kröterich ein Auto gestohlen?
c)    Der Kröterich hat *was* gestohlen?
d)    *Was* hat der Kröterich gestohlen?

Die Frage wie in (63b) ist eine Ja-Nein-Frage. Sie heißt so, weil man sie nur mit *ja* oder *nein* beantworten kann. Die Besonderheit in Ja-Nein-Fragen besteht darin, dass das (Hilfs-)Verb dem Subjekt vorangeht. Die Position, die das Hilfsverb auf der S-Struktur einnimmt, ist nicht die Position, in der es basisgeneriert wird. Das Hilfsverb ist für [± AGR] und [± TNS] positiv spezifiziert. Dieses sind typische Eigenschaften des I-Kopfes. Das Hilfsverb wird also unter I basisgeneriert. Der Fragesatz in (63b) hat die folgende D-Struktur:

(64)

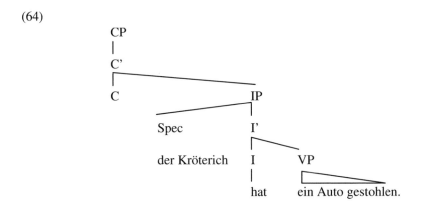

Auf der S-Struktur wird das Hilfsverb in eine Position bewegt, die dem Subjekt vorangeht. Das Strukturerhaltungsprinzip (siehe Seite 168) besagt, dass Köpfe nur in Kopf-Positionen bewegt werden dürfen. Die einzige Kopf-Position, die als Landeplatz für das Hilfsverb in Frage kommt, ist die C-Position, die auf der D-Struktur leer ist. Also muss das Hilfsverb von I nach C bewegt werden. Diese Bewegung wird in der Literatur **Subjekt-Aux-Inversion** genannt. Aux steht für Auxiliar (= Hilfsverb). In Kapitel 6.1.1.6 habe ich argumentiert, dass eine DP, die in der Syntax verschoben wird – etwa von der Subjekt- in die Objekt-Position – eine Spur hinterlässt. Diese muss mit der bewegten DP – ihrem Antezedens – koindiziert sein (siehe Seite 169). Dies trifft auch für das Hilfsverb zu. Auch das Hilfsverb hinterlässt in seiner Ausgangsposition eine Spur. Auch diese muss mit ihrem Antezedens koindiziert sein. Die S-Struktur von (63b) muss deshalb wie folgt aussehen (65):

(65)

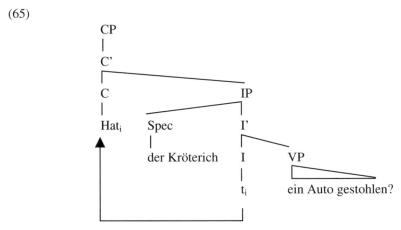

(63c) ist eine Echo-Frage. Echo-Fragen sind Sätze, in denen eine Konstituente (z. B. das Objekt, eine Ortsangabe o. ä.) durch ein Fragewort (*wer, wie, was*) oder eine Interrogativphrase (*welches Auto, welches Tier* usw.) ersetzt wird. Frage-wörter und Interrogativphrasen haben dieselbe Distribution:

(66)

    a)    Der Kröterich hat *was* gestohlen?

    b)    Der Kröterich hat *welches Gefährt* gestohlen?

Man analysiert deshalb auch Fragewörter als Phrasen. Interrogativphrasen werden in der generativen Grammatik **Wh-Phrasen** genannt, weil sie im Englischen oft aus einem Wort bestehen oder ein Wort enthalten, das mit *wh* beginnt (*where, who, what, which car* usw.).

In (63c) ersetzt die Wh-Phrase eine DP (z. B. *ein Auto*). Wh-Phrasen können aber auch für andere Konstituenten stehen:

(67)

    a)    Der Kröterich hat *wo* (vor dem Gasthaus) ein Auto gestohlen?    PP

    b)    Der Kröterich hat *wann* (am Montag) ein Auto gestohlen?    PP

    c)    Der Kröterich hat *wie* (völlig betrunken) ein Auto gestohlen?    AP[72]

    d)    Der Kröterich hat *warum* (weil er wieder eines besitzen wollte) CP
        ein Auto gestohlen.

In (63c) bleibt die Interrogativphrase in der Position, in der sie auch θ-markiert wird. Es finden keine Bewegungsprozesse statt. Die D-Struktur von (63c) ent-spricht der S-Struktur (68):

---

72    Es handelt sich eigentlich nicht um eine Adjektiv-Phrase, sondern um eine Adverbialphrase. Adjektive und Adverbien werden jedoch zu einer einheitlichen Kategorie A zusammengefasst.

(68)

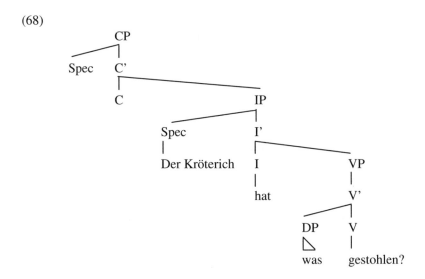

Fragen wie (63d) nennt man Wh-Fragen. Wh-Fragen heißen so, weil sie durch ein eine Interrogativphrase eingeleitet werden. Die Wh-Phrase wird aber nicht an der Satzspitze basisgeneriert.

Das Verb *stehlen* hat den folgenden Lexikon-Eintrag:

(69)

|  | *stehlen:* | 1 | 2 |
|---|---|---|---|
|  |  | AGENS | THEMA |

Die Wh-Phrase *was* wird als Komplement des Verbs *stehlen* in die D-Struktur eingesetzt. In dieser Position werden ihm seine θ-Rolle (THEMA) und der Kasus (Akkusativ) zugewiesen. Die D-Struktur von (63d) entspricht der D-Struktur der Echo-Frage in (63c), die in (68) wiedergegeben ist.

Auf der S-Struktur passiert zweierlei: Zum einen wird – wie auch in (63b) – das Hilfsverb *hat* von I nach C bewegt und hinterlässt in I eine Spur, mit der es koindiziert ist. Zum anderen wird die Wh-Phrase an die Satzspitze bewegt.

Da die Wh-Phrase bereits θ-markiert ist, kann sie nicht in eine θ-Position bewegt werden. Die Struktur würde andernfalls das θ-Kriterium verletzen, weil der Wh-Phrase zwei θ-Rollen zugewiesen würden. Sie kann auch nicht in eine Position bewegt werden, in die Kasus zugewiesen wird, weil sie bereits kasusmarkiert ist. Die Struktur würde andernfalls den Kasusfilter verletzen, denn der Wh-Phrase würden zwei Kasus zugewiesen. Eine Position, an die keine θ-Rolle zugewiesen ist und die auch nicht kasusmarkiert ist, ist [Spec CP].

Es gibt weitere Argumente, die für [Spec CP] als Landeposition sprechen. Die Wh-Phrase, die in (63d) an die Satzspitze bewegt wird, ist eine DP. Ich habe gezeigt, dass nicht alle Wh-Phrasen DPs sind. Es können auch PPs, APs und CPs durch Wh-Phrasen ersetzt und an die Satzspitze bewegt werden.

(70)

|     |    |                                                           |     |
|-----|----|-----------------------------------------------------------|-----|
|     | a) | Wo / wann hat der Kröterich ein Auto gestohlen?           | PP  |
|     | b) | Wie hat der Kröterich ein Auto gestohlen?                 | AP  |
|     | c) | Warum hat der Kröterich ein Auto gestohlen?              | CP  |

Es ist nicht sinnvoll anzunehmen, dass die Wh-Phrasen in (70) jeweils in unterschiedliche Positionen bewegt werden – abhängig davon, ob sie für PPs, APs, CPs oder – wie in (63d) – DPs stehen. Nimmt man aber eine einheitliche Landeposition für alle Wh-Phrasen an, darf diese Position nicht für eine syntaktische Kategorie spezifiziert sein. Denn das Strukturerhaltungsprinzip (siehe Seite 168) schreibt vor, dass DPs nur in DP-Positionen bewegt werden dürfen oder in Positionen, die kategorial nicht spezifiziert sind. PPs dürfen nur in PP-Positionen bewegt werden oder in Positionen, die kategorial nicht spezifiziert sind. Entsprechendes gilt für APs und CPs. Eine Position, die kategorial nicht spezifiziert ist, ist [Spec CP].

Was spricht noch für [Spec CP] als Landeposition von Fragewörtern? Zum einen geht die Wh-Phrase dem Hilfsverb voran, das von I nach C bewegt wurde. Zum anderen gibt es Sprachen und Dialekte, in denen neben der Phrase an der Satzspitze zusätzlich ein Complementizer zugelassen ist. Wiederum geht die Wh-Phrase dem Complementizer voran (Haegeman 1994: 383).

(71)

|     |                   |       |       |      |        |       |             |
|-----|-------------------|-------|-------|------|--------|-------|-------------|
| a)  |                   |       |       |      |        |       | Bairisch    |
|     | I woaß net        | wer   | dass  | des  | toa    | hod.  |             |
|     | Ich weiß nicht    | wer   | dass  | das  | getan  | hat.  |             |
| b)  |                   |       |       |      |        |       | Niederländisch |
|     | Ik weet niet      | wie   | of    | Jan  | zien   | heeft. |            |
|     | Ich weiß nicht    | wen   | ob    | Jan  | gesehen | hat.  |            |
| c)  |                   |       |       |      |        |       | Mittelenglisch |
|     | men shal wel knowe |      |       | who  | that   | I     | am.         |
|     | Die Menschen werden gut wissen, |  |   | wer  | dass   | ich   | bin.        |

In vielen Sprachen – so im Standard-Deutschen und im Englischen – ist dies nicht möglich.

(72)

|     |    |                                                           |
|-----|----|-----------------------------------------------------------|
|     | a) | *Ich weiß nicht, was dass der Kröterich gestohlen hat.   |
|     | b) | *I don't know what that Mr. Oat has stolen.              |

In diesen Sprachen gilt der **Doubly-filled-COMP-Filter** (Doppelt gefüllter COMP-Filter = DFCF): .

**Doubly-filled-COMP-Filter:**
Wenn in [Spec CP] eine Wh-Phrase steht, darf im C-Kopf kein Complementizer stehen[73]:

In neueren Arbeiten zur generativen Grammatik nimmt man an, dass eine Wh-Phrase nur dann nach [Spec CP] bewegt werden darf, wenn C für das Merkmal [± WH] positiv spezifiziert ist. Ein C-Kopf ist dann für [± Wh] positiv spezifiziert, wenn ein Fragesatz vorliegt. Die Wh-Phrase „kongruiert" dann mit dem C-Kopf bezüglich des Merkmals [± Wh] (siehe Seite 99). Es unterliegt parametrischer Variation, ob in einen C-Kopf, der für [± WH] positiv spezifiziert ist, ein lexikalischer Complementizer eingesetzt werden kann oder nicht. Dies ist im Bairischen, Niederländischen und Mittelenglischen der Fall, nicht aber im Standard-Deutschen oder im Englischen.

Das Fragewort hinterlässt – genau wie die DP in der DP-Bewegung – in seiner Basisposition eine Spur. Diese muss mit dem Fragewort koindiziert sein. Der Satz in (63d) hat die folgende S-Struktur:

---

73    Der Doubly-filled-COMP-Filter wurde in einer älteren Arbeit zur generativen Grammatik ein-
      geführt (Chomsky & Lasnik 1977). Damals wurden Sätze als S' analysiert und es gab nur eine
      Position COMP, die dem Subjekt voranging (siehe Seite 41). (66a) wäre demnach wie folgt
      strukturiert gewesen:
      Ich weiß nicht

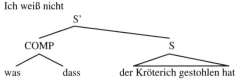

(73)

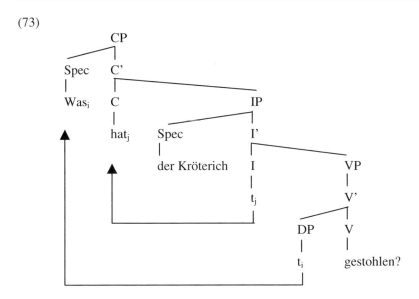

Der Ableitungsprozess ist derselbe, der auch für Topikalisierungen angenommen wird. Betrachten sie (16) hier wiedergegeben als (74):

(74)    Diese Schüler hat Snape bestraft.

In (74) wird die DP *diese Schüler* aus ihrer Basisposition – der Komplement-Position des Verbs – nach [Spec IP] bewegt. Gleichzeitig wird das Hilfsverb *hat* in eine Position bewegt, die dem Subjekt *Snape* vorangeht: nach C (siehe Seite 166). Topikalisierung ist somit auch ein Fall von Wh-Bewegung.

Außerdem tritt der Prozess der Wh-Bewegung in Relativsätzen auf. Betrachten Sie den folgenden Satz.

(75)    Der Kröterich findet das Auto schön, das er gestohlen hat.

Das Relativpronomen *das* wird als Komplement des Verbs *gestohlen* basis-generiert und erhält dort seine θ-Rolle und seinen Kasus. Auf der S-Struktur wird es dann nach [Spec CP] bewegt und hinterlässt in seiner Basisposition eine Spur. Anders als bei Fragesätzen wird das Hilfsverb nicht nach C bewegt, sondern bleibt in I. Die D-Struktur von (75) ist in (76), die S-Struktur in (77) wiedergegeben.

(76)

Der Kröterich findet das Auto schön,

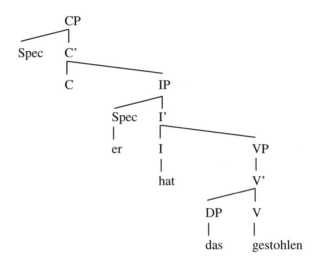

(77)

Der Kröterich findet das Auto schön,

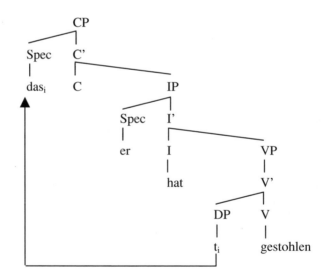

## 6.2.2 Lange und kurze Wh-Bewegung

Betrachten Sie den folgenden Satz:

(78)    Was glaubt der Dachs, dass der Kröterich gestohlen hat?

(78) ist ein komplexer Satz. Das Verb *sagen* nimmt zwei Komplemente: das externe DP-Argument *der Dachs* und das interne Argument, die CP. Das Verb stehlen ist ebenfalls zweistellig; das externe Argument ist die DP *der Kröterich*, das interne Argument die Wh-Phrase *was*. (78) hat die folgende D-Struktur:

(79)

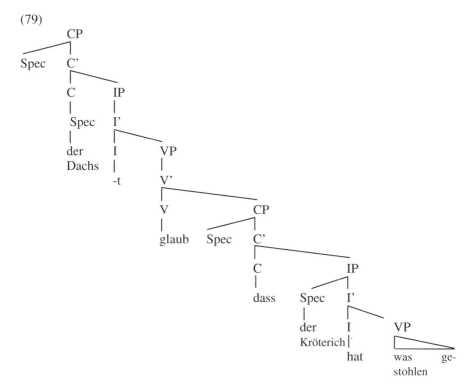

Auf der S-Struktur wird die Wh-Phrase *was* aus der Komplement-Position des Verbs im eingebetteten Satz in die [Spec CP]-Position des Hauptsatzes bewegt. Zwischen (63d) und (78) besteht folgender Unterschied: In (63d) wird die Wh-Phrase an die Spitze des Satzes bewegt, in dem sie auch θ-markiert wird. In (78) wird die Wh-Phrase über eine Satzgrenze hinweg an die Spitze eines übergeordneten Satzes bewegt. Wh-Bewegung über eine Satzgrenze hinaus wird in der generativen Grammatik **lange Wh-Bewegung** genannt. Wird die Wh-Phrase in die Spec-Position der CP bewegt, in der sie auch θ-markiert wird, spricht man von **kurzer Wh-Bewegung.**

Wh-Bewegung ist auch über mehr als eine Satzgrenze hinweg möglich:

(80)

    a)   Was hat der Kröterich gestohlen?

    b)   Was sagt der Dachs, dass der Kröterich gestohlen hat?

    c)   Was sagt der Dachs, dass die Ratte glaubt, dass der Kröterich gestohlen hat?

    d)   Was sagt der Dachs, dass der Maulwurf erzählt, dass die Ratte glaubt, dass der Kröterich gestohlen hat?

Wh-Bewegung über mehrere Satzgrenzen hinweg unterliegt strengen Beschränkungen, die ich in Abschnitt 6.2.4 diskutieren werde.


## 6.2.3 Wh-Bewegung und DP-Bewegung: ein Vergleich

In den letzten Abschnitten habe ich verschiedene Bewegungsregeln vorgestellt: die DP-Bewegung und die Wh-Bewegung. In beiden Fällen wird eine Konstituente XP in eine bestimmte Landeposition bewegt[74]. Beide Prozesse können zu einer einzigen Regel zusammengefasst werden, wenn man anstelle von Wh oder DP eine Variable α einsetzt: **Bewege α.** Auch die Subjekt-Aux-Inversion, die ich in 6.2.1 vorgestellt habe, fällt unter die allgemeine Regel Bewege α. Es gibt aber einen wichtigen Unterschied zwischen Subjekt-Aux-Inversion einerseits und DP-Bewegung und Wh-Bewegung andererseits. Im Falle von Subjekt-Aux-Inversion wird ein Kopf in eine Kopf-Position bewegt – es liegt also Kopf-zu-Kopf-Bewegung vor (siehe Seite 94). Ich möchte die folgende Diskussion zunächst auf DP-Bewegung und Wh-Bewegung beschränken und dann in Abschnitt 6.3 auf Kopf-zu-Kopf-Bewegung zu sprechen kommen.

    Es gibt einige wichtige Unterschiede zwischen DP-Bewegung und Wh-Bewegung. Diese werde ich in den folgenden Abschnitten diskutieren.


### 6.2.3.1 Die Landeposition: A-Bewegung vs. A'-Bewegung

Betrachten Sie die folgenden Sätze:

(81)

    a)   Das Auto$_i$ wurde t$_i$ gestohlen.

    b)   Der Kröterich$_i$ scheint t$_i$ ein Auto gestohlen zu haben.

    c)   Was$_i$ hat der Kröterich t$_i$ gestohlen?

    d)   Wer$_i$ hat t$_i$ ein Auto gestohlen?

In (81a) und (81b) liegt DP-Bewegung vor. In (81a) wird das Objekt des Passivverbs *gestohlen* in die Subjekt-Position – also nach [Spec IP] – bewegt; in

---

74    Eine XP ist eine Konstituente mit beliebiger Kategorie: DP, AP, PP oder CP.

(81b) wird das Subjekt des Infinitivsatzes in die [Spec IP]-Position des Hauptsatzes bewegt.

In (81c) und (81d) liegt Wh-Bewegung vor. In (81c) wird eine Wh-Phrase aus
der Objekt-Position, in (81d) eine Wh-Phrase aus der Subjekt-Position nach [Spec
CP] bewegt.

Zwischen [Spec IP] und [Spec CP] gibt es einen wichtigen Unterschied: [Spec
IP] ist eine Argument-Position. Eine Argument-Position ist eine Position, die
prinzipiell $\theta$-markiert werden kann. [Spec CP] ist eine Non-Argument-Position.
Eine Non-Argument-Position ist eine Position, die nicht $\theta$-markiert wird. In
2.6.3.1 habe ich Argument-Positionen **A-Positionen** und Non-Argument-
Positionen **A'-Positionen** genannt (siehe Seite 59). Ketten, die durch DP-
Bewegung erzeugt werden, heißen **A-Ketten**, weil ihr Kopf in einer A-Position
steht; Ketten, die durch Wh-Bewegung erzeugt werden, heißen **A'- Ketten**, weil
ihr Kopf in einer A'-Position steht. Bewegung in eine A-Position heißt **A-
Bewegung**; Bewegung in eine A'-Position heißt **A'-Bewegung**,

### 6.2.3.2 Kasus

Ein weiterer Unterschied betrifft die Spuren von DP-Bewegung und Wh-
Bewegung. Betrachten Sie die folgenden Beispiele:

(82)

    a)    Das Auto$_i$ wurde t$_i$ gestohlen.
    b)    Der Kröterich$_i$ scheint t$_i$ ein Auto gestohlen zu haben.
    c)    Was$_i$ hat der Kröterich t$_i$ gestohlen?
    d)    Wer$_i$ glaubt der Maulwurf hat t$_i$ ein Auto gestohlen?

In (82a) muss die Objekt-DP in die Subjekt-Position bewegt werden, weil das
Passivverb an sein Komplement keinen Kasus zuweisen kann. Die Landeposition
ist [Spec IP]; hier erhält die DP Kasus vom I-Kopf (siehe Abschnitt 6.1.1.2). In
(82b) kann der I-Kopf des eingebetteten Satzes an das Subjekt keinen Kasus zuweisen, weil I für [± AGR] und [± TNS] negativ spezifiziert ist. Die DP muss in
die Subjekt-Position des Hauptsatzes bewegt werden, wo sie Kasus vom I-Kopf
des Hauptsatzes erhält.

DP-Bewegung ist also immer eine Bewegung von einer kasusunmarkierten in
eine kasusmarkierte Position. Bei der Wh-Bewegung ist es umgekehrt. In (82c)
weist das Verb gestohlen an die Wh-Spur den Akkusativ zu. In (82d) weist der I-
Kopf der Wh-Spur den Nominativ zu. Wh-Bewegung aus einer kasusunmarkierten
Position heraus ist nicht möglich:

(83)

    a)    Was scheint es hat der Kröterich gestohlen?
    b)    *Wer scheint es ein Auto gestohlen zu haben?
    c)    *Was es wurde gestohlen?

Die Wh-Phrase *was* wird nach [Spec CP] bewegt. Es scheint, dass sie ihren Kasus von der Wh-Spur „erbt", denn sie trägt genau den Kasus, der z. B. das Verb an die Objekt-Position zuweist (siehe Fanselow&Felix 1987: 148).

(84)

|  |  |  |  |
|---|---|---|---|
| a) | Ich weiß nicht, [welchen Schülers]$_i$ sie t$_i$ gedacht haben. | | Genitiv |
| b) | Ich weiß nicht, [welchem Schüler]$_i$ Moody t$_i$ geholfen hat. | | Dativ |
| c) | Ich weiß nicht, [welchen Schüler]$_i$ Snape t$_i$ bestraft hat. | | Akkusativ |

Kasus kann nur über Rektion zugewiesen werden. [Spec CP] wird aber nicht vom Verb des eingebetteten Satzes regiert. Die Wh-Phrasen in [Spec CP] können nur kasusmarkiert werden, wenn sie den Kasus von der Wh-Spur „erben".

Wh-Bewegung ist also immer eine Bewegung aus einer kasusmarkierten in eine kasusunmarkierte Position.

### 6.2.3.3 Wh-Spuren in der Bindungstheorie

In 6.1.1.8 habe ich gezeigt, dass sich Spuren von DP-Bewegung wie Anaphern verhalten, d. h., sie müssen in ihrer Rektionskategorie gebunden sein. Als Rektionskategorie wird die minimale Kategorie bezeichnet, die das zu bindende Element (die Spur) enthält, sein Regens und ein Subjekt. Wie verhalten sich nun die Spuren von Wh-Bewegung?

In 6.2.1 habe ich Wh-Phrasen häufig – jedoch nicht immer – für DPs stehen. Die folgende Diskussion bezieht sich nur auf diese Wh-Phrasen.

Ich habe ich dargelegt, dass sich anhand der Merkmale [± anaphorisch] [± pronominal] vier Typen von DPs unterscheiden lassen; es muss zudem zwischen overten (sichtbaren) und nicht overten DPs unterschieden werden.

Es ergibt sich für DPs die folgende Typologie:

| Merkmale | overte DPs | nicht overte DPs |
|---|---|---|
| [+ anaphorisch] [– pronominal] | Anaphern | DP-Spuren |
| [– anaphorisch] [+ pronominal] | Pronomina | ? |
| [– anaphorisch] [– pronominal] | R-Ausdrücke | ? |
| [+ anaphorisch] [+ pronominal] | ------- | PRO |

Betrachten Sie (85):

(85)

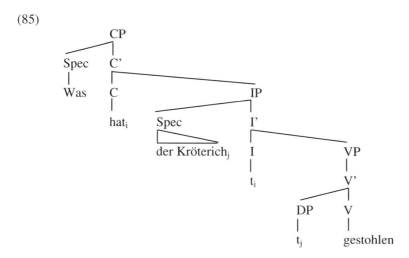

Es ist klar, dass sich Wh-Spuren nicht wie das phonetisch leere PRO verhalten. PRO ist nur in einer Position zulässig, in der es nicht regiert wird. Das besagt das PRO-Theorem (siehe Seite 154). Die Wh-Spur in hat aber ein Regens, nämlich das Verb *gestohlen*.

Verhalten sich Wh-Spuren wie Anaphern? Die Rektionskategorie für die Wh-Spur $t_j$ ist IP, denn IP ist die minimale Kategorie, die das zu bindende Element (in diesem Falle: die Spur $t_j$), sein Regens (das Verb *gestohlen*) und ein Subjekt (die DP *der Kröterich*) enthält. Das Antezedens der Spur – die Wh-Phrase *was* – befindet sich außerhalb der Rektionskategorie in [Spec CP]. Die Spur ist in ihrer Rektionskategorie nicht gebunden. Wäre die Spur eine Anapher, müsste der Satz ungrammatisch sein. Die Wh-Spur kann deshalb keine Anapher sein.

Verhalten sich Wh-Spuren wie Pronomina? Prinzip B der Bindungstheorie besagt, dass ein Pronomen in seiner Rektionskategorie nicht gebunden sein darf. Betrachten Sie die folgenden englischsprachigen Sätze:

(86)
    a)    *$Who_i$ does $he_i$ think $t_i$ left?
    b)    *$Who_i$ does $he_i$ think you saw $t_i$?

Die Sätze in (86) sind ungrammatisch, wenn die Wh-Phrase *who* und das Pronomen *he* auf dieselbe Entität verweisen. Eine Wh-Phrase kann nämlich nicht über eine koreferente Phrase hinweg bewegt werden. Dieser Effekt wird in der Literatur **Cross-Over-Effekt** genannt. Man unterscheidet zwischen **starkem** und **schwachem Cross-Over**. Von starkem Cross-Over spricht man, wenn die koindizierte DP die Wh-Spur c-kommandiert. Von schwachem Cross-Over spricht man, wenn das nicht der Fall ist. Sätze mit schwachem Cross-Over sind weniger ungrammatisch als Sätze mit starkem Cross-Over.

(87)

    a)    \*Who$_i$ does he$_i$ think t$_i$ left?

    b)    \*Who$_i$ does his$_i$ mother love t$_i$?

Den Cross-Over-Effekt gibt es nicht nur im Englischen, sondern auch in den romanischen Sprachen (siehe Müller & Riemer 1997: 126)[75]

(88)

    a)    \*Qui$_i$ tu crois    que    il$_i$  a    dit    que    Französisch
        Wen  du glaubst    dass  er  hat  gesagt  dass
        Marie  inviterait        t$_i$
        Marie  eingeladen hat?
        Wen glaubst du, dass er gesagt hat, dass Marie eingeladen hat?

    b)    Chi$_i$    *pro* credi  che  lui$_i$  abbia detto    che    Italienisch
        Maria  abbia invitato  t$_i$

    c)    A quien$_i$  *pro* crees    que  él$_i$  ha  dicho  que    Spanisch
        Maria  invitaria  t$_i$

    d)    A quem$_i$  *pro* pensas  que  ele$_i$  tinha  dito  que  Potugiesisch
        Maria  convidaria  t$_i$

Die Rektionskategorie für die Wh-Spuren ist der eingebettete Satz; die koreferente Phrase *he* befindet sich außerhalb der Rektionskategorie der Spur. Es ergibt sich, dass eine Wh-Spur niemals gebunden sein darf – auch nicht außerhalb ihrer Rektionskategorie. Daraus wiederum ergibt sich, dass sich Wh-Spuren nicht sich nicht wie Pronomina verhalten, denn diese können außerhalb ihrer Rektionskategorie durchaus gebunden sein.

    Verhalten sich Wh-Spuren wie R-Ausdrücke? Prinzip C der Bindungstheorie besagt, dass R-Ausdrücke nicht nur in ihrer Rektionskategorie, sondern überall frei sein müssen. Die Beispiele in (86) und (88) zeigen, dass genau dies für Wh-Spuren gilt. Es folgt also, dass sich Wh-Spuren wie R-Ausdrücke verhalten.

    Es ergibt sich die folgende erweiterte Typologie für DPs:

| Merkmale | overte DPs | nicht overte DPs |
|---|---|---|
| [+ anaphorisch] [– pronominal] | Anaphern | DP-Spuren |
| [– anaphorisch] [+ pronominal] | Pronomina | ? |
| [– anaphorisch] [– pronominal] | R-Ausdrücke | Wh-Spuren |
| [+ anaphorisch] [+ pronominal] | ------- | PRO |

Wh-Spuren sind nicht gänzlich ungebunden – sie müssen mit ihrem Antezedens in [Spec CP] koindiziert sein. Wie lässt sich das erklären? Fanselow und Felix zeigen, dass [Spec CP] unter bindungstheoretischer Perspektive einen anderen

---

75    Im Deutschen gibt es keinen Cross-Over-Effekt. Die Frage.

    Wes$_{si}$ sagt der Kröterich$_i$ t$_i$ hat ein Auto gestohlen?

    ist auch dann grammatisch, wenn die korrekte Antwort *der Kröterich* lautet, wenn also die Wh-Phrase und die Wh-Phrase auf dieselbe Entität verweisen.

Status hat als [Spec IP]. Die folgenden Beispielsätze zeigen, dass Elemente in [Spec CP] für das Prinzip A der Bindungstheorie quasi unsichtbar sind (vgl. Fanselow&Felix 1987: 144):

(89)

    a)    *Harry überlegt [$_{CP}$ welche Jungen$_i$ [$_{IP}$ die Eltern von *einander*$_i$ t$_i$ einladen]].

    b)    *Gilderoy$_i$ überlegt [$_{CP}$ welche Bücher von *sich*$_i$ [$_{IP}$ seine Schüler t$_i$ noch nicht kennen]].

Die Anaphern *einander* in (89a) und *sich* in (89b) scheinen zwar korrekt gebunden zu sein; dennoch sind die Sätze in der vorgegebenen Lesart ungrammatisch. Ein Element in [Spec CP] kann nicht als Binder für eine Anapher fungieren. Deshalb ist (89a) ungrammatisch. Eine Anapher in [Spec CP] scheint auch dann nicht gebunden zu sein, wenn sie von einer koindzierten DP c-kommandiert wird – daher die Ungrammatikalität in (89b).

Die Besonderheit von [Spec CP] liegt darin, dass in diese Position niemals eine θ-Rolle zugewiesen wird. [Spec CP] ist eine A'-Position. Die Prinzipien der Bindungstheorie scheinen aber nur für DPs in A-Position zu gelten, nicht aber für DPs in A'-Position.

Es gibt also zwei Arten von Bindung: **A-Bindung** und **A'-Bindung**. A-Bindung liegt vor, wenn das Antezedens in einer A-Position steht; A'-Bindung liegt vor, wenn sich das Antezedens in einer A'-Position befindet.

Der Sätze in (86) und (88) zeigen, dass Wh-Spuren nicht A-gebunden sein dürfen. Es ist die A-Bindung und nicht die A-Bindung, die für die Prinzipien der Bindungstheorie relevant ist. Deshalb verwendet man den Begriff „gebunden" im Sinne von „A-gebunden"; den Begriff „frei" verwendet man als Synonym für „A-frei". R-Ausdrücke müssen unter allen Umständen A-frei sein. A-frei bedeutet, dass es kein Antezedens in A-Position geben darf. Damit ist aber nicht gesagt, dass es kein koindziertes Element in einer A-Position –also zum Beispiel in [Spec CP] – geben darf.

Leere Kategorien, die sich wie R-Ausdrücke verhalten, nennt man in der Literatur **Variablen**. Ihre Antezedenten heißen **Operatoren**[76]. Eine Wh-Spur ist also eine Variable; die Wh-Phrase, die nach [Spec CP] bewegt wurde, ist der dazugehörige Operator.

A'-Ketten (siehe Seite 195) lassen sich nun wie folgt definieren:

---

**A'-Kette:**
Die XPs $\alpha_1$.......$\alpha_n$ bilden eine A'-Kette C genau dann, wenn
a)      $\alpha_i$ $\alpha_{i+1}$ A'-bindet,
b)      $\alpha_i$ eine Variable ist, für i > 1,
c)      $\alpha$ ein Operator ist.
(Fanselow&Felix 1987: 166)

---

76    Variablen und Operatoren werde ich in Kapitel 7 näher erklären.

A-Ketten werden so definiert:

> **A-Kette:**
> Die DPs $\alpha_1$........$\alpha_n$ bilden eine A-Kette C genau dann, wenn
> a)   $\alpha_i$ $\alpha_{i+1}$ A-bindet,
> b)   $\alpha_i$ eine anaphorische Spur ist, für i > 1,
> c)   C maximal ist.
> (vgl. Fanselow&Felix 1987: 133)

Klausel (a) besagt, dass DP-Bewegung immer von unten im Baum nach oben erfolgt. Klausel (b) legt fest, dass die Spur in ihrer Rektionskategorie gebunden sein muss: Klausel (c) gewährleistet, dass alle Elemente, auf die (a) und (b) zutrifft, berücksichtigt werden.

Es ist naheliegend, die Optionen A und A' unter der Variable X zusammenzufassen und einen einheitlichen Kettenbegriff zu definieren:

> **Kette:**
> Die maximalen Projektionen $\alpha_1$.....$\alpha_n$ bilden eine Kette genau dann, wenn
> a)   $\alpha_i$ $\alpha_{i+1}$ X-bindet,
> b)   $\alpha$ eine nicht-pronominale leere Kategorie ist, für i > 1
> c)   C maximal ist

Klausel (a) spezifiziert, dass zwischen den Spuren und ihren Antezedenten in einer Kette A-Bindung und A'-Bindung zugelassen sind. Klausel (b) besagt, dass die Gemeinsamkeit von Anaphern und Variablen darin besteht, dass sie keine Pronomina sind. Klausel (c) legt wiederum fest, dass die Kette den größtmöglichen Bereich erfassen muss und im Falle der A'-Bindung den Operator mit einschließen muss.

Wenn Variablen immer A-frei sein müssen und Wh-Phrasen Variablen sind, so resultiert daraus ein Problem mit Relativsätzen, die – wie ich in 6.2.1 erwähnte – wie Wh-Fragen analysiert werden müssen. Offensichtlich muss das Relativpronomen mit der DP, auf die es sich bezieht, koindiziert sein, da beide bezüglich ihrer grammatischen Merkmale (Genus, Numerus etc.) übereinstimmen müssen.

(90)
    a)   Der Kröterich stiehlt *das Auto, das* vor dem Gasthaus steht.
    b)   *Der Kröterich stiehlt *den Wagen, das* vor dem Gasthaus steht.
    c)   *Der Kröterich stiehlt *die Autos, das* vor dem Gasthaus steht.

Die DP *das Auto,* auf die sich das Relativpronomen *das* bezieht, ist Teil des Matrix-Satzes, in dem es θ- und kasusmarkiert wird. Sie steht in einer A-Position und A-bindet deshalb die Variable. Dies ist eine Verletzung des Prinzips C der Bindungstheorie. Wie kommt es, dass (82a) dennoch grammatisch ist? Relevant für die Bindung ist der Bereich im Baum, den der Operator c-kommandiert – die **Domäne** des Operators. Die DP *das Auto* liegt außerhalb dieser Domäne und ist deshalb für die Bindung nicht von Bedeutung.

Das Prinzip C der Bindungstheorie muss deshalb wie folgt modifiziert werden:

---

**Prinzip C (modifiziert):**
Ein R-Ausdruck muss in der Domäne des Operators A-frei sein.

---

In diesem Abschnitt habe ich gezeigt, dass leere DPs – genau wie lexikalische DPs – für die Merkmale [± anaphorisch] und [± pronominal] spezifiziert sind. DP-Spuren sind [+ anaphorisch] und [– pronominal], d. h., sie erhalten sich wie Anaphern. Wh-Spuren sind [– anaphorisch] und [– pronominal]. Sie verhalten sich wie R-Ausdrücke. In Abschnitt 5 habe ich die leere DP PRO vorgestellt. Sie ist [+ anaphorisch] [+ pronominal]. Es stellt sich die Frage, ob es auch leere DPs gibt, die [– anaphorisch] und [+ pronominal] sind, leere DPs also, die sich wie Pronomina verhalten.

Dies ist in der Tat der Fall. In Abschnitt 2.6.4.3 habe ich die leere DP *pro* vorgestellt. *pro* kommt in Sprachen vor, deren Verbalflexion so reich ist, dass die Merkmale der DP (Person, Numerus) am Verb erkennbar sind.

(91)

|   |   |   |   |   |   |   |
|---|---|---|---|---|---|---|
| a) | *pro* pluit | | | | | Latein |
|    | es regnet | | | | | |
| b) | *pro* piove | | | | | Italienisch |

Betrachten Sie die folgenden Sätze im Italienischen, Spanischen und Portugiesischen (entnommen aus: Müller & Riemer 1997: 158):

(92)

| | | | | | | | |
|---|---|---|---|---|---|---|---|
| a) | Gianni | a | detto | que | *pro* | può | venire. | Italienisch |
| | Johann | hat | gesagt | dass | er | kann | kommen |
| | Johann hat gesagt, dass er kommen kann. |
| b) | Juan | dijo | que | *pro* | | puede | venir. | Spanisch |
| c) | O João | disse | que | *pro* | | pode | vir. | Portugiesisch |

*pro* kann nicht [+ anaphorisch] [+ pronominal] sein. Eine DP, die diese Merkmalskombination aufweist, kann nicht regiert sein. Das besagt das PRO-Theorem (siehe Seite 145). I ist aber finit und kann deshalb als Regens für *pro* fungieren. *pro* kann auch nicht [+ anaphorisch] [– pronominal] sein, weil es kein Antezedens hat. *Gianni* wird nicht – wie *pro* – von *può venire* regiert, sondern von *detto*. *Gianni* und *pro* befinden sich nicht in derselben Rektionskategorie; *Gianni* kann *pro* deshalb nicht binden. *pro* kann auch nicht [– anaphorisch] [– pronominal] sein, denn es gibt kein Antezedens in einer A'-Position. *Gianni* wäre ein mögliches Antezedens; die DP besetzt aber eine A-Position.

Die Sätze in (92) lassen zwei Lesarten zu:

(93)

    a)    Johann hat gesagt, dass er (Johann) kommen kann.
    b)    Johann hat gesagt, dass er (ein anderer) kommen kann.

*pro* verhält sich deshalb wie ein overtes Pronomen. Man geht deshalb davon aus, dass *pro* die Merkmalskombination [– anaphorisch] [+ pronominal] aufweist. Die Merkmalsverteilung für die verschiedenen DPs sieht demnach so aus:

| Merkmale | overte DPs | nicht overte DPs |
|---|---|---|
| [+ anaphorisch] [– pronominal] | Anaphern | DP-Spuren |
| [– anaphorisch] [+ pronominal] | Pronomina | *pro* |
| [– anaphorisch] [– pronominal] | R-Ausdrücke | Wh-Spuren |
| [+ anaphorisch] [+ pronominal] | ------- | PRO |

### 6.2.3.4 Lokale Beschränkungen

Aus der Tatsache, dass DP-Bewegung, nicht aber Wh-Bewegung dem Prinzip A der Bindungstheorie unterliegt, ergibt sich ein weiterer wichtiger Unterschied zwischen den beiden grammatischen Prozessen. Prinzip A der Bindungstheorie besagt, dass eine Anapher innerhalb ihrer Rektionskategorie gebunden sein muss. Die Rektionskategorie ist der minimale Bereich, der die Anapher selbst, ihr Regens und ein Subjekt enthält. DP-Spuren sind Anaphern. Die Anwendung der DP-Bewegung ist auf einen lokalen Bereich beschränkt. DP-Bewegung ist ein lokaler Prozess. Wh-Bewegung hingegen ist nicht lokal beschränkt. Das Antezedens einer Wh-Bewegung muss in einer [Spec CP]-Position lokalisiert sein; diese kann aber von der Wh-Spur beliebig weit entfernt sein.

(94)     $Wen_i$ sagt Ron glaubt Hermine vermutet Neville gesteht Luna ... liebt Harry $t_i$?

Dies gilt auch für andere grammatische Prozesse, die in der generativen Grammatik als Wh-Bewegung analysiert werden – zum Beispiel für Topikalisierungen:

(95)     Neue Hüte sagt Harry behauptet Ron erzählt Neville ... hat Hermine für die Hauselfen gestrickt.

### 6.2.3.5 Zusammenfassung

Zusammenfassend lassen sich folgende Unterschiede zwischen DP-Bewegung und Wh-Bewegung feststellen:

|  | A-Bewegung (DP-Bewegung) | A'-Bewegung (Wh-Bewegung) |
|---|---|---|
| 1 | Der Landeplatz ist eine A-Position ([Spec IP]) | Der Landeplatz ist eine A'-Position ([Spec CP]). |
| 2 | DP-Spuren sind kasusunmarkiert. | Wh-Spuren sind kasusmarkiert. |
| 3 | Die DP-Spur ist eine Anapher, die in ihrer Rektionskategorie gebunden sein muss. | Die Wh-Spur ist eine Variable, die innerhalb der Domäne ihres Operators frei sein muss. |
| 4 | DP-Bewegung ist ein lokaler Prozess. | Wh-Bewegung ist ungebunden. |

Die Unterschiede zwischen Wh-Bewegung und DP-Bewegung lassen sich aus-einander ableiten. Sie ergeben sich zudem aus den Prinzipien der Bindungstheorie und der Kasustheorie. Die Kasuseigenschaften der Spuren ergeben sich aus den Landeplätzen der beiden Bewegungsprozesse (Eigenschaft 1) in Verbindung mit dem Kasusfilter. [Spec CP] wird weder vom Verb noch vom I-Kopf regiert und ist deshalb nicht kasusmarkiert. Eine Wh-Phrase in [Spec CP] könnte keinen Kasus tragen, wenn die Wh-Spur nicht kasusmarkiert wäre und ihren Kasus nach [Spec CP] vererben könnte.

DP-Bewegung wird gerade dadurch ausgelöst, dass die D-strukturelle Position der bewegten DP nicht kasusmarkiert ist.

Die Lokalitätsunterschiede zwischen DP-Bewegung und Wh-Bewegung er-geben sich aus den unterschiedlichen Eigenschaften von DP- und Wh-Spuren als Anaphern bzw. Variablen (Eigenschaft 3) in Verbindung mit der Bindungstheorie. DP-Spuren sind Anaphern (siehe Seite 173). Anaphern unterliegen dem Prinzip A der Bindungstheorie, d. h., sie müssen in ihrer Rektionskategorie gebunden sein. Die Rektionskategorie ist die minimale Kategorie, die das zu bindende Element, sein Regens und ein Subjekt enthält. Daraus folgt, dass DP-Bewegung niemals mehr als den Bereich der Rektionskategorie der Spur umfassen kann. Wh-Spuren hingegen sind Variablen. Sie sind A-frei; die Entfernung zwischen dem Operator und der Variable unterliegt keinerlei bindungstheoretischen Beschränkungen.

Der Status der DP-Spuren als Anaphern und der Wh-Spuren als Variablen (Eigenschaft 3) lässt sich aus den unterschiedlichen Landeplätzen ableiten. Be-wegung in eine A-Position kann nur eine Anapher, jedoch keine Variable zurück-lassen. Eine Variable wäre A-gebunden und würde das Prinzip C der Bindungs-theorie verletzen. Umgekehrt kann Bewegung in eine A'-Position nur eine Variable, nicht aber eine Anapher hinterlassen, denn eine Anapher würde das Prinzip A der Bindungstheorie verletzen.

Somit scheint allein der Landeplatz (A-Position vs. A'-Position) eine spezi-fische Eigenschaft des jeweiligen Bindungsprozesses zu sein. Alle anderen Eigen-schaften lassen sich daraus und aus allgemeinen grammatischen Prinzipien ab-leiten.

## 6.2.4 Subjazenz

### 6.2.4.1 Drei Beobachtungen

In 6.2.3.4 habe ich einen wichtigen Unterschied zwischen Wh-Bewegung und DP-Bewegung festgelegt. DP-Bewegung, so hieß es, ist lokal begrenzt, Wh-Bewegung aber nicht. Operator und Variable können beliebig weit voneinander entfernt sein.

(96)

    a)   Wen$_i$ sagt Ron glaubt Hermine vermutet Neville gesteht Luna ... liebt Harry t$_i$?

    b)   Neue Hüte sagt Harry behauptet Ron erzählt Neville ... hat Hermine für die Hauselfen gestrickt.

Das bedeutet jedoch nicht, dass Wh-Bewegung uneingeschränkt möglich ist. Bereits (1967) zeigte Ross, dass Wh-Bewegung aus bestimmten syntaktischen Konfigurationen grundsätzlich zu einem ungrammatischen Ergebnis führt.

    Betrachten Sie den folgenden Satz:

(97)     *Was glaubst du die Geschichte, dass der Kröterich gestohlen hat?

Die Wh-Phrase wird aus einer komplexen DP herausbewegt. Der N-Kopf *Geschichte* nimmt einen Satz als Komplement. Ross (1967) sagt, dass Bewegung aus einer komplexen DP heraus nicht möglich ist. Er formuliert die folgende Beschränkung:

**Komplexe-DP-Beschränkung (engl. Complex DP Constraint):**
Aus einer Struktur [$_{DP}$...[$_{CP}$..]] darf keine Phrase herausbewegt werden.

Eine andere Beschränkung ist die Koordinationsbeschränkung.

(98)     *Was hat der Kröterich ein Auto und t gestohlen?

Nach Ross (1967) dürfen Wh-Phrasen nicht aus einer koordinierten Phrase herausbewegt werden.

**Koordinationsbeschränkung (engl. Coordinated Structure Constraint)**
Aus einer koordinierten Phrase darf keine Phrase herausbewegt werden.

Es gibt noch eine weitere Beschränkung. Betrachten Sie (99):

(99)

    a)   Wer glaubst du hat ein Auto gestohlen?
    b)   Was glaubst du hat der Kröterich gestohlen?
    c)   *Was glaubst du wer hat gestohlen?
    d)   *Wer glaubst du was hat gestohlen?

In (99a) wird die Wh-Phrase *wer* aus der Subjektposition des eingebetteten Satzes heraus an die Spitze des Hauptsatzes bewegt. Der Satz ist grammatisch. Grammatisch ist auch (99b). Hier wird die Wh-Phrase *was* aus der Objekt-Position des eingebetteten Satzes in die [Spec CP]-Position des Hauptsatzes bewegt.

    In (99c) wird die Wh-Phrase *wer* in die [Spec CP]-Position des Hauptsatzes bewegt. Gleichzeitig wird die Wh-Phrase *was* aus der Objekt-Position des eingebetteten Satzes in die [Spec CP]-Position des Hauptsatzes bewegt. Der Satz ist ungrammatisch. Umgekehrt wird in (99d) die Wh-Phrase *was* an die Spitze des eingebetteten Satzes bewegt und die Wh-Phrase *wer* an die Satzspitze des Hauptsatzes. Auch (99d) ist ungrammatisch.

Nach Ross sind Wh-Fragen **Inseln**, aus denen Konstituenten nicht herausbewegt werden dürfen.

---

**Wh-Insel-Beschränkung (engl. Wh-Island-Constraint):**
Aus einem durch eine *Wh*-Phrase eingeleiteten Satz darf keine Phrase herausbewegt werden.

---

### 6.2.4.2 Die Grenzknotentheorie

Alle drei Beschränkungen – die Komplexe DP-Beschränkung, die Koordinationsbeschränkung und die Wh-Insel-Beschränkung – sind keineswegs explanativ. Das heißt, sie erklären nichts; sie beschreiben lediglich grammatische Phänomene. Es stellt sich die Frage, ob es ein universelles Prinzip gibt, das diese Phänomene erklärt. In der Tat gibt es eine weitere Subkomponente in der Grammatik, die **Grenzknotentheorie**, die festlegt, wie weit eine Konstituente bewegt werden darf. Chomsky (1973) hat festgelegt, dass S und NP **Grenzknoten** (engl. bounding nodes) sind und dass eine bewegte Konstituente nicht über mehr als einen Grenzknoten bewegt werden darf. In 2.7.2.2 und 2.7.2.5 habe ich argumentiert, dass der S-Knoten als IP und dass NPs als DPs analysiert werden müssen. Es ergibt sich folgende Bedingung.

---

**Subjazenz-Bedingung:**
Eine Konstituente kann nicht über mehr als einen Grenzknoten hinweg bewegt werden. Grenzknoten sind IP und DP.

---

Betrachen Sie nun noch einmal den Satz in (97) – hier wiedergegeben als (100)

(100)    *[$_{CP}$ Was$_i$ glaubst [$_{IP}$ du [$_{DP}$ die Geschichte, [$_{CP}$ dass [$_{IP}$ der Kröterich t$_i$ gestohlen hat]]]]]?

In (100) muss die Wh-Phrase auf dem Weg zu ihrem Landeplatz in der [Spec CP]-Position des Hauptsatzes zwei IP-Knoten und einen DP-Knoten überqueren. IP und DP sind Grenzknoten. Der Subjazenz-Bedingung zufolge darf eine Phrase nur über einen Grenzknoten hinweg bewegt werden. Der Satz verletzt damit die Subjazenz-Bedingung und ist deshalb ungrammatisch.

Betrachten Sie nun (98) – hier wiedergegeben als (101):

(101)    *[$_{CP}$ Was$_i$ hat [$_{IP}$ der Kröterich [$_{DP}$ ein Auto und t$_i$] gestohlen?]]

Hier muss die Wh-Phrase auf ihrem Weg nach [Spec CP] einen DP-Knoten und einen IP-Knoten überqueren. Eine Phrase darf aber nur über einen Grenzknoten hinweg bewegt werden. Auch der Satz in (98) bzw. (101) ist ungrammatisch, weil der die Subjazenz-Bedingung verletzt. Wird die gesamte Objekt-DP durch eine Wh-Phrase ersetzt und an die Satzspitze bewegt, ist der Satz grammatisch.

(102)     $[_{CP}$ Was$_i$ hat $[_{IP}$ der Kröterich t$_i$ gestohlen?]]
          Antwort: Ein Auto und einen Wohnwagen.

Hier muss die Wh-Phrase nur einen Grenzknoten, nämlich IP überqueren. Die Subjazenz-Bedingung erlaubt, dass eine Phrase über einen Grenzknoten hinwegbewegt wird. Der Satz ist grammatisch.

In (99c) und (99d) – hier wiedergegeben als (103) – überquert die Wh-Phrase auf ihrem Weg zu ihrem Landeplatz zwei IP-Knoten. Die Sätze sind ungrammatisch, weil die Subjazenz-Bedingung verletzt ist, derzufolge nur ein Grenzknoten überschritten werden darf.

(103)
          a)    *$[_{CP}$ Was$_j$ glaubst $[_{IP}$ du $[_{CP}$ wer$_i$ hat $[_{IP}$ t$_i$ t$_j$ gestohlen?]]]]
          b)    *$[_{CP}$ Wer$_i$ glaubst $[_{IP}$ du $[_{CP}$ was$_j$ hat $[_{IP}$ t$_i$ t$_j$ gestohlen?]]]]

Die drei Ross'schen Beschränkungen lassen sich also mit dem Subjazenzprinzip erklären.

### 6.2.4.3 Zyklizität

Die Subjazenz-Bedingung, die ich in 6.2.5.2 eingeführt habe, erklärt zwar die Ungrammatikalität der Sätze in (97), (98), (99c) und – (99d), sie schließt auch fälschlicherweise Sätze wie in (104) als ungrammatisch aus.

(104)
          a)    $[_{CP}$ Was$_i$ glaubst $[_{IP}$ du $[_{CP}$ hat $[_{IP}$ der Kröterich t$_i$ gestohlen]]]]
          b)    $[_{CP}$ Wer$_i$ glaubst $[_{IP}$ du $[_{CP}$ hat $[_{IP}$ ein Auto t$_i$ gestohlen]]]]

Die Wh-Phrasen in (104) müssen auf ihrem Weg in die [Spec CP]-Position des Hauptsatzes zwei IP-Knoten überqueren. Dennoch sind die Sätze grammatisch. Wie kann das sein?

Chomsky (1973) nimmt an, dass Wh-Bewegung ein schrittweiser oder **zyklischer** Prozess ist. Das heißt, die Wh-Phrase wird nicht etwa „in einem Rutsch" in die [Spec CP]-Position des Hauptsatzes bewegt; vielmehr landet sie zunächst in Spec]-Position der nächsthöheren CP, von dort in die nächsthöhere [Spec CP]-Position, bis sie schließlich in der [Spec CP]-Position des Hauptsatzes landet. Dabei hinterlässt sie in jeder [Spec CP]-Position eine Zwischenspur. Für (104a) erhält man die folgende Repräsentation:

(105)     $[_{CP}$ Was$_i$ glaubst $[_{IP}$ du $[_{CP}$ t$_i$ hat $[_{IP}$ der Kröterich t$_i$ gestohlen]]]]

Bei jedem „Schritt" überquert die Wh-Phrase nur einen IP-Knoten. Deshalb wird die Subjazenz-Beschränkung in (104) nicht verletzt.

Auf den ersten Blick erscheint die Annahme einer solchen zyklischen Bewegung als ein Trick, mit dem die Subjazenz-Bedingung gerettet werden soll. Es gibt jedoch grammatische Phänomene, die den zyklischen Charakter der Wh-Bewegung sichtbar machen.

So zeigt Kayne (1984), dass im Französischen Verben wie *croire* (glauben) – anders als das englische *believe* keine ECM-Konstruktionen erlauben. ECM-Konstruktionen (ECM = Exceptional Case Marking) sind abhängige Infinitivsätze, deren Subjekte ihren Kasus von dem Verb des übergeordneten Satzes erhalten (siehe Seite 125 ff.).

Betrachten Sie (106):

(106)

|   | | | | | | | |
|---|---|---|---|---|---|---|---|
| a) | I | believe | this | boy | to be | intelligent. | Englisch |
| | Ich | glaube | dieser | Junge | sein | intelligent | |

Ich glaube, dass der Junge intelligent ist.

|   | | | | | | |
|---|---|---|---|---|---|---|
| b) | *Je | crois | ce garrçon | être | intelligent. | Französisch |

Offensichtlich sind im Englischen Verben wie *believe* imstande, an die Subjektposition des Komplementsatzes Kasus zuzuweisen, die entsprechenden französischen Verben hingegen nicht. Kasuszuweisung ist nur unter Rektion (siehe Seite 119) möglich. Ein Kopf kann maximal in die Spec-Position der nächsttieferen maximalen Projektion hineinregieren. In (106a) muss der Infínitivsatz deshalb eine IP sein. Eine C-Projektion wäre eine Barriere, aufgrund derer der V-Kopf *believe* der DP *the boy* keinen Kasus zuweisen kann. Französische Infinitivsätze hingegen müssen CPs sein. Die DP *ce garçon* in (106b) bekommt deshalb keinen Kasus. Der Satz ist ungrammatisch. Die Sätze in (106) erhalten die folgenden Strukturen:

(107)

a)   $[_{IP}$ I believe $[_{IP}$ this boy to be intelligent]].

b)   *$[_{IP}$ Je crois $[_{CP}$ $[_{IP}$ ce garçon être intelligent]]].

Interessanterweise wird (106b) grammatisch, wenn die Subjekt-DP des eingebetteten Satzes via Wh-Bewegung an die Satzspitze bewegt wird.

(108)

| | | | |
|---|---|---|---|
| Quel garçon | crois-tu | être | intelligent? |
| Welcher Junge | glaubst du | sein | intelligent? |

Welcher Junge glaubst du ist intelligent?

(108) hat die folgende Struktur:

(109)     $[_{CP}$ Quel garçon$_i$ $[_{IP}$ crois tu $[_{CP}$ t$_i$ $[_{IP}$ t$_i$ être intelligent ?]]]]

Die Grammatikalität von (108) / (109) kann man erklären, wenn man annimmt, dass Wh-Bewegung ein zyklischer Prozess ist. Das Verb *croire* kann die Subjekt-Spur in der [Spec IP]-Position im eingebetteten Satz nicht regieren und ihr auch keinen Kasus zuweisen. Sie kann aber an die Zwischenspur in [Spec CP] Kasus zuweisen, die ihn dann an die Wh-Phrase in der [Spec CP]-Position im Hauptsatz weiterreicht. Der Mechanismus setzt voraus, dass Wh-Bewegung zyklisch verläuft.

Die Ungrammatikalität der Sätze in (103) – hier wiedergegeben als (110) lässt sich nun wie folgt erklären:

In (110a) muss die Wh-Phrase *was* aus der Objekt-Position des eingebetteten Satzes in die [Spec CP]-Position des Hauptsatzes bewegt werden. Sie muss dabei zwei IP-Knoten überqueren. Sie kann aber nicht in der [Spec CP]-Position des eingebetteten Satzes „zwischenlanden", weil diese bereits von der Wh-Phrase *wer* besetzt ist. Die Subjazenz-Bedingung ist verletzt, die besagt, dass eine Konstituente nur über einen Grenzknoten hinweg bewegt werden darf. (110a) ist deshalb ungrammatisch.

In (110b) muss die Wh-Phrase in der Subjekt-Position des eingebetteten Satzes in die [Spec CP]-Position des Hauptsatzes bewegt werden. Dabei muss auch sie zwei IP-Knoten überqueren. Auch sie kann nicht in der [Spec CP]-Position des eingebetteten Satzes zwischenlanden. Diese ist bereits von der Wh-Phrase *was* besetzt. Die Subjazenz-Bedingung ist verletzt, der Satz ist ungrammatisch.

(110)

    a)    *$[_{CP}$ Was$_j$ glaubst $[_{IP}$ du $[_{CP}$ wer$_i$ hat $[_{IP}$ t$_i$ t$_j$ gestohlen?]]]]]

    b)    *$[_{CP}$ Wer$_i$ glaubst $[_{IP}$ du $[_{CP}$ was$_j$ hat $[_{IP}$ t$_i$ t$_j$ gestohlen?]]]]]

Auch DP-Bewegung ist ein zyklischer Prozess. Betrachten Sie den folgenden Satz:

(111)     $[_{IP}$ Harry scheint $[_{IP}$ t $[_{VP}$ t bestraft zu werden]]]

Die DP *Harry* wird nicht in einem Rutsch aus der Objekt-Position des eingebetteten Satzes in die [Spec IP]-Position des Hauptsatzes bewegt; vielmehr nimmt man an, dass die Objekt-DP erst in die [Spec IP]-Position des eingebetteten Satzes bewegt wird, von dort in die [Spec IP] des dominierenden Satzes, bis sie schließlich in der Subjekt-Position des Hauptsatzes angelangt ist (siehe Seite 204). Ist eine Zwischenlandung in einer der [Spec IP]-Positionen nicht möglich, ist der Satz ungrammatisch.

(112)     *$[_{IP1}$ Der Kröterich$_i$ scheint $[_{IP2}$ es ist wahrscheinlich, $[_{IP3}$ t$_i$ ein Auto gestohlen zu haben]]].

Die DP *der Kröterich* wird in der [Spec IP]-Position des am tiefsten eingebetteten Satzes, IP3, basisgeneriert. Der I-Kopf ist infinitivisch, kann also an die Subjekt-Position keinen Kasus zuweisen. Die DP muss in eine Position bewegt werden, in der ihr Kasus zugewiesen werden kann. Dies ist die [Spec IP]-Position des Hauptsatzes. Die DP muss auf dem Weg dorthin zwei IP-Knoten überqueren, nämlich IP3 und IP2. Sie kann aber in der [Spec IP]-Position von IP2 nicht zwischenlanden, weil diese bereits von dem Expletivpronomen *es* besetzt ist. Der Satz ist deshalb ungrammatisch.

### 6.2.4.4 Der Subjazenz-Parameter

Betrachten Sie die folgenden italienischen DPs (Rizzi 1978):

(113)

a) tuo      fratello a cui mi      domando    che        storie
   dein      Bruder  dem  ich   mich frage  welche    Geschichten
   abbiano    raccontato
   sie haben   erzählt
   dein Bruder, von dem ich wissen möchte, welche Geschichten sie
   ihm erzählt haben

b) la        nuova    idea    di    Giorgio   di    cui    immagino
   die       neue     Idee    von   Giorgio   von   der    ich mir vorstelle
   che cosa    pensi
   was         du denkst
   die neue Idee von Giorgio, von der ich mir vorstelle, was du
   darüber denkst

Die italienischen DPs sind grammatisch. Die entsprechenden deutschen DPs sind ungrammatisch:

(114)

a)    *dein Bruder, [$_{CP}$ dem$_i$ [$_{IP1}$ ich mich frage [$_{CP}$ welche Geschichten [$_{IP2}$ sie erzählten t$_i$]]]]

b)    *die neue Idee von Giorgio, [$_{CP}$ von der$_i$ [$_{IP1}$ ich mir vorstelle, [$_{CP}$ was [$_{IP2}$ du denkst t$_i$ ]]]]

In (114a) wird das Relativpronomen *dem* aus der Objekt-Position des eingebetteten Satzes über zwei IP-Knoten hinweg in die [Spec CP]-Position des Hauptsatzes bewegt. Es kann in der [Spec CP]-Position des eingebetteten Satzes nicht zwischenlanden, weil diese von der Wh-Phrase *welche Geschichte* besetzt ist. Der Satz verletzt die Subjazenz-Bedingung und ist ungrammatisch.

Ebenso wird in (114b) die PP *von der* aus der VP des eingebeteten Satzes heraus in die [Spec CP]-Position des Hauptsatzes bewegt. Auch sie muss zwei IP-Knoten überqueren. Auch sie kann in der [Spec CP]-Position des eingebetteten Satzes nicht zwischenlanden, weil sie von der Wh-Phrase *was* bereits besetzt ist. Auch in (114b) wird die Subjazenz-Bedingung verletzt. (114b) ist ungrammatisch.

Wie kann es nun sein, dass die italienischen DPs grammatisch sind. Gilt im Italienischen die Subjazenz-Bedingung nicht?

Wenn dies der Fall wäre, müssten Wh-Phrasen und Relativpronomina aus beliebig tief eingebetteten Sätzen an die Satzspitze bewegt werden können. Dies ist aber nicht der Fall:

(115)

| *tuo | fratello | [$_{CP}$ a cui$_i$ | [$_{IP}$ temo | [$_{DP}$ la possibilitá | [$_{CP}$ t$_i$ |
| dein | Bruder | dem | ich fürchte | die Möglichkeit | |
| che | [$_{IP}$ abbiano | raccontato t$_i$ | tutto]]]]] | | |
| dass | sie haben | erzählt | alles | | |

dein Bruder, bei dem ich früchte, dass sie ihm alles alles erzählt haben

Nach Rizzi ist die Subjazenz-Bedingung ein universales Prinzip, d. h., ein Prinzip, das in allen Sprachen gilt. Sprachen unterscheiden sich jedoch darin, welche Knoten als Grenzknoten fungieren können. Im Deutschen sind DP und IP Grenzknoten; im Italienischen DP und CP. Betrachten Sie noch einmal (113a) – hier wiedergegeben als (116):

(116)    tuo fratello [$_{CP}$ a cui$_i$ [$_{IP1}$ mi domando [$_{CP}$ che storie$_j$ [$_{IP2}$ abbiano raccontato t$_j$ t$_i$]]]]]

Auf ihrem Weg aus der Komplement-Position des Verbs im eingebetteten Satz in die [Spec CP]-Position des Hauptsatzes muss die Relativ-PP *a cui* (dem) nur einen CP-Knoten überqueren. Die Subjazenz-Bedingung ist nicht verletzt; die DP ist grammatisch.

Die Relativ-PP *a cui* in (115) hingegen wird als Komplement des Verbs *raccontare* (erzählen) im eingebetteten Satz basisgeneriert. Von dort muss sie in die [Spec CP]-Position des Hauptsatzes bewegt werden. Auf ihrem Weg dorthin muss sie einen CP und einen DP-Knoten überqueren. CP und DP sind im Italienischen Grenzknoten. Die Subjazenz-Bedingung erlaubt Bewegung über nur einen Grenzknoten hinweg. Der Satz ist deshalb ungrammatisch.

## 6.2.5 Das Empty Category Principle

In den vergangenen Abschnitten habe ich die Wh-Bewegung vorgestellt, bei der eine Wh-Phrase aus ihrer D-strukturellen Position heraus nach [Spec CPC] bewegt wird. Bei einfachen Sätzen können alle Konstituenten erfragt werden. Bei komplexen Sätzen jedoch zeigt sich im Deutschen eine Asymmetrie. Während Objekte aus dem eingebetteten Satz heraus in die [Spec CP]-Position des Hauptsatzes bewegt werden können, ist dies für Subjekte in eingebetteten Sätzen nicht möglich.

(117)

      a)    Was$_i$ glaubst du, dass der Kröterich t$_i$ gestohlen hat?
      b)    *Wer$_i$ glaubst du, dass t$_i$ ein Auto gestohlen hat?

Dasselbe gilt im Englischen:

(118)

      a)    What do you think that Mr. Oat has stolen?
      b)    *Who do you think that has stolen a car?

Warum können Phrasen aus der Objekt-Position, nicht aber aus der Subjekt-position herausbewegt werden? Anders gefragt: Worin unterscheiden sich Objekt- und Subjekt-Positionen? Der Unterschied zwischen beiden Positionen liegt offenbar darin, welcher Art die regierende Kategorie ist. Die Objekt-Position wird vom Verb regiert. Das Verb ist eine lexikalische Kategorie. Das Subjekt wird von I regiert. I ist eine funktionale Kategorie. In Abschnitt 2.7.2 habe ich die Unterschiede zwischen lexikalischen (N, V, und A) und funktionalen Kategorien (I, C und D) dargestellt. Lexikalische Kategorien haben die folgenden Eigenschaften:

- Wörter von diesem Typ bedeuten etwas; sie bezeichnen Personen, Länder, Dinge (N), Aktionen wie *geben, lachen, trinken* (V) oder Eigenschaften wie *grün, klein* (A). Lexikalische Kategorien weisen an ihr Komplement eine θ-Rolle zu.
- Sie bilden offene Klassen, d. h., es können immer neue Wörter hinzu-kommen.
- V, N und A können verschiedene Phrasen als Komplement nehmen. Sub-kategorisierung ist ein wortspezifisches Merkmal: Subkategorisierungs-eigenschaften werden deshalb im Lexikon festgelegt.

Funktionale Kategorien haben folgende Eigenschaften:

- Sie haben keine Bedeutung und weisen keine θ-Rollen zu. Vielmehr legen sie grammatisch relevante Informationen wie Tempus, Definitheit und Kongruenzmerkmale fest[77].
- Sie dominieren eine geschlossene Klasse von Elementen. Neue Is, Cs und Ds entstehen erst nach jahrzehnte- oder jahrhundertelangem Sprachwandel.
- Sie lassen nur jeweils eine Kategorie als Komplement zu.

(Zur Unterscheidung von lexikalischen und funktionalen Kategorien siehe Abschnitt 2.7)
    Die Daten in (117) und (118) deuten darauf hin, dass Wh-Spuren nur in Positionen zugelassen sind, die von einer lexikalischen Kategorie, nicht aber von

---

77   In älteren Arbeiten zur generativen Grammatik meint man mit „Kongruenz" nur Subjekt-Kongruenz. In neueren Arbeiten gibt es getrennte Köpfe, auf denen Subjekt-Kongruenz und Objekt-Kongruenz realisiert wird (siehe Abschnitt 9.7).

einer funktionalen Kategorie regiert werden. Die Rektion durch eine lexikalische Kategorie wird in der Literatur **strenge Rektion** genannt.

---

**Strenge Rektion (vorläufige Definition):**
$\alpha$ regiert $\beta$ streng genau dann, wenn
$\alpha$ $\beta$ regiert.
$\alpha$ eine lexikalische Kategorie ist.

---

Es lässt sich das folgende Prinzip formulieren: Eine Wh-Phrase lässt sich nur aus einer Position herausbewegen, die streng regiert ist.

In der Tat lässt sich zeigen, dass man Wh-Phrasen aus Komplement-Positionen anderer lexikalischer Kategorien herausbewegen kann:

(119)

    a)   der Verweis Hagrids von der Schule für Hexerei und Zauberei

    b)   wessen$_i$ Verweis t$_i$ von der Schule für Hexerei und Zauberei

(120)

    a)   Dobby ist [Harry treu [geblieben]].

    b)   Wem$_i$ ist Dobby [ t$_i$ treu [geblieben]]?

In (113b) wird die Wh-Spur von dem N-Kopf *Verweis* regiert. N ist ein lexikalischer Kopf; die Struktur ist deshalb grammatisch. In (114b) wird die Wh-Spur von dem A-Kopf *treu* regiert. A ist ein lexikalischer Kopf. Der Satz ist grammatisch.

Andererseits können Wh-Phrasen auch nicht aus Positionen herausbewegt werden, die von anderen funktionalen Kategorien regiert werden. In 3.2.3.1 habe ich sogenannte *For*-Sätze vorgestellt. Das Besondere an der Konstruktion im Englischen ist, dass hier der Complementizer *for* dem Subjekt den Kasus (Akkusativ) zuweist.

(121)    I would prefer [for Snape to ride a bicycle].

Wenn man das Subjekt des *For*-Satzes in die [Spec CP]-Position des Hauptsatzes bewegt, erhält man einen ungrammatischen Satz.

(122)    *Who$_i$ would you prefer [for t$_i$ to ride a bicycle]?

Die Ungrammatikalität erklärt sich wie folgt: Das Regens der Spur in (116) ist der Complementizer *for*. Complementizer sind funktionale Kategorien. *For* kann die Spur nicht streng regieren, weil dies nur lexikalischen Kategorien möglich ist.

Wh-Bewegung aus einer Präpositionalphrase heraus ist im Deutschen, Französischen und Italienischen nicht möglich:

(123)

a) *Wen$_i$ hast du gesprochen über t$_i$?      Deutsch
b) *Qui$_i$ as-tu parlé de t$_i$?      Französisch
c) * Cui$_i$ hai parlato di t$_i$?      Italienisch

Im Englischen hingegen können Wh-Phrasen aus Präpositionalphrasen herausbewegt werden. Die Präposition bleibt in ihrer ursprünglichen Position zurück. Das Phänomen wird in der Literatur als **Preposition Stranding** bezeichnet.

Im Deutschen, Französischen und Italienischen muss die ganze Präpositionalphrase nach [Spec CP] bewegt werden. Diese Konstruktion wird in der Literatur **Rattenfänger-Konstruktion (Pied Piping)** genannt. Die Präposition „folgt" der Wh-Phrase auf ihrem Weg nach [Spec CP], so wie die Ratten von Hameln der Legende nach dem Rattenfänger in die Weser gefolgt sind.

(124)

a) Über wen hast du gesprochen?      Deutsch
b) De qui as-tu parlé ?      Französisch
c) Di cui hai parlato ?      Italienisch

Bereits in Abschnitt 2.7.2.3 habe ich darauf hingewiesen, dass es Überlegungen gibt, ob Präpositionen zu den funktionalen Kategorien zu zählen sind. Dafür spricht, dass Präpositionen nur DP-Komplemente zulassen, und dass nur eine kleine und geschlossene Gruppe von Wörtern zu den Präpositionen zu zählen ist. Fanselow&Felix schlagen vor, dass der Status von Präpositionen variiert. In den Sprachen, in denen Präposition Standing möglich ist (z. B. im Englischen), sind Präpositionen lexikalische Kategorien; in den Sprachen, die Rattenfänger-Konstruktionen zulassen, sind Präpositionen funktionale Kategorien (Fanselow&Felix 1987: 173ff). Die Konstruktionen in (123) sind ungrammatisch, weil die Wh-Spuren von Präpositionen regiert werden. Diese sind im Deutschen, Französischen und Italienischen funktionale Kategorien und können sie deshalb nicht auch streng regieren.

Nicht nur Wh-Spuren müssen streng regiert sein. Dasselbe gilt auch für DP-Spuren. Betrachten Sie (125):

(125)      *Harry$_i$ scheint [dass t$_i$ liebt Ginny].

In (125) wird die DP *Harry* aus der [Spec IP]-Position des eingebetteten Satzes heraus in die [Spec IP]-Position des Hauptsatzes bewegt. Die Spur wird vom I-Kopf des eingebetteten Satzes regiert. I ist keine lexikalische, sondern eine funktionale Kategorie und kann deshalb die Spur nicht auch streng regieren. (125) ist deshalb ungrammatisch.

Es lässt sich das folgende allgemeine Prinzip formulieren:

**Prinzip der leeren Kategorie (Empty Category Principle = ECP):**
Eine Spur muss streng regiert sein.

Unter dieser Annahme müsste Wh-Bewegung aus einer Subjekt-Position heraus grundsätzlich ungrammatisch sein. Dies ist aber nicht der Fall. Wh-Phrasen können aus der Subjekt-Position von eingebetteten Sätzen herausbewegt werden, wenn die C-Position nicht besetzt ist.

(126)    Wer glaubst du hat ein Auto gestohlen?

In Abschnitt 6.2.4.3 habe ich gezeigt, dass Bewegung ein zyklischer Prozess ist. Die Wh-Phrase in (126) muss erst in die [Spec CP]-Position des eingebetteten Satzes bewegt werden und von dort in die [Spec CP] des Hauptsatzes. Würde die Wh-Phrase „in einem Rutsch" in ihre Zielposition bewegt, würde sie auf dem Weg dorthin zwei IP-Knoten überqueren. IP-Knoten sind Grenzknoten. Die Struktur würde die Subjazenz-Bedingung verletzen, dass besagt, dass eine Phrase nicht über mehr als einen Grenzknoten hinwegbewegt werden darf. (126) hat deshalb die folgende Struktur:

(127)    Wer$_i$ glaubst du [$_{CP}$ t$_i$ hat [$_{IP}$ t$_i$ ein Auto gestohlen]]?

Wenn nun die Grammatikalität von (126) entscheidend von der Präsenz einer Spur in der nächsthöheren [Spec CP]-Position des eingebetteten Satzes abhängt, so legt das die Vermutung nahe, dass nicht nur eine lexikalische Kategorie, sondern auch eine koindizierte Spur als strenges Regens fungieren kann. Man sagt auch, dass die Spur in [Spec CP] die Spur in der Subjekt-Position **antezedens-regiert**. Die Definition für strenge Rektion kann wie folgt erweitert werden:

---

**Strenge Rektion:**
α Regiert β streng genau dann, wenn
a)    α β regiert und.
b)    α eine lexikalische Kategorie ist oder
c)    α β antezedens-regiert (bindet).

---

Das Beispiel in (128) zeigt, dass α in Klausel c nicht nur Spuren meint; vielmehr kann jeder koindizierte Ausdruck – auch eine Wh-Phrase eine Spur antezedens-regieren.

(128)    Wer$_i$ hat t$_i$ ein Auto gestohlen?

Es stellt sich die Frage, warum in (117b) – wiedergegeben als (129) – die Spur in der Subjektposition nicht von einer Zwischenspur in [Spec CP] antezedens-regiert werden kann.

(129)    *Wer$_i$ glaubst du t$_i$ dass t$_i$ ein Auto gestohlen hat?

Zunächst lässt sich beobachten, dass für die Subjektspur zwei verschiedene Elemente als Regenten in Frage kommen: die Satzkonjunktion *dass* in der C-Position und die Zwischenspur in der [Spec CP]-Position. Die Satzkonjunktion blockiert aber das Rektionsverhältnis zwischen den Spuren. Das bedeutet, dass von mehreren möglichen Regenten immer nur derjenige „zählt", der dem regierten Element am nächsten ist. Weil die Satzkonjunktion *dass* die Subjektspur regiert, werden alle Rektionsbeziehungen zu Elementen, die weiter entfernt sind, aufgehoben. Das genau besagt die Minimalitätsbedingung.

---

**Minimalitätsbedingung:**
α regiert β, wenn es keinen Knoten γ gibt, für den gilt:
a)     γ ist ein mögliches Regens für β.
b)     γ c-kommandiert β.
c)     γ c-kommandiert nicht α.

---

## Übungen

1.)     Stellen Sie die D-Struktur und die S-Struktur der folgenden Sätze dar:

   a)     Wer hat Dumbledore getötet?
   b)     Wen hat Dobby gewarnt?
   c)     Welchem Schüler hat Moody geholfen?
   d)     Welchen Brief an Filch hat Harry gelesen?

2.)     Welches sind die Unterschiede zwischen DP-Bewegung und Wh-Bewegung?

3.)     Was besagt die Subjazenz-Bedingung?

4.)     Warum sind die folgenden Sätze ungrammatisch?

   a)     *Welchen Brief an Filch glaubst du wer hat gelesen?
   b)     *Wer glaubst du welchen Zaubertrank hat getrunken?
   c)     *An wem sagt Neville wer hat den Beinklammerfluch ausgeübt?

5.)     Wie unterscheiden sich das Deutsche und das Italienische im Bezug auf die Subjazenz-Bedingung?

6.)     Erklären Sie den Grammatikalitätsunterschied zwischen den folgenden Sätzen:

   a)     Wem glaubst du, dass Molly einen Heuler geschickt hat?
   b)     *Wer glaubst du, dass Tante Petunia einen Heuler geschickt hat?

## 6.3 Verb-Zweit

## 6.3.1 Ein topologisches Modell des Satzes im Deutschen

### 6.3.1.1 Verb-Erst, Verb-Zweit und Verb-Letzt

Im deutschen Satz kann das finite Verb in drei verschiedenen Positionen stehen:

in der Endposition (Verb-End):

(130)    weil der Kröterich ein Auto gestohlen *hat.*

in der zweiten Position (Verb-Zweit):

(131)    Der Kröterich *hat* ein Auto gestohlen.

in der ersten Position (Verb-Erst):

(132)    *Hat* der Kröterich ein Auto gestohlen?

Betrachtet man nicht nur das finite Verb *hat,* sondern den Verbkomplex *gestohlen hat,* so stellt man fest, dass er nur in (130) eine Einheit bildet. In (131) und (132) scheint er „auseinandergerissen". Das finite Verb *hat* steht in der zweiten Position bzw. in der Anfangsposition des Satzes, das Partizip *gestohlen* in der Endposition.

Nicht nur Perfektformen können diskontinuierlich gebildet sein; das Gleiche gilt für Futur- und Passivformen.

(133)
        a)    weil der Kröterich ein Auto *stehlen wird.*
        b)    Der Kröterich *wird* ein Auto *stehlen.*
        c)    *Wird* der Kröterich ein Auto *stehlen?*

(134)
        a)    weil das Auto vom Kröterich *gestohlen wurde.*
        b)    Der Kröterich *wird* ein Auto *stehlen.*
        c)    *Wird* der Kröterich ein Auto *stehlen?*

Zwischen dem finiten Verb und den nicht-finiten Teilen des Verbs können verschiedene andere Satzglieder auftreten. In der traditionellen Grammatik sagt man, dass die Teile des Verbkomplexes einen Teil des Satzes „einklammern"; man spricht von der **Satzklammer** als einem Charakteristikum des deutschen Satzes. Dabei wird unterschieden zwischen der *linken* Satzklammer und der *rechten* Satzklammer. Das finite Verb nimmt die linke, der nicht-finite Teil des Verbs die rechte Satzklammer ein.

Im Deutschen steht das Verb in der Endposition des Satzes, wenn ein Complementizer vorhanden ist:

(135)    weil/dass/ob der Kröterich ein Auto gestohlen hat.

Deshalb sagt man, dass auch den Sätzen eine Klammerstruktur vorhanden ist, die durch einen Complementizer eingeleitet werden. Hier steht der Complementizer in der linken und der Verbalkomplex in der rechten Satzklammer.

Bedingt durch die Klammerstruktur lässt sich der Satz topologisch gliedern in ein **Vorfeld** (vor der linken Satzklammer), ein **Mittelfeld** (zwischen der linken und der rechten Satzklammer) und ein **Nachfeld** (nach der rechten Satzklammer):

In der traditionellen Grammatik werden Sätze wie folgt gegliedert (vgl. Grewendorf 1988): (Die Sätze (136a-i) sind Verb-Zweit-Sätze, (136j-q) sind Verb-Erst-Sätze, (136 r-w) Verb-Letzt-Sätze:

(136)

| | Vorfeld | linke Satzklammer | Mittelfeld | rechte Satzklammer | Nachfeld |
|---|---|---|---|---|---|
| a) | Der Kröterich | hat | das Auto | gestohlen | das er schon immer fahren wollte. |
| b) | Der Kröterich | hat | ein Auto | gestohlen? | |
| c) | Dann | hat | der Kröterich ein Auto | gestohlen, | ohne an die Folgen zu denken. |
| d) | Der Kröterich | stiehlt. | | | |
| e) | Was | stiehlt | der Kröterich? | | |
| f) | Der Herr | helfe | dem Kröterich! | | |
| g) | Der Kröterich | habe | ein Auto | gestohlen. | |
| h) | Als | hätte | er nie ein Auto | gestohlen. | |
| i) | Der Kröterich | hat | mehr Autos | gestohlen | als er zählen kann. |
| j) | | Hat | der Kröterich ein Auto | gestohlen? | |
| k) | | Nimm | das Auto | mit! | |
| l) | | Hätte | er doch das Auto nicht | gestohlen! | |
| m) | | Hat | er doch das Auto | gestohlen, | ohne an die Folgen zu denken. |
| n) | | Stiehlt | er noch einmal... | | |
| o) | | Hat | er | gestohlen. | |
| p) | | Hat | es | gestohlen. | |
| q) | | Nimmt | da einer unser Auto | mit. | |
| r) | | ob / dass | der Kröterich ein Auto | gestohlen hat. | |
| s) | | ohne | ein Auto | zu stehlen. | |
| t) | | | Einmal ein Auto | stehlen dürfen! | |
| u) | | Wer | ein Auto | gestohlen hat. | |
| v) | | als | der Kröterich ein Auto | stahl, | ohne an die Folgen zu denken. |
| w) | | dass | der Kröerich ein Auto | wird stehlen müssen. | |
| x) | | dass /weil | der Kröterich | glaubt, | dass er ein Auto stehlen kann. |

Aus dieser Beispielliste lassen sich folgende Generalisierungen über die Verbstellung ableiten:

- Die traditionelle Unterscheidung zwischen Haupt- und Nebensätzen lässt
  sich nicht anhand von Verbstellungstypen charakterisieren. In Hauptsätzen kann das Verb in Verb-Zweit-Position stehen (136a), in Verb-
  Erst-Position (136j) und in Verb-Letzt-Position (136t). Dasselbe gilt für
  Nebensätze. In (136g) liegt Verb-Zweit vor, in (136n) Verb-Erst und in
  (136r) Verb-Letzt.
- Wenn ein Satz durch einen Complementizer eingeleitet wird, muss das
  Verb stets in der Endposition stehen, und zwar sowohl, wenn es sich um
  ein finites Verb handelt (136r), als auch, wenn ein infinites Verb vorliegt
  (136s).
- Die Verbstellungstypen sind nicht eindeutig mit bestimmten Sprech-
  akten verbunden. Verb-Zweit findet man bei Behauptungen (136a) und
  Fragen (136b), Verb-Erst bei Befehlen (136k), Ausrufen (136l) und Fragen (136j) und Verb-Letzt bei Fragen und Ausrufen (136t).

Die Regeln für die Verbstellung im Deutschen, die die traditionelle Grammatik
formuliert, müssen deshalb als unzulänglich angesehen werden. Sie sehen
meistens wie folgt aus:

- Verb-Zweit bei   - Aussagesätzen (136a)
                   - Wh-Fragen (136e)
                   - uneingeleiteten Nebensätzen (136g)
                   - Konjunktivsätzen in der 3. Person zur Kenn-
                     zeichnung des Wunsches oder des Begehrens (136f)
                   - irrealen Vergleichssätzen mit *als* (136h)
- Verb-Erst bei    - Ja-Nein-Fragen (136j)
                   - Aufforderungssätzen (Imperativen) (136k)
                   - irrealen Wunschsätzen ohne Complementizer (136l)
                   - Aussagesätzen (136m)
                   - Bedingungssätze ohne Complementizer (136n)
- Verb-Letzt bei   - Nebensätzen, die durch einen Complementizer ein-
                     geleitet werden (136r/w)

### 6.3.1.2 Die Besetzung der topologischen Einheiten

Grundsätzlich muss nicht jede topologische Einheit im Satz besetzt werden.
Das geht aus den Beispielen in (136) hervor. Im Gegenteil: Es lassen sich für
jede Einheit Beispiele finden, die zeigen, dass sie auch leer bleiben kann. In
(136d) ist zum Beispiel das Mittelfeld nicht besetzt, in (136j-x) das Vorfeld
und in (136b), (136d), (136e) usw. das Nachfeld. Für die Besetzung der topo-
logischen Felder lassen sich folgende Regeln festhalten[78]:

---

78   Diese Regeln sind keineswegs vollständig.

- **Das Vorfeld**
- Im Vorfeld kann genau eine Konstituente stehen.
- Im Vorfeld steht normalerweise das Subjekt.
- Wenn nicht besondere Prinzipien dagegen sprechen, kann aber auch jede andere Konstituente im Vorfeld stehen – also auch ein Satz (137):

(137)
    a) Der Kröterich hat gestern ein Auto gestohlen, ohne an die Folgen zu denken.
    b) Ein Auto hat der Kröterich gestern gestohlen, ohne an die Folgen zu denken.
    c) Gestern hat der Kröterich ein Auto gestohlen, ohne an die Folgen zu denken.
    d) Ohne an die Folgen zu denken, hat der Kröterich ein Auto gestohlen.

- Wenn eine andere Konstituente als das Subjekt oder ein Adverb im Vorfeld steht, so geschieht dies, um die Konstituente im Satz besonders hervorzuheben[79].
- Deswegen können grundsätzlich unbetonte Elemente wie das Relativpronomen echt reflexiver Verben (138a), Modalpartikel wie *halt, eben* (138b), das akkusativische Personalpronomen *es* (138c) und abtrennbare Verbpartikel (138d) nicht im Vorfeld stehen.

(138)
    a. *Sich hat der Kröterich nicht geschämt.
    b. *Halt ist der Kröterich ein Dieb.
    c. *Es (das Auto) hat der Kröterich gestohlen.
    d. *Ab hat den Kröterich der Polizist geführt.

Eine Ausnahme bildet das expletive *es*, das immer im Vorfeld stehen muss.

(139)  Es regnet.

- **Die linke Satzklammer**
- die linke Satzklammer wird entweder von einem finiten Verb oder einem Complementizer besetzt und zwar von genau einem dieser Elemente. Das bedeutet, dass Verb-Zweit-Sätze mit Complementizer ungrammatisch sind[80].

---

79  Eine Ausnahme bilden die „ergativen" Konstruktionen (siehe Seite 177 ff), in denen das Subjekt oft nicht im Vorfeld steht:

    Dem Kröterich ist ein Fehler unterlaufen.

80  Im umgangssprachlichen Deutsch wird *weil* mitunter mit einer Verb-Zweit-Konstruktion gebraucht.

(140)

    a.   *Der Maulwurf sagt, dass der Kröterich hat ein Auto gestohlen.

    b.   *Der Maulwurf fragt sich, ob der Kröterich hat ein Auto gestohlen.

•   **Das Mittelfeld**

- Im Mittelfeld können alle Elemente des Satzes stehen – mit Ausnahme der Einheiten, die obligatorisch in anderen Einheiten stehen (z. B. die Verbteile, die grundsätzlich in der linken oder rechten Satzklammer stehen, oder das expletive *es,* das im Vorfeld stehen muss).
- Bei den Regeln, die bestimmen, wie die nominalen Elemente im Mittelfeld angeordnet sind, handelt es sich nicht nur um grammatische, sondern auch um pragmatische Regeln.
- Als „Daumenregel" sollte man sich merken:

i.      Die unmarkierte Folge ist:
Subjekt > indirektes Objekt > direktes Objekt

(141)   weil der Kröterich der Bootsfrau das Pferd gestohlen hat.

ii.    Präpositionalkomplemente und Genitivkomplemente stehen am Schluss:

(142)

    a)   weil der Richter den Kröterich ins Gefängnis wirft.

    b)   weil der Richter den Kröterich des Diebstahls bezichtigt.

iii.   Freie Adverbien können frei gesetzt werden. Zeitangaben müssen aber vor Ortsangaben stehen:

(143)

    a)   weil gestern Kröterich der Bootsfrau das Pferd gestohlen hat.

    b)   weil der Kröterich gestern der Bootsfrau das Pferd gestohlen hat.

    c)   weil der Kröterich der Bootsfrau gestern das Pferd gestohlen hat.

---

Der Kröterich sitzt im Kerker, *weil* er *hat* ein Auto gestohlen.

Hier wird *weil* nicht als Complementizer (also als unterordnende Konjunktion) analysiert, sondern als nebenordnende Konjunktion, als eine Konjunktion, die zwei Sätze miteinander verknüpft. Diese wird nicht als zum Satz gehörig analysiert. Eine ähnliche Konjunktion ist *denn.*

Der Kröterich sitzt im Kerker, *denn* der *hat* ein Auto gestohlen.

d)  weil der Kröterich der Bootsfrau das Pferd gestern ge-
    stohlen hat.

(144)
a)  weil der Richter den Kröterich gestern ins Gefängnis ge-
    worfen hat.
b)  *weil der Richter den Kröterich ins Gefängnis gestern ge-
    worfen hat.

-  Für die lineare Abfolge pronominaler Elemente im Mittelfeld gelten die
   folgenden Regeln:

i.  Die unmarkierte Folge ist:
    pronominales Subjekt > pronominales Akkusativobjekt > pro-
    nominales Dativobjekt

(145)   weil er es ihr gestohlen hat.

ii.  Ein pronominales Objekt (Dativ / Akkusativ) steht im un-
     markierten Fall vor einem nichtpronominalen Objekt. Der um-
     gekehrte Fall ist auch möglich, wenn das Pronomen stark be-
     tont ist.
(146)
a)  weil der Kröterich ihr das Pferd gestohlen hat.
b)  weil der Kröterich das Pferd **ihr** (der Bootsfrau und nicht
    dem Richter) gestohlen hat.

iii.  Ein pronominales Objekt kann auch vor dem Subjekt stehen.

(147)   weil ihr der Kröterich das Pferd gestohlen hat.

Ich werde in Abschnitt 6.4 auf Wortstellungsregularitäten im
Mittelfeld zurückkommen.

•   **Die rechte Satzklammer**

-  Die rechte Satzklammer wird vom finiten Verb sowie von abhängigen
   Teilen des Verbalkomplexes (z. B. von abtrennbaren Partikeln) besetzt.
-  Allgemein gilt, dass ein Verb den **Status** des jeweils links von ihm
   stehenden Verbs determiniert, d. h., festlegt, ob es ein einfacher Infinitiv, ein Infinitiv mit *zu* oder ein Partizip ist.

(148)   weil der Dachs dem Maulwurf auf den Kröterich aufzupassen
        befohlen hat.

- • **Das Nachfeld**

- Bestimmte Satztypen müssen im Nachfeld stehen:

    i.      Sätze, die mit *sodass* eingeleitet werden:

    (149)   Das Mädchen hat dem Kröterich geholfen, sodass er aus dem Gefängnis fliehen konnte.

    ii.     *dass*-Komplemente von *es scheint:*

    (150)   Es scheint, dass der Kröterich aus dem Gefängnis geflohen ist.

    iii.    Vergleichsphrasen:

    (151)   Der Kröterich glaubt besser zu sein als andere Tiere.

- Bestimmte Satztypen können im Nachfeld oder im Vorfeld stehen:

    i.      *dass*-Komplemente von *es heißt:*

    (152)
            a)  Es hat geheißen, dass der Kröterich die Wiesel aus Schloss Krötinhall vertrieben hat.
            b)  Dass der Kröterich die Wiesel aus Schloss Krötinhall vertrieben hat, hat es geheißen.

    ii.     finite Subjekt- oder Objektkomplemente zahlreicher Verben:

    (153)
            a)  Der Maulwurf hat nicht gewusst, dass der Kröterich so mutig ist.
        b)      Dass der Kröterich so mutig ist, hat der Maulwurf nicht gewusst.

- Außerdem können im Nachfeld stehen:

    i.      eingebettete Komplementsätze:

    (154)       Die Wiesel haben versucht, Schloss Krötinhall zu besetzen.

    ii.     Relativsätze

    (155)   Der Richter hat den Kröterich ins Gefängnis geworfen, der das Auto gestohlen hat.

    iii.    umfangreiche oder nachgestellte Konstituenten:

(156) Der Kröterich hat seine Freunde eingeladen zu einer Fahrt in
      seinem schönen neuen kanariengelben Wohnwagen.

In den folgenden Abschnitten werde ich aufzeigen, wie die Regularitäten, die
Verb-Zweit-Prozessen zugrunde liegen, aus generativistischer Sicht erklärt
werden. In Abschnitt 6.4 werde ich dann auf die Wortstellungsregularitäten im
Mittelfeld zu sprechen kommen.

### 6.3.2 Die Satzstruktur im Deutschen

Im letzten Abschnitt habe ich gezeigt, dass in Sätzen, die durch einen
Complementizer eingeleitet werden, das Verb grundsätzlich in Verb-End-
Position stehen muss. Complementizereingeleitete Sätze mit Verb-Zweit sind
im Deutschen ungrammatisch. In der traditionellen Grammatik sagt man, dass
Complementizer und Verben in Verb-Zweit-Position dieselbe Position einnehmen, nämlich die linke Satzklammer. Diese darf nur jeweils ein Element
enthalten.
   In der generativen Grammatik sagt man, dass die linke Satzklammer die C-
Position ist. Complementizer und finite Verben in Verb-Zweit-Position stehen
in der C-Position. Was spricht für diese Annahme?
   Weerman (1989) zeigt, dass im Niederländischen unbetonte Subjektpronomina an das finite Verb in Verb-Zweit-Position, aber auch an den Complementizer klitisieren können (Weerman 1989: 15):

(157)

|   |    |          |         |     |      |          |               |
|---|----|----------|---------|-----|------|----------|---------------|
| a) | Waneer  | heeft-ie | een | boek | gezien?  | Niederländisch |
|   | Wann    | hat er   | ein | Buch | gesehen? |               |
| b) | waneer  | of-ie    | een | boek | gezien   | heeft.        |
|   | wann    | ob er    | ein | Buch | gesehen  | hat.          |

Auch in der deutschen Umgangssprache kann ein unbetontes Subjektpronomen
sowohl an das Verb in Verb-Zweit-Position als auch an den Complementizer
klitisieren:

(158)

   a)   Glaubste, dass-te das packst?
   b)   Wenn-de kommst, lernste was!

Die Daten sprechen dafür, dass das finite Verb und der Complementizer dieselbe Position einnehmen.
   In der generativen Grammatik glaubt man, dass das finite Verb im Deutschen
in der Verb-end-Position basisgeneriert und in die Complementizer-Position,
also nach C bewegt wird. Verb-Bewegung unterscheidet sich von DP-
Bewegung und Wh-Bewegung insoweit, dass nicht eine maximale Projektion,

sondern ein Kopf bewegt in eine Kopf-Position bewegt wird. Es liegt Kopf-zu-Kopf-Bewegung (siehe Seite 94) vor. Die Bewegung des Verbs muss erst nach I und dann nach C erfolgen. Das schreibt ein universelles Prinzip vor, das **Kopf-Bewegungs-Beschränkung** (Head Movement Constraint) genannt wird. Diese Beschränkung schreibt vor, dass ein Kopf X immer nur in die Kopf-Position derjenigen Phrase bewegt werden kann, die die maximale Projektion von X, XP, unmittelbar dominiert (Travis 1984).

Gleichzeitig mit dem V-Kopf wird eine weitere Konstituente in die [Spec CP]-Position bewegt. Dies ist oft das Subjekt; es kann aber jede beliebige Konstituente in [Spec CP] stehen. Die Beispielsätze in (137) – hier wiedergegeben als (156) – machen dies deutlich:

(159)

b)  Der Kröterich hat gestern ein Auto gestohlen, ohne an die Folgen zu denken.

c)  Ein Auto hat der Kröterich gestern gestohlen, ohne an die Folgen zu denken.

d)  Gestern hat der Kröterich ein Auto gestohlen, ohne an die Folgen zu denken.

e)  Ohne an die Folgen zu denken, hat der Kröterich ein Auto gestohlen.

Diesen Prozess habe ich in 6.2.1 als Topikalisierung vorgestellt (siehe Seite 191). Verb-Zweit-Bewegung ist ein Fall von Topikalisierung und damit ein Fall von Wh-Bewegung.

Verb-Zweit-Bewegung gibt es auch im Niederländischen:

(160)

| | | | | | | | |
|---|---|---|---|---|---|---|---|
| a) | Jan | heeft | een | boek | gekocht. | | Niederländisch |
| | Jan | hat | ein | Buch | gekauft. | | |
| b) | Een | boek | heeft | Jan | gekocht. | | |
| | Ein | Buch | hat | Jan | gekauft. | | |
| c) | (Ik geloof) | dat | Jan | een | boek | heeft | gekocht. |
| | (Ich glaube) | dass | Jan | ein | Buch | hat | gekauft. |
| d) | *Jan | een | boek | gekocht | heeft. | | |
| | Jan | ein | Buch | gekauft | hat. | | |
| e) | *(Ik geloof) | dat | Jan | heeft | een | boek | gekocht. |
| | (Ich glaube) | dass | Jan | hat | ein | Buch | gekauft. |

Warum nimmt man an, dass sich die Verb-Zweit-Position aus der Verb-End-Position ableitet und nicht umgekehrt? Hierfür spricht vor allen Dingen das folgende Argument: Wie ich bereits erwähnt habe, werden viele Verbformen diskontinuierlich gebildet. Nur der finite Teil des Verbs erscheint in der Verb-Zweit-Position. Der nicht-finite Teil (Infinitive oder Partizipien) oder auch abtrennbare Partikeln stehen in der Verb-End-Position. Man sagt auch, dass nur der finite Teil nach C bewegt wird, die nicht finiten Teile verbleiben in der Basisposition.

(161)

    a)    Der Richter *wird* den Kröterich *einsperren.*
    b)    Der Richter *hat* den Kröterich *eingesperrt.*
    c)    Der Richter *sperrt* den Kröterich *ein.*

Wie verträgt sich Verb-Zweit-Bewegung mit dem Strukturerhaltungsprinzip, das vorschreibt, dass die Ausgangsposition des bewegten Elements der gleichen syntaktischen Kategorie angehört wie die Landeposition (siehe Seite 168)? Man nimmt an, dass der Complementizer verbale Merkmale hat. So kann in manchen Sprachen der Complementizer – wie ein finites Verb – flexionale Endungen aufweisen. Dies ist zum Beispiel im Bairischen der Fall[81].

(162)

                                                                       Bairisch

| I | woaß | net | wer | dass-ts | es | sei-ts |
|---|------|-----|-----|---------|-----|--------|
| Ich | weiß | nicht | wer | dass-2. Pl. | ihr | seid 2. Pl. |

Ich weiß nicht, wer ihr seid

Weil das Deutsche in der D-Struktur immer eine Verb-End-Stellung aufweist, nimmt man in der generativen Grammatik an, dass es eine SOV-Sprache ist (siehe Seite 82). Das Deutsche unterscheidet sich darin von Sprachen wie z. B. dem Englischen, die eine SVO-Struktur haben.

Im Englischen nimmt das Verb in der zweiten Position die Position vor den Objekten ein.

(163)    Mr. Oat stole a car.

Diese Position ist aber nicht dieselbe wie die Verb-Zweit-Position im Deutschen. Dafür sprechen folgende Argumente:

Erstens nimmt das Verb auch in den Sätzen die Position vor dem Objekt ein, die durch einen Complementizer eingeleitet werden, in denen die C-Position also besetzt ist:

(164)    You know that Mr. Oat stole that car.

Zweitens können auch infinite Verben in der Position vor dem Objekt stehen.

(165)    Mr. Oat promised, PRO to steal a car.

---

81    Die bairischen Complementizer weisen nicht immer Flexionsendungen auf; es gibt sie nur für die zweite Person Plural.

Drittens kann keine Konstituente außer dem Subjekt die erste Position im Satz einnehmen:

(166)
    a)   Mr. Oat has stolen a car.
    b)   *[A car$_{Obj]}$ has stolen Mr. Oat.
    c)   *Yesterday has stolen Mr. Oat a car.

Viertens steht das Verb nicht notwendig in der zweiten Position:

(167)    Yesterday Mr. Oat has stolen a car.

Man nimmt deshalb an, dass das Verb im Englischen nur nach I, aber nicht nach C bewegt wird. Dennoch gibt es auch im Englischen Verb-Zweit-Prozesse. Bei Wh-Fragen werden auch hier das finite Verb nach C und die Wh-Phrase nach [Spec CP] bewegt – letzteres unabhängig davon, ob es sich eine Subjekt-Phrase, eine Objekt-Phrase oder eine Adjunkt-Phrase handelt. Findet Verbbewegung nicht statt, ist der Satz ungrammatisch.

(168)
    a)   Which animal has stolen a car?
    b)   Which car has Mr. Oat stolen?
    c)   When has Mr. Oat stolen a car?
    d)   *Which car Mr. Oat has stolen?

Die Bewegung einer beliebigen Konstituente nach [Spec CP] ist in Matrixsätzen keineswegs obligatorisch. Die [Spec CP]-Position kann auch leer bleiben. Dies wird aus den Beispielsätzen in (136j-q) ersichtlich. Die Bewegung des Verbs in die C-Position hingegen muss erfolgen, sofern kein Complementizer vorhanden ist. Andernfalls erhält man einen ungrammatischen Satz:

(169)

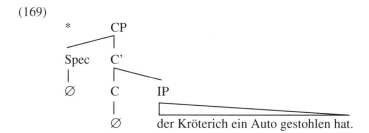

(170)

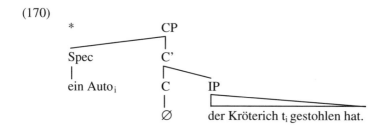

Warum muss das Verb im Deutschen nach C bewegt werden, wenn kein Complementizer vorhanden ist? Warum sind also Strukturen wie (169) und (170) ungrammatisch?

In der Literatur gibt es hierfür verschiedene Erklärungsansätze: Thiersch (1985) schlägt eine X-Bar-theoretische Erklärung vor: In einer Projektion, in der die Spezifikator-Position besetzt ist, muss auch die Kopf-Position besetzt sein. Wenn also in einem uneingebetteten Satz eine beliebige Konstituente nach [Spec CP] topikalisiert wird, muss das Verb nach C bewegt werden, damit die C-Position besetzt ist. Geschieht dies nicht, ist der Satz ungrammatisch (siehe (170)). Der Ansatz erklärt, warum bei englischen Wh-Fragen das Verb nach C bewegt werden muss (168). Wenn die *Wh*-Phrase die [Spec CP]-Position einnimmt, muss auch die C-Position besetzt sein.

Der Ansatz ist zu restriktiv. Denn zum einen gibt es Satzstrukturen, in denen die [Spec CP]-Position besetzt ist, das Verb aber dennoch nicht nach C bewegt wird. Dies ist bei Topikalisierungen in Nicht-Verb-Zweit-Sprachen der Fall, etwa im Englischen (167) oder im Mittelniederländischen (siehe Weerman 1989: 34)[82]:

(171)

| Op | den | helm | hi | den | ridder | sloech. | Mittelniederländisch |
|----|-----|------|-----|-----|--------|---------|----------------------|
| Auf | den | Helm | er | den | Ritter | schlug | |

Auf den Helm schlug er den Ritter

Auf der anderen Seite können Verben auch dann nach C bewegt werden, wenn [Spec CP] nicht besetzt ist. Dies ist in den Verb-Erst-Strukturen in (136j-q) der Fall.

Für (136j-k) wurde folgender Lösungsvorschlag gemacht: In Ja-Nein-Fragen wie (136j) muss in [Spec CP] ein unsichtbarer Operator Q (für Question = Frage) oder *Wh* stehen, der den Satz als Frage kennzeichnet; in (136k) steht in [Spec CP] ein unsichtbarer Operator IM (für Imperativ). Aber auch eine solche Analyse birgt Schwierigkeiten. Zum einen sind nicht alle Verb-Erst-Sätze Fragen oder Imperativsätze (136l-q). Zum anderen gibt es in manchen

---

82  Man beachte, dass (165d) nicht grundsätzlich ungrammatisch ist. Als Exklamativsatz ist die Struktur grammatisch.

Which car Mr. Oat stolen has!

Sprachen Imperativsätze, die keine Verb-Erst-Struktur aufweisen. Weerman
(1989: 35) gibt ein Beispiel aus dem Mittelniederländischen:

(172)

| dit$_i$ | menghet$_j$ | *pro* | onder een | t$_i$ t$_j$ | Mittelniederländisch |
|------|------|------|------|------|------|
| dieses | mischt | *pro* | zusammen | | |

In (172) kann kein unsichtbarer Operator IM in der [Spec CP]-Position stehen,
der den Satz als Imperativsatz kennzeichnet, weil die topikalisierte Objekt-DP
*dit* hierher bewegt wird. Wenn aber (169) als Imperativsatz interpretiert werden
kann, ohne dass in [Spec CP] in IM-Operator steht, so ist auch in allen anderen
Imperativsätzen ein solcher Operator nicht notwendig, d. h. die [Spec CP]-
Position kann leer bleiben.

Ein anderer Vorschlag (Lenerz 1984) sagt, dass nicht nur C-Köpfe, sondern
Köpfe im Allgemeinen nicht leer bleiben dürfen:

(173)
   a) *Der Kröterich hat ein [$_{NP}$ schönes [$_N$ Ø]] gestohlen.
   b) Der Kröterich hat ein [$_{NP}$ schönes [$_N$ Auto]] gestohlen.
   c) *Der Richter sperrt den Kröterich [$_{PP}$ [$_P$ Ø]ein Gefängnis].
   d) Der Richter sperrt den Kröterich [$_{PP}$ [$_P$ in]ein Gefängnis].
   e) *Der Kröterich ist [$_{AP}$ sehr [$_A$ Ø]].
   f) Der Kröterich ist  [$_{AP}$ sehr[$_A$ unglücklich]].

Gleichermaßen ist eine CP ungrammatisch, wenn der C-Kopf leer bleibt.

(174)
   a) *[$_{CP}$ Der Kröterich$_i$ [$_C$ Ø] t$_i$ ein Auto gestohlen hat].
   b) [$_{CP}$Der Kröterich$_i$ [$_C$ hat$_j$] t$_i$ ein Auto gestohlen t$_j$].

Auch dieser Ansatz ist problematisch, denn in deutschen Infinitivsätzen bleibt
die C-Position grundsätzlich leer, ohne dass die Sätze ungrammatisch sind:

(175)    Der Kröterich beschließt, [$_{CP}$ [$_C$ Ø] PRO ein Auto zu stehlen]].

In englischen Hauptsätzen ist die C-Position ebenfalls leer:

(176)
   a) [$_{CP}$ [$_C$ Ø] Mr. Oat has stolen a car].
   b) [$_{CP}$ A car$_i$ [$_C$Ø] Mr. Oat has stolen t$_i$].

In der Literatur wurde vorgeschlagen, Infinitivsätze und englische Hauptsätze
grundsätzlich als IPs zu analysieren (z. B. in Travis 1984). Sätze, die wie (175)
ein PRO-Subjekt haben, müssen aber CPs sein, denn erstens darf PRO grundsätzlich nur in unregierter Position stehen (das sagt das PRO-Theorem (siehe
Seite 154)) und zweitens bildet eine infinite IP grundsätzlich keine Barriere

gegen eine Rektion von außerhalb. Dies habe ich in Abschnitt 3.2.3 ausführlich diskutiert.

Gleichermaßen ist es problematisch, englische Hauptsätze als IPs zu analysieren, weil wegen des θ-Kriteriums (siehe Seite 65) Topikalisierung nur in eine A'-Position (d. h. eine Nicht-Argumentposition, siehe Seite 142) erfolgen kann. Als Landeposition für die topikalisierte DP *a car* in (176b) steht nur [Spec CP] zur Verfügung. Das setzt natürlich voraus, dass die Sätze in (176) CPs sind.

Andere Autoren ((Olsen (1985), van Kemenade (1987)) sehen einen Zusammenhang zwischen der Besetzung der C-Position und der Nominativzuweisung an die [Spec IP]-Position. Diese Annahme wird wie folgt begründet:

1)  Der Subjekt-DP muss Kasus zugewiesen werden. Dies verlangt der Kasusfilter (siehe Seite 110).
2)  C weist den Nominativ zu. Dies wird ersichtlich aus dem Verhalten unbetonter Subjektpronomina, die im Niederländischen wie im umgangssprachlichen Deutsch nicht nur an das Verb, sondern auch an C klitisieren können (siehe die Beispiele in (154) und (155)). Diese Pronomina erhalten ihren Kasus von dem Element, an das sie klitisieren, also von C.
3)  Die Position eines Kasuszuweisers darf nicht leer sein.

Auch diese Theorie weist Probleme auf. Zum einen gibt es im Deutschen unpersönliche Passivkonstruktionen, in denen gar kein Nominativ zugewiesen wird, in denen das Verb aber dennoch nach C bewegt werden muss:

(177)
    a)  In Hogwarts *darf* nur unter Aufsicht *gezaubert werden*.
    b)  *In Hogwarts nur unter Aufsicht *gezaubert werden darf*.

Ähnliche Beispiele finden sich im Niederländischen (siehe Weerman 1989 37f):

(178)
                                                          Niederländisch

| | | | | | |
|---|---|---|---|---|---|
| a) | In | Nederland | wordt | niet | vaak | gelachen. |
| | In | den Niederlanden | wird | nicht | oft | gelacht. |
| b) | *In | Nederland | niet | vaak | gelachen | wordt. |
| | In | den Niederlanden | nicht | oft | gelacht | wird. |

Zum anderen wird in Nicht-Verb-Zweit-Sprachen wie dem Englischen der Nominativ nach [Spec CP] zugewiesen, wenn eine Bewegung V nach C nicht stattfindet:

(179)  [$_{CP}$ [$_C$ $\varnothing$] Mr. Oat has stolen a car].

Wieder ein anderer Vorschlag nimmt an, dass auf C ein Tempus-Operator realisiert wird, das lexikalisiert werden muss – entweder durch einen Complementizer oder durch Verbbewegung nach C. Deshalb sind Sätze, die durch einen Complementizer eingeleitet werden, und Sätze, in denen Verbbewegung nach C stattfindet, für Tempus spezifiziert, während dies in Infinitivsätzen nicht der Fall ist. In der Tat scheinen im Deutschen Infinitivsätze im Bezug auf Tempus neutral zu sein. Egal, ob das beschriebene Ereignis in der Gegenwart, der Vergangenheit oder der Zukunft liegt: Die Infinitivform bleibt dieselbe:

(180)    Der Kröterich versucht heute/ hat gestern versucht / wird morgen
         versuchen, ein Auto zu stehlen.

Nun gibt es aber Sprachen, in denen Infinitivsätze ein eigenes Tempus aufweisen. Weerman zeigt dies am Beispiel des Friesischen (Weerman 1989: 40):

(181)
                                                                        Friesisch
   a)  Wy    binne   der  grutsk  op  hjoed  op  te   hâlden  mei  roken.
       Wir   sind    da   stolz   auf heute  auf zu   hören   mit  rauchen
       Wir sind stolz darauf, heute mit dem Rauchen aufzuhören.
   b)  Wy    binne        der  grutsk  op  moarn  ophâlde  te   sillen
       Wir   sind         da   stolz   auf morgen aufhören zu   sollen
       mei   roken.
       mit   rauchen
       Wir sind stolz darauf, morgen mit dem Rauchen aufzuhören.
   c)  Wy    binne   der  grutsk  op  juster  opholden  zu   hawwen
       Wir   sind    da   stolz   auf gestern aufgehört  zu   haben
       mei   roken.
       mit   Rauchen.
       Wir sind stolz darauf, gestern mit dem Rauchen aufgehört zu haben.

In (181) nimmt das Adjektiv *grutsk op* (stolz auf) Infinitivsätze zum Komplement, die für Tempus (Präteritum oder Futur) spezifiziert sein können. In (178b) und (178c) muss es deshalb einen Tempus-Operator in C geben, ohne dass die C-Position besetzt ist – weder durch einen Complementizer noch durch ein Verb, das nach C bewegt wird[83].

Auf der anderen Seite kennt das Friesische Verbformen, die Flexion aufweisen und nach C bewegt werden müssen (182a). Verbleiben sie in ihrer

---

[83]    Infinitivsätze, die für Tempus spezifiziert sind, gibt es auch im Deutschen:
        Der Kröterich ist stolz, ein Auto gestohlen zu haben.
        Der Kröterich verspricht, ein Auto stehlen zu werden.

Basisposition, wird der Satz ungrammatisch (182b). Dennoch können diese Sätze keinen Tempusindex (Präteritum und Futur) tragen (182c/d)[84]

(182)

    a)   Wy   riede  jimme   oan   en   hâld   hjoed   op
        wir   raten  dir     an   und  höre   heute   auf
        mei  roken.
        mit  rauchen
        Wir raten dir, heute mit dem Rauchen auf-
        zuhören.

    b)   *Wy   riede  jimme   oan   en   hjoed   op   hâld
        Wir   raten  dir     an   und  heute   auf   höre
        mei  roken.
        mit  rauchen

    c)   *Wy   riede  jimme   oan   en   sil   moarn
        Wir   raten  dir     an   und  werde   morgen
        ophâlde           mei   roken.
        aufhören         mit   rauchen.

    d)   *Wy   riede  jimme   oan   en   ha   juster
        Wir   raten  dir     an   und  habe   gestern
        opholden  mei  roken.
        aufgehört  mit  rauchen.

Die Beispielsätze in (181) und (182) zeigen, dass auch ein Tempus-Operator in C Verb-Zweit-Bewegung nicht auslöst.

Ein interessanter Erklärungsansatz für Verb-Zweit-Phänomene findet sich in Weerman (1989). Weerman nimmt Nomina und Verben als „Basiskategorien" an, für die nicht nur beide dem X-Bar-Schema gehorchen. Vielmehr gibt es laut Weerman verbale Entsprechungen zur Kasustheorie, θ-Theorie und Bindungstheorie. Von Interesse ist hier die verbale Entsprechung zur Kasustheorie.

Die Kasustheorie habe ich in Kapitel 3 vorgestellt. Der Kasusfilter besagt, dass eine DP in einer Position stehen muss, in der ihr Kasus zugewiesen wird (siehe Seite 110). Im Deutschen waren N, V, A, P und I mögliche Kasuszuweiser. Eine DP muss von einer dieser Kategorien regiert werden. In anderen Sprachen – etwa im Englischen – können nur bestimmte syntaktische Kategorien (V und P) Kasus zuweisen. Die verbale Entsprechung zum Kasus ist laut Weerman die Konjugation, also die verbale Flexion. Konjugation umfasst die u. a. Merkmale Modus und Tempus (siehe Abschnitt 2.6.1). Laut Weerman gibt nur eine Kategorie, die dem Verb Konjugation zuweisen kann – C.

Verben, die Konjugation aufweisen, weisen flexionale Merkmale auf, d. h., es handelt sich um finite Verben. Finite Verben müssen von C regiert sein, das

---

84   Man bedenke, dass in typischen Imperativ-Konstruktionen das Verb die erste Position im Satz einnimmt. Weil in (179b) das Verb *hâld* (höre) nach dem Adverb *hjoed* (heute) steht, kann V nach C nicht stattgefunden haben.

ihnen Konjugation zuweist[85]. Dieses C muss lexikalisch sichtbar sein. Dies ist der Fall, wenn in C ein Complementizer steht oder wenn V nach C bewegt wird. In infiniten Sätzen ist C nicht lexikalisiert.

(183)

    a)   $[_{CP}\,[_C\,weil]\,[_{IP}$ der Kröterich ein Auto gestohlen hat]].

    b)   $*[_{CP}\,[_C\,\varnothing]\,[_{IP}$ der Kröterich ein Auto gestohlen hat]].

    c)   $[_{CP}$ der Kröterich $[_C\,hat]\,[_{IP}$ ein Auto gestohlen]].

    d)   (der Kröterich verspricht) $[_{CP}\,[_C\,\varnothing]\,[_{IP}$ PRO kein Auto zu stehlen]].

In (183a) ist die C-Position durch den Complementizer *weil* besetzt. Der Complementizer regiert das Verb *gestohlen hat* und weist ihm Konjugation zu. Der Satz ist deshalb grammatisch. In (183b) ist die C-Position leer. Es gibt kein lexikalisches Element, das dem Verb Konjugation zuweist. Der Satz ist ungrammatisch. In (183c) wurde das Verb *hat* nach C bewegt. Die C-Position ist besetzt und kann an die V-Position Konjugation zuweisen. Der Satz ist grammatisch. In (183d) ist die C-Position ebenfalls leer. In V steht aber ein infinites Verb, ein Verb also, dem keine Konjugation zugewiesen wurde. Der Satz ist grammatisch.

Wie kann der V-Kopf nach C bewegt werden, also in die Position, die der VP die Konjugationsmerkmale zuweist? Eine Entsprechung scheint es auf den ersten Blick für nominale Köpfe nicht zu geben.

Weerman verweist auf das Phänomen der Objekt-Klitika, die in einigen Sprachen vorkommen. Objekt-Klitika „inkorporieren" in das Verb[86]. Die flexionalen Merkmale des Objekts werden an dem Kopf realisiert, der es regiert und ihm Kasus zuweist. Objekt-Klitisierung muss deshalb nach Weerman als nominale Entsprechung der Verbbewegung nach C angesehen werden. Objekt-Klitika gibt es u. a. im umgangssprachlichen Deutsch:

(184)    Ich glaube es nicht. → Ich glaub's nicht.

Wie erklärt sich nun aber der Unterschied zwischen dem Deutschen einerseits und dem Englischen und Mittelniederländischen auf der anderen Seite. Wie kommt es, dass in manchen Sprachen keine Verbbewegung stattfindet, auch wenn die C-Position leer ist?

In Kapitel 3.3. zwei Arten von Kasus vorgestellt: den strukturellen und den inhärenten Kasus. Der strukturelle Kasus wird automatisch in bestimmten Positionen vergeben. Im Deutschen stehen der Nominativ in [Spec IP] und der Akkusativ in der Komplement-Position des Verbs, wenn nicht lexikalische Eigenschaften des Verbs anderes verlangen. Der inhärente Kasus hingegen wird in Abhängigkeit von bestimmten lexikalischen Eigenschaften des Verbs vergeben. Es gibt noch einen weiteren Unterschied: Ich habe gezeigt, dass

---

85    Man beachte, dass die IP keine Barriere gegen Rektion von außerhalb ist (siehe Abschnitt 3.2.1).

86    Unter Inkorporation versteht man einen Prozess, bei dem ein Kopf X mit dem Kopf Y, der die maximale Projektion von X, XP, regiert, verschmilzt.

Passivverben keinen strukturellen Kasus zuweisen können, sehr wohl aber inhärenten Kasus (Dativ oder Genitiv) zuweisen. Die Objekt-DPs können in der Basisposition verbleiben:

(185)
    a)   Es wird dem Schüler geholfen.
    b)   Es wird des Schulleiters gedacht.

Man nimmt an, dass inhärenter Kasus bereits auf der D-Struktur zugewiesen wird. Die Objekt-DP muss deshalb nicht obligatorisch in die Subjekt-Position bewegt werden. Struktureller Kasus hingegen wird erst auf der S-Struktur vergeben. Verbleibt eine Objekt-DP in der Komplement-Position eines passivischen Verbs, erhält sie keinen Kasus; der Satz ist dann ungrammatisch (siehe u. a. Beletti 1988).

Nach Weerman gibt es diesen Prozess auch auf verbaler Ebene, d. h., es gibt strukturelle und inhärente Konjugationszuweisung. Strukturelle Konjugation wird auf der S-Struktur zugewiesen, Inhärente hingegen bereits auf der D-Struktur. Im Englischen und Mittelniederländischen ist inhärente Konjugationszuweisung möglich. D. h., dem Verb wird Konjugation bereits auf der D-Struktur zugewiesen und Verbbewegung nach C ist deshalb nicht obligatorisch.

(186)
    a)   $[_{CP}$ Yesterday $[_C \varnothing]$ $[_{IP}$ Mr. Oat stole a car]].      Englisch
    b)   $[_{CP}$ Op den helm $[_C]$ $[_{IP}$ hi den ridder sloech]].    Mittelniederländisch
        Auf den Helm er den Ritter schlug.

Man beachte, dass in englischen Fragesätzen das Hilfsverb obligatorisch nach C bewegt wird. Im Mittelniederländischen kann sogar das Hauptverb nach C bewegt werden:

(187)
    a)   $[_{CP}$ $[_C$ Does]$[_{IP}$ Mr. Oat steal a car]?
    b)   $[_{CP}$ $[_C$ Sloech]$[IP$ hi den ridder op den helm]?
        Schlug er den Ritter auf den Helm?

D. h., in Fragesätzen werden Konjugationsmerkmale auf der S-Struktur zugewiesen. Das Verb muss deshalb nach C bewegt werden.

Warum ist nun Verbbewegung nur in Matrixsätzen, nicht aber in eingebetteten Sätzen möglich? Warum sind die Sätze in (188) ungrammatisch[87]?

---

87    Eine Ausnahme bilden Komplementsätze sogenannter Brückenverben. Hier ist Verbbewegung nach C grundsätzlich möglich. Zu den Brückenverben zählen Verben wie
    *sagen, meinen, glauben, behaupten, wünschen*
    Der Dachs sagt / meint / glaubt / behauptet / wünscht, der Kröterich habe ein Auto gestohlen.

(188)

    a)    *Der Dachs sagt dem Maulwurf, dass der Kröterich hat ein Auto gestohlen.

    b)    *Der Dachs fragt den Maulwurf, wer hat ein Auto gestohlen.

Wenn ein Complementizer (188a) vorhanden ist, ergibt sich die Antwort von selbst. Die C-Position ist durch den Complementizer bereits besetzt. Deshalb kann V nicht dorthin bewegt werden. Warum aber ist Verbbewegung auch in indirekten Fragesätzen nicht möglich, in denen die Wh-Phrase nach [Spec CP] bewegt wird, die C-Position aber leerbleibt (188b)?

Ein Lösungsvorschlag wird in der Literatur **Fusionstheorie** genannt (Grewendorf 1988: 245). Sie geht zurück auf die Analyse englischer *that*-Relativsätze (Pesetsky 1981/82). Betrachten Sie den folgenden Satz:

(189)    This is the animal that stole a car.

(189) erhält folgende S-Struktur:

(190)    This is the animal [$_{CP}$ OP$_i$ [$_C$ that][$_{IP}$ t$_i$ stole a car]].

In (190) wird ein leerer Operator nach [Spec CP] bewegt, der auf die DP *the animal* referiert und der mit der Subjektspur in [Spec IP] koindiziert ist. *that* wird als Complementizer analysiert und in C realisiert. Dennoch ist die Analyse problematisch, denn (190) verletzt das ECP, demzufolge eine Spur immer streng regiert, d. h., von einer lexikalischen Kategorie oder antezedens-regiert sein muss (siehe Seite 213). Die Subjektspur kann nicht von dem Element in C regiert sein, weil *that* ein Complementizer und damit eine funktionale Kategorie ist. Sie kann aber auch nicht von dem Operator in [Spec CP] antezedens-regiert werden, weil zwischen dem Operator und der Spur der Complementizer interveniert. Dadurch wird die Minimalitätsbedingung verletzt, die besagt, dass zwischen ein Regens und das Element, das es regiert, kein weiteres mögliches Regens treten darf (siehe Seite 215).

Pesetsky nimmt an, dass der leere Operator und der Complementizer zu einer einzigen Konstituente verschmelzen, die alle Merkmale des Operators trägt. Pesetsky nennt diesen Prozess **Complementizer-Kontraktion.** Es gilt folgende Regel:

---

**Complementizer-Kontraktion im Englischen**
OP$_i$ that → that$_i$

---

Nachdem die Complementizer-Kontraktion stattgefunden hat, sieht die S-Struktur von (189) wie folgt aus:

---

Ich werde hier auf die Syntax von Brückenverben nicht weiter eingehen.

(191)    This is the animal [$_{CP}$ [$_C$ that$_i$][$_{IP}$ t$_i$ stole a car]].

Nachdem der Complementizer *that* mit dem Operator verschmolzen ist, kann *that$_i$* die Subjektspur antezedens-regieren. *That verhält* sich wie ein Relativpronomen.

Pesetsky nimmt an, dass ein ähnlicher Prozess für die *que/qui*-Alternation im Französischen verantwortlich ist. Betrachten Sie die folgenden Beispielsätze (Haegeman 1994: 467):

(192)

    a)  *l'homme    q'a        été     arrêté
        der Mann    der hat    sein    verhaftet
        der Mann der verhaftet wurde
    b)  l'homme    qui  a    été  arrêté

Der Complementizer *que* verhält sich wie das englische *that*. Der Beispielsatz in (192a) erhält deshalb folgende S-Struktur:

(193)    l'homme [$_{CP}$ OP$_i$ [$_C$ que][$_{IP}$ t$_i$ a été arrêté t$_i$]]

Die Spur der Subjekt-DP wird nicht streng regiert. Der Operator in [Spec CP] kann sie nicht antezedens-regieren, weil der Complementizer *que* interveniert. Dieser ist aber keine lexikalische Kategorie. Die Struktur verletzt das ECP und ist deshalb ungrammatisch. Die Struktur in (192b) ist grammatisch. Der einzige Unterschied zwischen (192a) und (192b) besteht darin, dass in (192b) ein anderer Complementizer vorliegt: *qui*. Laut Pesetsky ist hier der leere Operator ist mit dem Complementizer *que* zu einem einzigen Complementizer *qui* verschmolzen.

**Complementizer-Kontraktion im Französischen**
OP$_i$ que → qui

Die Fusionstheorie nimmt an, dass in indirekten Fragen eine Complementizer-Kontraktion stattfindet. D. h., dass das Element in [Spec CP] und C zu einem einzigen C-Kopf verschmelzen. Die *Wh*-Phrase in (188b) befindet sich dann in der C-Position; Verbbewegung nach C kann nicht mehr stattfinden, weil die C-Position schon besetzt ist.

Für eine solche Analyse sprechen zunächst X-Bar-theoretische Überlegungen: Das Verb *fragen* nimmt einen Fragesatz zum Komplement, einen Satz also, der für das Merkmal [± Wh] positiv spezifiziert ist. Das Merkmal [+Wh] wird aber nicht auf dem C-Kopf realisiert – dies würde das Kopf-Vererbungsprinzip verlangen (siehe Seite 76) – sondern auf [Spec CP]. Das Problem könnte gelöst werden, wenn man annimmt, dass Complementizer-Kontraktion stattfindet.

Weitere Argumente für die Fusionstheorie liefert das Bairische. Im Bairischen können Complementizer wie Verben flektieren (siehe Grewendorf 1988: 246):

(194)

    I    woaß  net    wer   dass-ts  es  seit-ts
    Ich  weiß  nicht  wer   dass     ihr  seid
    Ich weiß nicht, wer ihr seid.

Steht die *Wh*-Phrase ohne einen Complementizer, kann auch sie flektieren:

(195)    I woaß net wer-ts es sei-ts.

In (195) scheint die [Spec CP]-Position mit der Complementizer-Position verschmolzen zu sein.

Es gibt aber auch Argumente, die gegen die Fusionstheorie sprechen. Zunächst einmal können auch komplexe *Wh*-Phrasen die [Spec CP]-Position einnehmen, die entsprechend nach einer Complementizer-Kontraktion Köpfe sein müssten.

(196)    Der Dachs fragt, *wessen Auto* der Kröterich gestohlen hat.

Maximale Projektionen können aber nicht als Köpfe fungieren. Ein weiteres Argument gegen die Fusionstheorie liefert das Bairische. Hier können *Wh*-Phrasen selektionale Merkmale realisieren, obwohl die C-Position besetzt ist.

(197)

    I    woaß  net    mit  wem   dass  I     gredt    hab.
    Ich  weiß  nicht  mit  wem   dass  ich  geredet  habe
    Ich weiß nicht, mit wem ich geredet habe.

Der eingebettete Satz kann nur mit einem Verb stehen, das einen Fragesatz zum Komplement nimmt:

(198)

    *I   glab    net    wer dass   des    gsogt    hot.
    Ich   glaube  nicht  wer dass   das    gesagt   hat.
    Ich glaube nicht, wer das gesagt hat.

In der C-Position eingebetteter Fragesätze kann aber nur Complementizer *dass* stehen, nicht aber ein Complementizer, der einen Fragesatz einleiten würde:

(199)

    *I     woaß  net    wer  ob    des    gmacht  hot.
    Ich    weiß  nicht  wer  ob    das    getan    hat.
    Ich weiß nicht, wer das getan hat.

Daraus muss man folgern, dass es in indirekten Fragesätzen gegen der Annahme der Fusionstheorie zwei C-Positionen gibt: C und [Spec CP]? Wie
könnte ein alternativer Erklärungsansatz aussehen?

In neueren Arbeiten zur generativen Grammatik davon aus, dass der C-Kopf
in Fragesätzen der C-Kopf grundsätzlich nicht leer ist, sondern dass dort das
Merkmal [+Wh] lokalisiert ist. Dieses Merkmal kann lexikalisiert werden, denn
es gibt Complementizer, die für [+Wh] spezifiziert sind (z. B. *ob*)[88]. Die *Wh*-
Phrase in [Spec CP] kongruiert mit dem C-Kopf bezüglich dieses Merkmals.
Dieses Verhältnis nennt man Spezifikator-Kopf-Kongruenz (siehe Seite 96).
Eine Position gilt auch dann als besetzt, wenn dort nur Merkmale realisiert
werden. Das Verb kann also deshalb nicht nach C bewegt werden, weil die
Position schon besetzt ist. Der Satz in (200) erhält folgende Struktur (201):

(200)    Der Dachs fragt den Maulwurf, wer ein Auto gestohlen hat.

(201)
         Der Dachs fragt den Maulwurf

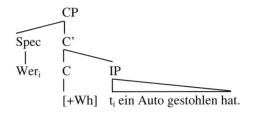

Weiterhin stellt sich die Frage, warum in complementizereingeleiteten Sätzen
die [Spec CP]-Position leer bleiben muss, warum also (202) ungrammatisch ist.

(202)    *Der Dachs sagt, der Kröterich dass ein Auto gestohlen hat.

Grewendorf (1988) verweist darauf, dass entsprechende Sätze in bestimmten
Dialekten des Deutschen grammatisch sind – so zum Beispiel im Bairischen
(Grewendorf 1988: 254):

---

88    Der Complementizer *dass* im Bairischen scheint ambig zu sein. Offensichtlich kann er
      sowohl [+Wh] als auch [-Wh] sein.

(203)

|       |     |      |       |        |       |          |
|-------|-----|------|-------|--------|-------|----------|
| a)    | Der | Peter | dass  | des    | gsogt |          | Bairisch |
|       | Der | Peter | dass  | das    | gesagt |         |
|       | hot | hätt  | i     | net    | denkt. |         |
|       | hat | hätte | ich   | nicht  | gedacht. |       |

Dass Peter das gesagt hat, hätte ich nicht gedacht.

|       |     |      |       |        |       |
|-------|-----|------|-------|--------|-------|
| b)    | Der | Peter | ob    | mi     | gern  | mog? |
|       | Der | Peter | ob    | mich   | gern  | mag? |

Ob mich Peter gerne mag?

Grewendorf (1988) erklärt den Unterschied zwischen dem Bairischen und dem Standarddeutschen wie folgt: In den Dialekten unterscheiden sich die Bedingungen, unter denen eine Phrase aus IP herausbewegt (extrahiert) werden können. Wenn IP durch einen Complementizer regiert wird, ist nur im Bairischen Extraktion aus IP möglich, nicht aber im Standarddeutschen. Wenn hingegen ein V nach C bewegt wurde, kann sowohl im Bairische als auch im Standarddeutschen aus IP extrahiert werden. Dies könnte dadurch begründet sein, dass nur flektierte Elemente eine Extraktion aus IP erlauben, nicht aber Unflektierte. Wie ich gezeigt habe (191), können Complementizer im Bairischen flektieren.

## Übungen

1.) Geben Sie je zwei Beispiele für Verb-Erst, Verb-Zweit und Verb-End-Sätze. Wählen Sie möglichst unterschiedliche Satztypen.

2.) Gliedern Sie die Sätze. Gebrauchen Sie das topologische Modell.

   a) Trelawney hat Greyback eine Kristallkugel auf den Kopf geworfen.

   b) Hat Trelawney Greyback eine Kristallkugel auf den Kopf geworfen?

   c) Wirf Greyback eine Kristallkugel auf den Kopf!

   d) Eine Kristallkugel hat Trelawney Greyback auf den Kopf geworfen.

   e) Harry sieht, dass Trelawney Greyback eine Kristallkugel auf den Kopf wirft.

3.) Welches ist die D-Struktur und welches die S-Struktur der folgenden Sätze?

   a) Ron liebt Hermine.

   b) Harry hat Cho geküsst.

4.)    Was spricht dafür, die Verb-End-Struktur als die Zugrundeliegende
       anzunehmen?

5.)    Warum sind die folgenden Sätze ungrammatisch?

       a)      *dass Ron hat sich von Lavender getrennt.
       b)      *Ron dass sich von Lavender getrennt hat.

## 6.4 Scrambling

### 6.4.1 Die Wortstellung im Mittelfeld

In diesem Abschnitt soll es um Wortstellungsregularitäten im Mittelfeld gehen,
d. h. um die Anordnung von direktem und indirektem Objekt einerseits und von
Subjekt und Objekt andererseits.

### 6.4.1.1 Die Abfolge von direktem und indirektem Objekt

Welche Abfolgeregularitäten bestehen zwischen dem direkten und dem indirekten Objekt? Die Frage ist nicht leicht zu beantworten. Auf den ersten Blick scheint es, dass das indirekte Objekt dem direkten Objekt vorangehen kann, dass aber auch umgekehrt das direkte Objekt dem indirekten Objekt vorangehen kann:

(204)
    a)   weil Michel dem Knirpsschweinchen die Kirschen gegeben hat.
    b)   weil Michel die Kirschen dem Knirpsschweinchen gegeben hat.

Dies gilt aber nicht uneingeschränkt. Es gibt einige Regeln, die mögliche Wortfolgen im Mittelfeld beschränken. Diese sind teils pragmatischer, teils semantischer Natur. Lenerz (1977) hat zum Beispiel gezeigt, dass das direkte Objekt dem indirekten Objekt nur dann vorangestellt werden kann, wenn Letzteres rhematisch ist, d. h., wenn es neue Information enthält. Um herauszufinden, welche Elemente rhematisch sind, stellt Lenerz seine Beispielsätze in einen Fragekontext. Diejenigen Konstituenten, nach denen gefragt wird, nimmt er als rhematisch an:

(205)    Wem hat Michel die Kirschen gegeben?
          Michel hat die Kirschen **dem Knirpsschweinchen** (und nicht der Hinke-Lotta) gegeben.

Wenn das direkte Objekt rhematisch ist, dann kann es nicht vorangestellt werden.

(206)    Was hat Michel dem Knirpsschweinchen gegeben?
          *Michel hat **die Kirschen** (und nicht Kartoffeln) dem Knirpsschweinchen gegeben.

Eine Rolle spielt auch, ob die DPs definit oder indefinit sind. Das direkte Objekt kann nur dann vor dem indirekten Objekt stehen, wenn es definit ist.

(207)
    a)   Michel hat der Lehrerin einen Kuss gegeben.
    b)   Michel hat der Lehrerin den Kuss gegeben.
    c)   ?Michel hat einen Kuss der Lehrerin gegeben.
    d)   Michel hat den Kuss der Lehrerin gegeben.

In der generativen Grammatik nimmt man an, dass nur einer der beiden Sätze auf der D-Struktur erzeugt wird; die andere muss durch Bewegung abgeleitet sein. Es stellt sich die Frage, welches die basisgenerierte und welches die abgeleitete Struktur ist. Allgemein wird angenommen, dass die basisgenerierte Form die unmarkierte Form sein muss, diejenige Form also, die den wenigsten Beschränkungen unterliegt. Demzufolge muss man folgende Struktur als basisgeneriert annehmen (siehe Abschnitt 6.3.1.2):

Subjekt > indirektes Objekt > direktes Objekt

Dem widersprechen folgende Daten:

(208)
    a)   Er hat sie ihm gegeben.
    b)   *Er hat ihm sie gegeben.

Ersetzt man die referentiellen DPs durch Pronomina, geht grundsätzlich das direkte Objekt dem indirekten Objekt voran. Deswegen nehmen einige Syntaktiker an, dass auf der D-Struktur die Folge

Subjekt > direktes Objekt > indirektes Objekt

erzeugt wird (u. a. Hoberg 1981). Dafür spricht, dass das Akkusativobjekt auch präpositionalen und Genitivobjekten vorangeht (vergleiche Abschnitt 6.3.1.2):

(209)
    a)   weil der Vater Michel in den Tischlerschuppen schickt.
    b)   *weil der Vater in den Tischlerschuppen Michel schickt.
    c)   weil die Guttempler Michel des Alkoholismus bezichtigen.
    d)   *weil die Guttempler des Alkoholismus Michel bezichtigen.

Dass die Reihenfolge *indirektes Objekt > direktes Objekt* in den Sätzen (204) bis (207) als unmarkiert erscheint, hat nach Hoberg andere Ursachen. Ihrer Ansicht nach müssen referentielle DPs, die das semantische Merkmal [+ belebt] tragen grundsätzlich denen vorangehen, die das Merkmal [-belebt] tragen. Da bei Verben mit zwei DP-Argumenten das Dativ-Objekt typischerweise das Merkmal [+ belebt] trägt, kann dieses in zu einer Umkehrung der Grundreihenfolge führen.

Offensichtlich ist das Kriterium [+ belebt] > [- belebt] nicht sehr stark, denn die Sätze in (204b) und (207d) sind grammatisch.

Es scheint, dass sich aufgrund pragmatischer oder semantischer Kriterien nicht entscheiden lässt, welche Reihenfolge basisgeneriert und welche abgeleitet ist. Wie sieht es mit syntaktischen Kriterien aus?

Dafür muss man zunächst fragen, wie ditransitive Verben in der generativen Syntax überhaupt repräsentiert werden. Bisher habe ich nur Strukturen diskutiert, die transitive Verben enthielten.

Eine mögliche Repräsentation für (204a) könnte (210) sein:

(210)

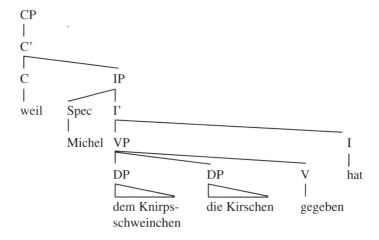

In (210) bildet das Verb *gegeben hat* zusammen mit den beiden DPs *dem Knirpsschweinchen* und *die Kirschen* eine Konstituente. Sollte dies wirklich der Fall sein, könnten syntaktische Prozesse nur auf die ganze VP, nicht aber auf das Verb und eine DP angewandt werden. Dies ist aber nicht der Fall. Dies zeigen verschiedene Konstituententests (siehe Seite 22):

(211)

    a)   Topikalisierung:
         i.   *Die Kirschen gegeben* hat Michel dem Knirpsschweinchen.
        ii.   *Dem Knirpsschweinchen* hat Michel die Kirschen gegeben.
       iii.   *Dem Knirpsschweinchen gegeben* hat Michel die Kirschen.
       iv.   *Die Kirschen* hat Michel dem Knirpsschweinchen gegeben.

    b)   Koordination:
         i.   weil Michel dem Knirpsschweinchen *die Kirschen gegeben und den Hintern versohlt hat.*
        ii.   weil Michel *dem Knirpsschweinchen und dem Hahn* die Kirschen gegeben hat.

Die Daten in (211) zeigen, dass der V-Kopf zusammen der DP, die ihr vorangeht (diese kann die sowohl das direkte, als auch das indirekte Objekt sein), eine Konstituente bildet. Das jeweils andere Objekt bildet auch eine Konstituente. Deshalb nimmt man in der generativen Grammatik an, dass VPs, die ein die ein ditransitives Verb dominieren, im Deutschen die folgende Struktur haben,

(212)

wobei eine DP in der Spezifikator- und die andere in der Komplement-Position der VP realisiert werden. Die VP in (204) hat demnach die folgende Struktur:

(213)

weil Michel

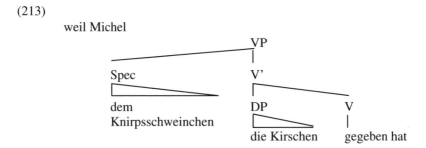

Kehren wir zu der Frage zurück, welche der Strukturen in (204) basisgeneriert und welche abgeleitet ist.

Grewendorf (1984) beobachtet, dass es nicht möglich ist, eine Anapher in Objekt-Position an ein indirektes Objekt zu binden. Umgekehrt kann ein indirektes Objekt an ein direktes Objekt gebunden werden:

(214)

    a)    Der Minister schlug der Großinquisitorin$_i$ sie$_i$ selbst / *sich$_i$ selbst als neue Schulleiterin vor.

    b)    Sie ordnet die Fakten / *den Fakten einander zu.

Die Daten könnten wie folgt erklärt werden: In der D-Struktur geht das direkte Objekt dem indirekten Objekt voran:

(215)

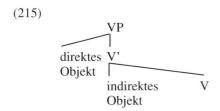

Nimmt man an, dass die Bindung vor dem Umstellungsprozess erfolgt, so kann das indirekte Objekt das direkte Objekt nicht c-kommandieren, weil es tiefer im Baum hängt. Steht in der Position des direkten Objekts in (214a) eine Anapher, ist diese in ihrer Rektionskategorie nicht gebunden. Prinzip A der Bindungstheorie ist verletzt; der Satz ist ungrammatisch. Steht anstelle der Anapher in der Position des direkten Objekts ein Pronomen, ist dieses in seiner regierenden Kategorie frei und der Satz ist grammatisch (Prinzip B) (siehe Seite 142).

Die Analyse erscheint plausibel, ist aber aufgrund der folgenden Daten problematisch (v.Stechow&Sternefeld 1988: 454):

(216)

a)   Die Großinquisitorin selbst$_i$ schlug der Minister ihr$_i$ / *sich$_i$ als neue Schulleiterin vor.

b)   weil der Minister die Großinquisitorin$_i$ sie$_i$ selbst / *sich$_i$ selbst als Schulleiterin vorschlug.

Die Daten in (216) lassen sich nicht erklären, wenn man (215) als die zugrundeliegende Struktur annimmt. Die DP *die Großinquisitorin* ist direktes Objekt und steht in der [Spec VP]-Position. Sie c-kommandiert das indirekte Objekt in der Komplement-Position des Verbs und müsste es binden. Deshalb müsste hier eine Anapher stehen können, nicht aber ein Pronomen. Das Umgekehrte ist der Fall.

Wie könnte eine Theorie aussehen, die die Daten in (214) und (216) erfasst? Emonds (1985) schlägt vor, Dativ-DPs als Präpositionalphrasen zu analysieren, deren Kopf lexikalisch nicht besetzt ist. Diese leere Präposition wird dazu genutzt, zu erklären, warum eine Dativ-DP niemals als Antezedens für den Akkusativ sein kann (v.Stechow&Sternefeld 1988: 456). Gleichgültig, welche Reihenfolge man als die zugrundeliegende annimmt: Das indirekte Objekt kann das direkte Objekt nicht c-kommandieren, weil der nächste verzweigende Knoten, der das indirekte Objekt dominiert (P'), das direkte Objekt nicht dominiert (siehe Seite 133). Deshalb kann das indirekte Objekt das direkte Objekt niemals binden.

(217)

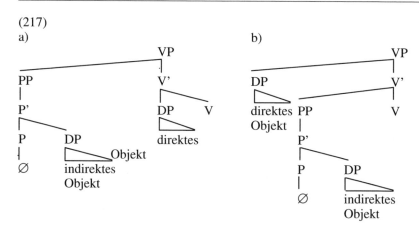

Um die Daten in (216) vollständig zu erklären, muss man zusätzlich annehmen, dass in der D-Struktur das indirekte Objekt dem direkten Objekt vorangeht (217a), sodass das Akkusativobjekt das Dativobjekt ebenfalls nicht binden kann. Diese Erklärung deckt sich mit der Beobachtung, dass die Reihenfolge Dativ vor Akkusativ in (218) die Unmarkierte ist (m = markiert).

(218)

    a)   Filch schlug der Schulleiterin die neuen Strafmaßnahmen vor.
    b)   ᵐFilch schlug die neuen Strafmaßnahmen der Schulleiterin vor.

Dies trifft aber nicht auf alle Verben zu:

(219)

    a)   Snape liefert Harry Eltern (Akk) Voldemort (Dat) aus.
    b)   ᵐSnape liefert Voldemort (Dat) Harrys Eltern (Akk) aus.

Die Daten weisen darauf hin, dass es nicht immer syntaktisch festgelegt ist, welche Komplementabfolge markiert und welche unmarkiert ist. Es hängt (zum Teil) auch von lexikalischen Eigenschaften des V-Kopfes ab.

    Mit der Annahme von (217a) als D-Struktur ditransitiver Verbalphrasen ist zudem unvereinbar, dass reziproke Pronomina von Akkusativargumenten gebunden werden können (vgl. hierzu die Daten in (216)):

(220)    Slughorn stellt die Schüler (Akk) einander (Dat) vor.

(220) lässt sich nur erklären, wenn man annimmt, dass für Reziprokpronomina liberalere Bindungsprinzipien gelten als für Reflexivpronomina, oder wenn der Bindungsprozess bei Reziprokpronomina erst nach dem Umstellungsprozess stattfindet. Aus den Beobachtungen in Kapitel 4.1.4 geht jedoch hervor, dass sich Reziprokpronomina wie Reflexivpronomina verhalten; deshalb ist eine solche Erklärung unplausibel.

In welchen Fällen kann überhaupt ein reflexives Pronomen von einem direkten Objekt gebunden sein? Dies ist unproblematisch, sofern die Anapher von einer Präposition regiert wird:

(221)    Dumbledore klärt Harry über sich auf.

Auch (222) ist unproblematisch. Hier liegt ein indirektes Objekt ohne Präposition vor. Das Beispiel ist aber wenig aussagekräftig, weil hier *sich selbst* nicht unbedingt als Komplement zu verstehen ist. *Jemanden sich selbst überlassen* hat idiomatische Bedeutung.

(222)    Harry überlässt seine Freunde sich selbst.

Es scheint, als ob die Reflexivierungsdaten keinen Aufschluss darüber geben, welche Komplementabfolge basisgeneriert und welche abgeleitet ist.

Nach v.Stechow&Sternefeld (1988) bieten für die Reflexivierungsdaten alternativ einen pragmatisch-funktionalen Erklärungsansatz an. Sie gehen dabei davon aus, dass das direkte und das indirekte Objekt gleich hoch im Baum hängen. D. h., das indirekte Objekt wird nicht von einer leeren PP dominiert. Wenn Objektkoreferenz ausgedrückt werden soll (d. h., wenn das direkte und das indirekte Objekt auf dieselbe Entität verweisen), ist grundsätzlich ein Pronomen einer Anapher gegenüber zu bevorzugen. Steht eine Anapher in Objekt-Position, so ist diese vorzugsweise mit dem Subjekt koreferent. Wenn es keine andere Möglichkeit der Koreferenz gibt – wenn etwa eine reziproke Anapher mit dem Objekt kongruiert oder wenn der Kontext keine andere Deutung zulässt, können ggf. eine reflexive oder eine reziproke Anapher auch von einem Objekt gebunden sein. In (220) ist die Anapher zugelassen, weil Gegenseitigkeit nur durch eine Anapher, nicht aber durch ein Pronomen ausgedrückt werden kann.

Thiersch (1982) nimmt an, dass in der D-Struktur das indirekte Objekt dem direkten Objekt vorangeht. Die umgekehrte Reihefolge wird seiner Meinung nach durch **Adjunktion** erzeugt. Was versteht man unter Adjunktion?

Betrachten Sie das folgende Schema (223). Nehmen Sie an, die Kategorie ZP soll aus ihrer Basisposition heraus in eine Position bewegt werden, die XP vorangeht. Welches ist die Zielposition von ZP?

(223)

???

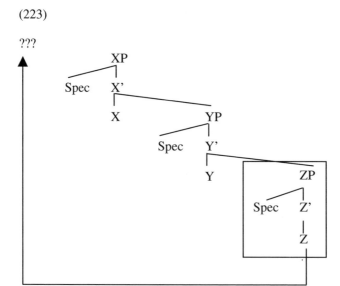

In Abschnitt 6.1.1.5 habe ich das Strukturerhaltungsprinzip vorgestellt, das besagt, das solche Bewegungsprozesse verboten sind, bei denen Strukturen, die auf der D-Struktur bestehen, verloren gehen (siehe Seite 168). Das bedeutet aber nicht, dass es keine Bewegungsprozesse gibt, die Strukturen erzeugen – solange die neu entstandenen Strukturen mit den Prinzipien der universellen Grammatik verträglich sind.

Man nimmt an, dass ZP in eine Schwesterposition von XP bewegt wird. Dabei entsteht ein neuer Knoten XP, den ich der Einfachheit halber der $XP^2$ nennen will. $XP^2$ dominiert ZP und den ursprünglichen XP-Knoten, der hier $XP^1$ heißen soll. Man beachte, dass die neu entstandene Konstituente $XP^2$ mit dem X-Bar-Schema verträglich ist. Sie hat einen Kopf X; alle Ergänzungen zu X sind maximale Projektionen (siehe Seite 90). Der Prozess ist auch mit dem Strukturerhaltungsprinzip verträglich, weil keine auf der D-Struktur bestehenden Strukturen zerstört werden.

(224)

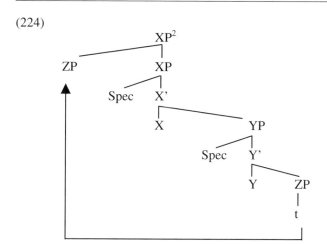

Nimmt man an, dass die Struktur in (204b) aus (204a) durch Adjunktion entstanden ist, so hat (204b) die folgende Struktur:

(225)

weil Michel

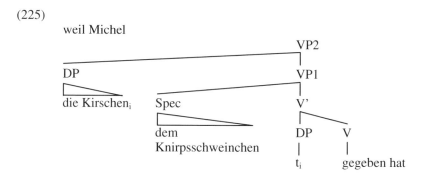

In (222) wird die DP *die Kirschen* an VP1 adjungiert. Dabei entsteht ein neuer
Knoten VP2, der VP1 und die DP dominiert.

Adjunktion findet auch in anderen Bereichen der Syntax statt. Im
Italienischen kann zum Beispiel das Satzsubjekt sowohl vor als auch nach dem
Verb stehen:

(226)

    a)  Gianni  compra  una  bicicletta.               Italienisch
         Gianni  kauft     ein  Fahrrad.
    b)  Compra   una     bicicletta  Gianni.

In (226b) erscheint die Subjekt-DP in einer postverbalen Position. Dies kann
nicht die Objekt-Position des Verbs *compra* sein, denn diese ist bereits durch

die DP *una bicicletta* besetzt. In der Literatur sagt man, dass sie an die VP adjungiert ist (227)[89]:

(227)

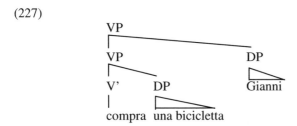

Im Polnischen steht bei indirekten Wh-Fragen die *Wh*-Phrase nach dem Complementizer und vor dem Subjekt. Sie  kann daher nicht – wie im Deutschen – die [Spec CP]-Position einnehmen (Lasnik&Saito 1984: 238):

(228)

| | | | | | | | |
|---|---|---|---|---|---|---|---|
| Maria | myśli | ze | co$_i$ | Janek | kupił t$_i$ | | Polnisch |
| Maria | glaubt | dass | was | Janek | kaufte | | |
| Was glaubt Maria hat Janek gekauft? | | | | | | | |

Man nimmt daher an, dass die *Wh*-Phrase an IP adjungiert wird. Die S-Struktur von (228) findet sich in (229):

(229)

Maria    myśli

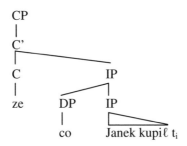

Der Prozess der Argumentumstellung wird in der Literatur **Scrambling** (von engl. *to scramble* = umrühren) genannt. Die Meinung, dass Scrambling durch Adjunktion erzeugt wird, wird von vielen Autoren geteilt (Fanselow 1990, Grewendorf (1988), v.Stechow&Sternefeld (1988) u. a.).

Warum meint Thiersch (1982), dass in der D-Struktur das indirekte Objekt dem direkten Objekt vorangeht? Seiner Meinung nach ist (230a) grammatisch, (230b) aber nicht:

---

[89] Der Prozess der Subjekt-Verb-Inversion in den romanischen Sprachen ist sehr kompliziert und soll hier nicht weiter behandelt werden.

(230)

    a)    Die Kirschen weggenommen hat Michel dem Knirpsschweinchen nicht.

    b)    ?Dem Knirpsschweinchen weggenommen die hat Michel die Kirschen nicht.

Nach Thiersch muss in (230b) die VP mit der Spur Objekt-VP die *Kirschen* an die Satzspitze topikalisiert werden. Nach der Topikalisierung ist die Spur aber nicht mehr gebunden und Prinzip A der Bindungstheorie ist verletzt.

(231)    [[Dem Knirpsschweinchen t weggenommen]$_{VP}$ [hat Michel die Kirschen nicht t$_{VP}$]].

                         keine Bindung?

Meiner Ansicht nach ist der (221b) nicht wirklich ungrammatisch. Wenn er in einem bestimmten (Frage-) Kontext erscheint, ist er durchaus grammatisch:

(232)    Was hat Michel getan, als er sah, dass die Kirschen vergoren waren?
           Dem Knirpsschweinchen weggenommen hat er sie nicht.

v.Stechow&Sternefeld schlagen zwei Möglichkeiten vor, die Grammatikalität von (230b) zu erklären:

Entweder man nimmt an, dass sowohl die Folge *indirektes Objekt > direktes Objekt* als auch die umgekehrte Folge *indirektes Objekt > direktes Objekt* auf der D-Struktur erzeugt werden kann, oder man macht ein syntaktisches Prinzip verantwortlich, das sie **Vererbungsprinzip** genannt wird. Dieses Prinzip definiert sich wie folgt:

**Vererbungsprinzip:**
Grammatische Eigenschaften werden bei der Bewegung in eine A'-Position von der Spur auf das Antezedens übertragen.

Was bedeutet das? Betrachten Sie die folgende Struktur:

(233)    [$_{CP}$ Wem$_i$ [$_{C'}$ hat [$_{IP}$ Michel t$_i$ die Kirschen gegeben?]]]

[Spec CP] ist keine Kasusposition. Dennoch trägt die *Wh*-Phrase *wem* Kasus? Wie ist das möglich?

In der generativen Grammatik nimmt man an, dass die *Wh*-Phrase den Kasus vor der Spur „erbt" und so dem Kasusfilter entgeht. Verantwortlich hierfür ist das Prinzip der **Kasusvererbung**:

**Kasusvererbung:**
Kasus wird durch ‚Bewege α' vererbt.

Das Prinzip der Kasusvererbung lässt sich nach v.Stechow&Sternefeld auch die Bindungstheorie übertragen. In (230) erbt die Anapher *sich selbst* die Eigenschaft, gebunden zu sein, von ihrer Spur:

(234)     [$_{CP}$ Verliebt in sich selbst$_i$ [$_{C'}$war [$_{IP}$ Professor Lockhart schon immer t$_i$]]].

Ebenso kann man bezüglich der Topikalisierung in (230b) argumentieren. Die Spur innerhalb der topikalisierten Konstituente erbt die Eigenschaft, korrekt gebunden zu sein, von der Spur der Topikalisierung. v.Stechow&Sternefeld können zwar die Grammatikalität von (230b) erklären. Die Frage, welche Stellungstyp auf der D-Struktur erzeugt wird, ist damit immer noch nicht beantwortet.

Die Daten, die ich bisher angeführt habe, lassen also noch keine Entscheidung darüber zu, welche Komplementfolge innerhalb der VP basisgeneriert ist, obgleich einiges darauf hindeutet, dass bei den meisten Verben die Folge ‚*indirektes Objekt > direktes Objekt*' die Unmarkierte ist.

### 6.4.1.2 Die Abfolge von Subjekt und Objekt

In Abschnitt 6.1.4 habe ich sogenannte ergative Verben vorgestellt. Diese Verben verhalten sich wie passivierte Verben, weil sie an die Objekt-Position, nicht aber an die Subjektposition eine θ-Rolle zuweisen. Weiterhin weisen sie der Objekt-DP keinen Kasus zu. Diese muss – um Kasus zu erhalten – in die Subjektposition bewegt werden.

Im Deutschen haben ergative Verben folgende Eigenschaften:

*   Sie bilden das Perfekt mit *sein*, nicht mit *haben* (*Snape **ist** verstorben.* vs. *\*Snape **hat** verstorben.*).
*   Sie bilden ein Partizipialattribut (Der **verstorbene** Snape).
*   Sie können nicht passiviert werden: (*\*Es wurde gestorben.*).
*   Sie erlauben keine Nominalisierung auf *-er* (*\*Sterber*).
*   Sie erlauben Nominalisierung auf *-ling* (*Ankönnling*).

Es gibt eine weitere Eigenschaft ergativer Verben, die ich bisher nicht erwähnt habe: Wenn ergative Verben nicht nur ein Nominativ – sondern auch ein Dativargument nehmen, so geht das Dativargument dem Nominativargument voran:

(235)
    a)    weil Hermine (Dat) das Lernen leichtfällt.
    b)    $^m$weil das Lernen Hermine (Dat) leichtfällt.

Ist hier Scrambling im Spiel? Wird das Dativ-Objekt dem Subjekt vorangestellt? Eine solche Analyse lässt außer Acht, dass es sich bei dem scheinbaren Subjekt ergativer Verben um ein D-strukturelles Objekt handelt. Daraus ergibt sich, dass die DP *das Lernen* in (235a) in ihrer D-strukturellen Position steht, nämlich in der Komplement-Position des Verbs:

(236)

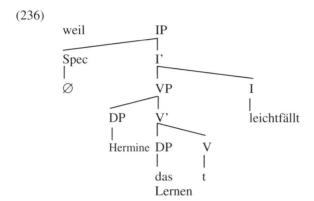

Wie kommt die DP *das Lernen* zu ihrem Kasus? Ich habe darauf verwiesen, dass DP-Bewegung bei ergativen Verben nicht obligatorisch ist. Insbesondere rhematische DPs können in der Objekt-Position verbleiben, während in der Subjekt-Position ein Expletivpronomen steht. Die DP in Objekt-Position erbt den Kasus vom Expletivpronomen in Subjektposition.

(237)    Es ist ein Elf gestorben.

Anstelle des Expletivpronomens ist in manchen Texten auch ein phonetisch leeres *pro*$_{Expl}$ (siehe Seite 166) zugelassen:

(238)    Heute wird gefeiert.

v.Stechow&Sternefeld (1988) argumentieren, dass (235a) ähnlich strukturiert ist wie (238). Hier liegt in [Spec IP] ein leeres Expletivpronomen *pro*$_{expl}$ vor. Die markierte Abfolge in (235b) wird erzeugt, indem das Objekt *das Lernen* an die Subjektposition verschoben wird.
    Wenn ergative Verben sich wie passivierte Verben verhalten, sollte man erwarten, dass auch sie die Argumentabfolge ‚*Dativ > Nominativ*' zulassen. Dies ist in der Tat der Fall (siehe Lenerz 1977):

(239)
        a)    weil Harry (Dat) der Zauberstab gestohlen wurde.
        b)    $^{m}$weil der Zauberstab Harry (Dat) gestohlen wurde.

Auch (235b) wird erzeugt, indem die DP *der Zauberstab* in die Subjektposition bewegt wird.

Im Deutschen ist aber auch die (markierte) Abfolge ‚*direktes Objekt* > *Subjekt*' möglich[90]:

(240)    weil die Hauselfen jeder Schüler kennt.

In der Literatur wird vorgeschlagen, (240) durch Scrambling zu erzeugen. Dabei wird die Objekt-DP allerdings nicht an VP, sondern an IP adjungiert. (240) erhält folgende (vereinfachte) Struktur:

(241)

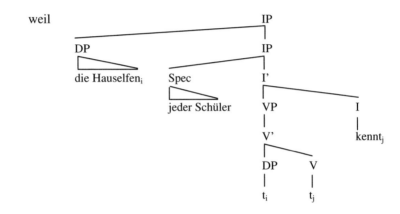

## 6.4.2 Generalisierungen über Scrambling

Wer behauptet, dass es sich bei Scrambling um einen Bewegungsprozess handelt, muss gleichzeitig sagen, in was für eine Position das gescrambelte Element bewegt wird: Handelt es sich um eine A-Position oder um eine A'-Position? Ist Scrambling DP-Bewegung oder *Wh*-Bewegung? Diese Frage ist nicht leicht zu beantworten.

In diesem Abschnitt werde ich einige Generalisierungen über Scrambling auflisten, die in v.Stechow&Sternefeld (1988) und Grewendorf&Sternefeld (1990) genannt werden und die rein deskriptiver Natur sind. In 6.4.3 gehe ich der Frage nach, ob Scrambling DP-Bewegung (u. a. Fanselow 1990) oder *Wh*-Bewegung (Webelhuth 1992) ist. Ich werde zeigen, dass keine Analyse zu einem befriedigenden Ergebnis führt und in 6.4.4 einen alternativen Lösungsvorschlag vorstellen, der die Besonderheiten des Scrambling besser erfasst.

Welches sind nun die Besonderheiten des Scrambling?

---

90    Der Satz ist viel schlechter, wenn in der Subjektposition ein Personalpronomen steht:
       ??weil die Hauselfen sogar sie kennen.

**1. Generalisierung:**
Scrambling ist nur innerhalb von IP möglich[91].

Betrachten Sie (242):

(242)

    a)    weil [$_{IP}$ den neuen Schulleiter [$_{IP}$ jeder Schüler t kennt]].

    b)    *ich glaube, [$_{CP}$ die Hauselfen$_i$ [$_{CP}$ dass [$_{IP}$ jeder Schüler t$_i$ kennt]]].

In (242b) wird die DP *die Hauselfen* aus einer IP heraus an die nächsthöhere IP adjungiert. Dies ist nach v.Stechow&Sternefeld verboten. Der Satz ist darum ungrammatisch.

Es stellt sich die Frage, an welche Kategorien gescrambelt werden kann. Diese ist in der zweiten Generalisierung beantwortet:

**2. Generalisierung:**
Scrambling ist Adjunktion an VP, IP und AP.

---

91    Dies ist eine Vereinfachung. Nach v.Stechow&Sternefeld darf nicht aus einem „**Kohärenz-feld**" herausgescrambelt werden. Der Begriff geht auf geht auf Gunnar Bech zurück: Ein Kohärenzfeld besteht aus einem Schlussfeld, das aus dem verbalen Material besteht und einem Restfeld, in dem sich das nicht-verbale Material befindet.

| Kohärenzfeld | |
| --- | --- |
| Restfeld | Schlussfeld |
| dass Hermine in den Ferien alle Bücher | gelesen hat. |

Es wird unterschieden zwischen kohärenten und inkohärenten Konstruktionen. Kohärente Konstruktionen enthalten ein Kohärenzfeld:

kohärente Konstruktion:

| Kohärenzfeld | |
| --- | --- |
| Restfeld | Schlussfeld |
| weil Hermine alle Bücher | zu lesen versucht hat. |

inkohärente Konstruktion

| Kohärenzfeld I | | Kohärenzfeld II | |
| --- | --- | --- | --- |
| Restfeld | Schlussfeld | Restfeld | Schlussfeld |
| weil Hermine | versucht hat | alle Bücher | zu lesen. |

Bechs Theorie ist sehr komplex und soll im Rahmen dieser Einführung nicht behandelt werden.

Wie ich in 6.4.1.1 gezeigt habe, findet Adjunktion an VP statt, um eine markierte Abfolge der Verbkomplemente zu erzeugen. Adjunktion an IP findet statt, wenn das Objekt dem Subjekt vorangestellt wird (243b). Ein Beispiel für Adjunktion an AP findet sich in (243c).

(243)

    a)   weil Michel [$_{VP}$ die Kirschen$_i$ [$_{VP}$ dem Knirpsschweinchen t$_i$ gegeben hat]].

    b)   weil [$_{IP}$ die Hauselfen$_i$ [$_{IP}$ jeder Schüler [$_{VP}$ t$_i$ kennt]]].

    c)   [$_{DP}$ der [$_{AP}$ von Hermine und Harry$_i$ [$_{AP}$ total [$_{A'}$ t$_i$ genervte]]] Ron]

Adjunktion an DP, PP und CP ist dementsprechend verboten:

(244)

    a)   *[$_{DP}$ des Phönix$_i$ [$_{DP}$ der Orden t$_i$]]

    b)   *weil Harry [$_{PP}$ Voldemort$_i$ [$_{PP}$ mit t$_i$]] gekämpft hat.

    c)   *[$_{CP}$ der Liebe Lilys$_i$ [$_{CP}$ Harry verdankt t$_i$ sein Leben ]]

Weiterhin stellt sich die Frage, welche Phrasen gescrambelt werden können. Webelhuth (1987) beantwortet diese Frage wie folgt:

**3. Generalisierung:**
Alle maximalen Projektionen außer VP, IP, (AP und AdvPs (AdvP =Adverbphrase)) können gescrambelt werden.

Dass PPs gescrambelt werden können, zeigt das Beispiel in (245a). Das Verbot für APs mag (245b) belegen, das für AdvPs (245c):

(245)

    a)   weil [$_{PP}$ mit Voldemorts Tod]$_i$ alle t$_i$ gerechnet haben.

    b)   *weil [$_{AP}$ tot]$_i$ Voldemort t$_i$ ist.

    c)   *weil [$_{AdvP}$ tief]$_i$ Harry t$_i$ schläft.

v.Stechow&Sternefeld zeigen, dass Webelhuths Generalisierung zu restriktiv ist. In bestimmten Kontexten können AdvPs und APs sehr wohl gescrambelt werden:

(246)

    a)   weil [$_{IP}$ [$_{AdvP}$ freiwillig]$_i$ [$_{IP}$ niemand  t$_i$ „Geschichte der Zauberei" studiert]].

    b)   weil [$_{IP}$ [$_{AP}$ so ungerecht]$_i$ [$_{IP}$ nur Snape t$_i$ sein kann]].

IPs und VPs können dagegen niemals gescrambelt werden.

(247)

    a)    *der Junge [$_{CP}$ den$_i$ [$_{IP}$ PRO t$_i$ strafen]$_j$ [$_{IP}$ Snape t$_j$ wollte]]

    b)    *der Junge [$_{CP}$ den$_i$ [$_{IP}$ [$_{VP}$ t$_i$ gestraft]$_j$ [$_{IP}$ Snape t$_j$ hat]]

Eine weitere Generalisierung besagt:

**4. Generalisierung:**
*Wh*-Phrasen dürfen nicht gescrambelt werden.

Die Generalisierung lässt sich anhand multipler *Wh*-Fragen belegen[92]:

(248)

    a)    Wem$_i$ hat [$_{IP}$ Hermine t$_i$ welche Frage beantwortet]?

    b)    ??Wem$_i$ hat [$_{IP}$ welche Frage$_j$ [$_{IP}$ Hermine t$_i$ t$_j$ beantwortet]]?

(249) ist kein Gegenbeispiel gegen die Generalisierung, weil *unterlaufen* ein ergatives Verb ist und sich die DP *welchem Schüler* in ihrer Basisposition befindet (siehe hierzu auch die Diskussion in Abschnitt 6.4.1.2):

(249)    Warum ist welchem Schüler dieser Fehler unterlaufen?

Weiterhin gilt:

**5. Generalisierung**
Rhematische Phrasen dürfen nicht gescrambelt werden.

Wie ich oben schon erwähnt habe, sind die Phrasen rhematisch, nach denen gefragt werden kann:

(250)

    a)    Was hat Dumbledore Harry vererbt?
           ?Dumbledore hat **die Heiligtümer des Todes** (und nicht nur Gryffindors Schwert) Harry vererbt.

    b)    Wem hat Dumbledore die Heiligtümer des Todes vererbt?
           Dumbledore hat die Heiligtümer des Todes **Harry** (und nicht Hermine) vererbt.

---

92    Die Generalisierung gilt nicht in allen Sprachen. In Abschnitt (7.3) werde ich zeigen, dass Wh-Phrasen im Polnischen sehr wohl in IP adjungieren können.

**6. Generalisierung:**
Es kann nicht über ein pronominalisiertes Subjekt hinweg gescrambelt werden.

(251)

    a)   *weil Harry sie bei den Hausaufgaben hilft.
    b)   *weil den Vielsafttrank sie braute.
    c)   *weil Malfoy er in ein Frettchen verwandelte.

Die Generalisierung kann man auf Subjekte im Allgemeinen übertragen:

**7. Generalisierung:**
Es kann nicht über den Bereich des nächsten Subjekts „hinausgescrambelt"
werden.

Dabei soll die Adjunkt-Position an die Kategorie, die das Subjekt unmittelbar
dominiert, noch nicht als außerhalb des Bereiches des Subjektes gelten. D. h. in
der Konfiguration

(252)

```
                        IP
        _____|
      XP          IP
                 __|
      DP        I'
```

gilt x noch nicht als außerhalb des Bereiches des Subjektes von IP. In der
folgenden ECM-Konstruktion kann man das Objektpronomen *es* innerhalb des
Infinitivsatzes an IP adjungieren.

(253)

    a)   weil Snape die Schüler es anrühren ließ.
    b)   weil Snape $es_i$ die Schüler $t_i$ anrühren ließ.

Scrambelt man aber das Subjekt in eine Position vor dem Matrix-Subjekt, ist
der Satz deutlich weniger akzeptabel.

(254)    ?weil $es_i$ Snape [$_{IP}$ die Schüler $t_i$ anrühren ließ].

v.Stechow&Sternefeld stellen fest, dass Akkusativ-Objekte, die über ein
Subjekt hinweggescrambelt werden, weniger ungrammatisch sind als Dativ-
Objekte:

(255)

    a)    ?weil es$_i$ Snape [$_{IP}$ die Schüler t$_i$ anrühren] ließ.

    b)    *weil ihm$_i$ Ron [$_{IP}$ Hermine t$_i$ helfen] ließ.

In der Literatur ist darauf hingewiesen worden, dass Scrambling Einfluss hat auf die Bindung von Pronomina. Betrachten Sie (256) (siehe Fanselow 1990):

(256)

    a)    *weil seine$_i$ Eltern jeden$_i$ lieben.

    b)    weil [$_{IP}$ jeden$_i$ [$_{IP}$ seine$_i$ Eltern t$_i$ lieben]].

In (256a) c-kommandiert die DP *jeden* das reflexive Possessiv-Pronomen *seine* nicht und kann es dementsprechend nicht binden. Der Satz ist deshalb ungrammatisch (Prinzip A der Bindungstheorie). Nach der Adjunktion an IP c-kommandiert die DP das Subjekt und kann dementsprechend auch das Possessiv binden. Der Satz ist grammatisch. Aus den Daten in (256) folgt die achte Generalisierung:

**8. Generalisierung:**
Durch Scrambling erweitert sich der c-Kommando-Bereich des gescrambelten Elements.

### 6.4.3 Analysen des Scrambling

#### 6.4.3.1 Ist Scrambling DP-Bewegung?

Nach Fanselow (1990) ist Scrambling DP-Bewegung, d. h. Scrambling-Spuren verhalten sich wie Anaphern. Sie sollten in der kleinsten CP gebunden sein, die die Spur selbst, ihr Regens und ein Subjekt enthält. Genau dies besagt die erste und die siebente Generalisierung.

    Fanselow testet die Bindungseigenschaften von Anaphern und Scrambling-Spuren in ECM-Konstruktionen und kommt zu dem Ergebnis, dass dieselben sind.

    Subjekte von ECM-Konstruktionen können im Matrix-Satz gebunden sein. Ebenso ist es möglich, das Subjekt einer ECM-Konstruktion an die Matrix-IP zu scrambeln.

(257)

    a)    weil Dobby$_i$ [sich$_i$ singen] hört.

    b)    weil sich$_i$ Dobby$_i$ [t$_i$ singen] hört.

Objekt-Anaphern können grundsätzlich nicht außerhalb eines Satzes gebunden sein, wenn ein Subjekt vorhanden ist – auch wenn es sich um einen ECM-Satz handelt. Ebenso können Objekte in ECM-Konstruktionen nicht an die Matrix-IP adjungiert werden:

(258)

    a)   *weil Snape$_i$ [Nagini sich$_i$ töten] lässt.
    b)   *weil Snape$_i$ Voldemort [Nagini t$_i$ töten] lässt.

Die Beschränkung gilt nur, wenn das Subjekt bereits auf der D-Struktur vorhanden ist. Deswegen können Objekte von ergativen und passivischen Verben in ECM-Konstruktionen sehr wohl an die IP des Matrix-Satzes gescrambelt werden.

(259)

    a)   weil Harry$_i$ [sich$_i$ einen Schokofrosch schmecken] lässt.
    b)   weil sich$_i$ Harry$_i$ [t$_i$ einen Schokofrosch schmecken] lässt.

v.Stechow&Sternefeld (1988) zeigen jedoch, dass eine solche Analyse nicht richtig sein kann. Sie begründen dies wie folgt:

Erstens wird DP-Bewegung durch drei wesentliche Eigenschaften charakterisiert, die auf Scrambling gerade nicht zutreffen:

1.    Ziel der Bewegung ist eine nicht thematische Kasusposition.
2.    Ausgangspunkt der Bewegung ist eine thematische Nicht-Kasusposition.
3.    Bewegt wird von einer A-Position in eine A-Position.

Adjunkt-Positionen sind niemals θ-Positionen. Deshalb wird die DP *sich* in (259b) tatsächlich in eine nicht-thematische Position bewegt. Adjunkt-Positionen sind aber auch keine Kasuspositionen. Damit ist das erste Charakteristikum der DP-Bewegung beim Scrambling zum Teil nicht erfüllt. Ausgangspunkt der Bewegung ist zwar eine θ-Position, aber auch eine Kasusposition. Damit ist auch das zweite Kriterium zur Hälfte nicht erfüllt. Drittens ist das Ziel der Bewegung keine A-Position, denn eine A-Position ist immer eine Position, an die (zumindest im Prinzip) eine θ-Rolle zugewiesen werden kann. Damit ist auch das dritte Kriterium zur Hälfte nicht erfüllt.

v.Stechow&Sternefeld versuchen daraufhin, Scrambling unter einen allgemeineren Begriff von DP-Bewegung zu subsumieren: Wenn Scrambling-Spuren Anaphern sind, dann müssen sie in ihrer Rektionskategorie **X-gebunden** (d. h. von einer **X-Position** gebunden) sein. X ist nicht gleich A, denn eine Adjunkt-Position ist keine A-Position. D. h. Ziel von DP-Bewegung muss eine nicht-thematische Nicht-Operatoren-Position (eine A-Position oder eine Adjunkt-Position) sein. Das bedeutet, dass in (256) die Spur $t_i$ in (256) in der Matrix-IP X-gebunden sein muss. Dies ist in der Tat der Fall[93].

(260)    weil [IP sich_i [IP Harry_i [I' [IP t_i einen Schokofrosch schmecken] lässt]]].

Wie verhält es sich aber mit der gescrambelten DP *sich*? Auch sie muss Prinzip A der Bindungstheorie in IP gebunden sein. Das ist aber nicht der Fall[94]. Fanselow erklärt die Grammatikalität von (260) mit Kosters Prinzip des **Kettentransfers** (Koster 1982 /83), das ich in Abschnitt 6.4.1.1 als Vererbungsprinzip eingeführt habe (siehe Seite 251).
     Koster erklärt sein Prinzip mit den folgenden Daten:

(261)    Himself_i / *Bill_i / *Who_i he really does not like $t_i$.

Das Vererbungsprinzip läuft darauf hinaus, dass die *Wh*-Bewegung, die stattgefunden hat, um (261) zu erzeugen, quasi rückgängig gemacht wird, bevor die Bindungsprinzipien überprüft werden. Die für die Bindungsprinzipien relevante Struktur ist demnach nicht (261) sondern (262):

(262)    He_i does not really like himself_i / *Bill_i / *who_i.

Das Koster'sche Vererbungsprinzip wurde also für *Wh*-Bewegung und nicht für DP-Bewegung entwickelt. Es beruht darauf, dass *Wh*-Bewegung rückgängig gemacht wird. Liegt nur DP-Bewegung vor, dann kann auch nichts rückgängig gemacht werden. Da Scrambling nun bestenfalls unter einem stark verallgemeinerten Typ von DP-Bewegung zu subsumieren ist, könnte man annehmen, dass man Kosters Prinzip dennoch auf Scrambling anwenden kann. Um die Bindungsprinzipien etwa in (260) zu überprüfen, müsste der Scrambling-Prozess rückgängig gemacht werden, d. h. um die Grammatikalität von (256) zu beurteilen, müsste man (263) betrachten.

(263)    weil [IP Harry_i [I' [IP sich_i einen Schokofrosch schmecken] lässt]].

In (263) ist die Anapher *sich* in der Tat korrekt von der DP *Harry* gebunden; der Satz ist daher grammatisch.
     Leider verträgt sich eben diese Eigenschaft des Scrambling nicht mit der in Abschnitt 6.4.2 genannten achten Generalisierung, die Fanselow selbst

---

93   Der Leser sei daran erinnert, dass sich an IP adjungierte Phrasen immer noch innerhalb von IP befinden.

94   Man beachte, dass in (256) nicht nur Prinzip A der Bindungstheorie verletzt wird, sondern auch Prinzip C. Die Anapher *sich* bindet nämlich den R-Ausdruck *Harry*. R-Ausdrücke müssen aber nach Prinzip C immer frei sein.

formuliert hat. Die Generalisierung besagte, dass sich durch Scrambling der c-Kommando-Bereich des gescrambelten Elements erweitert. Der Satz in (256b) – hier wiedergegeben als (264) ist gerade deshalb grammatisch, weil Scrambling stattgefunden hat und die DP *jeden* in eine Position bewegt wurde, aus der sie das anaphorische Possessivpronomen *seine* c-kommandieren kann:

(264)    weil [$_{IP}$ jeden$_i$ [$_{IP}$ seine$_i$ Eltern t$_i$ lieben]].

Würde man hier den Scrambling-Prozess rückgängig machen, würde man wieder bei (256a) – hier (265) – ankommen:

(265)    *weil seine$_i$ Eltern jeden$_i$ lieben.

Daraus folgt, dass Scrambling keine DP-Bewegung sein kann – selbst dann nicht, wenn man von einer stark verallgemeinerten Form von DP-Bewegung ausgeht.

### 6.4.3.2 Ist Scrambling *Wh*-Bewegung?

Scrambling zeigt einige Parallelen zu *Wh*-Bewegung:

1)    *Wh*-Bewegung und Scrambling verhalten sich gleich in Bezug auf Bewegung aus einer Komplement-Position:

(266)
a)   [Welches Buch]$_i$ hat Hermine nie [ti gelesen]?
b)   weil [dieses Buch]$_i$ Hermine nie [t$_i$ gelesen] hat.
c)   [Auf wen]$_i$ war Sirius [stolz t$_i$ ]?
d)   weil [auf Harry]$_i$ Sirius [sehr stolz t$_i$] war.
e)   [Über wen]$_i$ hat niemand [ein Buch t$_i$ ] gelesen?
f)   weil [über Lockhart]$_i$ niemand [ein Buch t] gelesen hat.
g)   *[Wessen]$_i$ hat niemand [ein Buch t$_i$ ] gelesen?
h)   *weil[Lockharts]$_i$ niemand ein [Buch t$_i$ ] gelesen hat.
i)   *[Wessen Liebe]$_i$ hat Harry lange [für t$_i$ ] gekämpft?
j)   *weil [Ginnys Liebe] Harry lange [für t$_i$ ] gekämpft hat.
k)   [Wo]$_i$ haben die Schüler aus Dumbledores Armee lange [t$_i$ für] gekämpft?
l)   weil [da]$_i$ die Schüler aus Dumbledores Armee lange [t$_i$ für] gekämpft haben.

2)    *Wh*-Bewegung und Scrambling verhalten sich gleich in Bezug auf Bewegung aus einer Spezifikator-Position:

(267)

    a)    *Wessen$_i$ wurde [t$_i$ Zauberstab] gestohlen?

    b)    *weil [Harrys]$_i$ gestern [t$_i$ Zauberstab] gestohlen wurde.

3)    *Wh*-Bewegung und Scrambling verhalten sich gleich in Bezug auf Bewegung von Modifikatoren bzw. Adjunkten[95]:

(268)

    a)    *[mit roten Haaren] kennt Harry [einen Jungen t].

    b)    *weil [mit roten Haaren] Harry [einen Jungen t] kennt.

4)    *Wh*-Bewegung und Scrambling verhalten sich parallel im Bezug auf sogenannte **parasitäre Lücken**.

Dabei handelt es sich um ein Phänomen, das zunächst in der Syntax des Englischen beobachtet wurde. Betrachten Sie die folgenden Sätze (aus: Fanselow&Felix 1987: 232):

(269)

    a)    John filed the article [without reading it].

    b)    *John filed the article [without reading].

    c)    Which article did John file without [reading it].

    d)    Which article did John file [without reading].

Entscheidend ist der Kontrast zwischen (269b) und (269d). Die Objekt-Position im eingebetteten Adverbialsatz darf nur dann leer sein – d. h. nicht durch ein lexikalisches Pronomen gefüllt – wenn im [Spec CP] des Matrix-Satzes eine *Wh*-Phrase steht. Da die Strukturen in (269 c/d) offensichtlich durch *Wh*-Bewegung entstanden sind, liegt die Besonderheit von (269d) offensichtlich darin, dass der *Wh*-Operator hier offenbar nicht nur eine, sondern zwei Variablen bindet: die Variable in der Objekt-Position von *file* und die in der Objekt-Position von *reading*.

Die D-strukturelle Position der *Wh*-Phrase *which article* muss die Objekt-Position des Matrix-Verbs sein, weil eine Extraktion aus dem Adverbialsatz die Subjazenz-Bedingung (siehe Seite 205) verletzen würde. In der Tat führt die Besetzung des Matrix-Objektes zu Ungrammatikalität, während die Objekt-Position des eingebetteten Satzes leer bleiben kann:

(270)

    a)    *Which article did John file his notes [without reading t].

    b)    Which article did John file t [without reading his notes].

Es scheint, dass die leere Kategorie im eingebetteten Satz durch die *Wh*-Spur im Matrix-Satz quasi lizenziert wird. Metaphorisch gesprochen ist die leere

---

95    In (264a) liegt Topikalisierung vor, die ich in 6.2.1 als einen Fall von Wh-Bewegung angenommen habe.

Kategorie „parasitär" zur *Wh*-Spur. Aus diesem Grunde bezeichnet man sie als parasitäre Lücken und markiert sie gewöhnlich durch das Symbol e (von empty = leer)[96]. (269d) erhält demnach folgende S-Struktur:

(271)    Which article$_i$ did John file $t_i$ without PRO reading $e_i$?

Nach Webelhuth (1992) können parasitäre Lücken auch beim Scrambling entstehen:

(272)    weil Slughorn jeden Gast$_i$ [ohne $e_i$ anzuschauen] seinem Gegenüber $t_i$ vorgestellt hat.

Webelhuth nimmt an, dass es in Mittelfeld nicht wirklich freie Wortstellung gibt, sondern dass diese von pragmatischen Faktoren wie Themazität bzw. Rhemazität bestimmt wird. Scrambling ist nicht für rhematische Elemente nicht erlaubt (vgl. die 5. Generalisierung):

(273)
   a)   Michel hat dem Knirpsschweinchen **die Kirschen** gegeben.
   b)   Michel hat **die Kirschen** dem Knirpsschweinchen gegeben.
   c)   Michel hat die Kirschen **dem Knirpsschweinchen** gegeben.
   d)   ?Michel hat **die Kirschen** dem Knirpsschweinchen gegeben.

Nach Webelhuth sind gescrambelte Phrasen – genau wie *Wh*-Phrasen – für ein bestimmtes Merkmal spezifiziert, das den Bewegungsprozess auslöst. Dieses ist das diskurspragmatische Merkmal [- F][97]. [-F] ist nur in bestimmten Positionen (z. B. der Adjunkt-Position von VP oder IP) lizensiert.
   Indefinite DPs gelten als inhärent für [-F] spezifiziert. Das erklärt den Kontrast in (274):

(274)
   a)   Harry hat seiner Freundin **ein Butterbier** spendiert.
   b)   ?Harry hat ein Butterbier **seiner Freundin** spendiert.

Verschiedene Autoren (u. a. v.Stechow&Sternefeld (1988), Haider 1993) haben gegen eine Analyse von Scrambling als *Wh*-Bewegung argumentiert. Ihrer Meinung nach treffen die wesentliche Merkmale von *Wh*-Bewegung

1)    Ziel der Bewegung ist eine A'-Position.
2)    Ausgangsposition der Bewegung ist eine Kasusposition.

zwar auf Scrambling zu; es gibt aber auch entscheidende Unterschiede zwischen beiden Bewegungsprozessen:

---

96    Nach Chomsky (1982) sind parasitäre Lücken keine Spuren, sondern leere Pronomina.
97    [±F] steht für **Fokus**. [-F] ist mit Rhema gleichzusetzen.

*Wh*-Bewegung ist Bewegung nach [Spec CP]. Es gibt nur eine [Spec CP]-Position. Es kann deshalb nur eine *Wh*-Phrase an die Satzspitze bewegt werden. Liegt eine multiple *Wh*-Frage vor, müssen alle anderen *Wh*-Phrasen *in situ* (d. h. an ihrer Basisposition) verbleiben:

(275)     *Ich frage mich, wem was niemand übel nehmen wird.

Demgegenüber ist mehrfaches Scrambling durchaus möglich:

(276)     Ich erwarte, dass den Weasley-Zwillingen ihre Streiche niemand übel nehmen wird.

Generalisierung 1 sagt, dass Scrambling nur innerhalb einer IP möglich ist.

(277)     *weil [$_{IP}$ die Hauselfen$_i$ [$_{IP}$ ich glaube [$_{CP}$ dass jeder Schüler t$_i$ kennt]]]

Eine solche Beschränkung gilt nicht für *Wh*-Bewegung:

(278)     Wen$_i$ glaubt Harry [$_{CP}$ dass jeder Schüler t kennt?]

Generalisierung 7 sagt, dass nicht über den Bereich des nächsten Subjekts „hinausgescrambelt" werden kann:

(279)
          a)    ?weil es$_i$ Snape [$_{IP}$ die Schüler t$_i$ anrühren] ließ.
          b)    *weil ihm$_i$ Ron [$_{IP}$ Hermine t$_i$ helfen] ließ.

Auch diese Beschränkung gilt nicht für *Wh*-Bewegung:

(280)
          a)    Was$_i$ ließ Snape [die Schüler t$_i$ anrühren]?
          b)    Wem$_i$ ließ Ron [Hermine t$_i$ helfen]?

Schließlich sagt die 4. Generalisierung, dass gerade *Wh*-Phrasen nicht gescrambelt, d. h. an IP adjungiert werden können:

(281)
          a)    Wem$_i$ hat [$_{IP}$ Hermine t$_i$ welche Frage beantwortet]?
          b)    ??Wem$_i$ hat [$_{IP}$ welche Frage$_j$ [$_{IP}$ Hermine t$_i$ t$_j$ beantwortet]]?

Strazny (1997) argumentiert zudem, dass gar nicht klar ist, ob die parasitäre Lücke in (281) wirklich durch einen Bewegungsprozess ausgelöst wird.

Parasitäre Lücken sind nämlich auch dann lizensiert, wenn gar keine Bewegung stattfindet[98]:

(282)    weil Slughorn Harry das Buch vom Halbblutprinzen$_i$ [ohne e$_i$ anzuschauen übergeben] hat.

### 6.4.4 Ist Scrambling ein basisgeneriertes Phänomen?

Die letzten beiden Abschnitte haben gezeigt, dass Scrambling sowohl Eigenschaften von DP-Bewegung als auch von *Wh*-Bewegung aufweist. Mehr noch: Eigenschaften von DP- und *Wh*-Bewegung können sogar zusammen auftreten:

(283)    Slughorn hat [die Gäste]$_i$ [ohne e$_i$ anzuschauen] einander$_i$ t$_i$ vorgestellt.

Dieses Phänomen ist als **Webelhuths Paradox** in die Literatur eingegangen. Dennoch kann man Scrambling weder mit DP-Bewegung noch mit *Wh*-Bewegung vollständig erklären.

Deshalb haben verschiedene Autoren (u. a. Bayer&Kornfilt (1994), Fanselow (2001), Haider (1993), Neeleman (1994), Strazny (1997)) den Vorschlag gemacht, dass Scrambling-Strukturen schon auf der D-Struktur – d. h. ohne Bewegung – erzeugt werden.

Wesentliches Argument für eine Basisgenerierung sind **Ökonomieprinzipien**, die in den neuesten Arbeiten zur generativen Syntax eine wesentliche Rolle spielen (siehe u. a. Chomsky 1995). Diesen zufolge ist Bewegung immer mit „Kosten" verbunden und nur dann erlaubt, wenn sie motiviert (d. h., wenn ein grammatisches Prinzip verletzt wird, wenn sie nicht stattfindet) ist. Eine basisgenerierte Struktur hingegen verursacht keine „Kosten". Ich werde in Abschnitt 9.2 ausführlicher auf Ökonomieprinzipien zu sprechen kommen.

Alle Bewegungsprozesse, die ich bisher vorgestellt habe, sind motiviert. DP-Bewegung findet statt, damit das D-strukturelle Verb-Komplement auf der S-Struktur Kasus erwirbt. *Wh*-Bewegung findet statt, weil die *Wh*-Phrase für ein Merkmal [+Wh] spezifiziert ist, dass in [Spec CP] lizensiert werden muss. Verbbewegung findet statt, weil die C-Position lexikalisiert sein muss, damit dem Verb Konjugation zugewiesen werden kann. Wie steht es mit Scrambling? Scrambling ist ein optionaler Prozess – d. h. es erfolgt nicht aus einer grammatischen Notwendigkeit heraus (wie etwa Passivbewegung). Deshalb sollte es eigentlich unterbleiben. Fukui (1993) hat vorgeschlagen, dass Bewegung nur dann „Kosten" verursacht, wenn dadurch die D-strukturelle Abfolge von einem Kopf (z. B. einem Verb) und seinem Komplement (z. B. dem Objekt) verändert wird. Scrambling verursacht im Deutschen deshalb keine Kosten, weil des gescrambelte Element nicht an der D-strukturellen Verb-

---

98    Die Grammatikalität von (268) und (278) ist überhaupt umstritten. Ich halte die Sätze für
      ungrammatisch.

position vorbeibewegt wird. Dies wirft aber die Frage auf, warum im Englischen nur (284c), nicht aber (284b) grammatisch ist:

(280)

    a)    Snape gave Trevor the poison.
    b)    *Snape gave the poison Trevor.
    c)    Snape gave the poison to Trevor.

Wer also annimmt, dass Scrambling durch Bewegung ausgelöst wird, gerät in ein Dilemma: Wenn Scrambling „Kosten" verursacht, warum ist es dann ein optionaler Prozess, der nicht immer stattfinden muss? Und wenn Scrambling keine „Kosten" verursacht, warum kann dann nicht immer gescrambelt werden?

Die genannten Autoren gehen also davon aus, dass alle Argument-Folgen auf der D-Struktur erzeugt werden können. Es gilt aber nur eine Grund-Abfolge. Dies ist die unmarkierte Abfolge, die in den meisten Kontexten zugelassen ist und die meisten Foki erlaubt. Alle anderen Argument-Abfolgen gelten als abgeleitet. Betrachten Sie (285):

(285)

    a)    Was hat Snape Trevor gestern gegeben?     Gestern hat Snape Trevor **das Gift** gegeben**.**

            Was hat Snape gestern mit Trevor getan?     Gestern hat Snape Trevor **das Gift gegeben.**

            Was hat Snape gestern getan?     Gestern hat Snape **Trevor das Gift gegeben.**

            Was ist gestern geschehen?     Gestern hat **Snape Trevor das Gift gegeben.**

    b)    Wem hat Snape gestern das Gift gegeben?     Gestern hat Snape das Gift **Trevor** gegeben.

            Was hat Snape gestern mit dem Gift getan?     Gestern hat Snape das Gift **Trevor gegeben.**

Die Daten deuten darauf hin, dass die unmarkierte Argument-Abfolge für *geben ‚Subjekt > indirektes Objekt > direktes Objekt'* ist. Dies gilt für die meisten dreistelligen Verben im Deutschen. Es gibt aber auch Verben, die eine andere Grundabfolge haben (Beispiele aus Haider (1993)):

(286)

    a)    weil man die Kinder der Gefahr ausgesetzt hat.
    b)    ?weil man der Gefahr die Kinder ausgesetzt hat.

Die unmarkierte Argument-Abfolge für das Verb *aussetzen* ist demnach
,*Subjekt* > *direktes Objekt* > *indirektes Objekt'*

Demzufolge gibt es keine syntaktisch festgelegte Argument-Abfolge; diese
muss vielmehr für jedes Verb im Lexikon (siehe Seite 42) festgelegt werden.
Wie sieht ein solcher Lexikon-Eintrag aus?

Allgemein – auch in der traditionellen Grammatik – wird angenommen, dass
das Deutsche deshalb eine so freie Wortstellung erlaubt, weil es starkes
morphologisches Kasussystem verfügt. Am Kasus lässt sich erkennen, ob eine
DP Subjekt, direktes oder indirektes Objekt ist – unabhängig davon, welche
Position sie in der syntaktischen Struktur einnehmen.

Neeleman (1994) assoziiert Kasus mit thematischen Rollen. Er geht davon
aus, dass es eine Hierarchie von θ-Rollen gibt, etwa:

(287)    AGENS > BENEFIZIENT > REZIPIENT > EXPERIENCER > INSTRUMENT
         > THEMA > LOKATION[99]

Aufgrund der Kasus lässt sich festlegen, welches Argument welche θ-Rollen
tragen. Der Nominativ wird an dasjenige Argument zugewiesen, das die
höchste θ-Rolle in der Hierarchie trägt, Akkusativ an dasjenige, welches die
niedrigste θ-Rolle trägt. Dies erfolgt automatisch. Inhärente Kasus (Dativ und
Genitiv) müssen für jedes Verb im Lexikon festgeschrieben werden. Das Verb
*geben* erhält folgenden Lexikon-Eintrag:

(288)
         *geben:*        AGENS      >   EXPERIENCER   >   THEMA
                                           |
         NOM            DAT               AKK

Betrachten Sie noch einmal (282a) – hier wiedergegeben als (285):

(289)    weil man die Kinder der Gefahr aussetzt.

Hier trägt das Argument mit der θ-Rolle EXPERIENCER den Akkusativ, das mit
der θ-Rolle THEMA den Dativ. Die θ-Rolle THEMA nimmt aber in der θ-
Hierarchie eine niedrigere Position ein als EXPERIENCER und sollte demnach
den Akkusativ tragen. Neelemans Theorie führt also noch nicht zu den
richtigen Ergebnissen.

Haider (1993) assoziiert Kasus mit Positionen innerhalb der **Argument-
Struktur (A-Struktur)** des Verbs. Die Argumentstruktur (ein Konzept, das auf
Bierwisch (1988) zurückgeht) verknüpft die konzeptuelle (semantische)
Repräsentation des Verbs mit seiner syntaktischen Repräsentation. Das Verb
*geben* hat die folgende Argumentstruktur:

---

99    Vgl. Givón 2001 (Fußnote 36).

(290)

| *geben:* | $\lambda z$ | $\lambda y$ | $\lambda x$ | [x machen dass [y haben z]] | semantische Form |
|---|---|---|---|---|---|
| | $\mid$ | $\mid$ | $\mid$ | | |
| | $f_2$ | [+Dat] | $d, f_1$ | | syntaktische Form |

$\lambda$ ist ein Operator – der **$\lambda$-Operator** (Lambda-Operator). x, y, z sind Variablen. Die Variablen sind Argumente des komplexen Prädikats [machen dass [haben]] = geben. Die Variablen x, y, z sind durch den Lambda-Operator **gebunden.** Das bedeutet, dass an ihrer Stelle beliebige Argumente stehen können. Der Lambda-Operator, der am weitesten links steht, bindet das am tiefsten eingebettete Argument z. D. h., dass anstelle von z ein beliebiges Argument eingesetzt werden kann (das Geschenk, einen Kuss, das Gift ....).

Die Kasus werden nicht mit θ-Rollen, sondern mit den Argumentstellen assoziiert. [+ Dat] wird als inhärenter Kasus im Lexikon festgeschrieben, $f_1$ und $f_2$ sind strukturelle Kasus. $f_1$ erhält zusätzlich das Merkmal d. d steht für *designiert*. Das bedeutet, dass $f_1$ dasjenige Argument ist, dem in der Syntax der Nominativ zugewiesen wird. $f_2$ erhält einen Standard-Kasus, d. h. den Akkusativ.

Das Verb *aussetzen* hat folgenden Lexikon-Eintrag:

(291)

| *aussetzen:* | $\lambda z$ | $\lambda y$ | $\lambda x$ | [x machen dass [y ausgeliefert sein z]] | sem. Form |
|---|---|---|---|---|---|
| | $\mid$ | $\mid$ | $\mid$ | | |
| | [+Dat] | $f_2$ | $d, f_1$ | | synt. Form |

Weil schon im Lexikon festgelegt ist, welches Argument welchen Kasus trägt, können die Argumente jede Position innerhalb der verbalen Projektion einnehmen. Nach Haider ist die VP anders strukturiert als bisher angenommen. Alle Argumente des Verbs werden an VP adjungiert, sodass (292) die Struktur in (293) hat:

(292)     weil Snape Trevor das Gift gibt.

(293)

weil

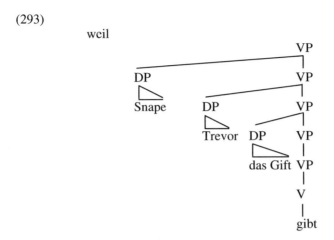

Kasus wird via Rektion (siehe Seite 119) zugewiesen, wobei sich Rektion nicht über c-Kommando (Seite 133) sondern über m-Kommando definiert: Eine Kategorie α m-kommandiert eine Kategorie β genau dann, wenn jede maximale Projektion γ, die α dominiert, auch β dominiert (siehe Seite 120). Dabei wird davon ausgegangen, dass γ auch diejenigen Elemente dominiert, die an γ adjungiert sind[100].

Wenn sich aufgrund des Kasus, den eine DP trägt, rekonstruieren lässt, welche Position sie in der Argumentstruktur des Verbs einnimmt, ist Scrambling möglich. Wenn das nicht der Fall ist, kann auch nicht gescrambelt werden.

Das Verb *lehren* hat folgenden Lexikon-Eintrag:

(294)

| *lehren:* | $\lambda z$ | $\lambda y$ | $\lambda x$ | [x machen dass [y wissen z]] | semantische Form |
|---|---|---|---|---|---|
| | $f_3$ | $f_2$ | $d,f_1$ | | syntaktische Form |

Weder f noch f sind für inhärenten Kasus spezifiziert; beide stehen im Akkusativ. Welches Argument in der semantischen Form welche Position einnimmt, lässt sich nur aufgrund der Position rekonstruieren, die es in der syntaktischen Struktur einnimmt. Die beiden Objekte können nicht gescrambelt werden, weil man sonst den resultierenden Satz falsch interpretieren könnte:

(295)

    a)    weil Harry Neville den Patronus-Zauber lehrt.
    b)    ?weil Harry den Patronus-Zauber Neville lehrt.

---

100    Es wird diskutiert, ob beim Scrambling basisgenerierte Spuren entstehen oder nicht (Haider (1993) vs. Strazny (1997)). Ich werde die Diskussion hier aus Platzgründen nicht wiedergeben.

Während sich (295b) noch aufgrund von Allgemeinwissen interpretieren lässt, ist dies in (296) nicht so leicht möglich (Strazny 1997):

(296)
    a)   weil Onkel Vernon einen Punk einen Verbrecher nennt.
    b)   weil Onkel Vernon einen Verbrecher einen Punk nennt.

Es ist offensichtlich, dass die hier entwickelte Theorie viele der oben aufgestellten Generalisierungen erklärt. Viele Fragen bleiben aber auch ungeklärt:
Warum können rhematische DPs nicht gescrambelt werden (5. Generalisierung)? Betrachten Sie (297):

(297)
    a)   Was hat Dumbledore Harry vererbt?
        *Dumbledore hat **die Heiligtümer des Todes** (und nicht nur Gryffindors Schwert) Harry vererbt.
    b)   Wem hat Dumbledore die Heiligtümer des Todes vererbt?
        Dumbledore hat die Heiligtümer des Todes **Harry** (und nicht Hermine) vererbt.

Eine mögliche Lösung bestünde in einer allgemeinen Generalisierung, derzufolge rhematische Elemente immer möglichst weit rechts im Baum stehen müssen.
Des Weiteren wird die Frage nicht beantwortet, weshalb *Wh*-Phrasen nicht gescrambelt werden (4. Generalisierung)?

(298)
    a)   Wem$_i$ hat Hermine welche Frage beantwortet?
    b)   ??Wem hat welche Frage Hermine beantwortet?

Warum müssen Akkusativargumente Präpositionalargumenten und Genitivargumenten grundsätzlich vorangehen?

(299)
    a)   weil der Vater Michel in den Tischlerschuppen schickt.
    b)   *weil der Vater in den Tischlerschuppen Michel schickt.
    c)   weil die Guttempler Michel des Alkoholismus bezichtigen.
    d)   *weil die Guttempler des Alkoholismus Michel bezichtigen.

Warum ist (300) grammatisch, obwohl der Satz Prinzip A (Anaphern müssen in ihrer Rektionskategorie gebunden sein) und Prinzip C (R-Ausdrücke müssen frei sein) der Bindungstheorie verletzt? Wenn man Scrambling nämlich als basisgeneriert annimmt, gibt nämlich das Vererbungsprinzip, das auf Bewegung basiert (siehe Seite 251) keine mögliche Erklärung mehr ab.

(300)    weil sich Harry einen Schokofrosch schmecken ließ.

## Übungen

1.)     Warum hat in der folgenden Struktur kein Scrambling stattgefunden?

        weil Filch das Zaubern schwerfällt.

2.)     Zeichnen Sie einen Baum für die folgende Satzstruktur

        weil Hagrid die Eule Harry geschenkt hat.

3.)     Welche Argumente sprechen dafür, Scrambling als einen Fall von DP-
        Bewegung zu analysieren? Geben Sie Beispiele.

4.)     Welche Argumente sprechen dagegen, Scrambling als einen Fall von
        *Wh*-Bewegung zu analysieren? Geben Sie Beispiele.

5.)     Was spricht dafür, Scrambling-Strukturen als basisgeneriert anzu-
        nehmen?

6.)     Welchen Lexikon-Eintrag hat das Verb *töten*?

# 7 Logische Form

## 7.1 Quantorenskopen und c-Kommando

In Abschnitt 2.6.3.1 habe ich einige Konzepte der formalen Semantik vorgestellt. Demnach erhielt ein Satz wie (1) folgende semantische Repräsentation (2):

(1)     Harry mag Dumbledore.

(2)     M(h,d)

M ist ein Prädikat und steht für *mögen*, h und d sind die Argumente dieses Prädikats. *h* steht für *Harry* und *d* für *Dumbledore*. Betrachten Sie nun den folgenden Satz.

(3)     Harry mag alle Lehrer.

*Alle Lehrer* ist ein quantifizierter Ausdruck, denn *alle* ist ein Quantor. (3) könnte die folgende Repräsentation erhalten:

(4)     M(h,a),

wobei *h* wiederum für *Harry* und *a* für *alle Lehrer* steht. Eine solche Repräsentation wäre aber wenig befriedigend. Quantifizierte Ausdrücke haben nämlich eine andere Bedeutung als Ausdrücke wie *Harry* oder *Dumbledore*. *Harry* und *Dumbledore* stehen für festgelegte Individuen (wenn man einmal davon absieht, dass es mehrere Individuen geben kann, die entweder *Harry* oder *Dumbledore* heißen). Die Bedeutung von *alle Lehrer* wechselt aber von Diskursuniversum zu Diskursuniversum. (3) kann in einem Kontext geäußert werden, in dem von allen Hogwarts-Lehrern die Rede ist oder nur von einer bestimmten Gruppe von Lehrern, etwa den Hauslehrern oder den Lehrern für Wahrsagen und Zaubertränke. Man sagt auch, dass *Harry* und *Dumbledore* eine **konstante** Bedeutung haben, *alle Lehrer* hingegen hat eine **variable** Bedeutung.

(3) kann man wie folgt paraphrasieren:

(5)     Für alle (Individuen) x gilt: Wenn x ein Lehrer ist, dann mag Harry x.

In der formalen Semantik erhält (3) die folgende Repräsentation (6):

(6)     $\forall x: L(x) \Rightarrow M(h,x)$

In (6) hat das Prädikat M (*mögen*) ein Argument h (Harry) und ein Argument x. x ist eine **Variable**, deren Bedeutung von der Bedeutung des Quantors $\forall$ abhängt. Man sagt auch, der Quantor $\forall$ **bindet** die Variable. Den Quantor $\forall$ nennt man **Allquantor**. Er bedeutet *für alle...gilt*. Den Doppelpfeil $\Rightarrow$ nennt man in der formalen Logik **Konditional**. Er steht für *wenn....dann*. Die Formel *L(x)* links vom Konditional schränkt die Menge der Individuen ein, auf die die Formel *M(h,x)* (Harry mag x) zutrifft. *L(x)* steht für: x ist ein Lehrer.
Betrachten Sie nun (7):

(7)      Harry mag einen Lehrer.

(7) enthält einen quantifizierten Ausdruck *einen Lehrer*. *Ein Lehrer* verweist nicht auf ein festgelegtes Individuum, sondern auf (mindestens) ein Element der Menge der Lehrer, die wiederum von Diskursuniversum zu Diskursuniversum eine andere sein kann. Deshalb kann *ein Lehrer* ebenfalls in verschiedenen Kontexten eine unterschiedliche Bedeutung haben. *Ein* Lehrer ist – wie *alle Lehrer* – ein quantifizierter Ausdruck. (7) wird wie folgt paraphrasiert:

(8)      Es gibt ein x, für das gilt: x ist ein Lehrer und Harry mag x.

In der formalen Semantik erhält (7) die folgende Repräsentation (9):

(9)      $\exists x: L(x) \land M(h,x)$

Das Prädikat M hat wiederum ein Argument x, das eine Variable ist. Die Variable ist aber durch einen anderen Quantor gebunden, den Quantor $\exists$. Den Quantor $\exists$ nennt man in der formalen Logik **Existenzquantor**. Er bedeutet *es gibt ein ..., für das gilt...*Das Zeichen $\land$ steht für *und*.
Betrachten Sie nun folgende Sätze:

(10)
        a)    Jeder Schüler ärgert einen Lehrer.
        b)    Jeden Lehrer ärgert ein Schüler.

(10a) wird vorzugweise wie folgt interpretiert (11):

(11)     Für jedes Individuum x gilt: Wenn x ein Schüler ist, dann gibt es einen Lehrer y und x ärgert y.

(10a) erhält folgende semantische Repräsentation (12):

(12)     $\forall x: S(x) \Rightarrow \exists y: L(y) \land \ddot{A}(x,y),$

wobei Ä für das Prädikat *ärgern* steht.

    (10b) kann man wie folgt paraphrasieren (13):

(13)      Es gibt ein Individuum y, für den gilt: y ist ein Lehrer und für alle x
          gilt: Wenn x ein Schüler ist, dann ärgert x y.

Die semantische Repräsentation von (10b) ist (14):

(14)      $\exists y \; L(y) \; \wedge \; \forall x: S(x) \Rightarrow \ddot{A}(x,y)$[101]

Die beiden Lesarten unterscheiden sich wie folgt: (10a) kann wahr sein, wenn
es für jeden Schüler einen anderen Lehrer gibt, den er ärgert: Harry ärgert
Professor Trelawney, Ron ärgert Professor Binns, Malfoy ärgert Professor Mc
Gonagall... (10b) ist wahr, wenn es einen Lehrer gibt (z. B. Hagrid), der von
allen geärgert wird.

Man sagt, dass in (10a) / (12) der Allquantor **Skopus** über den Existenzquantor hat; in (10b) / (14) hat der Existenzquantor Skopus über den Allquantor. Der Skopus eines Quantors ist der Bereich in einem sprachlichen
Ausdruck, dessen Bedeutung durch den Quantor beeinflusst wird.

## 7.2 Skopusbeziehungen in der Syntax

Die unterschiedlichen Skopusbeziehungen in den Sätzen (10a) und (10b)
spiegeln sich in ihrer syntaktischen Struktur wieder. In (10a) c-kommandiert
der quantifizierte Ausdruck *jeder Schüler* den quantifizierten Ausdruck *einen
Lehrer*. In (10b) besteht die umgekehrte c-Kommando-Beziehung. In der
generativen Grammatik gilt daher Folgendes:

**Skopusprinzip**:
α hat Skopus über β, wenn α β c-kommandiert (Fanselow&Felix 1987: 183).

Auch *Wh*-Phrasen können Skopuseigenschaften aufweisen, die sich bereits auf
der S-Struktur ablesen lassen. Betrachten Sie die folgenden Sätze:

(15)
          a)   Was vergaß Michel, Krösa-Maja auszurichten?
          b)   Michel vergaß, was er Krösa-Maja ausrichten sollte.

Die Sätze in (15) lassen sich wie folgt paraphrasieren:

(16)
          a)   Für welches x gilt: Michel vergaß, Krösa-Maja x auszurichten.
          b)   Michel vergaß: für welches x gilt: Michel sollte Krösa-Maja x
               ausrichten.

---

101  Man beachte, dass die Sätze in (10a, b) jeweils auch die andere Lesart zulassen. Diese ist
     dann aber stark markiert.

In (15a) weiß der Sprecher nicht, was Michel Krösa-Maja ausrichten soll; in (15b) weiß Michel nicht, was er Krösa-Maja ausrichten soll. In (15a) befindet sich die *Wh*-Phrase in der [Spec CP]-Position des Matrix-Satzes. Dort c-kommandiert sie den gesamten Satz. Dem Skopusprinzip zufolge hat sie Skopus über den gesamten Satz. In (15) befindet sich die *Wh*-Phrase in der [Spec CP]-Position des eingebetteten Satzes. Sie c-kommandiert den eingebetteten Satz und hat folglich nur über den eingebetteten Satz Skopus. Man sagt auch, dass die *Wh*-Phrase in (15a) **weiten Skopus** und in (15b) **engen Skopus** hat.

## 7.3 Wh-Bewegung

Im Deutschen muss eine *Wh*-Phrase nicht notwendig nach [Spec CP] bewegt werden. (17) ist zwar markiert, aber grammatisch:

(17)      Dumbledore vertraut *wem*?

(17) ist eine sogenannte Echo-Frage. In Echo-Fragen verbleibt die *Wh*-Phrase in ihrer Basisposition. Man sagt auch, die *Wh*-Phrase bleibt *in situ*. Dennoch ist klar, das (17) dieselbe semantische Interpretation wie (18) hat (19):

(18)      Wem vertraut Dumbledore?

(19)      Für welches x gilt: Dumbledore vertraut x?

Überhaupt kann eine Wh-Phrase nur dann nach [Spec CP] bewegt werden, wenn diese Position nicht schon besetzt ist. D. h., dass bei mehrfachen *Wh*-Fragen eine *Wh*-Phrase *in situ* bleiben muss:

(20)
          a)   *Wer* hat *wen* in ein Frettchen verwandelt?
          b)   *\*Wer wen* hat in ein Frettchen verwandelt?

(20) muss aber semantisch wie folgt interpretiert werden:

(21)      Für welches x und welches y gilt: x hat y in ein Frettchen verwandelt?

Es wird deshalb angenommen, dass zu irgendeinem Zeitpunkt der Derivation sowohl in (17) als auch in (19) die *Wh*-Phrase *wem* an [Spec CP] adjungiert wird (Haegeman (1994)), wo sie Skopus über den Satz bekommt.

Im Japanischen und Chinesischen werden *Wh*-Phrasen auf der S-Struktur grundsätzlich nicht nach [Spec CP] bewegt (Daten von Fanselow&Felix 1987: 185):

(22)

    a)   taaroo-wa     *dare-o*     aishiteru          Japanisch
          Taaroo-Nom.   wen-Akk.   liebt
          Wen liebt Taaroo?
    b)   ní   xîhuan   *shémo*                Chinesisch
          Du   magst   was
          Was magst du?

Wiederum gilt: Die Sätze in (22) sind Fragen. Sie müssen wie folgt interpretiert werden:

(23)

    a)   Für welches x gilt: Taroo liebt x?
    b)   Für welches x gilt: Du magst x?

Auch unterschiedliche Skopusverhältnisse wie in (15) lassen sich im Japanischen ausdrücken – obgleich die *Wh*-Phrase *in situ* bleibt. In (24a) hat *nani-o* weiten Skopus – d. h. Skopus über den gesamten Satz – in (24b) hingegen hat die *Wh*-Phrase engen Skopus.

(24)

    a)   John-wa     Maria-ni   *nani-o*          Japanisch
          John-Nom    Maria-Dat   was-Akk
          tsutaeru     yooni       wasureta
          mitteilen    um-zu      vergaß
          Was vergaß John, Maria mitzuteilen?
    b)   John-wa     Maria-ni   *nani-o*   tsutaeru-ka-to
          John-Nom    Maria-Dat   was-Akk    mitteilen-Fragepartikel
          wasureta
          vergaß
          John vergaß, was er Maria mitteilen wollte

Eine solche Interpretation setzt voraus, dass die *Wh*- Phrase eine Skopus-Position einnimmt. D. h., sie muss im Verlauf der Derivation irgendwann im Verlauf der Derivation in die [Spec CP]-Position des gesamten Satzes (24a) oder des eingebetteten Satzes (24b) bewegt werden. Dass eine solche Bewegung tatsächlich stattfindet, ist sehr wahrscheinlich, denn *Wh*-Phrasen verhalten sich im Chinesischen und Japanischen ganz ähnlich wie im Deutschen – und das, obwohl sie auf der S-Struktur nicht bewegt werden.

Im Deutschen können *Wh*-Phrasen nicht aus Subjektsätzen herausbewegt werden, weil die Zwischenspur in [Spec CP] nicht streng regiert ist und damit das ECP (siehe Seite 213) verletzt wird.

(25)

    a)   Dass Ron Hermine heiratet, ist keine Überraschung.
    b)   *Wen$_i$ ist [$_{CP}$ t'$_i$ dass [$_{IP}$ Ron t$_i$ heiratet]] keine Überraschung?

Im Japanischen und Chinesischen sind *Wh*-Phrasen in Subjekt-Sätzen nicht
erlaubt, auch wenn hier keine Bewegung stattfindet und deshalb das ECP nicht
zu gelten scheint (Beispiele aus Huang 1982).

(26)

    a)   [Zhángsan   tào-le     Lisi]   zhēn   kéxí.       Chinesisch
        Zhangsan   heiratete  Lisi   sehr    schade
        Dass Zhangsan Lisi geheiratet hat, ist sehr schade.

    b)   *[Zhangsan   tào-le    *shéi*]  zhēn   kéxí?
        Zhangsan   heiratete  wen   sehr    schade
        Wen ist schade dass Zahgsan geheiratet hat?

    c)   [taroo-ga     hanako-do   kekkon-shita]       Japanisch
        Taroo-Nom   Hanako-Dat  heiratete
        no      wa hen-na koto desu:
        NOM    seltsame Sache ist.
        dass Taro Hanako heiratete, ist eine seltame Sache

    d)   *[Taroo-ga   *dare-to*   kekkon-shita]  no
        Taroo-Nom   wen-Dat  heiratete      NOM
        wa hen-na koto desu.
        seltsame Sache ist
        Wen ist eine seltsame Sache dass Taroo geheiratet hat?

Die Daten in (26) lassen sich erklären, wenn man annimmt, dass zu irgendeinem Zeitpunkt in der Derivation die *Wh*-Phrasen nach [Spec CP] bewegt
werden. Wie in (25b) müsste die *Wh*-Phrase in der [Spec CP]-Position des
eingebetteten Satzes zwischenlanden. Weil sie dort nicht streng regiert ist,
resultiert eine Verletzung des ECP, die die Ungrammatikalität von (26b) und
(26d) erklärt.

    Eine weitere Parallele gibt es bei den sogenannten Cross-Over-Effekten, die
in der englischen Syntax eine Rolle spielen (siehe Seite 197)[102]. Cross-Over-
Effekte entstehen, wenn eine *Wh*-Phrase über eine koindizierte Phrase hinwegbewegt wird:

(27)

    a)   *Who*$_i$ [$_{IP}$ t$_i$ said [$_{CP}$ that [$_{IP}$ Ginny loves him$_i$ ]]]
    b)   *Who*$_i$ did [$_{IP}$ he$_i$ say [$_{CP}$ that [$_{IP}$Ginny loves t$_i$ ]]]

(27b) ist ungrammatisch, weil die Spur der *Wh*-Phrase von dem Pronomen *he*
A-gebunden ist. Spuren von *Wh*-Bewegung sind Variablen und Prinzip C der
Bindungstheorie verlangt, dass Variablen prinzipiell A-frei sind (siehe Seite
199).

    Cross-Over-Effekte finden sich auch im Japanischen, obgleich hier keine
*Wh*-Bewegung stattfindet:

---

(28)

    a)   *dare-wa*$_i$   [yoko-ga    jibun-o$_i$            Japanisch

          Wer-Nom  Yoko-Nom  ihn-Akk

          ai-shiteru]    to             omou      no

          liebt             Complementizer  glaubt  Fragepartikel

          Wer glaubt, dass Yoko ihn liebt.

    b)   *[yoko-ga$_i$    *jibun-o*$_i$    ai-shiteru]    no-ga

          Yoko-Nom   ihn-Akk     liebt        Fragepartikel

          *dare-o*$_i$     odoro-kashita

          wen-Akk     überraschte

          Wen überraschte, dass Yoko ihn liebt

Die Ungrammatikalität in (28b) lässt sich wiederum erklären, wenn man annimmt, dass die Wh-Phrase *dare-o* irgendwann im Verlauf der Derivation nach [Spec CP] bewegt wird. Das Pronomen *jibun-o* A-bindet die Spur, die dadurch entsteht. Prinzip C der Bindungstheorie ist verletzt; der Satz ist ungrammatisch.

In der Tat gibt es in der Syntax neben der D-Struktur und der S-Struktur eine weitere Repräsentationsebene: die **Logische Form (LF)**. Hier können die Skopus-Eigenschaften der Wh-Phrasen abgelesen werden – unabhängig davon, welche Position sie auf der S-Struktur einnehmen. Allgemein nimmt man an, dass im Japanischen und Chinesischen Wh-Phrasen nicht auf der S-Struktur, sondern auf LF nach [Spec CP] bewegt werden. Dasselbe gilt für Echo-Fragen im Deutschen. Da – wie aus den Beispielen in (26) und (28) hervorgeht – auch auf LF syntaktische Prinzipien gelten (ECP, Bindungstheorie), handelt es sich um eine syntaktische Repräsentationsebene. Tatsächlich ist LF die Schnittstelle zwischen der syntaktischen und der semantischen Interpretation eines Satzes. Die Grammatik ist jetzt wie folgt organisiert:

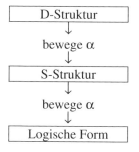

Man nimmt an, dass es noch eine weitere Repräsentationsebene gibt: die **phonetische Form (PF)**. Hier wird die Information, die die Syntax über einen Satz liefert, in eine Lautstruktur umgesetzt. Auch auf PF finden grammatische Prozesse statt, die aber für die semantische Interpretation keine Rolle spielen. Ein Beispiel hierfür ist die *wanna*-Kontraktion im Englischen. Dabei wird das Verb *want* mit dem I-Kopf *to* des eingebetteten Satzes verschmolzen:

(29)

       a)     I want PRO to go.      $\rightarrow$  I wanna go

       b)     Do you want PRO to see?    $\rightarrow$  Do you wanna see?

In (29) regiert das Verb *want* einen Infinitivsatz, dessen Subjekt-Position durch ein basisgeneriertes PRO besetzt ist. Die *wanna*-Kontraktion ist aber offensichtlich nicht mit jeder leeren Kategorie möglich. Betrachten Sie (30):

(30)

       a)     $Who_i$ do you want $t_i$ to feed  $\rightarrow$  \*Who do you wanna feed
               the dog?                       the dog?

       b)     $Who_i$ do you want $t_i$ to win  $\rightarrow$  \*Who do you wanna win
               the race?                     the race?

Die Sätze in (30) sind Fragesätze, bei denen das Subjekt in die [Spec CP]-Position des Matrix-Satzes bewegt wurde und in der [Spec IP]-Position eine Spur hinterlässt. Ganz offensichtlich ist *wanna*-Kontraktion nur dann möglich, wenn das leere Element in [Spec IP] basisgeneriert ist. PF ist demnach sensibel für grammatische Prozesse und muss zu den grammatischen Repräsentationsebenen gezählt werden.

Die Grammatik ist also wie folgt organisiert:

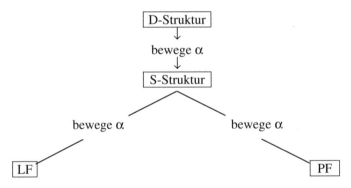

Wh-Bewegung ist nach der bisherigen Diskussion ein universaler Prozess. Das Deutsche und das Japanische unterscheiden sich nur insoweit voneinander, dass japanische *Wh*-Bewegung zu einem späteren Zeitpunkt in der Derivation stattfindet. In neueren Arbeiten zur generativen Grammatik wird unterschieden zwischen **overter** (sichtbarer) und **koverter** (nicht sichtbarer) Bewegung. Overte Bewegung ist Bewegung, die auf der S-Struktur stattfindet und auf PF sichtbar ist. Koverte Bewegung ist Bewegung, die auf LF stattfindet. Sie ist auf PF nicht sichtbar. *Wh*-Bewegung im Deutschen ist ein overter, *Wh*-Bewegung im Japanischen ein koverter Prozess.

Wie die Daten in (20) gezeigt haben, kann im Deutschen aber nur jeweils eine *Wh*-Phrase overt nach [Spec CP] bewegt werden; alle anderen nehmen ihre Skopus-Position erst auf LF. Es stellt sich die Frage, ob es auch Sprachen

gibt, in denen alle Wh-Phrasen overt in eine Skopus-Position bewegt werden.
Dies ist in der Tat im Polnischen der Fall (Daten entnommen aus Lasnik&Saito
(1984))[103]:

(31)

    Maria zastanawiala  kto   co      przyniese.          Polnisch
    Maria fragte sich      wer   was   würde bringen.
    Maria fragte sich, wer was bringen würde.

Wenn LF dadurch entsteht, dass *Wh*-Phrasen auf LF via *Wh*-Bewegung in eine
Operatoren-Position – also nach [Spec CP] – bewegt werden, so müssen die
LF-Repräsentationen für (15), (17), (20) und (22) im Groben mit den Para-
phrasierungen in (16), (19), (21) und (22) übereinstimmen. Allerdings können
auf LF – anders als auf der S-Struktur – mehrere *Wh*-Phrasen in [Spec CP]
stehen, sodass man für (20) die folgende LF-Repräsentation erhält[104]:

(32)     [$_{CP}$ welches x [$_{CP}$ welches y [$_{IP}$ x verwandelt y in ein Frettchen]]]

Die spezifische Form der LF-Repräsentation leitet sich aus den verschiedenen
Modulen der Grammatik ab. Das θ-Kriterium (siehe Seite 65) verlangt in Verbindung mit dem Projektionsprinzip (siehe Seite 72), dass *Wh*-Bewegung auch
auf LF eine leere Kategorie zurücklässt. Diese wird jedoch meistens nicht mit
dem Symbol t (für *trace* = Spur) gekennzeichnet, sondern mit den Buchstaben
*x, y, z*. Mit diesen Buchstaben werden in der formalen Logik Variablen gekennzeichnet.
    Wenn Skopus-Zuweisung auf LF erfolgt, so ist das Skopusprinzip (siehe
Seite 275) ein LF-Prinzip. Eine Wh-Phrase hat Skopus über den Satz, den sie
*auf LF* c-kommandiert. Die Skopusunterschiede für die Sätze in (15) ergeben
sich aus den unterschiedlichen LF-Repräsentationen der Sätze:

(33)

    a)   [$_{CP}$ welches x [$_{CP}$ Michel vergaß, Kräsa-Maja x auszurichten]]
    b)   Michel vergaß: [$_{CP}$ welches x [$_{CP}$ Michel sollte Kräsa-Maja x aus-
        richten]]

---

103   Lasnik&Saito gehen davon aus, dass die Wh-Phrase *co* nicht nach [Spec CP] bewegt wird,
      sondern an IP adjungiert wird.
      Wh-Phrasen können nämlich auch aus complementizereingeleiteten Sätzen extrahiert werden,
      die Zielposition befindet sich dann aber rechts vom Complementizer (siehe Seite 250).
      Maria      myśli     ze     coi    Janek     kupił ti
      Maria      glaubt   dass   was   Janek     kaufte
      Was glaubt Maria hat Janek gekauft?
      [Spec IP] wird aber in der generativen Grammatik auch als Skopus-Position analysiert.
104   Auf LF sind – anders als auf der S-Struktur – mehrere Elemente in [Spec CP] erlaubt.

Dasselbe gilt für die Skopus-Unterschiede bei den japanischen Sätzen in (24). In (24a) c-kommandiert die *Wh*-Phrase *nani* (was) auf LF den gesamten, in (24b) nur den eingebetteten Satz.

Wie lässt sich das unterschiedliche Verhalten der Sprachen Deutsch, Japanisch und Polnisch bezüglich der *Wh*-Bewegung erklären? Laut Haegeman (1994) kommen hier zwei Prinzipien in Frage, die einander allerdings widersprechen: Eines geht auf Pesetsky (1989) zurück. Pesetsky nimmt ein **Frühzeitigkeits-Prinzip** an (Earlyness Principle), das besagt, dass Bewegungsprozesse im Verlauf der Derivation so früh wie möglich stattfinden müssen.

Wh-Phrasen sind Operatoren. D. h., sie nehmen auf LF eine Skopus-Position und binden von dort eine Variable. Bei multiplen Wh-Fragen müssen **alle** Wh-Phrasen auf LF Skopus-Position einnehmen. Das Frühzeitigkeitsprinzip besagt, dass in Sprachen wie dem Deutschen und dem Polnischen, in denen Wh-Bewegung schon auf der S-Struktur erlaubt ist, diese auch schon auf der S-Struktur stattfinden muss. In Sprachen wie dem Japanischen, die keine overte Wh-Bewegung zulassen, gibt es auf der S-Struktur auch keine Wh-Bewegung. Der Unterschied zwischen dem Deutschen und dem Polnischen lässt sich aufgrund syntaktischer Eigenschaften der einen oder anderen Sprache erklären. Man könnte zum Beispiel vermuten, dass im Deutschen auf der S-Struktur Adjunktion an [Spec CP] nicht erlaubt ist.

Andererseits könnte ein Prinzip verantwortlich sein, das in den neuesten Arbeiten zur generativen Grammatik eine wichtige Rolle spiel und das Verzögerungsprinzip **Procrastinate** (von engl.: to procrastinate = aufschieben) genannt wird (siehe Chomsky 1992). Das Prinzip besagt, dass syntaktische Prozesse im Verlauf der Derivation so spät wie möglich stattfinden sollten. Nach Chomsky (1992) finden alle Bewegungsprozesse universal statt. Sprachen unterscheiden sich nur insoweit, welche Bewegungsprozesse overt und welche kovert sind. Bewegung wird ausgelöst durch Merkmale, die in bestimmten Positionen „überprüft" werden müssen. Nur sogenannte **starke Merkmale** müssen bereits auf der S-Struktur überprüft werden, sogenannte **schwache Merkmale** erst auf LF. Im Deutschen und Polnischen ist das Merkmal [+Wh] stark. Deshalb müssen Wh-Phrasen bereits auf der S-Struktur nach [Spec CP] bewegt werden. Im Japanischen ist das Merkmal [+Wh] schwach. Dem Verzögerungsprinzip zufolge dürfen sie erst auf LF nach [Spec CP] bewegt werden.


## 7.4 Quantorenanhebung

Bisher habe ich mich nur mit den Skopus-Eigenschaften von Wh-Phrasen befasst. Dabei zeigte sich, dass sich *Wh*-Phrasen, die auf der S-Struktur *in Sitz* bleiben bezüglich ihrer Skopuseigenschaften genauso verhalten, wie *Wh*-Phrasen in [Spec CP]. Ich habe gezeigt, dass die Skopusunterschiede auf einer zusätzlichen Repräsentationsebene erfasst werden, die Logische Form (LF) genannt wird. Es wurde deutlich, dass auf LF – genau wie auf der S-Struktur –

die Prinzipien von UG (ECP, Bindungstheorie, θ-Kriterium, Projektionsprinzip) gelten. Aus den Daten, die ich in Abschnitt 7.1 diskutiert habe, ging
jedoch hervor, dass nicht nur *Wh*-Phrasen, sondern auch quantifizierte Ausdrücke (jeder, alle, kein etc.) Skopuseigenschaften haben.

Im Deutschen lassen sich die Skopuseigenschaften quantifizierter Ausdrücke
bereits auf der S-Struktur ablesen. Betrachten Sie die folgenden Sätze:

(34)

    a)   [$_{CP}$ Jedes Mädchen$_i$ [$_{C'}$ liebt$_j$ [$_{IP}$ t$_i$ einen Jungen t$_j$]]].
    b)   [$_{CP}$ Einen Jungen$_i$ [$_{C'}$ liebt$_j$ [$_{IP}$ jedes Mädchen t$_i$ t$_j$]]].

In (34a) c-kommandiert steht die Subjekt-DP *jedes Mädchen* in [Spec CP].
[Spec CP] ist eine Skopus-Position. Die Subjekt-DP hat deshalb Skopus über
die Objekt-DP. In (34b) ist die Objekt-DP nach [Spec CP] bewegt worden und
hat Skopus über die Subjekt-DP. (34a) wird so interpretiert, dass es für jedes
Mädchen einen Jungen gibt, den sie liebt. (34b) erhält die Interpretation, dass
es einen Jungen gibt, den alle Mädchen lieben.

Betrachten Sie nun die englische Entsprechung zu den Sätzen in (34):

(35)     [$_{IP}$ Every girl [$_{I'}$ loves a boy]].

Hier befindet sich weder die Subjekt-DP noch die Objekt-DP in einer Skopus-
Position. Der Satz ist ambig. Er kann sowohl die semantische Interpretation in
(36a) als auch in (36b) haben:

(36)

    a)  $\forall x: M(x) \Rightarrow \exists y: J(y) \wedge L(x,y)$
       Für alle x gilt : Wenn x ein Mädchen ist, dann gibt es ein y, für
       das gilt: y ist ein Junge und x liebt y.
    b)  $\exists y: J(y) \wedge \forall(x) : M(x) \Rightarrow L(x,y)$
       Es gibt ein y, für das gilt : y ist ein Junge und für alle x gilt: Wenn
       x ein Mädchen ist, dann liebt x y.

Damit (35) eine semantische Interpretation erhalten kann, muss auf LF eine der
DPs in eine Position eine Position links von IP bewegt werden, in der sie
Skopus über die jeweils andere DP nehmen kann. Dieser Prozess wird in der
generativen Grammatik **Quantorenanhebung** (engl.: Quantifier Raising = QR)
genannt[105]. Es zeigt sich, dass Quantorenanhebung – ähnlich wie auch Wh-
Bewegung den Prinzipien von UG gehorchen muss. LF-Bewegung aus einer
Subjektposition sollte nur dann erlaubt sein, wenn die zurückgelassene leere
Kategorie streng regiert ist. Dies ist in der Tat der Fall. Betrachten Sie
(37):

(37)    Some teacher expects every student to pass the exam.

---

105  Da sich im Deutschen die Skopus-Verhältnisse bereits auf der S-Struktur ablesen lassen, gibt
     es hier keine Quantorenanhebung (siehe auch Fanselow (1990): 124).

Der Satz in (37) ist ambig. Er lässt einerseits die Lesart zu, dass es einen Lehrer gibt, der glaubt, dass jeder Student das Examen bestehen wird. Er lässt aber auch die Lesart zu, dass es für jeden Studenten einen Lehrer gibt, der glaubt, dass er das Examen bestehen wird. Dementsprechend gibt es zwei LF-Repräsentationen für (37):

(38)
    a)   There is a teacher x, such that x expects: for every student y, y to pass the exam.
    b)   For every student y, there is some teacher x, such that x expects y to pass the exam.

Vergleichen Sie nun (37) mit (39):

(39)     Some teacher expects that every student will pass the exam.

(39) ist nicht ambig. Der Satz lässt nur eine Lesart zu, nach der die quanti-fizierte DP *some teacher* weiten Skopus über *every student* hat. Die alternative Lesart, nach der *every student* Skopus über *some teacher* hat, ist nicht möglich.

(40)
    a)   There is some teacher x, such that x expects: for every student y, that y will pass the exam.
    b)   *for every student y, there is some teacher x, such that x expects that y will pass the exam.

Zwischen (38b) und (40b) besteht der folgende Unterschied: In (38b) wird die quantifizierte DP aus einer ECM-Konstruktion extrahiert. ECM-Konstruktionen sind IPs und damit keine Barrieren für Rektion von außerhalb (siehe Seite 125). Das heißt, dass das Verb *expect* die Spur, die die quanti-fizierte Phrase hinterlässt, lexikalisch, also streng regiert. Das ECP ist damit erfüllt. In (40b) wird die quantifizierte DP aus einem complementizereinge-leiteten Satz extrahiert. Die Spur wird vom I-Kopf des eingebetteten Satzes regiert, der kein strenges Regens (siehe Seite 214). Die LF-Repräsentation verletzt das ECP und ist damit ungrammatisch.

    Genauso wie bei den *Wh*-Phrasen gibt es auch bei quantifizierten DPs schwache Cross-Over-Effekte, auch wenn hier keine LF-Bewegung stattfindet. Betrachten Sie (41):

(41)
    a)   They expect everyone$_i$ to love his$_i$ parents.
    b)   *They expect his$_i$ parents to love everyone$_i$.

Wenn in (41b) die DP *everyone* auf LF in eine Position links von IP bewegt wird, dann wird sie über ein koindiziertes Pronomen hinwegbewegt. Dies führt zu Ungrammatikalität (siehe Seite 197).

Es stellt sich die Frage, ob es ähnlich wie bei der *Wh*-Bewegung Sprachen gibt, bei denen Quantorenanhebung bereits auf der S-Struktur stattfindet. Bickerton (1981) beobachtet dies bei einem hawaiianischen Kreol.

(42)

| eni | kain | lanwij | ai | no | kaen | spik | gud. |
| Jede | Art | Sprache | ich | nicht | kann | sprechen | gut |

Ich kann keine Sprache gut sprechen.

Zwischen Quantorenanhebung und Wh-Bewegung gibt es einen wichtigen Unterschied: Wh-Phrasen können auf LF aus eingebetteten Sätzen heraus nach [Spec CP] bewegt werden. Quantifizierte DPs können das nicht. Das zeigen die folgenden Beispiele:

(43)     Warum vergaß Michel, dass er Krösa-Maja was ausrichten sollte?

(43) erhält folgende LF-Repräsentation:

(44)     [$_{CP}$ für welches x, aus welchem Grund y: [Michel vergaß wegen y,[ dass [er Krösa-Maja x ausrichten sollte]]]]

Quantifizierte Objekt-DPs in eingebetteten Sätzen können hingegen nur Skopus über den eingebetteten Satz, nicht aber über den Gesamtsatz haben. D. h. (45) kann nur wie (46a), nicht aber wie (46b) interpretiert werden:

(45)     Some teacher expects for Harry to pass every exam.

(46)

a)     Es gibt einen Lehrer x, für den gilt: x glaubt, dass für jedes Examen (y) gilt: Harry wird y bestehen.

b)     *Für jedes Examen y gilt: Es gibt einen Lehrer x, für den gilt: x glaubt, dass Harry y bestehen wird.

Wie kann man das erklären? Betrachten Sie (47):

(47)

a)     *The cake$_i$ seems Cerberus to like t$_i$.

b)     *The cake$_i$ seems that Cerberus likes t$_i$.

In Abschnitt 6.1.1.8 habe ich argumentiert, dass sich Spuren, die aus DP-Bewegung resultieren, wie Anaphern verhalten. Sie müssen in ihrer Rektions-kategorie gebunden sein. Das schreibt Prinzip A der Bindungstheorie vor (siehe

Seite 142). Dies ist in (47a/b) nicht der Fall. Die Sätze sind darum un-grammatisch[106].

In der Literatur wird angenommen, dass die S-strukturelle Unterscheidung zwischen DP-Bewegung und Wh-Bewegung auf LF ihre Entsprechung findet. Quantorenanhebung ist die LF-Entsprechung zur DP-Bewegung. Das bedeutet, dass sich Spuren, die sich aus Quantorenanhebung ergeben, wie Anaphern verhalten müssen. Dies ist in der Tat der Fall. In der LF-Repräsentation in (46b) ist die Spur des quantifizierten Ausdrucks innerhalb ihrer Rektionskate-gorie – d. h. innerhalb des eingebetteten Satzes – nicht gebunden. Prinzip A der Bindungstheorie ist verletzt; die Repräsentation ist ungrammatisch.

Es stellt sich die Frage, in welche Position quantifizierte DPs auf LF bewegt werden? [Spec CP] kommt als Landplatz nicht in Frage, weil von [Spec CP] Variablen gebunden werden. In der Literatur wird vorgeschlagen, dass Quantorenanhebung Adjunktion an IP ist (cf. Aoun (1985), Hornstein (1984)).

Aus dieser Annahme ergibt sich ein Problem: Lasnik&Saito (1984) nehmen an, dass in (31) die Wh-Phrase *co* an IP adjungiert wird (siehe Fußnote 103). Demzufolge müsste eine an IP adjungierte Position wie [Spec CP] eine Position sein, die Variablen bindet. Chomsky (1981) hat aber die Bindungs-theorie erweitert: Nach seiner Meinung lassen Adjunkt-Positionen sowohl A-Bindung als auch A'-Bindung zu.

### Übungen:

1.)   Diskutieren Sie die Skopusverhältnisse in folgenden Sätzen:

    a)   Alle Linguisten sollten zwei Fremdsprachen kennen.
    b)   Zwei Fremdsprachen sollten alle Linguisten kennen.
    c)   Every linguist should know two languages.
    d)   Harry vergaß, wann er Dumbledore treffen sollte.
    e)   Wann vergaß Harry, dass er Dumbledore treffen sollte.

2.)   Welches ist die S-Struktur und welches die LF der folgenden Sätze:

---

106   Es stellt sich die Frage, warum die deutsche Entsprechung von (47a) grammatisch ist – insbesondere, wenn die DP *den Kuchen* betont ist:
**Den Kuchen** scheint der Kerberos zu mögen.
Hier liegt eine andere Konstruktion vor als in (47a). Die Subjekt-DP wird in die [Spec IP]-Position des Matrix-Satzes angehoben, wo sie Kasus erhält. Anschließend wird der V-Kopf *scheint* in die C-Position und die Objekt-DP des eingebetteten erst in die [Spec CP]-Position des eingebetteten Satzes und von dort in die [Spec CP]-Position des Matrix-Satzes topikalisiert. Topikalisierung ist ein Fall von Wh-Bewegung, d. h., die Spur der DP *den Kuchen* ist eine Variable und muss nach Prinzip C der Bindungstheorie A-frei sein.

a)    Moody hat wen in ein Frettchen verwandelt?

b)    Wer hat wem die Nase abgebissen?

3.)    Erklären Sie, warum im folgenden Satz die DP *every punk* nicht Skopus über *some guy* haben kann:

Some guy expects that every punk is a criminal.

4.)    Erklären Sie, warum im folgenden Satz die quantifizierte DP *every car* keinen weiten Skopus über *some policeman* haben kann:

Some policeman expects for Mr. Oat to steal every car.

# 8 Barrieren

In den vergangenen Kapiteln war wiederholt von Barrieren die Rede. Ein Kopf $\alpha$ – so hieß es – kann eine maximale Projektion; nur dann regieren, wenn zwischen $\alpha$ und $\beta$ keine Barriere $\gamma$ interveniert (siehe Seite 142). Rektion spielt in verschiedenen Prinzipien der generativen Grammatik eine Rolle. So kann zum Beispiel Kasus nur unter Rektion zugewiesen werden. Das ECP (Empty Category Principle) besagt, dass Spuren streng regiert sein müssen (siehe Seite 213). Als strenge Rektion habe ich bisher entweder lexikalische Rektion (also Rektion durch eine lexikalische Kategorie) oder Antezedens-Rektion (also Bindung durch ein koindiziertes Element) bezeichnet (siehe Seite 214).

Als von Bewegung die Rede war, habe ich die Subjazenz-Bedingung eingeführt. Eine Konstituente – so hieß es – kann nicht über zwei Grenzknoten hinwegbewegt werden, wobei ich als Grenzknoten für das Deutsche IP und VP festgelegt habe (siehe Seite 205).

In seinem Buch „Barriers" (Chomsky 1986b) definiert Chomsky den Begriff der Barriere neu. Sowohl die Subjazenz-Bedingung als auch der Rektionsbegriff (Rektion sowie strenge Rektion) lassen sich nun über den Begriff der Barriere erklären.

## 8.1 Maximale Projektionen – transparent oder opak?

Im Folgenden werde ich die Frage stellen, welche maximalen Projektionen Barrieren sind und welche nicht. Dabei gilt: Wenn in eine maximale Projektion hinein Kasus zugewiesen, oder wenn eine Spur in einer maximalen Projektion von außerhalb regiert werden kann, so deutet das daraufhin, dass die maximale Projektion keine Barriere ist. Wenn die Spezifikator-Position einer maximalen Projektion durch eine DP PRO besetzt ist, so muss die maximale Projektion eine Barriere sein, denn PRO kann nur in einer unregierten Position stehen (siehe Seite 154)

### 8.1.1 IPs

Betrachten Sie (1):

(1)

    a)    Harry sieht [seinen Zaubertranklehrer sterben].
    b)    Harry$_i$ is believed [t$_i$ to be a parselmouth].

In (1a) liegt eine ECM-Konstruktion vor (siehe Abschnitt 2.3.2). Die DP *seinen Zaubertranklehrer* erhält ihren Kasus nicht vom I-Kopf des eingebetteten Satzes, denn dieser ist infinit und kann deshalb keinen Kasus zuweisen. Es ist vielmehr das Matrix-Verb *sieht*, das der Subjekt-DP des eingebetteten Satzes den Kasus zuweist. Das ist deshalb möglich, weil infinite IPs keine Barrieren für eine Rektion von außerhalb sind.

In (1b) muss die Spur der Subjekt-DP streng regiert sein, damit das ECP erfüllt ist. Im eingebetteten Satz gibt es kein lexikalisches Regens. Einziges mögliches Antezedens ist die DP *Harry* in der [Spec IP]-Position des Matrix-Satzes. Dies ist möglich, weil die eingebettete IP nicht finit und deshalb keine Barriere für eine Rektion von außerhalb ist.

Warum ist das Matrix-Verb *believed* kein mögliches Regens der Subjektspur? In neueren Arbeiten zur generativen Linguistik hat man festgestellt, dass nicht lexikalische Rektion, sondern **θ-Rektion** für das ECP einschlägig ist. θ-Rektion wird wie folgt definiert:

---

**θ-Rektion**
$\alpha$ θ-regiert $\beta$ genau dann, wenn $\alpha$ $\beta$ regiert und θ-markiert.

---

Strenge Rektion wird demnach wie folgt definiert:

---

**Strenge Rektion**
$\alpha$ regiert $\beta$ streng genau dann, wenn
a)        $\alpha$ $\beta$ θ-regiert oder
b)        $\alpha$ $\beta$ antezedens-regiert (bindet).

---

Das Matrix-Verb in (1b) θ-markiert zwar die Komplement-IP, nicht aber deren Subjekt.

Infinitivsätze sind also grundsätzlich keine Barrieren. Man sagt auch, sie sind durchlässig oder **transparent** für die Rektion von außerhalb. Aber auch finite IPs müssen nicht notwendig Barrieren sein. Das zeigt das folgende Beispiel:

(2)      Wer glaubst du [$_{CP}$ t$_i$ ist [$_{IP}$ t$_i$ der neue Schulleiter von Hogwarts]]?

Die Spur der *Wh*-Phrase in der Subjektposition des eingebetteten Satzes muss von der Wh-Spur in [Spec CP] antezedens-regiert sein, denn I ist ein funktionaler Kopf und kommt als lexikalisches Regens nicht in Frage. Dies setzt aber voraus, dass die IP keine Barriere für Rektion von außerhalb ist.

Zusammenfassend kann man sagen, dass IPs keine Barrieren für Rektion von außerhalb sind. Wie sieht es mit anderen Kategorien aus?

### 8.1.2 Small Clauses

Betrachten Sie (3):

(3)      Harry findet den Unterricht langweilig.

Die Konstruktion *den Unterricht langweilig* ist eine Small Clause. Small Clauses werden in der Literatur als AgrPs analysiert, deren Kopf leer bleibt. Es ist nicht der leere Agr-Kopf, der der Subjekt-DP der Small Clause *den Unterricht* den Kasus zuweist, sondern das Verb des Matrix-Satzes. Dies ist möglich, weil AgrPs – ähnlich wie infinite IPs – schwach sind und deshalb keine Barrieren für Rektion von außerhalb.

Betrachten Sie nun den folgenden englischsprachigen Satz:

(4)     Mr. Oat arrived totally exhausted

Der Satz enthält zwei Prädikate: das Verb *arrive* und das Adverb *exhausted*. Beide haben ein externes Argument, an das sie eine θ-Rolle zuweisen. Während das externe Argument des Verbs die DP *Mr. Oat* ist, ist das des Adverbs das Null-Subjekt PRO. (4) erhält folgende Struktur:

(5)     Mr. Oat arrived [PRO totally exhausted].

Der eingebettete Satz in (5) ist eine Small Clause, die eine leere DP PRO als Subjekt hat. Das PRO-Theorem besagt, dass PRO unregiert sein muss. Anders als in (3) kann in (4) das Verb des Matrix-Satzes das Subjekt der Small Clause nicht regieren. Die AgrP ist eine Barriere, die eine Rektion durch das Matrix-Verb verhindert. Sie ist undurchlässig oder **opak** für eine Rektion von außerhalb.

Die Daten deuten daraufhin, dass AgrPs (also Small Clauses) manchmal Barrieren sind und manchmal nicht.

## 8.1.3 CPs

Auch eine CP muss keine Barriere sein. Betrachten Sie (6):

(6)     [$_{CP}$ Wer$_i$ hast [$_{IP}$ du geglaubt [$_{CP}$ t'$_i$ ist [$_{IP}$ t$_i$ der neue Schulleiter von Hogwarts]]]]?

Die Spur der *Wh*-Phrase *wer* in der Subjekt-Position wird von der Zwischenspur t'$_i$ in [Spec CP] des eingebetteten Satzes antezedens-regiert. Das ist deshalb möglich, weil IP keine Barriere für eine Rektion von außerhalb ist. Die Zwischenspur muss ihrerseits von der *Wh*-Phrase in der [Spec CP]-Position des Matrix-Satzes antezedens-regiert sein. Dies setzt voraus, dass weder die CP selbst noch die IP, in die die CP eingebettet ist, eine Barriere für eine Rektion von außerhalb sein können. Auf der anderen Seite gibt es CPs, in deren Subjekt-Position sich ein PRO befindet. Weil PRO immer unregiert sein muss, müssen diese CPs Barrieren gegen eine Rektion von außerhalb sein:

(7)     Voldemort beschließt, [$_{CP}$ [$_{IP}$ PRO Snape zum Schulleiter von Hogwarts zu ernennen]]

Es lässt sich zusammenfassend feststellen, dass maximale Projektionen manchmal Barrieren sind, manchmal aber auch nicht. Stellen wir deshalb die Frage: Wann genau ist eine maximale Projektion eine Barriere?

## 8.2 Der Barrierenbegriff nach Chomsky

### 8.2.1 L-Markierung

Vergleichen Sie die englischsprachigen Small Clauses in (8) mit denen in (9):

(8)

    a)   I thought [Mr. Oat sick].
    b)   I thought [Mr. Oat a nice animal].
    c)   I expect [Mr. Oat in prison].

(9)

    a)   Mr. Oat arrived [PRO totally exhausted].
    b)   Mr. Oat arrived [PRO as a wiser animal].
    c)   Mr. Oat arrived [PRO in a bad mood].

Die Small Clauses in (9) sind Barrieren für eine Rektion von außerhalb – denn sie haben ein PRO-Subjekt. Die Small Clauses in (8) sind es nicht, denn sie lassen die Rektion der Subjekt-DP durch das Matrix-Verb zu. Was ist der Unterschied zwischen den Sätzen in (8) und denen in (9)?

Die Small Clauses in (8) sind Komplemente der Verben *think* und *expect*. Die Verben θ-markieren die Small Clauses, d. h., sie regieren sie und weisen ihnen eine θ-Rolle zu. Die Small Clauses in (9) hingegen sind Adjunkte. Sie modifizieren das Verb *arrive*, sind aber keine Argumente und erhalten keine θ-Rolle. Man sagt auch, dass die Verben *think* und *expect* die Small Clauses in (12) **L-markieren**. L steht für *lexikalisch*, denn entscheidend ist, dass es sich bei dem Regens um eine lexikalische Kategorie (siehe Seite 97ff.) handelt. Chomsky (1986b) definiert L-Markierung wie folgt:

> **L-Markierung**
> α L-markiert β genau dann, wenn α eine lexikalische Kategorie ist, die β θ-regiert.

Auf den ersten Blick scheint Folgendes zu gelten: Eine maximale Projektion, die L-markiert ist, ist transparent für eine Rektion von außerhalb. Eine maximale Projektion, die nicht L-markiert ist, ist opak für eine Rektion von außerhalb. Eine nicht L-markierte Kategorie nennt man eine **blockierende Kategorie** (engl.: blocking category = BC).

---

**Blockierende Kategorie**
α ist genau dann eine blockierende Kategorie für β, wenn α nicht L-markiert ist und α β dominiert.

---

Ist eine blockierende Kategorie notwendigerweise eine Barriere? Das scheint nicht der Fall zu sein. Betrachten Sie (10):

(10)  [CP1 Wann$_i$ hat [IP1 er gesagt, [CP2 t'$_i$ dass [IP2 Snape t$_i$ gestorben ist]]]]?

IP2 ist das Komplement des Complementizers *dass*. *Dass* ist keine lexikalische Kategorie. Das Verb *gesagt* ist eine lexikalische Kategorie; es θ-regiert CP2, nicht aber IP2. IP2 ist nicht L-markiert und eine blockierende Kategorie. Weil aber der Satz grammatisch ist, muss die Zwischenspur [Spec CP]-Position des eingebetteten Satzes die Spur in IP2 der *Wh*-Phrase *wann* antezedens-regieren. Daraus kann man folgern, dass IP2 zwar eine blockierende Kategorie, aber keine Barriere ist.

## 8.2.2 Vererbung

Betrachen Sie noch einmal (7) – hier wiedergegeben als (11). Das Verb *beschließt* L-markiert die CP. Diese kann deshalb keine blockierende Kategorie sein. Die IP ist zwar eine blockierende Kategorie, weil sie nicht L-markiert ist; IPs sind aber „von sich aus" keine Barrieren. Warum kann dann in der Subjekt-Position des eingebetteten Satzes ein PRO stehen, das nicht regiert sein darf. Anders formuliert: Warum bilden IP und CP zusammen eine Barriere?

(11)  Voldemort beschließt, [CP [IP PRO Snape zum Schulleiter von Hogwarts zu ernennen]]

Nach Chomsky (1986b) kann sich die Eigenschaft, eine blockierende Kategorie zu sein, von einer Kategorie auf diejenige Kategorie übertragen, die sie unmittelbar dominiert. In (7) „erbt" die CP – obgleich sie L-markiert ist – von IP die Eigenschaft, eine blockierende Kategorie zu sein. Da CPs immer dann eine Barriere sind, wenn sie eine blockierende Kategorie sind, ist die eingebettete CP in (7) eine Barriere.

Chomsky (1986b) definiert den Begriff Barriere wie folgt:

---

**Barriere:**
α ist genau dann eine Barriere für β, wenn
α eine blockierende Kategorie ist oder
α eine maximale Projektion γ unmittelbar dominiert, die eine blockierende Kategorie für α ist.
(Siehe Chomsky 1986b: 14)

---

## 8.3 Subjazenz und Barrieren

### 8.3.1 Wh-Bewegung und VP-Adjunktion

In Chomsky (1986b) ersetzt der Begriff der Barriere den Begriff des Grenz-
knotens. Subjazenz ist nun wie folgt definiert:

> **Subjazenz**
> Eine Phrase darf in einem Bewegungsprozess nicht mehr als eine Barriere
> überschreiten.

Aus dieser Definition ergeben sich Probleme für einfachste Extraktionen:

(12)     Wen$_i$ hat [$_{IP}$ Harry [$_{VP}$ t$_i$ gesehen]]

Die VP in (12) ist nicht L-markiert und deshalb eine blockierende Kategorie
und somit eine Barriere. Die IP ist „von sich aus" keine Barriere, „erbt" aber
diese Eigenschaft aber von der VP. Die Wh-Phrase überschreitet auf ihrem
Weg nach [Spec CP] zwei Barrieren; der Satz müsste entsprechend ungrammatisch sein. Das ist natürlich nicht der Fall.

Um dieses Problem zu lösen, macht Chomsky den folgenden Vorschlag: *Wh-
Phrasen werden nicht in einem Zug in die nächsthöhere [Spec CP]-Position
bewegt; sie adjungieren zuvor an VP.* Die korrekte S-Struktur für (12) ist
demnach die Folgende:

(13)     Wen$_i$ hat [$_{IP}$ Harry [$_{VP}$ t'[$_{VP}$ t$_i$ gesehen]]]

VP-Adjunktion gibt es auch in anderen Bereichen der Grammatik. Zum Beispiel habe ich in Abschnitt 6.4.1.1 erwähnt, dass nach Meinung mancher
Autoren (u.a Thiersch 1982) Objekt-Scrambling Adjunktion der Objekt-DP an
die VP ist. Die Subjekt-Verb-Inversion im Italienischen wird als Adjunktion
des Subjekts an die VP analysiert.

Im Deutschen gibt es einen Prozess, der **Extraposition** genannt wird. Dabei
wird ein Relativsatz, der eine DP modifiziert, rechts an dominierende VP adjungiert. Es handelt sich dabei um eine rein stilistische Operation, die einzig
dem Zweck dient, einen Satz verständlicher zu machen.

(14)
    a)   Derjenige, der denjenigen, der den Pfahl, der an der Brücke, die
        an der Straße, die nach Mainz führt, liegt, steht, umgeworfen hat,
        anzeigt, erhält eine Belohnung.
    b)   Derjenige erhält eine Belohnung, der denjenigen anzeigt, der den
        Pfahl umgeworfen hat, der an der Brücke steht, die an der Straße
        liegt, die nach Mainz führt.

Im Englischen gibt es einen Prozess, der Heavy **DP Shift** genannt wird. Dabei können sehr komplexe Objekt-DPs rechts an VP adjungiert werden (Beispiele aus Haegeman 1994: 419):

(15)

    a)   Jeeves introduced to the guests the famous detective from Belgium

    b)   My doctor told me to drink every night two glasses of mineral water with a slice of lemon.

VP-Adjunktion ist ein Prozess, bei dem eine Konstituente aus VP heraus in eine Schwesterposition von VP bewegt wird. Es entsteht eine neue VP, die die ursprüngliche VP und die adjungierte Konstituente unmittelbar dominiert.

Eine VP mit einem adjungierten Element hat die folgende Struktur:

(16)    $[_{VP} \alpha [_{VP} V \beta]]$

(16) ist eine VP, die aus zwei hierarchisch geordneten **Segmenten** besteht. Von diesen Segmenten enthält das eine den Kopf V und sein Komplement $\beta$, das andere die Adjunkt-Position $\alpha$ und das hierarchisch tiefere VP-Segment. $\beta$ ist in beiden Segmenten enthalten; $\alpha$ hingegen nur im hierarchisch höheren Segment. Wenn ein Element aus der Position $\beta$ die VP nur dann verlassen kann, wenn sie zunächst nach $\alpha$ bewegt wird, so bedeutet das, dass die VP nur für diejenigen Elemente eine blockierende Kategorie ist, die in beiden Segmenten von VP enthalten sind. Diese Konfiguration wird in der Literatur als **Inklusion** bezeichnet.

> **Inklusion:**
> Eine Kategorie $\alpha$ inkludiert eine Element $\beta$ genau dann, wenn jedes Segment von $\alpha$ $\beta$ dominiert.

Nach dieser Definition gilt für die Struktur (16), dass VP nur $\beta$, nicht aber $\alpha$ inkludiert, weil $\alpha$ nur von einem Segment von VP dominiert wird. Das Gegenteil von Inklusion ist **Exklusion.**

> **Exklusion:**
> Eine Kategorie $\alpha$ exkludiert ein Element $\beta$ genau dann, wenn kein Segment von $\alpha$ $\beta$ dominiert.

Aus dem Kontrast zwischen Exklusion und Inklusion ergibt sich der Sonderstatus der Adjunkt-Position. Diese befindet sich nämlich nicht vollständig innerhalb und auch nicht vollständig außerhalb der VP. Haegeman (1994) vergleicht die Adjunkt-Position mit der eines Balkons. Wenn man auf einem Balkon steht, befindet man sich weder ganz innerhalb noch ganz außerhalb der Wohnung. Man kann sich zwar an den Gesprächen beteiligen, die in der Wohnung stattfinden; man wird aber auch nass, wenn es draußen regnet.

Der Begriff „blockierende Kategorie" muss wie folgt umdefiniert werden:

---

**Blockierende Kategorie**
α ist genau dann eine blockierende Kategorie für β, wenn α nicht L-markiert ist und α β inkludiert.

---

Betrachten Sie nun noch einmal das Beispiel in (13) – hier wiedergegeben als (17):

(17)     Wen$_i$ hat [$_{IP}$ Harry [$_{VP}$ t' [$_{VP}$ t$_i$ gesehen]]]

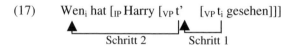

Schritt 2                    Schritt 1

Im ersten Schritt überquert die *Wh*-Phrase die VP nicht ganz, sondern nur ein Segment der VP. Sie überschreitet damit keine Barriere. Es liegt keine Subjazenz-Verletzung vor. Im zweiten Schritt verlässt die *Wh*-Phrase wiederum nur ein Segment der VP. Wiederum quert sie damit keine Barriere. Weiterhin überschreitet sie die IP-Grenze. Diese ist nicht L-markiert und deshalb eine blockierende Kategorie. Ich habe argumentiert, dass IPs „von sich aus" keine Barrieren sind, sondern diese Eigenschaft durch Vererbung erwerben. Für ein Element in einer Position, die an VP adjungiert ist, werden sie niemals zu Barrieren, weil diese nicht in VP inkludiert sind und VP deshalb für sie keine blockierende Kategorie sein kann. Auch im zweiten Schritt wird damit die Subjazenz-Bedingung nicht verletzt. Der Satz ist grammatisch.
    Betrachten Sie nun den folgenden Satz:

(18)     Wann glaubst du wird Fred den Garten entgnomen?

Dass die Bewegung der Wh-Phrase in die [Spec CP]-Position des eingebetteten Satzes unproblematisch ist, habe ich in der Analyse des vorangegangenen Satzes gezeigt. Wie aber steht es mit der Bewegung von der [Spec CP]-Position des eingebetteten Satzes ind die [Spec CP]-Position des Matrix-Satzes?

(19)     [$_{CP}$Wann$_i$ glaubst$_j$ [$_{IP}$ du t$_j$ [$_{VP}$ t$_j$  [$_{CP}$ t'$_i$ , [$_{IP}$ wird [$_{VP}$ Fred t$_i$ den

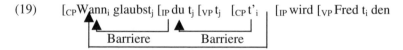

Barriere                  Barriere

Garten entgnomen]]]]]]?

Auf dem Weg von der [Spec CP] des eingebetteten Satzes in die [Spec CP]-Position des Matrix-Satzes überschreitet die *Wh*-Phrase die VP, die eine blockierende Kategorie und damit eine Barriere ist. Weiterhin überschreitet sie die IP, die durch Vererbung zu einer Barriere wird. Die Subjazenz-Bedingung ist verletzt, (18) müsste ungrammatisch sein. Wie kommt es, dass der Satz dennoch grammatisch ist? Wenn man annimmt, dass *Wh*-Bewegung über eine an VP adjungierte Position erfolgt, kann man die Grammatikalität von (18) erklären. Betrachten Sie (20):

(20)     [$_{CP}$ Wann glaubst$_j$ [$_{IP}$ du t$_j$ [$_{VP}$ t''$_i$ [$_{VP}$ t$_j$ [$_{CP}$ t'$_i$ [$_{IP}$ wird ...... t$_i$ ....]]]]]].

                    Schritt 2                 Schritt 1

In Schritt 1 überquert die *Wh*-Phrase eine CP: Diese wird vom Verb *glauben* L-markiert und ist deshalb keine blockierende Kategorie. Sie adjungiert an VP. Dabei überquert sie VP aber nicht, sondern nur ein Segment von VP. Es liegt keine Subjazenz-Verletzung vor. In Schritt 2 wird die *Wh*-Phrase in die [Spec CP]-Position des Matrix-Satzes weiterbewegt. Sie überquert dabei VP nicht, sondern wiederum nur ein Segment von VP. Sie überquert aber IP. IP ist nicht L-markiert und darum eine blockierende Kategorie. IP ist aber niemals „von sich aus" eine Barriere. Der Satz ist deshalb grammatisch.

Auch das ECP ist erfüllt. Die Spur t'' in der an VP adjungierten Position kann die Spur t' in der [Spec CP]-Position des eingebetteten Satzes antezedens-regieren, weil zwischen t' und t'' keine Barriere interveniert. Genauso kann die *Wh*-Phrase in der [Spec CP]-Position des Matrix-Satzes die Spur t'' in der an VP adjungierten Position antezedens-regieren, weil zwischen der *Wh*-Phrase und der Spur ebenfalls keine Barriere interveniert.

### 8.3.2 Barrieren und Inselbeschränkungen

In 6.2.4.1 habe ich die folgenden beiden Beschränkungen für *Wh*-Bewegung vorgestellt. Die eine Beschränkung verbietet die Bewegung einer *Wh*-Phrase aus einer komplexen DP:

(21)     *Was glaubst du die Geschichte, wann der Kröterich gestohlen hat?

**Komplexe-DP-Beschränkung (engl.: Complex DP Constraint):**
Aus einer Struktur [$_{DP}$...[$_{CP}$ ..]] darf keine Phrase herausbewegt werden.

Die zweite Beschränkung verbietet die Bewegung einer *Wh*-Phrase aus einer CP heraus, die durch eine *Wh*-Phrase eingeleitet wird.

(22)     *Was glaubst du wer hat gestohlen?

**Wh-Insel-Beschränkung (engl.: Wh Island Constraint):**
Aus einem durch ein *Wh*-Wort eingeleiteten Satz darf keine Phrase herausbewegt werden.

Die Beschränkung gilt aber nicht immer. *Wh*-Extraktionen aus infiniten *Wh*-Fragesätzen sind nämlich grammatisch:

(23)      Was behauptet der Kröterich, warum zu gestohlen zu haben?

In 6.2.4.2 wurde die Ungrammatikalität von (21) wie folgt erklärt: In (21) überschreitet die *Wh*-Phrase auf ihrem Weg nach [Spec CP] eine DP und eine IP. In
(22) überschreitet die *Wh*-Phrase zwei IP-Knoten. IP und DP sind Grenzknoten.
Die Subjazenz-Bedingung (siehe Seite 205) besagt, dass Bewegung über mehr
als einen Grenzknoten hinweg zu Ungrammatikalität führt. Wie wird die Ungrammatikalität von (21) und (22) in der Barrieren-Theorie erklärt?
    Betrachten Sie zunächst (21). Der Bewegungsprozess in (21) verläuft wie
folgt:

(24)    $[_{CP}$ Was$_i$ glaubst$_k$ $[_{IP}$ du  t$_k$ $[_{VP}$ t''$_i$ $[_{VP}$ k$_j$ $[_{DP}$ die Geschichte $[_{CP}$ wann $[_{IP}$ der

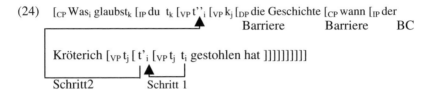

    Barriere          Barriere          BC

Kröterich $[_{VP}$ t$_j$ [ t'$_i$ $[_{VP}$ t$_j$  t$_i$ gestohlen hat $]]]]]]]]]]]$

    Schritt 2            Schritt 1

In (24) adjungiert die *Wh*-Phrase zunächst an die VP des eingebetteten Satzes.
Danach adjungiert sie an die VP des Matrix-Satzes. Dabei überquert sie zunächst die IP des eingebetteten Satzes. Diese ist nicht L-markiert und deshalb
eine blockierende Kategorie. Danach überquert sie die CP. Diese ist eine
Barriere durch Vererbung, denn sie dominiert unmittelbar eine blockierende
Kategorie. Außerdem ist sie nicht L-markiert, denn der N-Kopf weist ihr keine
θ-Rolle zu. Damit ist sie schon „von sich aus" eine Barriere. Danach überquert
sie die NP/DP. Diese wird vom Verb *glauben* L-markiert und ist deshalb keine
blockierende Kategorie. Sie ist aber dennoch eine Barriere, weil sie die CP
dominiert, die eine Barriere ist. Damit ist sie durch Vererbung ebenfalls eine
Barriere. Die *Wh*-Phrase quert auf dem Weg aus der an die VP des eingebetteten Satzes adjungierten Position in die Position, die an die VP des
Matrix-Satzes adjungiert ist, zwei Barrieren und eine blockierende Kategorie.
Die Subjazenz-Bedingung ist verletzt. Der Satz ist ungrammatisch.
    Betrachten Sie nun (22). Der Satz ist ungrammatisch, wenn man als Basis-
position der *Wh*-Phrase *was* die Objekt-Position des Verbs *gestohlen* annimmt.
Der Satz leitet sich wie folgt ab:

(24)    $[_{CP}$ Was$_i$ glaubst$_k$ $[_{IP}$ du t$_k$ $[_{VP}$ t''$_i$$[_{VP}$ t$_k$$[_{CP}$ wer$_j$ hat$[_{IP}$ t$_j$$[_{VP}$ t'$_i$$[_{VP}$ t$_i$ gestohlen$]]]]]]]]]]]$

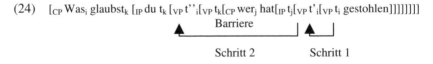

            Barriere

    Schritt 2                Schritt 1

Im ersten Schritt wird die *Wh*-Phrase *was* an die VP des eingebetteten Satzes
adjungiert. In [Spec CP] kann sie nicht „zwischenlanden", weil diese Position
bereits durch die Wh-Phrase was besetzt ist. Deshalb wird sie im zweiten
Schritt an die VP des Matrix-Satzes adjungiert. Dabei überquert sie die IP des
eingebetteten Satzes, die nicht L-markiert und deshalb eine blockierende Kategorie ist. Sie überquert außerdem die CP. Diese wird zwar vom Verb *glauben*

L-markiert; sie ist aber dennoch eine Barriere, weil sie die IP dominiert, die eine blockierende Kategorie ist. Die *Wh*-Phrase überschreitet also auf dem Weg von der an die VP des eingebetteten Satzes adjungierten Position in die Position, die an die VP des Matrix-Satzes adjungiert ist, eine Barriere. Damit ist die Subjazenz-Bedingung noch nicht verletzt. Warum ist der Satz dann ungrammatisch?

Die Ableitung von (23) verläuft ähnlich wie in (24)[107].

(25)    *$[_{CP}$Was$_i$ behauptet$_k$ $[_{IP}$ der Kröterich t$_k$ $[_{VP}$ t$_i$ $[_{VP}$ t$_k$

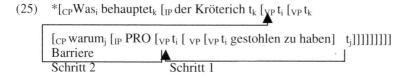

$[_{CP}$ warum$_j$ $[_{IP}$ PRO $[_{VP}$ t$_i$ $[$ $_{VP}$ $[_{VP}$ t$_i$ gestohlen zu haben] t$_j$]]]]]]]]]
Barriere
Schritt 2              Schritt 1

Um zu erklären, warum (22), aber nicht (23) ungrammatisch ist, nimmt man an, dass finite IPs in eingebetteten Sätzen nicht nur blockierende Kategorien, sondern Barrieren sind (siehe Chomsky 1986b: 37f). Unter dieser Voraussetzung überquert die *Wh*-Phrase *was* in (22) auf ihrem Weg in die Position, die an die Matrix-VP adjungiert ist, zwei Barrieren.

Dies ist eine sprachspezifische Besonderheit des Deutschen. In Sprachen wie dem Schwedischen zum Beispiel sind finite IPs grundsätzlich keine Barrieren – auch nicht in eingebetteten Sätzen. Extraktionen aus finiten Fragesätzen sind grammatisch (cf. Endzahl 1986):

(26)

| Vilken | film | var | det | du | ville | veta | Schwedisch |
|--------|------|-----|-----|-----|-------|------|------------|
| Welchen | Film | war | das | du | willst | wissen | |
| vem | som | hade | regisserat | | | | |
| wer | dass | hat | geleitet | | | | |

Von welchem Film willst du wissen, wer ihn geleitet hat?

Ich habe gezeigt, dass im Deutschen bei Extraktionen jeweils eine Barriere überschritten werden darf. Das ist nicht in allen Sprachen so. Im Französischen darf bei Bewegungen gar keine Barriere überschritten werden. Hier kann aus eingebetteten *Wh*-Fragesätzen grundsätzlich nicht extrahiert werden – auch dann nicht, wenn sie nicht finit sind:

(27)

| *Quelle | voiture | ne | sais-tu | comment | réparer ? | Französisch |
|---------|---------|-----|---------|---------|-----------|-------------|
| Welches | Auto | nicht | weißt-du | wie | reparieren | |

Von welchem Auto weißt du nicht, wie man es repariert?

---

107   Ich gehe davon aus, dass die *Wh*-Phrase *warum* in postverbaler Position basisgeneriert wird, weil sie u. a. anstelle von *Weil*-Sätzen steht, die ebenfalls – im unmarkierten Fall – postverbal stehen:
      Der Kröterich hat ein Auto gestohlen, weil es ihm gefiel.

Fanselow&Felix (1987) führen den Begriff der **n-Subjazenz** ein. Sie definieren ihn wie folgt:

---

**n-Subjazenz**
Die Elemente einer Kette $<\alpha, \beta>$ sind n-subjazent, wenn zwischen $\alpha$ und $\beta$ genau n Barrieren liegen.

---

(28)
    a)    Was hat der Kröterich gestohlen?
    b)    Was behauptet der Kröterich, wann gestohlen zu haben?
    c)    *Was$_i$ glaubst du, wer hat gestohlen t$_i$?

In (28a) überquert die *Wh*-Phrase auf ihrem Weg nach [Spec CP] keine Barrieren. Es liegt 0-Subjazenz vor. Dies ist der günstigste Fall. Der Satz ist grammatisch. In (28b) überquert sie eine Barriere. Es liegt 1-Subjazenz vor. Der Satz ist im Deutschen grammatisch. Entsprechende Sätze im Französischen sind ungrammatisch. In (28c) ist nicht nur CP sondern auch – als ein Sonderfall des Deutschen – IP eine Barriere. Es liegt 2-Subjazenz vor. Damit ist der Satz auch im Deutschen ungrammatisch.

## 8.4 Barrieren und ECP

### 8.4.1 Extraktionen aus Relativsätzen

Betrachten Sie die folgenden Sätze:

(29)
    a)    *[$_{CP}$ Was$_i$ weißt$_k$ [$_{IP}$ du t'$_k$ [$_{VP}$ t$_i$ [$_{VP}$ t$_k$ [$_{DP}$ den Tag [$_{CP}$ an dem$_i$ [$_{IP}$ der Kröterich [t$_j$ [$_{VP}$ t$_i$ [$_{VP}$ t$_j$ t$_i$ gestohlen hat]]]]]]]]]]]?
    b)    **[$_{CP}$ Wann$_i$ kennst$_k$ [$_{IP}$ du t'$_k$ [$_{VP}$ t$_i$ [$_{VP}$ t$_k$ [$_{DP}$ das Auto [$_{CP}$ das$_j$ [$_{IP}$ der Kröterich [$_{VP}$ t$_j$ [$_{VP}$ t$_i$[$_{VP}$ t$_j$ t$_i$ gestohlen hat]]]]]]]]]]]]?

Beide Sätze in (29) sind ungrammatisch – (29b) ist aber deutlich ungrammatischer als (29a) – wenn sich die *Wh*-Phrase *wann* auf den eingebetteten Satz bezieht. (29a) leitet sich wie folgt ab:

(30)    *[$_{CP}$ Was$_i$ glaubst$_k$ [$_{IP}$ du t$_k$ [$_{VP}$ t'' $_i$ [$_{VP}$ t$_k$ [$_{DP}$ den Tag [$_{CP}$ an dem$_j$

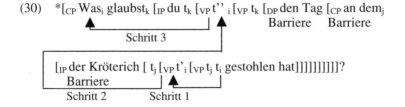

                                           Barriere   Barriere

              Schritt 3

    [$_{IP}$ der Kröterich [ t$_j$ [$_{VP}$ t'$_i$ [$_{VP}$ t$_j$ t$_i$ gestohlen hat]]]]]]]]]]]?
    Barriere
    Schritt 2        Schritt 1

Die *Wh*-Phrase *was* adjungiert im ersten Schritt an die eingebettete VP. Dabei überschreitet sie die VP nicht ganz, sondern nur ein Segment der VP. Sie überschreitet daher keine blockierende Kategorie – und keine Barriere. In einem zweiten Schritt wird *Wh*-Phrase aus der an die eingebettete VP adjungierten Position in die Position bewegt, die an die Matrix-VP adjungiert ist. In der [Spec CP]-Position des eingebetteten Satzes kann sie nicht zwischenlanden, weil diese bereits durch die PP *an dem* besetzt ist. Auf ihrem Weg in die Matrix-VP überschreitet die Wh-Phrase die eingebettete finite IP, die eine Barriere ist. Als Nächstes überschreitet sie die CP, die per Vererbung ebenfalls eine Barriere ist. Die CP ist ein Relativsatz und ist als solcher nicht θ-markiert. Sie ist also schon von Haus aus eine Barriere und überträgt diese Eigenschaft an die dominierende NP/DP. Es werden also drei Barrieren überquert. Schritt 3 ist unproblematisch. Die *Wh*-Phrase überquert nur eine IP, die eine blockierende Kategorie, aber keine Barriere ist.

30b leitet sich wie folgt ab:

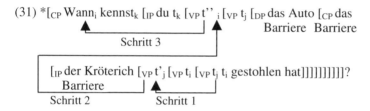

$(31)$ *$[_{CP}$ Wann$_i$ kennst$_k$ $[_{IP}$ du t$_k$ $[_{VP}$ t''$_i$ $[_{VP}$ t$_j$ $[_{DP}$ das Auto $[_{CP}$ das
Barriere Barriere

Schritt 3

$[_{IP}$ der Kröterich $[_{VP}$ t'$_j$ $[_{VP}$ t$_i$ $[_{VP}$ t$_j$ t$_i$ gestohlen hat]]]]]]]]]]?
Barriere
Schritt 2                    Schritt 1

Die *Wh*-Phrase *wann* wird in einer Adjunkt-Position der eingebetteten VP basisgeneriert und wird von hier in einem ersten Schritt in die an VP adjungierte Position bewegt. Von dort wandert sie weiter in die an die Matrix-VP adjungierte Position. Dabei quert sie ebenfalls drei Barrieren: IP, CP und DP / NP. Es liegt Subjazenz-Verletzung vor wie auch in (30a). Warum ist (30b) so viel ungrammatischer?

An dieser Stelle kommt das ECP (Empty Category Principle, siehe Seite 213) ins Spiel, das besagt, dass eine durch Bewegung erzeugte leere Kategorie streng (d. h. entweder θ-regiert oder antezedens-regiert) sein muss.

Um zu überprüfen, welche Spuren streng regiert sind und welche nicht, führen Lasnik&Saito (1984) einen Prozess ein, den sie **γ-Markierung** (Gamma-Markierung) nennen. γ ist das griechische *g* und steht für Gouvernement (Rektion). Dabei wird ein grammatisches Merkmal [±γ] an alle Spuren in einer Ableitung zugewiesen. Diejenigen Spuren, die streng regiert sind, erhalten das Merkmal [+γ]; diejenigen Spuren, die nicht streng regiert sind, erhalten das Merkmal [-γ]. Argumentspuren werden bereits auf der S-Struktur γ-markiert und behalten ihr Merkmal dann auf LF bei. All anderen Spuren erhalten ihr γ-Merkmal erst auf LF. Auf LF wird der Satz hinsichtlich seiner γ-Merkmale „überprüft". Enthält der Satz eine Spur, für [-γ] spezifiziert ist, verletzt er das ECP und ist ungrammatisch.

Weiterhin gehen Lasnik&Saito (1984) davon aus, dass auf LF fakultativ all diejenigen Elemente getilgt werden können, die zur logisch-semantischen Interpretation einer Satzstruktur nichts beitragen. Dazu gehört u. a. der

Complementizer *dass*[108] und Zwischenspuren. Zwischenspuren von Adjunkt-Phrasen können allerdings nicht getilgt werden, weil sie erst auf LF γ-markiert werden.

Die S-Struktur von (29a) ist in (32a) dargestellt, die LF-Repräsentation in (32b):

(32)

    a)    *[$_{CP}$ Was$_i$ weißt$_k$ [$_{IP}$ du t'$_k$ [$_{VP}$ t$_i$ [$_{VP}$ t$_k$ [$_{DP}$ den Tag [$_{CP}$ an dem$_j$ [$_{IP}$ der Kröterich [t$_j$ [$_{VP}$ t$_i$ [$_{VP}$ t$_j$ t$_i$ gestohlen hat]]]]]]]]]]]?
                       [+γ]

    b)    *[$_{CP}$ Was$_i$ weißt [$_{IP}$ du [$_{VP}$ [$_{DP}$ den Tag [$_{CP}$ als [$_{IP}$ der Kröterich [$_{VP}$ t$_j$ [$_{VP}$ t$_j$ t$_i$ gestohlen hat]]]]]]]]]
         [+γ][+γ][+γ]

In (32a) wird die Spur der *Wh*-Phrase *was* in ihrer Basisposition durch das Verb *gestohlen* θ-regiert. Ihr wird deshalb das Merkmal [+γ] zugewiesen, das sie auf LF beibehält. Alle anderen Spuren werden nicht auf der S-Struktur, sondern auf LF γ-markiert, weil sie nicht in einer Argument-Position stehen. Die Spur der PP *an dem* wird von der Zwischenspur in der an die eingebettete VP adjungierten Position antezedens-regiert. Dies ist möglich, weil zwischen der Spur und der Zwischenspur keine Barrieren liegen. Die Zwischenspur wird von der PP in der eingebetteten [Spec CP]-Position antezedens-regiert. Zwischen der Spur und ihrem Antezedens liegt einzig die IP, die für Rektion von außerhalb keine Barriere ist. D. h. auch die Spur der *Wh*-Phrase *wann* erhält das Merkmal [+γ]. Das ECP ist damit erfüllt. Betrachten Sie nun die S-Struktur (33a) und die LF-Repräsentation (33b) von (29b):

(33)

    a)    **[$_{CP}$ Wann$_i$ kennst$_k$ [$_{IP}$ du t'$_k$ [$_{VP}$ t$_i$ [$_{VP}$ t$_k$ [$_{DP}$ das Auto [$_{CP}$ das$_j$ [$_{IP}$ der Kröterich [$_{VP}$ t$_j$ [$_{VP}$ t$_i$[$_{VP}$ t$_j$ t$_i$ gestohlen hat]]]]]]]]]]]]?
                       [+γ]

    b)    **[$_{CP}$ Wann$_i$ kennst [$_{IP}$ du [$_{VP}$ t'$_i$ [$_{VP}$ [$_{DP}$ das Auto [$_{CP}$ das$_j$
                      [+γ]    Barriere      Barriere
        [$_{IP}$ der Kröterich [$_{VP}$ t$_i$ [$_{VP}$ t$_i$ gestohlen hat]]]]]]]]]]
    Barriere            [-γ]  [+γ]

Auf der S-Struktur wird zunächst die Spur der *Wh*-Phrase *was* γ-markiert. Sie erhält das Merkmal [+γ], denn sie wird durch das Verb *gestohlen* θ-regiert. Auf LF werden die Spuren der *Wh*-Phrase *wann* γ-markiert (33b). Als eine Spur in einer Adjunkt-Position ist sie nicht θ-regiert und muss deshalb antezedens-regiert sein. Die Zwischenspur t'$_i$ in der an die Matrix-VP adjungierten Position ist kein mögliches Regens. Sie ist durch drei Barrieren (DP, IP und CP) und

---

Es besteht kein semantischer Unterschied zwischen den folgenden Sätzen:
    Der Maulwurf weiß, dass der Kröterich ein Auto gestohlen hat.
    Der Maulwurf weiß, der Kröterich hat ein Auto gestohlen.

eine blockierende Kategorie IP von der Spur in der Basisposition getrennt und kann die Spur in der Basisposition deshalb nicht antezedens-regieren. Die Spur in der Basisposition erhält deshalb das Merkmal $[-\gamma]$. Die Spur $t'_i$ ist von der Wh-Phrase in der [Spec CP]-Position korrekt antezedens-regiert und erhält das Merkmal $[+\gamma]$. Da aber die Spur in der Basisposition $[-\gamma]$ ist, ist das ECP in (29b) nicht erfüllt.

(29b) verletzt daher nicht nur die Subjazenz-Bedingung, sondern auch das ECP und ist deshalb deutlich ungrammatischer als (30a).

## 8.4.2 Extraktionen aus Adjunktsätzen

Betrachten Sie die folgenden Sätze:

(34)

    a)    Wen geht Riddle in Hogsmeade besuchen?

    b)    *Wo geht Riddle in die Nocturngasse arbeiten?

(34a) ist grammatisch. (34b) ist deutlich schlechter – allerdings nur, wenn die D-strukturelle Position der Wh-Phrase *wo* die Adjunkt-Position des Verbs *arbeiten* und sie nicht in der PP *in Hogsmeade* basisgeneriert ist. Warum ist das so?

(34a) leitet sich wie folgt ab:

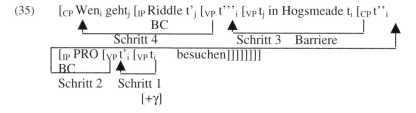

(35)

In Schritt 1 wird die Wh-Phrase *wen* an die eingebettete VP adjungiert. Sie überschreitet dabei keine Barriere. Im zweiten Schritt wird die Wh-Phrase in die eingebettete [Spec CP]-Position bewegt. Dabei überquert sie die infinite IP, die eine blockierende Kategorie, aber keine Barriere ist. Im dritten Schritt wird die Wh-Phrase an die Matrix-VP adjungiert. Dabei quert sie die CP. Diese ist ein Adjunktsatz und nicht L-markiert. Sie ist deshalb eine Barriere. Schließlich wird sie in die [Spec CP]-Position des Matrix-Satzes bewegt und quert dabei die Matrix-IP. Diese ist wiederum nur eine blockierende Kategorie, aber keine Barriere. Die Wh-Phrase *wen* überschreitet auf ihrem Weg in die [Spec CP]-Position des Matrix-Satzes nur eine Barriere. Es liegt eine leichte Subjazenz-Verletzung, aber keine Ungrammatikalität vor. Auch das ECP ist erfüllt, weil die Spur der Wh-Phrase in ihrer Ausgangsposition vom Verb *besuchen* lexikalisch regiert ist. Sie erhält deshalb das Merkmal $[+\gamma]$.

(35b) wird wie folgt abgeleitet:

(36)      *[$_{CP}$ Wo$_i$ geht$_j$ [$_{IP}$ Riddle t'$_j$ [$_{VP}$ t'''$_i$ [$_{VP}$ in die Nocturngasse t$_j$ [$_{CP}$ t''$_i$

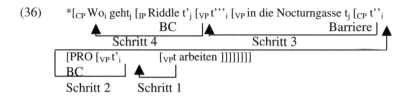

Die *Wh*-Phrase *wo* wird in einer Adjunkt-Position der eingebetteten VP basisgeneriert. Sie wird in die eine an VP adjungierte Position bewegt. Von dort
wandert sie in die in die eingebettete [Spec CP]-Position. Dabei kreuzt sie die
infinite IP, die eine blockierende Kategorie, aber keine Barriere ist. In einem
weiteren Schritt wird sie in eine an das Matrix-Verb adjungierte Position
weiterbewegt. Sie kreuzt dabei die CP. Diese ist – als ein Adjunktsatz – nicht
vom Verb *geht* L-markiert und deshalb eine blockierende Kategorie und eine
Barriere. In einem weiteren Schritt wird die *Wh*-Phrase in die Matrix-[Spec
CP]-Position bewegt. Dabei überquert sie die IP, die eine blockierende Kategorie, in einem Matrix-Satz aber keine Barriere ist. Die *Wh*-Phrase kreuzt also
auf ihrem Weg von ihrer D-strukturellen in ihre S-strukturelle Position eine
Barriere. Das Ergebnis ist eine leichte Subjazenz-Verletzung – genau wie in
(34a). Warum ist also (34b) ungrammatischer als (34a)? Betrachten Sie die LF-
Repräsentation des Satzes:

(37)      ?[$_{CP}$ Wo$_i$ geht$_j$ [$_{IP}$ Riddle t$_j$ [$_{VP}$ t'''$_i$ [$_{VP}$ in die Nocturngasse t$_j$ [$_{CP}$ t''$_i$ [$_{IP}$
                BC                        [+γ]                                              [-γ]
                                        Barriere
          PRO [$_{VP}$ t'$_i$ [$_{VP}$ t$_i$ arbeiten ]]]]]]]]
               [+γ]     [+γ]

Weil die eingebettete CP nicht L-markiert und deshalb eine Barriere ist, kann
die Spur t''$_i$ in der an die Matrix-VP adjungierten Position Spur t'$_i$ in [Spec CP]
nicht antezedens-regieren. t'$_i$ wird deshalb für [-γ] spezifiziert. (34b) verletzt –
anders als (34a) – das ECP und ist somit ungrammatisch.


### 8.4.3 Extraktionen aus Subjektsätzen

Betrachten Sie die folgenden englischsprachigen Sätze:

(38)
          a)    *This is a book which reading would be fun.
          b)    **This is a pen with which writing would be fun.

In Anlehnung an Aoun&Sportiche (1983) und Abney (1987) analysiert Haegeman (1994) das Gerundium *reading* als Kopf einer nominalen Projektion. Das hängt damit zusammen, dass der Satz insgesamt als Subjekt fungiert und damit nominale Funktion hat. Sie weist (38a) die S-Struktur in (39a) und die LF-Repräsentation in (39b) zu:

(39)

  a)   *$[_{DP}$ a book $[_{CP}$ which$_i$ $[_{IP}$        $[_{DP}$ PRO $[_{VP}$ t'$_i$[ $_{VP}$ reading t$_i$]]]
          ▲      Barriere Barriere  | ▲                           |
                 Schritt 2                    Schritt 1    [+γ]
       would be fun.

  b)   *$[_{DP}$ a book $[_{CP}$ which$_i$ $[_{IP}$ $[_{DP}$ PRO $[_{VP}$ reading t$_i$]]] would be fun.
                                                                          [+γ]

In (39a) wird das Relativpronomen *which* aus der Objekt-Position des Verbs *read* zunächst an die dominierende VP adjungiert. In einem zweiten Schritt wird es nach [Spec CP] bewegt. Dabei quert es die DP. Diese trägt eine θ-Rolle, die ihr aber nicht direkt vom Verb zugewiesen wird. Sie ist also nicht L-markiert und deshalb eine Barriere. Die IP dominiert die DP unmittelbar und ist deshalb per Vererbung ebenfalls eine Barriere. Das Relativpronomen kreuzt also zwei Barrieren und verletzt damit die Subjazenz-Bedingung.

Die Spur des Relativpronomens in der Basisposition wird von dem Verb *reading* lexikalisch regiert; sie wird für das Merkmal [+γ] spezifiziert. Dieses Merkmal behält sie auf LF bei (39b). Betrachten Sie nun die S-Struktur (40a) und die LF-Repräsentation (40b) von (38b):

(40)

  a)   $[_{DP}$ a pen $[_{CP}$ with which$_i$ $[_{IP}$        $[_{DP}$ PRO $[_{VP}$ t'$_i$ $[_{VP}$ writing t$_i$]]]
          ▲      Barriere Barriere  |  ▲                        |
                 Schritt 2                    Schritt 1    would
       be fun

  b)   $[_{DP}$ a pen $[_{CP}$ with which$_i$ $[_{IP}$        $[_{DP}$ PRO$[_{VP}$ t'$_i$ $[_{VP}$ writing t$_i$]
                                                        [-γ]                [+γ]
       would   be fun

Die Adjunkt-Phrase *with which* wird zunächst an die dominierende VP adjungiert und von dort nach [Spec CP] weiterbewegt. Dabei überschreitet sie zwei Barrieren, nämlich DP und IP. Damit ist die Subjazenz-Bedingung verletzt. Die γ-Markierung von Adjunkt-Spuren findet erst auf LF statt. Die Spur der Adjunkt-Phrase wird in ihrer Basisposition von der Spur t'$_i$ in der an VP adjungierten Position antezedens-regiert und bekommt deshalb das Merkmal [+γ]. Die Spur t'$_i$ kann von der Wh-Phrase *with which* nicht antezedens-regiert werden, denn zwischen der Phrase und der Spur liegen zwei Barrieren. Damit erhält die Spur das Merkmal [-γ]. Das ECP ist verletzt. Weil (38b) nicht nur die Subjazenz-Bedingung, sondern auch das ECP verletzt, ist die Struktur ungrammatischer als die in (39a).

Die deutschen Entsprechungen zu (39) klingen zwar nach „Behörden-deutsch", sind aber durchaus grammatisch.

(41)

    a)   „Käpt'n Blaubär" ist ein Buch, das zu lesen Spaß macht.
    b)   Der „Inky" ist ein Stift, mit dem zu schreiben Spaß macht.

Warum ist das so? Die Infinitivsätze in (42) sind keine Subjektsätze. Sie werden als Komplemente des komplexen Verbs *Spaß machen* in postverbaler Position basisgeneriert. Von dort werden sie nach [Spec CP] topikalisiert. In der Subjektposition in [Spec IP] befindet sich ein expletives *pro*. Man kann die Sätze in (41) nämlich wie folgt paraphrasieren:

(42)

    a)   Es macht Spaß, „Käpt'n Blaubär" zu lesen.
    b)   Es macht Spaß, mit dem „Inky" zu schreiben.

Dass das Deutsche leere Expletivpronomina kennt, habe ich in 6.1.1.4 und 6.4.1.2 gezeigt:

(43)

    a)   $[_{CP}$ Dem Schüler $[_{IP}$ *pro* wird $[_{VP}$ $t_i$ geholfen]]].
    b)   $[_{CP}$ Heute$_i$ $[_{IP}$ *pro* wird $[_{VP}$ $t_i$ gefeiert]]].

Allgemein wird angenommen, dass in der [Spec IP]-Position der scheinbar subjektlosen Sätze in (42) ein expletives *pro* realisiert wird, damit das er-weiterte Projektionsprinzip erfüllt ist, das verlangt, dass alle Sätze ein Subjekt haben (siehe Seite 72).

Der eingebettete Infinitivsatz ist keine DP, sondern eine CP und wird als Komplement des komplexen Verbs *Spaß machen* von diesem θ-markiert. Die Extraktion erfolgt zudem nicht aus dem Infinitivsatz heraus sondern innerhalb der eingebetteten CP.

(41a) erhält die S-Struktur in (44a) und die LF-Repräsentation in (44b):

(44)

    a)   $[_{DP}$ ein Buch $[_{CP}$ $[_{CP}$ das$_i$ $[_{IP}$ PRO $[_{VP}$ $t_i$     $[_{VP}$ $t_i$ zu lesen]]]]]$_j$

                   ▲    BC   | ▲         |
                Schritt 2    Schritt 1
                                  [+γ]

       $[_{IP}$ *pro* [t'$_j$[Spaß macht $t_j$]]]]

    b)   $[_{DP}$ ein Buch $[_{CP}$ $[_{CP}$ das$_i$ [PRO [$t_i$ zu lesen ]]]$_j$ [*pro* [t'$_j$[Spaß
                                [+γ]

       macht $t_j$]]]]

Das Relativpronomen *das* wird aus der Objekt-Position des Verbs *lesen* zu-nächst an die dominierende VP adjungiert. Von dort wird sie in die [Spec CP]-

Position weiterbewegt. Dabei kreuzt sie die IP. Infinite IPs sind zwar blockierende Kategorien, aber niemals Barrieren.

Die Spur wird in ihrer Basisposition von dem Verb *lesen* θ-regiert. Sie erhält deshalb das Merkmal [+γ]. Dieses behält sie auf LF bei. Die Zwischenspur t' kann auf LF getilgt werden, weil sie für die semantische Interpretation nicht von Bedeutung ist; sie wäre aber auch von dem Relativpronomen in [Spec CP] korrekt antezedens-regiert. Die Struktur ist grammatisch.

(42b) leitet sich wie folgt ab:

(45)

    a)   [$_{DP}$ ein Stift [$_{CP}$ [$_{CP}$ mit dem$_i$ [$_{IP}$ PRO [$_{VP}$ t$_i$     [$_{VP}$ t$_i$ zu

                      ▲       BC      |   ▲     |

                   Schritt 2       Schritt 1

        schreiben]]]]$_j$ [$_{IP}$ *pro* [t'$_j$ [$_{VP}$ Spaß macht t$_j$]]]]

    b)   [$_{DP}$ ein Stift [$_{CP}$ [$_{CP}$ mit dem$_i$ [$_{IP}$ PRO [$_{VP}$ t'$_i$[$_{VP}$ t$_i$ zu schreiben]]]$_j$

                                   BC     [+γ][+γ]

        [$_{IP}$ *pro* [t'$_j$ [$_{VP}$ Spaß macht t$_j$]]]]

Die PP *mit dem* wird als Adjunkt innerhalb von VP basisgeneriert und von dort zunächst an VP adjungiert und anschließend nach [Spec CP] bewegt. Dabei kreuzt sie die IP, die eine blockierende Kategorie ist, aber keine Barriere.

Die Spur t$_i$ ist eine Adjunkt-Spur und wird deshalb auf der S-Struktur noch nicht überprüft. Auf LF ist t$_i$ von t'$_i$ korrekt antezedens-regiert. Sie erhält das Merkmal [+γ]. Die Zwischenspur kann von der PP *mit dem* ebenfalls antezedens-regiert werden, weil die IP nur eine blockierende Kategorie ist, die eine Rektion von außerhalb nicht verhindert. Auch die Zwischenspur ist deshalb [+γ]. Die Struktur in (41b) erfüllt das ECP und ist ebenfalls grammatisch.

### 8.4.4 Extraktionen aus Komplementsätzen

Extraktionen aus Adjunktsätzen (34b) und Subjektsätzen (39) sind un-grammatisch, weil Adjunkte und Subjekte vom Verb niemals direkt θ-regiert werden. Das bewegte Element überquert dabei jeweils eine blockierende Kategorie und eine Barriere. Dies führt zu einer Subjazenzverletzung. Werden Adjunkt-Phrasen aus Adjunktsätzen oder Subjektsätzen extrahiert, so ist außerdem das ECP verletzt. Das führt zu der extremen Ungrammatikalität der Beispiele in (34b) und (38b).

Komplementsätze werden vom Verb grundsätzlich θ-regiert und L-markiert. Extraktionen aus Komplementsätzen heraus sollten deshalb deutlich grammatischer sein. Dies ist in der Tat der Fall:

(46)

    a)    Welches Buch empfiehlt Professor Moody Neville zu lesen?

    b)    Mit welcher Feder befiehlt Professor Umbridge Harry zu schreiben?

Betrachten Sie die S-Struktur (47a) und die LF-Repräsentation (47b) von (46a):

(47)

    a)   [$_{CP}$ Welches Buch$_i$ empfiehlt$_j$ [$_{IP}$ Professor Moody t'$_j$ [$_{VP}$ t'''$_i$ [$_{VP}$
                      ▲            BC                   ▲
                           Schritt 4
                                    Schritt 3
        t$_j$ [$_{CP}$ t''$_i$ [$_{IP}$ PRO[$_{VP}$ t'$_i$   [t$_i$ zu lesen]]]]]]]
             ▲  BC  ▲
               [+γ]

    b)   [Welches Buch empfiehlt [Professor Moody [ Neville t [t zu lesen]]]]
                                   [+γ]

Im ersten Schritt wird die *Wh*-Phrase an die dominierende VP adjungiert. Dann wird sie nach [Spec CP] weiterbewegt. Dabei kreuzt sie die infinite IP, die eine blockierende Kategorie, aber keine Barriere ist. Sie adjungiert dann an die Matrix-VP. Dabei überquert sie die CP. Diese ist vom Verb L-markiert ist – und damit keine Barriere. Von dort wird sie in die [Spec CP]-Position des Matrix-Satzes weiterbewegt. Auf dem Weg dorthin kreuzt sie die Matrix-IP, die wiederum eine blockierende Kategorie, aber keine Barriere ist. Die Subjazenz-Bedingung ist damit erfüllt.

Die Spur t$_i$ wird vom Verb *lesen* lexikalisch regiert. Sie erhält deshalb schon auf der S-Struktur das Merkmal [+γ] und behält dieses auf LF bei. Damit ist das ECP ebenfalls erfüllt.

Betrachten Sie nun die S-Struktur (48a) und die LF-Repräsentation (48b) von (46b):

(48)

    a)   [Mit welcher Feder$_i$ befiehlt$_j$ [$_{IP}$ Prof. Umbrigde t'$_j$ [$_{VP}$ t'''$_i$ [$_{VP}$ Harry
                    ▲            BC                ▲
                         Schritt 4
                                 Schritt 3
        t$_j$ [$_{CP}$ t''$_i$ [$_{IP}$ PRO[$_{VP}$ t'$_i$   [t$_i$ zu schreiben]]]]]]]]
             ▲  BC  ▲

    b)   [$_{CP}$ Mit welcher Feder$_i$ befiehlt$_j$ [$_{IP}$ Prof. Umbridge [$_{VP}$ t'''$_i$ [$_{VP}$ Harry t$_j$
                                                        [+γ]

        [$_{CP}$ t''$_i$ [$_{IP}$ PRO [$_{VP}$ t'$_i$ [$_{VP}$ t$_i$ zu schreiben]]]]]]]
        [+γ]          [+γ] [+γ]

Die Ableitung der S-Struktur in (48a) erfolgt analog zu (47a): Die PP wird zunächst an VP adjungiert und wandert dann weiter nach [Spec CP]. Auf dem Weg dorthin kreuzt sie die IP, die eine blockierende Kategorie ist. Dann wird sie in eine an die Matrix-VP adjungierte Position weiterbewegt. Dabei über- quert sie CP. Diese ist keine Barriere, weil sie L-markiert ist. Dann wandert sie weiter in die Matrix-[Spec CP]-Position. Dabei quert sie die Matrix-IP, die wiederum eine blockierende Kategorie ist.

Da es sich bei der PP um eine Adjunkt-Phrase handelt, findet die $\gamma$-Markierung erst auf LF statt. Zwischen der Spur $t_i$ in der Basisposition der PP und der Spur $t'_i$ liegt keine Barriere; $t'_i$ kann $t_i$ daher korrekt antezedens-binden. $t_i$ erhält deshalb das Merkmal $[+\gamma]$. Zwischen $t''_i$ und $t'_i$ befindet sich die IP; diese ist eine blockierende Kategorie, aber keine Barriere. $t''_i$ kann daher $t'_i$ antezedens-regieren. $t'_i$ ist deshalb ebenfalls $[+\gamma]$. Die Zwischenspur $t'''_i$ liegt in der an die Matrix-VP adjungierten Position. Zwischen $t'''_i$ und $t''_i$ liegt die CP; diese wird aber vom Verb *befiehlt* L-markiert und ist deshalb keine Barriere für eine Rektion von außerhalb. Auch $t''_i$ ist $[+\gamma]$. $t'''_i$ wird von der PP *mit welcher Feder* in [Spec CP] antezedens-regiert. Dies ist möglich, weil zwischen der PP und $t'''_i$ nur die Matrix-IP liegt, die zwar eine blockierende Kategorie, aber keine Barriere ist. $t'''_i$ ist ebenfalls $[+\gamma]$. Damit ist in (46b) das ECP erfüllt und der Satz ist grammatisch.

## Übungen

1.) Erklären Sie die Ungrammatikalität der folgenden *Wh*-Frage:

   *Wen glaubst du das Gerücht, wer in ein Frettchen verwandelt hat?

2.) Erklären Sie den Grammatikalitätsunterschied in den folgenden Strukturen:

   *Wen glaubst du, wer in ein Frettchen verwandelt hat?
   Wen will Moody wann in ein Frettchen verwandeln?

3.) Erklären Sie den Grammatikalitätsunterschied in den folgenden Strukturen:

   a)   *$Wen_i$ weißt du die Schule, in der Moody $t_i$ in ein Frettchen ver-
        wandelt hat?

   b)   **$Wo_i$ kennst du den Jungen, den Moody $t_i$ in ein Frettchen ver-
        wandelt hat?

4.) Erklären Sie den Grammatikalitätsunterschied zwischen den folgenden Strukturen:

   a)   $Was_i$ geht Harry in der Winkelgasse [$t_i$ besorgen]?

b)        *Wo$_i$ geht Harry in die Winkelgasse [ t$_i$ Bücher kaufen]?

5.)      Erklären Sie den Grammatikalitätsunterschied zwischen den folgenden
         Strukturen:

a)        *This is a paper which reading would be interesting.
b)        **This is a pencil with which drawing would be a pleasure.

# 9 Das minimalistische Programm

## 9.1 Grundannahmen

Das minimalistische Programm wurde in den späten achtziger Jahren im Rahmen der generativen Grammatik entwickelt. Es unterscheidet sich teilweise radikal von der in diesem Band vorgestellten Prinzipien- und Parametertheorie. Ich kann daher an dieser Stelle keinen vollständigen Überblick über diesen Theorieansatz geben, sondern nur einige zentrale Konzepte vorstellen.

Um die Vorgänge zu verstehen, die im minimalistischen Programm beschrieben werden, empfiehlt es sich, zunächst einen Blick auf die zugrundeliegenden kognitiven Prozesse zu werfen:

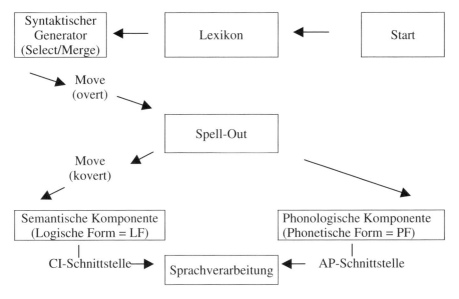

Bevor es zu einer sprachlichen Äußerung kommt, laufen verschiedene mentale Prozesse ab. Die Gesamtheit dieser Prozesse wird in der Literatur **Derivation** genannt. Dabei werden in einem ersten Schritt diejenigen Wörter (**Lexeme**) aus dem Lexikon entnommen, aus denen sich die syntaktische Struktur zusammensetzt. Dieser Prozess wird in der Literatur **Numeration** genannt. Sie werden als eine ungeordnete Menge ausgewählt, d. h. die Reihenfolge, in der sie angeordnet sind, spielt vorerst keine Rolle. Die Lexeme werden jeweils mit einem Index versehen, der anzeigt, wie oft das Lexem im Satz vorkommt. Betrachten Sie die folgenden Beispiele:

(1)

    a)   Harry liebt Ginny.

    b)   Die Katze jagt die Ratte.

In der Numeration für (1a) erhalten die Lexeme *Harry, liebt* und *Ginny* den Index 1, weil sie im Satz jeweils einmal vorkommen. In (1b) erhalten die Lexeme *Katze, jagt* und *Ratte* den Index 1. *die* erhält den Index 2, weil der Determinator in (1b) zweimal vorkommt.

    Die ausgewählten Lexeme werden dann im syntaktischen Generator geordnet. Dabei spielen die Prozesse **Select** (to select = auswählen) und **Merge** (to merge = verbinden) eine wichtige Rolle. Select wählt aufgrund nach bestimmten Kriterien (u. a. Subkategorisierungseigenschaften lexikalischer Elemente) ein Lexem aus, das sich in der Numeration befindet, aus und führt es in die Derivation ein. Gleichzeitig wird dessen Index um eins reduziert. Ist der Index = 0, kann das Element nicht mehr selektiert werden. Befinden sich zwei Elemente in der Derivation werden sie durch den Prozess Merge zu einem Objekt höherer Ordnung (z. B. zu einer Phrase) verbunden. Dabei spielt das X-Bar-Schema (siehe Seite 90) eine wichtige Rolle, das im Minimalismus stark vereinfacht wurde. Die Operationen Select und Merge laufen solange ab, bis die Indices aller in der Numeration enthaltenen Elemente auf 0 stehen. Ich komme auf die Prozesse Select und Merge in Abschnitt 9.5 ausführlicher zu sprechen.

    Die Operation **Move** kann schon parallel zu den Prozessen Select und Merge einsetzen. Sie erlaubt unter bestimmten Umständen, bereits in die Derivation integrierte Elemente zu verschieben, d. h. ihre Position in der syntaktischen Struktur zu verändern. Move ist demnach mit dem Prozess der Bewegung (Move α) vergleichbar, den in Kapitel 6 vorgestellt habe, und unterliegt auch ähnlichen Restriktionen (u. a. Strukturerhaltungsprinzip (siehe Seite 168)).

    Stehen alle Indices der Numeration auf 0, wird die Derivation in eine phonologische Form (PF) überführt, die dem hörbaren Output einer Äußerung entspricht, und in eine semantische (logische) Form (LF), die ihrer semantischen Interpretation enthält. Dieser Prozess wird in der Literatur **Spell Out** genannt. Die Überführung der Derivation nach LF findet weiterhin aufgrund von Bewegungsprozessen statt. Bewegungsprozesse, die vor Spell Out stattfinden, sind auch auf LF sichtbar und deshalb overt; Bewegungsprozesse, die nach Spell Out stattfinden, sind auf PF nicht sichtbar und werden deshalb kovert genannt (vgl. Seite 280).

    Nach der Operation Spell Out gelangt die sprachliche Äußerung auf zwei Wegen in die Sprachverarbeitung: die phonologische Komponente PF über die artikulatorisch-phonetische Schnittstelle (AP) und die semantische Komponente (LF) über die konzeptuell-intentionale Schnittstelle (CI). Eine eingehende sprachliche Struktur wird mental auf zwei Ebenen verarbeitet: als auditiv wahrgenommenes Signal und als bedeutungstragendes mentales Konstrukt.

## 9.2 Ökonomie

Das minimalistische Programm wird stark von Ökonomie-Prinzipien gesteuert. D. h., man ist bemüht, mit möglichst wenigen syntaktischen Kategorien, Grundoperationen, Repräsentationsebenen, Modulen und universellen Prinzipien wie möglich auszukommen.

Bewegungsprozesse, wie sie in der klassischen Prinzipien- und Parameter-Theorie vorgeschlagen werden, gelten als „unökonomisch". Sie dürfen nur stattfinden, wenn sie unerlässlich sind. Das besagt das **Last Resort Prinzip** (last resort = letzter Ausweg). Optionale Bewegungsprozesse gibt es nicht[109].

Als wesentlich ökonomischere Variante der Strukturerzeugung wird das direkte Einsetzen der Wörter aus dem Lexikon in die Struktur angesehen.

Bewegungsprozesse, die nach Spell Out stattfinden (also koverte Bewegungsprozesse) befinden sich außerhalb der Derivation und sind deshalb ökonomischer als overte Bewegungsprozesse. Aus Gründen der Ökonomie werden koverte Bewegungsprozesse overten vorgezogen. D. h., Bewegungsprozesse sollten so spät wie möglich stattfinden. Das genau besagt das Verzögerungs-Prinzip **Procrastinate** (siehe Seite 282), das ich im Zusammenhang mit overter und koverter Wh-Bewegung in Abschnitt 7.3 bereits vorgestellt habe.

## 9.3 Merkmale

Das minimalistische Programm fasst Lexeme als Mengen von Merkmalen auf. Man unterscheidet zwischen phonologischen, semantischen und grammatischen Merkmalen. Merkmale können semantisch interpretierbar oder nicht interpretierbar sein. Semantisch interpretierbare Merkmale tragen zur Bedeutung der syntaktischen Struktur bei, semantisch nicht-interpretierbare Merkmale tun das nicht.

Phonologische Merkmale sind Merkmale, die die Lautstruktur betreffen, mittels derer das Lexem akustisch realisiert wird. Der Laut /b/ hat zum Beispiel die Merkmale [+ bilabial] und [+ stimmhaft]. D. h., er wird mit beiden Lippen und unter Beteiligung der Stimmbänder gebildet. Phonologische Merkmale sind semantisch nicht interpretierbar.

Semantische Merkmale sind Merkmale, die die Bedeutung von Lexemen betreffen. Das Nomen *Junge* hat etwa die Merkmale [+ Kind], [+ männlich] (und

---

109 Problematisch sind unter der Perspektive die Scrambling-Prozesse, die ich in Abschnitt 6.4 vorgestellt habe und die immer fakultativ stattfinden.

weil Michel dem Knirpsschweinchen die Kirschen gegeben hat.

weil Michel die Kirschen dem Knirpsschweinchen gegeben hat.

Unter minimalistischer Perspektive ist deshalb der Ansatz von Haider (1993), Neeleman (1994) und Strazny u. a.) vorzuziehen, die Scrambling als einen basisgenerierten Prozess annehmen (siehe Abschnitt 6.4.4).

ggf. [+ menschlich], wenn man bei Tierkindern die Unterscheidung *Mädchen* /*Junge* nicht treffen möchte). Semantische Merkmale sind immer interpretierbar.

Es gibt drei Mengen grammatischer Merkmale: **Kopf-Merkmale, Komplement-Merkmale** und **Spezifikator-Merkmale** (Radford 1997):

Kopf-Merkmale sind Merkmale, die am Lexem selbst realisiert werden. Dazu gehören Merkmale wie [Kasus], [Numerus], [Person], [Tempus], [Modus] usw. Komplement-Merkmale sagen, ob ein Lexem ein Komplement nimmt und welche Eigenschaften es hat. Sie entsprechen im Wesentlichen den Subkategorisierungseigenschaften, die ich in Abschnitt 2.6.2 eingeführt habe. Spezifikator-Merkmale sagen, ob ein Lexem einen Spezifikator nimmt und welche grammatischen Merkmale der haben soll. Grammatische Merkmale sind manchmal interpretierbar, manchmal nicht. Das Merkmal [Tempus] an einem Verb besagt zum Beispiel, ob die durch das Verb ausgedrückte Handlung vor, während oder nach dem Sprechzeitpunkt stattfindet. Es gilt deshalb als interpretierbar. Das Merkmal [Kasus] an einem Nomen trägt nichts zur Interpretation des Satzes bei. Es ist deshalb nicht interpretierbar.

Merkmale können außerdem **stark** oder **schwach** sein (siehe Seite 282). Uninterpretierbare Merkmale müssen im Verlauf der Derivation getilgt werden: schwache Merkmale auf LF, Starke hingegen schon vor Spell Out. Dies geschieht in einem Prozess, der **Merkmalsüberprüfung** (Feature Checking) genannt wird.

## 9.4 Merkmalsüberprüfung

Nicht-interpretierbare Merkmale müssen im minimalistischen Programm spätestens auf LF (wenn es sich um schwache Merkmale handelt), teilweise aber auch schon vor Spell Out überprüft und anschließend getilgt werden. Dies schreibt das **Prinzip der vollständigen Interpretation** (principle of full interpretation) vor, dass eine Repräsentation nur Merkmale enthalten darf, die auf PF oder LF interpretiert werden können. Grammatische Merkmale können nur in bestimmten syntaktischen Positionen getilgt werden. Das Merkmal [Kasus] kann zum Beispiel nur in einer Spezifikator-Kopf-Relation getilgt werden. Das bedeutet, dass DPs in eine Spezifikator-Position bewegt werden müssen, damit ihre Kasus-Merkmale überprüft werden können. Man nimmt beispielsweise an, dass Subjekte in [Spec VP] basisgeneriert werden[110]. Von dort müssen sie nach [Spec IP] weiterbewegt werden. In finiten Sätzen haben I-Köpfe das Spezifikator-Merkmal [+Nom(inativ)]. Das heißt, dass eine DP, die nach [Spec IP] bewegt werden muss, im Nominativ stehen muss. Ist dies der Fall, können das Kasus-Merkmal auf der Subjekt-DP und das Spezifikator-Merkmal auf dem I-Kopf getilgt werden. Man sagt auch, die Derivation **konvergiert.** Dies ist in (2a) der Fall. Wenn die Subjekt-DP in einem finiten Satz wie (2b) für [+Akkusativ] spezifiziert ist, d. h., wenn das Kasusmerkmal der

---

110   Warum das so ist, werde ich in Abschnitt 9.6 erläutern.

Subjekt-DP nicht mit dem Spezifikatormerkmal des I-Kopfes nicht übereinstimmt, können die Kasusmerkmale nicht getilgt werden. Die beiden widersprüchlichen Kasusmerkmale bleiben auf LF erhalten und können dort nicht interpretiert werden. Das Prinzip der vollständigen Interpretation ist verletzt. Der Satz ist ungrammatisch. Man sagt auch, die Derivation **kollabiert**[111].

(2)
    a)   Der Lehrer straft die Schüler.
    b)   *Den Lehrer straft den Schüler.


## 9.5 Die Derivation: Select und Merge[112]

Betrachten Sie den folgenden Satz:

(3)      weil er seinen Schulleiter bewundert hat.

(3) wird aus der folgenden Numeration gebildet:

(4)      {<weil, 1>, <er, 1>, <seinen, 1>, <Schulleiter, 1>,
          <bewundert, 1>, <hat, 1>}

In einem ersten Schritt entnimmt die Operation Select der Numeration den Determinator *seinen,* der im Akkusativ steht. Gleichzeitig wird der Index des Determinators auf 0 gesetzt. Die Komplement-Merkmale des Determinators besagen, dass er ein Nomen zum Komplement nimmt, das ebenfalls im Akkusativ steht. Deshalb entnimmt die Operation Select das Nomen *Schulleiter* aus der Numeration, das ebenfalls im Akkusativ steht. Auch der Index des Nomens wird auf 0 gesetzt. Beide Lexeme können nun nicht mehr selektiert werden. Wenn sich zwei Lexeme in der Derivation befinden, werden sie **gemergt**, d. h. miteinander zu einer höheren Einheit – einer Phrase – verbunden. Auch Phrasen werden als Mengen von Merkmalen aufgefasst. Welches sind die Merkmale der sich ergebenden Phrase? Es sind prinzipiell drei Möglichkeiten denkbar (siehe Grewendorf 2002: 124):

1.   Die Schnittmenge der Kopf-Merkmale beider gemergten Lexeme (d. h. die Menge jener Merkmale, die beide Lexeme gemeinsam haben).
2.   Die Vereinigungsmenge der Kopf-Merkmale beider gemergten Lexeme (d. h. die Menge aller Merkmale beider Lexeme)
3.   Die Kopf-Merkmale eines Lexems.

---

111   Ich werde in Abschnitt 9.7 erklären, wie der Kasus von Objekt-DPs überprüft wird.
112   Diese Analyse basiert auf Radford (1997). Die V-Shell-Analyse wurde nicht übernommen.

Die ersten beiden Optionen scheiden aus. Gemergte Lexeme brauchen keine gemeinsamen Kopf-Merkmale haben, d. h., die Schnittmenge kann leer sein. Phrasen, die keine Merkmale haben, gibt es nicht. Die Vereinigungsmenge kann einander widersprechende Merkmale haben. Eine solche Derivation würde kollabieren[113]. Es bleibt also nur die dritte Möglichkeit: Die Merkmale nur eines gemergten Lexems übertragen sich auf die Phrase. Es sind dies die Merkmale des Kopfes, d. h., desjenigen Lexems, das das andere als Komplement bzw. Spezifikator selektiert. Dies entspricht dem Kopf-Vererbungsprinzip, das ich in Abschnitt 2.7 vorgestellt habe (siehe Seite 76). Es entsteht demnach eine DP, da die Phrase das kategoriale Merkmal des Kopfes (D) erbt. Sie erbt außerdem das Merkmal [+Akk(kusativ)], für das der Kopf spezifiziert ist. Sie entsteht folgende Struktur[114]:

(5)

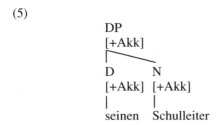

Danach entnimmt die Operation Select der Numeration das Verb *bewundert*, das eine DP im Akkusativ zum Komplement nimmt, und setzt dessen Index auf 0. Die Operation Merge erlaubt nicht nur, zwei Lexeme zu einer Phrase zu verbinden. Es können auch eine Phrase und ein Lexem gemergt werden. Wichtig ist bloß, dass Merge eine **binäre** Operation ist. D. h., es können niemals mehr als zwei Elemente gemergt werden.

Die DP und das Verb verbinden sich zu einer Projektion V'. Da das Verb im Partizip steht, hat auch V' das Merkmal [+Part(izip)].

---

113   In dem Satz

    Wir bewundern dich.

    hat das Verb die Kopf-Merkmale [1 Pl. Präs]. Das Objekt hat die Kopfmerkmale [2. Sg]. Die Schnittmenge beider Elemente wäre leer, die Vereinigungsmenge hätte einander widersprechende Merkmale.

114   Eine Besonderheit in der minimalistischen X-Bar-Syntax besteht darin, dass nicht nur ganze Phrasen als Komplemente von Köpfen zugelassen sind, sondern auch $X^0$-Elemente.

(6)

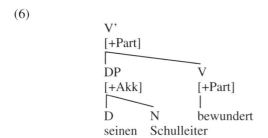

Das Verb *bewundert* hat noch ein weiteres Merkmal – ein Spezifikator-Merkmal. Das besagt, dass das Verb ein Subjekt braucht, das im Nominativ steht. Um dieses Merkmal befriedigen zu können, projiziert V' zu VP und stellt somit eine Spezifikator-Position zur Verfügung. Nun sucht die Operation Select in der Numeration nach einem Lexem, das in diese Position eingesetzt werden kann. Das einzige Lexem, das hierfür in Frage kommt, ist der Determinator *er*, denn dieses trägt das Merkmal [+Nom] Es ergibt sich die folgende (vereinfachte) Struktur:

(7)

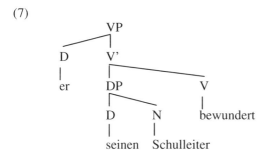

Man könnte nun annehmen, dass bereits ein vollständiger Satz vorliegt. Dies ist in (7) noch nicht der Fall, denn die Numeration ist noch nicht aufgebraucht. Die Indices der Lexeme hat und *weil* stehen noch auf 1. Die Derivation geht aber so lange weiter, bis die Indices aller Lexeme auf 0 gesetzt sind.

Die Operation Select entnimmt deshalb der Numeration das Lexem *hat*. Dieses ist ein Hilfsverb und wird deshalb von I dominiert. *Hat* nimmt eine VP zum Komplement, die für [+Part] spezifiziert ist. Das Hilfsverb *hat* und die VP können sich deshalb zu einer Kategorie I' verbinden.

Auch das Hilfsverb hat das Spezifikator-Merkmal [+Nom], d. h., es braucht ein Subjekt im Nominativ. I' projiziert deshalb zu IP, damit das Subjekt in der [Spec IP]-Position realisiert werden kann. In der Numeration befindet sich aber kein Element mehr, das das Merkmal [+Nom] trägt und als Subjekt fungieren könnte. Für die Derivation gibt es noch einen „letzten Ausweg" (last resort). Dieser besteht darin, ein Element auszuwählen, das sich bereits in der Derivation befindet und das nach [Spec IP] bewegt werden muss. Das einzige Element, das hierfür in Frage kommt, ist der Determinator *er*. Der Bewegungsprozess verläuft wie folgt: Das zu bewegende Element wird kopiert und an

seine neue Position bewegt. Sobald die Operation stattgefunden hat, wird die
Kopie in der Basisposition gelöscht. Zurück bleibt eine Spur t.

(8)

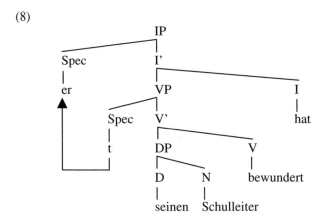

Schließlich entnimmt die Operation Select der Numeration das Lexem *weil*.
*weil* ist ein Complementizer, der ein Komplement-Merkmal [+finit] aufweist.
Das bedeutet, dass er eine finite IP zum Komplement nimmt. Auch das Lexem
*hat*, das auf dem Kopf der IP realisiert wird, ist für [+finit] spezifiziert und
reicht dieses Merkmal an die IP weiter. Der Complementizer und die IP können
deshalb gemergt werden. Die Numeration ist damit aufgebraucht; die Derivation ist beendet.

(9)

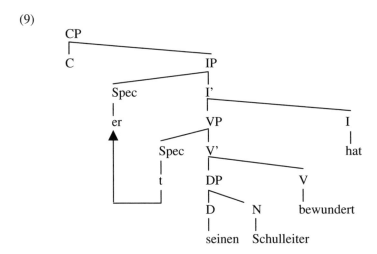

## 9.6 Subjekte[115]

Im minimalistischen Programm wird angenommen, dass Subjekte ihre Basisposition innerhalb von VP haben und anschließend nach [Spec VP] bewegt
werden. Dies lässt sich konzeptuell begründen. Beispielsweise werden sämtliche θ-Rollen, die das Verb vergibt, einheitlich unter VP vergeben. Es gibt
aber auch eine Reihe sprachlicher Daten, die dafür sprechen (siehe Grewendorf
(2002), Radford (1997)). Betrachten Sie die folgenden Sätze:

(11)

    a)    There is someone knocking at the door.

    b)    Is there someone knocking at the door.

    c)    Someone is knocking at the door.

(10a) scheint zwei Subjekte zu haben. Zum einen das Expletivpronomen *there*,
zum anderen der Quantor *someone*. *There* wird in [Spec IP] realisiert. Das wird
daraus ersichtlich, dass das Hilfsverb *is* in Fragesätzen vor das Expletivpronomen bewegt werden kann (20b). In 6.2.1 habe ich diesen Prozess als
Subjekt-Aux-Inversion vorgestellt. Dabei wird das Hilfsverb aus seiner Basisposition in I über [Spec IP] hinweg nach C bewegt (siehe Seite 186)

    I nimmt eine VP zum Komplement. Deshalb nimmt man an, dass *someone
knocking at the door* eine VP ist. (10a) erhält folgende Struktur:

(11)

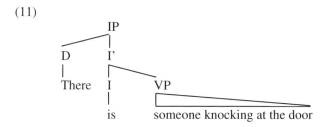

Welches ist die interne Struktur der VP *someone knocking at the door?* Es ist
klar, dass das Verb *knocking* der Kopf und die PP *at the door* das Komplement
ist. Der Quantor *someone* muss das Subjekt sein. Subjekte werden in der Regel
in einer Spezifikator-Position realisiert. Demzufolge scheint in (10a) / (11) der
Quantor die [Spec VP]-Position einzunehmen.

---

115   Die Behauptungen, die ich im folgenden Kapitel aufstellen werde, lassen sich oft am Beispiel
      des Deutschen nicht belegen. Dies ist auf Besonderheiten in der deutschen Grammatik
      zurückzuführen – darauf, dass das Deutsche eine SOV-Sprache ist, deren verbale Kategorien
      stets rechtsperipher sind und darauf, dass das Verb im Hauptsatz nach C und eine weitere
      Kategorie – zumeist das Subjekt – nach [Spec CP] bewegt werden. Ich werde daher auf Bei-
      spiele aus anderen Sprachen – vorwiegend aus dem Englischen - zurückgreifen.

(12)

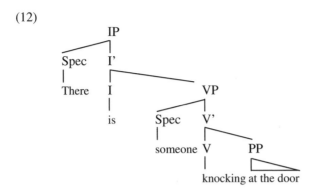

In (10c) nimmt der Quantor *someone* dieselbe Position ein, wie das Expletivpronomen *there* in (10a) und (10b) – [Spec IP]. Warum aber kann der Quantor in verschiedenen Positionen realisiert werden? Die einfachste Erklärung erhält man, wenn man annimmt, dass in (10c) *someone* nach [Spec IP] bewegt wurde. Es gilt also: Die Basisposition des Quantors ist [Spec VP]. In expletiven Strukturen bleibt er *in situ*, in nicht expletiven Strukturen muss er nach [Spec IP] angehoben werden. Dabei hinterlässt er in seiner Basisposition eine Spur. (10c) erhält folgende Struktur:

(13)

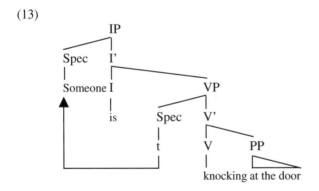

Was spricht weiterhin für die Annahme, dass Subjekte in VP basisgeneriert werden?

In 7.3 habe ich das Phänomen der *wanna*-Kontraktion im Englischen vorgestellt. Ich habe argumentiert, dass in bestimmten Kontexten das Verb *want* mit dem I-Kopf *to* verschmelzen kann:

(14)      I want PRO to help you → I wanna help you.

Dies ist nicht möglich, wenn zwischen *want* und *to* eine unsichtbare Kategorie – z. B. eine Spur – interveniert:

(15)  Who$_i$ do you want t$_i$ to feed the  →  *Who do you wanna feed the
      dog?                                     dog

Aber auch PRO ist eine leere Kategorie. Warum blockiert PRO die *wanna*-Kontraktion nicht? Baltin (1995) nimmt an, dass PRO in [Spec VP] realisiert wird., also gar nicht zwischen *want* und *to* interveniert. (14) erhält folgende Struktur:

(16)

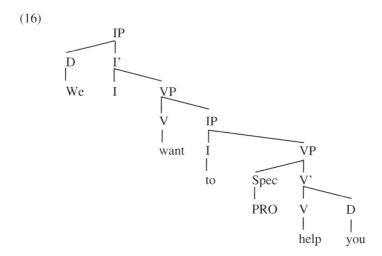

Ein weiteres Argument dafür, dass Subjekte in [Spec VP] basisgeneriert werden, liefern sogenannte „gefloatete Quantoren". Darunter versteht man Quantoren, die sich in einer anderen Position befinden als die DP, die sie modifizieren. Betrachten Sie den folgenden Satz:

(17)      The pupils have all left Hogwarts.

Quantoren werden als syntaktische Kategorie analysiert (siehe Seite 81) – genauer gesagt, als funktionale Köpfe, die eine DP zum Komplement nehmen. Wie kann man erklären, dass der Quantor und seine Komplement-DP in unterschiedlichen syntaktischen Positionen stehen?

Geht man davon aus, dass Subjekte ihre Basisposition innerhalb von VP haben, kann man dies leicht erklären: Die QP *all the pupils* wird innerhalb von VP basisgeneriert; die DP *the pupils* wird nach [Spec IP] weiterbewegt. Der Q-Kopf verbleibt in der Basisposition. (17) erhält folgende Struktur:

(18)

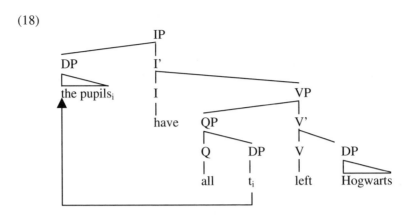

Wenn Subjekte aus [Spec VP] nach [Spec IP] bewegt werden, hinterlassen sie in [Spec VP] eine Spur. Es gibt in der Tat Argumente dafür, dass eine solche Spur in [Spec VP] existiert. Betrachten Sie die folgenden Sätze:

(19)

a)   Lockhart$_i$ hat schon immer Bilder von sich$_i$ /*dich$_i$ (selbst) gesammelt.

b)   Bilder von sich$_i$ /*dich$_i$ (selbst) gesammelt hat Lockart schon immer.

Prinzip A der Bindungstheorie verlangt, dass Reflexivpronomina (Anaphern) von einem c-kommandierenden Antezedens lokal gebunden werden (siehe Seite 142). Dies ist in (19a) gegeben. Die DP *Lockhart* ist ein mögliches Antezedens die Pronomina *sich* und *dich*. Sie kann aber nur mit dem Reflexivpronomen *sich* koindiziert werden, weil beide bezüglich ihrer Merkmale ([3Sg]) übereinstimmen. Sie kann nicht mit *dich* koindiziert werden, denn *dich* weist andere Merkmale auf als *Lockart* ([2Sg]).

In (19b) wird die VP nach [Spec CP] topikalisiert. Es bestehen die gleichen Grammatikalitätsverhältnisse wie in (17a) – obgleich sich das Reflexivpronomen außerhalb des c-Kommando-Bereiches des Antezedens befindet. Wie kann man das erklären?

Die DP *Lockart* hat ihre Basisposition in [Spec VP] verlassen und wird nach [Spec IP] weiterbewegt. Sie hinterlässt in [Spec VP]. Nach Chomsky (1995) haben Spuren dieselben Merkmale wie ihre Antezedenten. Sie unterscheiden sich von ihnen nur dadurch, dass sie keine phonologische Form haben. Die Spur der DP *Lockhart* kann deshalb – wie die DP selbst – als Antezedens für das Reflexivpronomen fungieren. (19b) wird wie folgt analysiert:

(20)   [$_{CP}$ [$_{VP}$ t$_i$ Bilder von sich$_i$ /dich$_i$ (selbst) gesammelt]$_j$ [$_{C'}$ hat [$_{IP}$ Lockhart$_i$ schon immer t$_j$]]]

## 9.7 Split Infl

Obgleich man in der minimalistischen Syntax bemüht ist, mit möglichst wenigen syntaktischen Kategorien auszukommen, nimmt man hier eine Vielzahl funktionaler Kategorien an, die es in der klassischen Prinzipien- und Parametermodell noch nicht gibt. Ich werde in den abschließenden Abschnitten diese funktionalen Köpfe vorstellen und erklären, wie sie motiviert sind.

Im minimalistischen Programm wird behauptet, dass bestimmte Merkmale – zum Beispiel Kasus – nur in einer Spezifikator-Kopf-Relation überprüft werden können. DPs müssen deshalb in eine Spezifikator-Position bewegt werden, damit das Kasus-Merkmal überprüft werden kann. Subjekte werden zum Beispiel nach [Spec IP] bewegt; dort wird das Kasus-Merkmal überprüft. Wie aber werden Objekte überprüft?

In der minimalistischen Syntax nimmt man an, dass es zwei funktionale Köpfe gibt, auf denen die Kongruenz-Merkmale des Verbs realisiert werden: AgrS (subject-agreement = Subjektkongruenz) und AgrO (object-agreement = Objekt-Kongruenz). AgrS projiziert zu AgrSP; AgrO zu AgrOP. Die Kasusmerkmale der Subjekt- bzw. Objekt-DPs werden in den jeweiligen Spezifikator-Positionen überprüft. Deshalb muss das Subjekt wird nach [Spec AgrSP] bewegt werden, um dort das Kasus-Merkmal zu überprüfen, das Objekt nach [Spec AgrOP]. Die Bewegung kann overt oder kovert erfolgen. Koverte Bewegung wird aufgrund von Procrastinate bevorzugt; overte Bewegung erfolgt nur, wenn die Kasusmerkmale in den Spezifikator-Positionen stark sind.

Die Annahme eines eigenen Kopfes für Objektkongruenz ist dadurch gerechtfertigt, dass in manchen Sprachen nicht nur das Subjekt, sondern auch das Objekt mit dem Verb kongruiert. Dies gilt zum Beispiel im Baskischen. In (21) kongruiert das Hilfsverb mit dem Subjekt, dem direkten und dem indirekten Objekt (Grewendorf 2002):

(21)

| | | | | | |
|---|---|---|---|---|---|
| Nik | Jon-i | liburu-a-∅ | ema-n | | Baskisch |
| Ich-Erg. | Jon-Dat | Buch-Art-Abs. | geben-Asp. | | |
| d- | ieza- | io- | ke- | t- | ∅ |
| 3.Sg.Abs. | Auxiliar | 3.Sg.Dat | Modal | 1.Sg.Erg | Tempus |
| Ich kann Johann das Buch geben | | | | | |

Im Französischen kongruiert ein extrahiertes oder ein klitisiertes Objekt mit dem Partizip Perfekt:

(22)

a)  Combien  de tables$_i$  [Paul  a  repeint**es** t$_i$]?  Französisch
    Wieviele  der Tische  Paul  hat  übermalt
    Wieviele Tische hat Paul übermalt?

b)  Je  **les**  ai  repeint**es**.
    Ich  sie  habe  übermalt.
    Ich habe sie übermalt

Verschiedene Autoren haben außerdem gezeigt, dass Kongruenz und Tempus nicht auf demselben Kopf repräsentiert werden können. So lässt sich zum Beispiel im Standard-Arabischen beobachten, dass in negierten Sätzen das Tempusmorphem nicht am Verb, sondern am Negationsmorphem *laa* realisiert wird (Grewendorf 2002: 38)[116]. In der minimalistischen Syntax wird deshalb angenommen, dass auch das Merkmal [TNS] auf einem eigenen funktionalen Kopf T realisiert wird. T projiziert zu TP:

(23)

                                                                 Standard-Arabisch

    a)   lan        ya-qraʔ-a            Zaid-un   l-kitaab-a.
         Neg+Fut   3.Pers.mask.-lesen-Subj.  Zaid-Nom  das-Buch-Akk
         Zaid wird das Buch nicht lesen.
    b)   lam       ya-qraʔ            Zaid-un   l-kitaab-a
         Neg+Prät  3.Pers.mask.-lesen-Jus.  Zaid-Nom  das-Buch-Akk
         Zaid las das Buch nicht.

Die funktionalen Köpfe AgrS, AgrO und T ersetzen den I-Kopf aus der klassischen Prinzipien- und Parameter-Theorie. Diese Analyse, die auf Pollock (1989) und Chomsky (1991) zurückgeht, ist als **Split-Infl-Hypthese** in die Literatur eingegangen.

Chomsky (1991) schlägt eine erweiterte X-Bar-Struktur für Sätze vor. Diese sieht im Deutschen, das verbale X-Köpfe stets rechts realisiert, wie folgt aus:

(24)

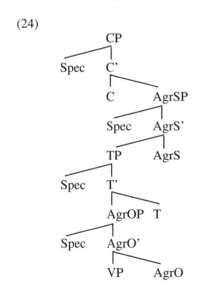

---

Nicht nur Subjekt und Objekt werden in ihre jeweiligen Spezifikator-Positionen bewegt, um dort auf ihre Kasuseigenschaften hin überprüft zu werden. Auch das Verb muss seine flexionalen Merkmale überprüfen. Es wird voll flektiert in V ausgesetzt und wird von dort AgrO und T nach AgrS bewegt. Stimmen die Flexionseigenschaften des Verbs mit den Merkmalen auf den funktionalen Köpfen überein, konvergiert die Derivation. Ist dies nicht der Fall, ist er kollabiert sie[117].

Warum dominiert in (24) die TP die AgrOP und die AgrSP die TP? Dies hängt mit der Reihenfolge zusammen, in der die Flexionsmorpheme an den Verbstamm affigiert werden. Diese entspricht der Reihenfolge, in der die Flexionsmerkmale am Verb überprüft werden. In den indoeuropäischen Sprachen steht das Tempusmorphem „näher" am Verbalstamm als das Kongruenz-Morphem. Deshalb werden Verben erst für Tempus und dann für Kongruenz überprüft:

(25)

Latein

| | V = Stamm | T = Tempus | AgrS=Kongruenz |
|---|---|---|---|
| | amare=lieben | Präteritum | |
| 1. Ps. Sg. | ama- | ba- | m |
| 2. Ps. Sg | ama- | ba- | s |
| 3. Ps. Sg. | ama- | ba- | t |
| Futur | | | |
| 1. Ps. Sg. | ama- | b- | o |
| 2. Ps. Sg. | ama- | bi- | s |
| 3. Ps. Sg. | ama- | bi- | t |

Dies gilt nicht in allen Sprachen. Im Choctaw, einer Indianersprache aus dem nordamerikanischen Raum, geht das Kongruenzmorphem dem Tempus-morphem voran (Grewendorf 2002: 41):

(26)

Choctaw

| V = Stamm | Agr = Kongruenz | T = Tempus |
|---|---|---|
| hilha- | li- | tok |
| tanzen | 1. Ps. Sg | Prät. |

---

117  Dies ist eine vereinfachte Darstellung. Genau genommen nimmt man an, dass der V-Kopf an die funktionalen Köpfe AgrO. T und AgrS adjungiert.

Für Latein und Choctaw müssen demnach unterschiedliche Bäume angenommen werden. Im Lateinischen dominiert die AgrP die TP. Im Choctaw
dominiert die TP die AgrP[118].

(27)

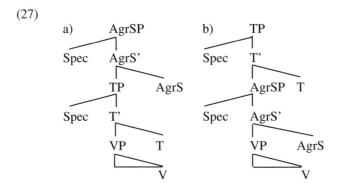

Der Unterschied zwischen dem Lateinischen und dem Choctaw lässt sich auf
unterschiedliche selektionale Eigenschaften an den funktionalen Köpfen AgrS
bzw. T zurückführen. Im Lateinischen nimmt der AgrS TP zum Komplement;
im Choctaw nimmt T AgrSP zum Komplement.

In manchen Sprachen erfolgt Verbanhebung overt, in anderen kovert. Dies
lässt zeigen, wenn man das Englische mit dem Französischen vergleicht. Hier
liefert die Stellung des Verbs relativ zu Adverb Hinweise auf seine strukturelle
Position. Betrachten Sie die folgenden Sätze:

(28)

    a)    Violetta often kisses Alfredo.            Englisch
    b)    *Violetta kisses often Alfredo.
    c)    *Violetta souvent embrasse Alfredo.    Französisch
    d)    Violetta embrasse souvant Alfredo.

Nimmt man an, dass die Adverbien *often* und *souvent* jeweils an die VP adjungiert werden, so folgt daraus, dass im Französischen das Verb aus der VP
herausbewegt und mindestens nach AgrO angehoben wird. Im Englischen
hingegen bleibt das Verb auf der S-Struktur *in situ*. In beiden Sprachen verlässt
das Objekt die VP in der overten Syntax nicht.

---

118   Im Lateinischen geht das Objekt dem Verb voran. Dasselbe gilt im Choctaw. (siehe
      Broadwell 2005). Deshalb analysiere ich beide Sprachen als SOV-Sprachen und als rechts-
      peripher.

(29)

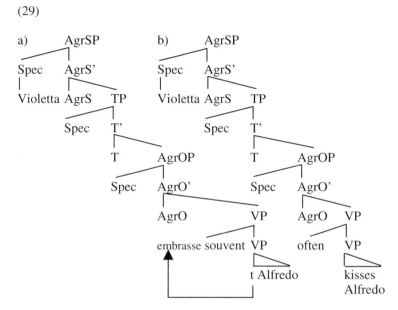

Chomsky (1991) und Pollock (1989) zeigen anhand von Negationsdaten, dass das finite Verb im Französischen nach AgrS angehoben wird. Betrachten Sie den folgenden Satz:

(30)

| Violetta | n'embrasse | pas | souvent | Alfredo |
| Violetta | nicht-küsst | nicht | oft | Alfredo |

Violetta küsst Alfredo nicht oft.

Chomsky und Pollock nehmen an, dass auch die Negation eine eigene Phrase bildet, die NegP, die im Französischen zwischen der AgrOP und der TP liegt. Die Negationspartikel *ne* wird auf dem Kopf der NegP Neg realisiert. Das Verb wandert auf seinem Weg in die AgrS-Position durch die funktionalen Köpfe AgrO, Neg und T. Dabei nimmt es die Negationspartikel quasi mit. Die zweite Negationspartikel *pas* steht in der Spezifikator-Position der NegP. (30) hat deshalb die folgende Struktur:

(31)

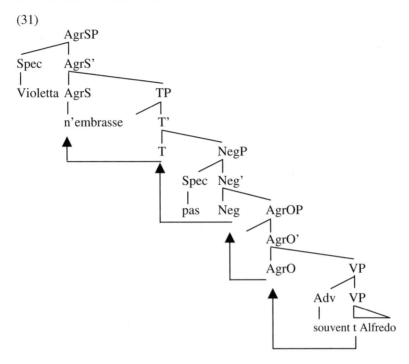

Der letzte Bewegungsschritt von T nach AgrS lässt sich empirisch nicht beweisen. Er lässt sich jedoch konzeptuell begründen, wenn man annimmt, dass die Agr-Köpfe die gleichen „Attraktionseigenschaften" aufweisen. Wenn ein Verb auf der S-Struktur den AgrO-Kopf besetzen kann, so sollte es auch den AgrS-Kopf besetzen können – es sei denn, es gibt intervenierende Köpfe zwischen V und AgrS, die eine Anhebung blockieren.

Wie weit können infinite Verben angehoben werden? Betrachten Sie den folgenden Kontrast (siehe Pollock 1989: 374):

(32)

a) Ne pas      regarder la télévision    consolide   l'esprit critiqiue.
   Nicht       fernzusehen               stärkt      den kritischen Geist.
b) *Ne regarder pa la télévision consolide l'esprit critique

Die Daten in (32) zeigen, dass das finite Verb in einer Position unterhalb von NegP verbleiben muss. Das gilt für lexikalische Verben, nicht aber für Hilfsverben:

(33)

a) Ne pas    être heureux    est   une condition       pour   écrire
   Nichet    sein glücklich  ist   eine Voraussetzung  für    schreiben
   des romans.
   Romane

        Nicht glücklich zu sein ist eine Vorraussetzung, um Romane zu
        schreiben.

b)    Ne être pa heureux est une condition pour ecrire des romans.

Die Daten in (16) (Pollock 1989: 377ff) zeigen, dass das infinite Hauptverb
sowohl vor als auch nach dem Adverb stehen kann. Das bedeutet, dass infinite
lexikalische Verben optional nach AgrO bewegt werden können. Dieser
Prozess wird in der Literatur **kurze Bewegung** (short movement) genannt.

(34)

| | | | | | |
|---|---|---|---|---|---|
| a) | Complètement | perdre | la tête | pour | les belles |
| | Total | verlieren | den Kopf | für | die schönen |
| | étudiantes | c'est dangereux. | | | |
| | Studentinnen | das ist gefährlich | | | |

        Es ist gefährlich, wegen der schönen Studentinnen den Kopf total zu
        verlieren.

b)    Perdre complètement la tête pour les belles étudiantes c'est dangereux.

## 9.8 VP-Schalen

Barss&Lasnik (1986) verweisen am Beispiel vom Englischen auf eine Reihe
von Asymmetrien, die sich im Verhalten von zwei Objekten in Doppel-Objekt-
Konstruktionen zeigen. Die erste Asymmetrie betrifft die Lizensierung von
Anaphern. Anaphern müssen von ihrem Antezedens lokal gebunden sein. Dies
scheint in (35a), nicht aber in (35b) der Fall zu sein:

(35)

    a)    I showed Mary$_i$ herself$_i$.
    b)    *I showed herself$_i$ Mary$_i$.

Eine weitere Asymmetrie betrifft gebundene Pronomina. Wenn ein Quantor ein
Pronomen bindet, dann muss er es c-kommandieren. Dies scheint in (36a),
nicht aber in (36b) zuzutreffen:

(36)

    a)    I gave every owner$_i$ his$_i$ paycheck.
    b)    *I gave its$_i$ owner every paycheck$_i$.

Beide Asymmetrien treten auch auf, wenn man die entsprechenden Strukturen
mit PP-Dativen betrachtet:

(37)

    a)   I showed Mary$_i$ to herself$_i$.
    b)   *I showed herself$_i$ to Mary$_i$.

(38)

    a)   I gave every paycheck$_i$ to its$_i$ owner.
    b)   I gave his$_i$ paycheck to every worker$_i$.

Larson (1988) schlägt für Sätze mit obliquem Dativ eine Struktur vor, in der das indirekte Objekt – d. h. die PP – in der Komplement-Position des Verbs realisiert wird. Das direkte Objekt fungiert als eine Art „inneres Subjekt" und steht in [Spec VP]. Die VP in (37a) hat nach Larson die folgende Struktur:

(39)

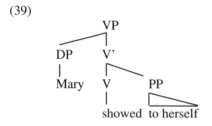

In der VP in (39) gibt es keinen Platz mehr für das Subjekt. Ich habe aber in 9.6 dafür argumentiert, dass das Subjekt innerhalb der VP seine Basisposition hat. Wo wird also nach Larson das Subjekt realisiert?

    Larson nimmt an, dass VPs eine komplexe Struktur haben, die aus einer inneren VP-Schale und einer äußeren vp-Schale besteht. Der v-Kopf ist ein sogenanntes **leichtes** Verb. Ein leichtes Verb ist phonetisch nicht sichtbar und hat keinen oder nur schwachen semantischen Gehalt, sondern kausative Funktion (z. B. machen, *tun, dass*). vp ist deshalb eine funktionale Kategorie. In der Spezifikator-Position befindet sich ein meist agentivisches Subjekt, in der Komplement-Position befindet sich die VP. Auf v befindet sic ein starkes Merkmal (evtl. [+ transitiv]). Das Verb muss aus der V-Position nach v bewegt werden, um dieses Merkmal zu überprüfen. Da es sich um ein starkes Merkmal handelt, muss der Bewegungsprozess vor Spell Out erfolgen. Die VP in (37a) hat nach Larson die folgende Struktur[119]:

---

119  Ich sehe davon ab, dass es weitere funktionale Kategorien TP, AgrSP, AgrOP usw. gibt, in die V weiterbewegt wird bzw. in deren Spezifikator-Positionen Subjekt und Objekt bewegt werden.

(40)

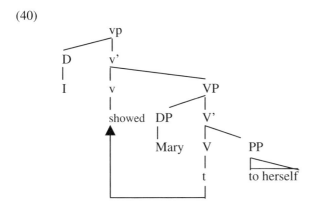

Larson begründet seine Repräsentation nicht nur mit dem Verweis auf Asymmetrien wie in (36)-(38). Er verweist darauf, dass das direkte und das indirekte Objekt zusammen eine Konstituente bilden. Dies zeigt er anhand des Koordinationstests, demzufolge nur Konstituenten mit Konjunktionen (*und, oder*) verbunden werden können.

(41)     I showed Mary to herself and John to his sister.

Die Ungrammatikalität von (36b), (37b) und (38b) lässt sich unter Larsons Analyse leicht erklären. In (36b) und (38b) steht die Anapher in einer Position, in der sie nicht von ihrem Antezedenten c-kommandiert wird. Damit ist Prinzip A der Bindungstheorie verletzt. In (37b) c-kommandiert der Quantor das Pronomen nicht.

Wie erklärt Larson Strukturen wie (36a), in denen keines der beiden Objekte obliquen Kasus trägt? Larson nimmt an, dass es einen derivationalen Zusammenhang gibt zwischen obliquen Dativen und Doppelobjektkonstruktionen, der in der Literatur **Dativ-Shift** genannt wird. Dieser Zusammenhang ist im Englischen nicht voll produktiv. Manche Verben (z. B. *donate* oder *distribute*) erlauben nur den obliquen Dativ, andere (z. B. *cost* oder *allow*) können nur mit einer Doppelobjekt-Konstruktion stehen. Dennoch gibt es ihn in vielen anderen Sprachen und er ist auch aus konzeptuellen Gründen wünschenswert. Die thematischen Rollen, die ein Verb vergibt, sind dieselben – egal ob eine Konstruktion mit obliquem Dativ vorliegt oder eine Doppelobjekt-Konstruktion. Bakers Hypothese der uniformen Theta-Zuweisung (Uniformity of Theta Assignment Hypothesis = UTAH) verlangt, dass identische thematische Rollen durch dieselben D-strukturellen Positionen repräsentiert werden (siehe Seite 178). Demzufolge sollten Konstruktionen mit obliquem Dativ und Doppelobjekt-Konstruktionen dieselben zugrundeliegenden Strukturen aufweisen.

Larson leitet die Doppelobjekt-Konstruktion aus der Konstruktion mit obliquem Dativ in Analogie zur Passiv-Konstruktion ab. Dabei sind zwei Grundannahmen wichtig: Zum Ersten erhält das indirekte Objekt keinen Kasus, wenn es nicht in einer PP realisiert wird. Zum Zweiten ist die [Spec VP]-

Position in Doppelobjekt-Konstruktionen keine θ-Position. Das direkte Objekt (das VP-Subjekt) kann – genau wie in einer Passiv-Konstruktion – in dieser Position nicht basisgeneriert werden. Es muss – ebenfalls wie in einer Passivkonstruktion – in einer an V' adjungierten Position stehen. Das indirekte Objekt muss dann aus Kasusgründen in die [Spec VP]-Position bewegt werden. Dort wird im von dem nach v bewegten Verb ein struktureller Kasus zugewiesen. Dem direkten Objekt erhält von V' ein inhärenter Kasus zugewiesen. Man erhält die folgende Struktur:

(42)

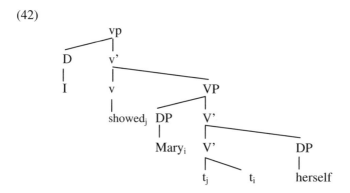

Die Theorie von den VP-Schalen wird in der minimalistischen Syntax übernommen. Sie erklärt nicht nur Bindungsdaten in (36) bis (38), sondern eine Reihe weiterer Phänomene in der (englischen) Syntax. So bietet sie beispielsweise eine alternative Analyse sogenannter ergativer Verben wie *sterben, laufen, gehen* usw. Subjekte ergativer Verben verhalten sich in vielfacher Hinsicht wie Objekte. Deshalb nahm man in der klassischen Prinzipien- und Parametertheorie an, dass Subjekte ergativer Verben in Objekt-Position basisgeneriert und von dort in die Subjektposition bewegt werden (siehe Abschnitt 6.1.3). Nun gibt es aber ergative Verben die Komplemente nehmen:

(43)
    a)   Harry geht zur Schule.
    b)   Ron fährt nach Hause.
    c)   Harry flieht nach Godric's Hollow.

Geht man von der klassischen Annahme aus, dass Subjekte ergativer Verben als Komplemente basisgeneriert werden, so müssen die Verben in (43) jeweils zwei Komplemente nehmen. Wenn man weiterhin davon ausgeht, dass Komplemente Schwestern des Kopfes sind (siehe Seite 90), muss man die VP in (43a) als ternäre Struktur annehmen:

(44)

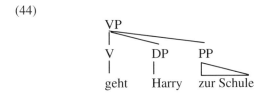

In der minimalistischen Syntax wird die Operation Merge aber als binäre Operation angenommen, d. h., es können nur jeweils zwei Elemente zu einer höheren Einheit verbunden werden. Die klassische Annahme, dass ergative Subjekte D-strukturelle Objekte sind, ist deshalb für die minimalistische Syntax problematisch.

Nimmt man an, dass die VP aus zwei Schalen VP und vp besteht, lässt sich das Problem leicht lösen. Das Subjekt *Harry* in (43a) wird nicht als Objekt basisgeneriert, sondern als Subjekt der VP, die ein Komplement des v-Kopfes ist. Das Verb *geht* wird von V nach v bewegt und die DP *Harry* von [Spec VP] nach [Spec vp]. Es entsteht folgende Struktur:

(45)

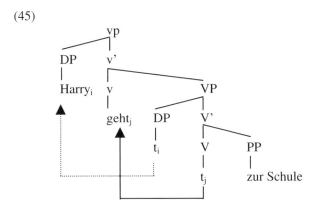

Die vorgestellte Analyse erlaubt, einige interessante Eigenschaften ergativer Verben zu erklären. So verweist Henry (1995) auf einen Dialekt des Englischen, der in Belfast gesprochen wird und in dem es möglich ist, in Imperativstrukturen das Subjekt hinter dem Verb zu realisieren:

(46)

    a)   Go you to school.                    Belfast-Englisch

    b)   Leave you now.

    c)   Arrive you before 6 o'clock.

Dies gilt nur für ergative Verben, nicht aber für transitive und intransitive Verben:

(47)

    a)   *Read you that book.

b)  *Eat you up.
c)  Always laugh you at his jokes.

Wie lässt sich das erklären? Subjekte ergativer Verben haben in [Spec VP] ihre Basisposition, Verben in V. In (46a) wird das Verb nach v weiterbewegt; das Subjekt bleibt in situ. Man erhält die folgende Struktur:

(48)

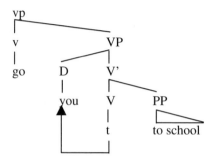

Die Subjekte in (47) tragen die θ-Rolle AGENS. Agentivische Subjekte werden grundsätzlich in [Spec vp] basisgeneriert. Auch wenn das Verb von V nach v bewegt wird – es erreicht niemals eine Position links vom Subjekt.

(49)

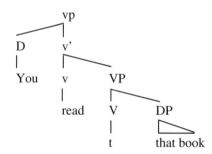

Subjekte ergativer Verben können postverbal realisiert werden, wenn in prä-verbaler Position ein Expletivpronomen *there* steht:

(50)

a)  Three students came to the party.
b)  There came three students to the party.

Dies ist nicht möglich in Sätzen, die ein transitives oder ein intransitives Verb enthalten.

(51)

    a)    Three men bought a book.

    b)    *There bought three men a book.

(52)

    a)    Three men worked in the room.

    b)    *There worked three men in the room.

Wie kann man das erklären? Das Subjekt *three students* in (50) hat in [Spec VP] seine Basisposition, das Verb *came* in V. Das Verb wird nach v weiter-bewegt. Das Subjekt kann nach [Spec vp] bewegt werden, sofern diese Position nicht besetzt ist (51a). In (51b) befindet sich ein Expletivpronomen in [Spec vp]; das Subjekt kann nicht dorthin bewegt werden und verbleibt *in situ*.

Die Verben in (52) und (53) haben agentivische Subjekte. Diese haben in [Spec vp] ihre Basisposition. Deshalb ist in [Spec vp] kein Platz für ein Ex-pletivpronomen. Das Verb wird von V nur nach v bewegt und kann deshalb keine Position links vom Subjekt einnehmen.

## Übungen

1.)    Wie werden die folgenden Sätze deriviert?

    a)    weil Neville Nagini enthauptet hat.

    b)    dass Harry das Schwert von Gryffindor gefunden hat.

    c)    weil Severus Lily geliebt hat.

2.)    Erklären Sie die Ungrammatikalität der folgenden Sätze:

    a)    *Neville hat seine Kröte verlieren.

    b)    *Die Gryffindors spielt gegen Slytherin.

    c)    *Ron wird Hermine geheiratet.

3.)    Warum sind die folgenden Sätze grammatisch?

    a)    Sich richtig einschätzen konnte Lockhart nie.

    b)    Sich unterschätzt hat Ron schon immer.

4.)    Erklären Sie den Grammatikalitätsunterschied:

    a)    John always eats chocolate.

    b)    *John eats always chocolate.

      c)     *Jean  toujours mange du chocolat.

      d)     Jean mange toujours du chocolat.

5.)     Erklären Sie den Grammatikalitätsunterschied:

      a)     John introduced the guests to each other.

      b)     *John introduced to each other the guests.

# Glossar

**A-Bindung:** Von A-Bindung spricht man, wenn sich das → Antezedens in einer →A-Position befindet (siehe Seite 199).

**A'-Bindung:** Von A'-Bindung spricht man, wenn sich das →Antezedens in einer →A'-Position befindet (siehe Seite 199).

**A-Kette:** Die DPs $\alpha_1$.....$\alpha_n$ bilden eine A-Kette C, genau dann, wenn

    a)   $\alpha_i$ $\alpha_{i+1}$ bindet,

    b)   $\alpha_i$ eine →anaphorische Spur ist für $i > 1$,

    c)   C maximal ist.

  (Siehe Seite 199.)

**A'-Kette:**

Die XPs $\alpha_1$.....$\alpha_n$ bilden eine A'-Kette C, genau dann, wenn

    a)   $\alpha_i$ $\alpha_{i+1}$ bindet,

    b)   $\alpha_i$ eine →Variable ist für $i > 1$,

    c)   $\alpha_1$ ein Operator ist.

(Siehe Seite 142.)

**A-Positionen:** Diejenigen Positionen im Strukturbaum, die $\theta$-markiert sein können, heißen Argument-Positionen (A-Positionen) (siehe Seite 59).

**A'-Position:** Positionen im Strukturbaum, die niemals $\theta$-markiert werden können, heißen Nicht-Argument-Positionen (A'-Positionen) (siehe Seite 59).

**AGR:** Unter AGR (von engl. *agreement* = Kongruenz) werden die Merkmale für die Kongruenz (Person, Numerus, ggf. Genus) zusammengefasst (siehe Seite 92).

**AgrO:** Objekt-Konruenz. In der →Spezifikator-Position der maximalen Projektion von AgrO, AgrOP, werden die Kasusmerkmale des direkten Objekts überprüft. →Merkmalsüberprüfung

**AgrS:** Subjekt-Kongruenz. In der →Spezifikator-Position der maximalen Projektion von AgrS, AgrSP, werden die Kasusmerkmale des Subjekts überprüft. →Merkmalsüberprüfung

**Adjunkt:** Als Adjunkte bezeichnet man nicht notwendige (optionale) Konstituenten in einer Phrase (siehe Seite 55).

**Adjunktion:** Adjunktion ist ein Prozess, bei dem eine Konstituente A in eine Schwesterposition einer maximalen Projektion B bewegt wird. Dabei entsteht eine neue

maximale Projektion B, die die ursprüngliche Kategorie B und A →unmittelbar
dominiert (siehe Seite 247).

**Anapher:** →Reflexivpronomina wie *sich* und →Reziprokpronomina wie dt. *einander*
werden unter dem Begriff Anapher zusammengefasst. Anaphern müssen innerhalb ihrer
Rektionskategorie gebunden sein. →Bindungstheorie (siehe Seite 139).

**Anhebungsverb:** Anhebungsverben vergeben keine externe θ-Rolle. Wenn sie ein nicht
finites Satzkomplement haben, muss das Subjekt des eingebetteten Satzes in die leere
[Spec IP]-Position des Hauptsatzes bewegt werden, der das Anhebungsverb enthält.
Dort wird ihnen Kasus (Nominativ) zugewiesen (siehe Seite 174).

**Antezedens:** Der sprachliche Ausdruck, auf den sich ein Element, d. h. eine Anapher,
ein Pronomen oder eine Spur bezieht →Bindungstheorie (siehe Seite 130).

**Antezedensrektion:** Das →Regens ist die wegbewegte Konstituente, die mit der Spur
koindiziert ist und diese c-kommandiert.

**Argument internes/externes:** Argumente die minimalen Teilnehmer des Sachverhalts,
der durch das Prädikat (Verb, Nomen) ausgedrückt wird. Man unterscheidet zwischen
internen Argumenten und externen Argumenten. Als interne Argumente bezeichnet man
die VP-internen Argumente, als externes Argument das in [Spec IP] / [Spec VP] basisgenerierte Argument  (siehe Seite 57ff).

**BC:** → Blockierende Kategorie

**Barriere:** Eine maximale Projektion ist eine Barriere für ein Rektionsverhältnis, wenn
sie zwischen dem →Regens α und dem Element β lokalisiert ist, welches regiert werden
soll, d. h., wenn sie zwischen α und β intervenient (siehe Seite 118).
In Chomsky (1986b) wird der Barrierenbegriff wie folgt definiert:
α ist genau dann eine Barriere für β, wenn gilt:
α ist eine →blockierende Kategorie für β, aber kein IP oder
α dominiert unmittelbar eine maximale Projektion γ, die eine blockierende Kategorie für
α ist.
(Siehe Seite 293.)

**Baumdiagramm:** Die grafische Darstellung einer syntaktischen Struktur nennt man in
der generativen Grammatik Struktur.

**Beschreibunsadäquatheit:** Eine Grammatik ist beschreibungsadäquat, wenn sie spezifiziert, welche Strukturen in einer Sprache grammatisch und welche ungrammatisch
sind und wenn sie Sätzen und Phrasen in einer Sprache eine korrekte  Struktur-
beschreibung zuweist (siehe Seite 10). →Erklärungsadäquatheit

**Bewege α:** Dies ist die allgemeine Bezeichnung für eine Bewegungsregel, bei der
Elemente innerhalb einer Struktur bewegt werden. Man unterscheidet zwischen Wh-
Bewegung (Fragesätze, Relativsätze und Topikalisierungen) und DP-Bewegung (Passiv,

Anhebungs-Konstruktionen und Ergativkonstruktionen) einerseits und Kopf-zu-Kopf-Bewegung andererseits (siehe Seite 194).

**Bewegungsprozesse, kovert:** Bewegungsprozesse, die auf →LF stattfinden und damit auf →PF nicht sichtbar sind (siehe Seite 280). Ein Beispiel für koverte Bewegung ist →Wh-Bewegung im Japanischen (siehe Seite 276).

**Bewegungsprozesse, overte:** Bewegungsprozesse, die auf der →S-Struktur stattfinden und auf →PF sichtbar sind. Ein Beispiel für overte Bewegung ist →Wh-Bewegung im Deutschen (siehe Abschnitt 6.2).

**Bindung:** α bindet β genau dann, wenn
a)      β c-kommandiert.
b)      und β →koindiziert sind (d. h. denselben Index tragen).
(Siehe Seite 134.)

**Bindungstheorie:** Für Anaphern, Pronomina und referenzielle Ausdrücke (R-Ausdrücke) gelten verschiedene Bedingungen, die festlegen, mit welchen Elementen sie koreferieren dürfen:

Prinzip A:       Eine Anapher muss in ihrer Rektionskategorie gebunden sein.
Prinzip B:       Ein Pronomen muss in seiner Rektionskategorie frei sein.
Prinzip C:       Ein referenzieller Ausdruck (R-Ausdruck) muss überall frei sein.
(Siehe Seite 142 ff.)

**Blockierende Kategorie:** α ist genau dann eine blockierende Kategorie für β, wenn α nicht →L-markiert ist und α β →inkludiert.
(Siehe Seite 296.)

**Brückenverben:** Brückenverben können Sätze zum Komplement nehmen, die Verb-Zweit-Strukturen aufweisen.

**Burzios Generalisierung:**
a)   Verben, die keine externe θ-Rolle vergeben, weisen keinen strukturellen Kasus zu.
b)   Verben, die keinen strukturellen Kasus zuweisen, vergeben keine externe θ-Rolle.
(Siehe Seite 164.)

**CFC:** → Complete Functional Complex

**c-Kommando:**
Ein Knoten α c-kommandiert β, α ≠ β, genau dann, wenn
a)      Jeder verzweigende Knoten γ, der α dominiert auch β dominiert,
b)      α β nicht dominiert.
(Siehe Seite 133.)

**CSR:** → Canonical Structural Representation

**Canonical Structural Representation:** Die Canonical Structural Representation einer →θ-Rolle ist ihre vorzugsweise syntaktische Repräsentation. Die θ-Rolle AGENS wird vorzugsweise durch eine NP / DP realisiert; INSTRUMENT hingegen durch eine PP.

**Complementizer (C, COMP):** Complementizer sind satzeinleitende Konjunktionen wie *dass* oder *ob*, die die Funktion eingebetter Sätze (Fragesatz, Aussagesatz...) festzulegen.

**Complementizer-Kontraktion:** Ein Prozess, bei dem der Complementizer und ein Operator in [Spec CP] zu einer einzigen Konstituente verschmelzen, die sämtliche Merkmale des Operators enthält. Der Mechanismus geht auf die Analyse David Pesetskys für englische *that*-Relativsätze sowie seine Erklärung für die *que/qui*-Alternation im Französischen zurück.

**Complete Functional Complex:**      Eine Kategorie α ist ein *complete functional complex = vollständig funktionaler Komplex* (CFC), wenn α einen Kopf β und alle mit β verträglichen grammatischen Funktionen enthält.
(Siehe Seite 136.)

**Cross-Over-Effekt:** Man spricht von einem Cross-Over-Effekt, wenn eine →Wh-Phrase über eine koreferente DP hinwegbewegt wird. Das Ergebnis ist ein ungrammatischer Satz (siehe Seite 197).

**DFCF:** → Doubly-filled-COMP-Filter

**D-Struktur:** Als D-Struktur bezeichnet man diejenige Strukturebene, die durch die lexikalische Information (→Subkategorisierungseigenschaften, →θ-Raster etc.) und das X-Bar-Schema bestimmt wird (siehe Seite 167).

**Derivation:** Der Begriff Derivation meint die Erzeugung eines Satzes durch →Phrasenstrukturregeln Kombination von Konstituenten. → Merge  →Bewege α  →Move

**Determinator:**  Zu den Determinatoren gehören Artikel (der, die, das, ein, eine ein), Demonstrativpronomina (dieser) und Pronomina.

**Diskursuniversum:** Die Menge der Individuen, von denen zu einem bestimmten Zeitpunkt die Rede ist oder die sich zu einem bestimmten Zeitpunkt aus dem Kontext erschließen lassen.

**Dominanz:** Ein Knoten X dominiert einen Knoten Y genau dann, wenn X auf dem von Y ausgehenden Weg zur Wurzel des Baumes liegt (siehe S. 34).

**Dominanz, unmittelbare:** Ein Knoten X dominiert einen Knoten Y unmittelbar, wenn X der nächste Knoten ist, der Y dominiert (siehe S. 34).

**Doubly- Filled-COMP-Filter:** Wenn in [Spec CP] eine Wh-Phrase steht, darf in C kein Complementizer stehen.

Der Doubly-filled-COMP-Filter gilt nicht in allen Sprachen. Ob [Spec CP] und C gleichzeitig besetzt sein dürfen oder nicht, unterliegt parametrischer Variation (siehe Seite 189).

**DP-Bewegung:** Als DP-Bewegung wird die Bewegung einer DP aus einer →θ-markierten, aber kasusunmarkierten in eine θ-unmarkierte, aber →kasusmarkierte Position bezeichnet. Da DP-Bewegung immer Bewegung in eine →A-Position ist, wird DP-Bewegung als →A'-Bewegung bezeichnet (siehe Abschnitt 6.1, vgl. →Wh-Bewegung).

**DP-Hypothese:** Die Annahme, das NPs eigentlich maximale Projektionen der Kategorie D sind. Der Ausdruck *das Heffalump* ist demnach eine DP mit dem Determinator *das* als Kopf und der NP *Heffalump* als Komplement. Namen wie *Pu* werden als DPs interpretiert, bei denen die D-Position leer bleibt (siehe Seite 103).

**ECM:** ECM (Exceptional Case Marking)-Verben haben die besondere Eigenschaft, dass sie in ihr Satzkomplement hineinregieren können und der DP in der Spec IP-Position von außen Kasus zuweisen können (siehe Seite 125 ff.).

**ECP:** → Prinzip der leeren Kategorie

**Empty Category Principle:** →Prinzip der leeren Kategorie

**Ergative Verben:** Ergative (oder unakkusative) Verben weisen nur eine θ-Rolle zu. Dies ist die interne θ-Rolle. Diesem weisen sie aber keinen Akkusativ zu (siehe auch → Burzios Generalisierung). Das interne Argument muss deshalb nach [Spec IP] bewegt werden. Dort wird ihm der Nominativ zugewiesen.

**Exklusion:** Eine Kategorie α exkludiert ein Element β genau dann, wenn kein Segment von α β dominiert.
(Siehe Seite 295).
→ Inklusion

**Erklärungsadäquatheit:** Eine Grammatik ist erklärungsadäquat, wenn sie erklärt, warum Grammatiken bestimmte Eingeschaften aufweisen (siehe Seite 10). →Beschreibungsadäquatheit

**Extratkion:** →Bewege α

**Extraposition:** Prozess, bei dem ein Relativsatz, der eine DP modifiziert, an die DP dominierende VP →adjungiert wird (siehe Seite 294).

**Feature Checking:** →Merkmalsüberprüfung

**Frühzeitigkeitsprinzip:** (Earliness Principle) Prinzip, das besagt, dass Bewegungsprozesse im Verlauf der Derivation so früh wie möglich stattfinden müssen (siehe Seite 282).

**γ-Markierung (Gamma-Markierung):** Prozess, bei dem ein grammatisches Merkmal [±γ] an alle →Spuren in einer Ableitung zugewiesen wird. Diejenigen Spuren, die streng regiert sind, erhalten das Merkmal [+γ]; diejenigen Spuren, die nicht →streng regiert sind, erhalten das Merkmal [-γ]. Der Prozess findet auf der →S-Struktur und auf →LF statt. Argumentspuren werden bereits auf der S-Struktur γ-markiert und behalten ihr Merkmal dann auf LF. Adjunkt-Spuren erhalten ihr γ-Merkmal erst auf LF. Auf LF wird der Satz hinsichtlich seiner γ-Merkmale „überprüft". Enthält er eine Spur, die für [-] spezifiziert ist, verletzt er das →ECP und ist ungrammatisch (siehe Seite 301).

**Heavy DP Shift:** Prozess, bei dem komplexe Objekt-DPs aus der VP herausbewegt und rechts an VP →adjungiert werden (siehe Seite 295).

**Hypothese der uniformen Theta-Zuweisung:** Identische thematische Beziehungen zwischen Prädikaten und ihren Argumenten werden in der D-Struktur durch identische strukturelle Beziehungen ausgedrückt (siehe Seite 178).

**IC-Analyse:** Mithilfe der IC-Analyse kann man einen Satz in seine →Konstituenten zergliedern und so dessen hierarchischen Strukturaufbau ermitteln.

**Inflection (I, INFL):** Unter I werden die Flexionsmerkmale des Verbs (Person, Numerus) sowie seine Tempusmerkmale realisiert.

**Inherent Case Condition:** α kann nur dann inhärenten Kasus an eine DP zuweisen, wenn α die DP auch θ-markiert (siehe Seite 127).

**Inklusion:** Eine Kategorie α inkludiert ein Element β genau dann, wenn jedes Segment von α β dominiert (cf. →Exklusion) (siehe Seite 127).

**Kasusabsorption:** Steht ein transitives Verb in passivischer Morphologie, dann verliert es die Eigenschaft, seinem Komplement →strukturellen Kasus zuzuweisen. Man sagt daher, dass die Passivmorphologie den strukturellen Kasus absorbiert (siehe Seite 163).

**Kasus, abstrakter:** der Kasus, der einer DP in einer bestimmten syntaktischen Position zugewiesen wird (siehe Seite 115).

**Kasus, inhärenter:** Der inhärente Kasus ist lexemspezifisch. Er wird in Abhängigkeit von der jeweiligen θ-Rolle (z. B. BENEFIZIENT = Dativ) zugewiesen (siehe Seite 125).

**Kasus, morphologischer:** morphologische Realisierung des abstrakten Kasus (siehe Seite 115)

**Kasus, struktureller:** Der strukturelle Kasus wird in bestimmten Konfigurationen (z. B. Verb-Komplement, [Spec IP]) automatisch zugewiesen. Anders als der → inhärente Kasus wird der strukturelle Kasus unabhängig von der θ-Rolle vergeben (siehe Seite 115 ff.).

**Kasusfilter:** *DP, wenn DP keinen Kasus erhält.
(Siehe Seite 110.)

**Kasusmarkierung:** Eine Phrase gilt als →kasusmarkiert, wenn sie in einer Position steht, in der ihr →Kasus zugewiesen wird.

**Kasusvererbung:** Kasus wird durch ‚Bewege α' vererbt.
(Siehe Seite 252).

**Kasuszuweisung:** In einer Konfiguration [α β..] oder [...β α] weist α β genau dann Kasus zu, wenn
a)      der Kopf einer phrasalen Kategorie ist und
b)      [-N] ist.
Parameter: Kasus kann auch durch [+N] zugewiesen werden.
Parameter: α weist Kasus nach links / rechts zu.
Parameter: α und β müssen adjazent (benachbart) sein.
(Siehe Seite 113.)

**Kategorien, funktionale:**    I, C, D: Funktionale Kategorien haben die folgenden Eigenschaften:
• Sie haben keine Bedeutung und weisen keine θ-Rollen zu. Vielmehr legen sie grammatisch relevante Informationen wie Tempus, Definitheit und Kongruenz-merkmale fest.
• Sie dominieren eine geschlossene Klasse von Elementen. Neue Is, Cs und Ds entstehen erst nach jahrzehnte- oder jahrhundertelangem Sprachwandel.
• Sie lassen nur jeweils eine Kategorie als Komplement zu.
(Siehe Seite 97.)

**Kategorien, lexikalische:** Wörter von diesem Typ bedeuten etwas; sie bezeichnen Personen, Länder, Dinge (N), Aktionen wie *geben, lachen, trinken* (V) oder Eigen-schaften wie *grün, klein* (A).
• Sie bilden offene Klassen, d. h., es können immer neue Wörter hinzukommen.
• V, N und A können verschiedene Phrasen als Komplement nehmen. Subkate-gorisierung ist ein wortspezifisches Merkmal: Subkategorisierungseigenschaften werden deshalb im Lexikon festgelegt
(Siehe Seite 97.)

**Kerngrammatik:** Diejenigen einzelsprachlichen Gesetzmäßigkeiten, die sich aus den Prinzipien und Parametern der Universalgrammatik ableiten lassen, bilden den *Kernbereich* einer Grammatik (siehe Seite 18).

**Kette**    Die maximalen Projektionen $\alpha_1.....\alpha_n$ bilden eine Kette genau dann, wenn
a)      $\alpha_i \, \alpha_{i+1}$ X-bindet,
b)      α eine nicht-pronominale leere Kategorie für $1 > i$
c)      C maximal ist
(Siehe Seite 200.)

**Kettentransfer:** → Vererbungsprinzip

**Knoten:** Die Schnittpunkte zweier →Zweige in einem →Baumdiagramm nennt man *Knoten.* Ein Knoten gehört entweder der $X^0$-Ebene an (siehe → $X^0$-Kategorie), der XP-Ebene (siehe → Phrase) oder der X'Ebene. X' ist eine Zwischenprojektion.

**Knoten, terminaler:** Ein Knoten, der keine weiteren Knoten dominiert, ist ein terminaler Knoten.

**koindizieren:** Zwei DPs tragen denselben Index, wenn sie auf dieselbe Entität verweisen.

**kollabieren:** Eine Derivation kollabiert, wenn sie ein oder mehrere Merkmale enthält, die auf LF nicht interpretiert werden können (siehe Seite 314).

**Kompetenz:** das unbewusste Wissen eines Sprechers über seine Muttersprache (siehe Seite 10) →Performanz

**Komplement :** Komplemente sind obligatorische Konstituenten innerhalb einer Phrase, die vom Kopf regiert werden (siehe Seite 55).

**Komplement-Merkmale:** Die Komplement-Merkmale sind die grammatischen Merkmale, die auf dem Komplement eines →Lexems realisiert werden müssen (vgl. →Subkategorisierungsrahmen, →Kopfmerkmale, →Spezifikatormerkmale) (siehe Seite 314).

**Komplexe-DP-Beschränkung (Complex DP Constraint):** Aus einer Struktur [$_{DP}$...[$_{CP}$ ..]] darf keine Phrase herausbewegt werden.
(Siehe Seite 204.)

**Konstituente:** Eine Kette von Terminalsymbolen, Knoten also, die nicht weiter verzweigen, die von ein und demselben Knoten dominiert wird, nennt man Konstituente (siehe Seite 204 ff.).

**Kontrolle:** Kontrolle ist die referentielle Abhängigkeit eines leeren Subjekts PRO (dem kontrollierten Element) von einem leeren oder overten →Antezedens (→ Kontrollierer).

**Kontrollierer:** Diejenige DP, die PRO →kontrolliert.

**konvergieren:** Eine Derivation konvergiert, wenn sie nur Merkmale enthält, die auf LF interpretiert werden können (siehe Seite 314).

**Kopf:** Der Kopf einer Phrase ist dasjenige Element in der Phrase, das die kategorialen Eigenschaften der Phrase insgesamt bestimmt. Der Kopf einer NP ist N, der einer VP V, der einer AP A und diejenige der einer PP P (siehe Seite 75). Es werden aber nicht nur die kategorialen Eigenschaften bestimmt, sondern auch weitere Eigenschaften wie Kasus, Numerus, Genus, Tempus usw. (siehe Seite 76).

**Kopf-zu-Kopf-Bewegung:** Bewegung von einer Kopf-Position in die nächste. Beispiel: V-Bewegung (siehe Seite 94).

**Kopf-Merkmale:** Die Kopf-Merkmale eines →Lexems sind seine grammatischen Merkmale (vgl. →Komplement-Merkmale, →Spezifikator-Merkmale) (siehe Seite 314).

**Kopfprinzip:** Jede Phrase hat genau einen Kopf. Der Kopf ist stets ein terminaler Knoten (siehe Seite 75).

**Kopf-Vererbungs-Prinzip:** Die morphologischen Merkmale des Kopfes einer Phrase übertragen sich auf die ganze Phrase (siehe Seite 76).

**Koordinationsbeschränkung** (Coordinated Structure Constraint): Aus einer ko-ordinierten Phrase darf keine Phrase herausbewegt werden (siehe Seite 204).

**LF:** → Logische Form

**L-Markierung:** $\alpha$ L-markiert $\beta$ genau denn, wenn $\alpha$ eine lexikalische Kategorie ist, die $\beta$ $\theta$-regiert.
(Siehe Seite 292)

**Last Resort Prinzip:** Bewegungsprozesse dürfen nur stattfinden, wenn sie unerlässlich sind.
(Siehe Seite 313).

**Lexem:** Kleinste bedeutungstragende semantische Einheit (siehe Seite 311).

**Lexikon:** Das Lexikon enthält alle idiosynkratischen Eigenschaften von Wörtern, d. h. alle Eigenschaften, die sich nicht aus Regeln ableiten lassen (siehe Seite 42 ff.).

**Logische Form (LF):** Die Logische Form ist die Repräsentationsebene, die zwischen der S-Struktur und der semantischen Interpretation eines Satzes vermittelt. Auf der Ebene der logischen Form werden die →Skopusverhältnisse der →Operatoren syntaktisch als →c-Kommando-Beziehung dargestellt: Ein Operator hat genau dann Skopus über einen anderen, wenn er in c-kommandiert (siehe Seite 279).

**Matrix-Satz:** Ein Matrix-Satz ist ein Hauptsatz, von dem ein Nebensatz abhängt.

**m-Kommando:**  $\alpha$ -kommandiert $\beta$, $\alpha \neq \beta$ genau dann, wenn
a)      weder $\alpha$ $\beta$ noch $\beta$ $\alpha$ dominiert und
b)      jede maximale Projektion $\gamma$, die $\alpha$ dominiert, auch $\beta$ dominiert.
(Siehe Seite 120.)

**Merge:** Prozess, bei dem zwei Kategorien zu einem Objekt höherer Ordnung (z. B. einer →Phrase) zusammengesetzt werden (siehe Seite 312).

**Merkmale, schwache:** Merkmale, die erst auf LF überprüft werden müssen (siehe Seite 282).

**Merkmale, starke:** Merkmale, die schon auf der S-Struktur (vor →Spell Out) überprüft werden müssen (siehe Seite 282).

**Merkmalsüberprüfung:** Der Prozess der Merkmalsüberprüfung besteht darin, dass ein Element mit den zu überprüfenden Merkmalen in eine Überprüfungsdomäne (eine DP in eine →Spezifikator-Position und ein V in die →Kopf-Position einer →funktionalen Kategorie) bewegt werden. Stimmen die Merkmale auf dem bewegten Element mit denen für die Überprüfungsdomäne festgelegten Merkmalen überein, können sie getilgt werden. Die Derivation →konvergiert. Ist dies nicht der Fall, bleiben sie erhalten und können nicht interpretiert werden. Die Derivation →kollabiert.

**Minimalitätsbedingung:** $\alpha$ Regiert $\beta$, wenn es keinen Knoten $\gamma$ gibt, für den gilt:
a)      ist ein mögliches →Regens für $\beta$
b)      c-kommandiert $\beta$
c)      c-kommandiert nicht $\alpha$.
(Siehe Seite 215).

**Mittelfeld:** Die Position zwischen der →linken Satzklammer und der →rechten Satzklammer (siehe Seite 217).

**Morpheme:** Morpheme sind kleinste bedeutungs- oder funktionstragende Einheiten.

**Morphologie:** Formenlehre

**Mutterknoten:** Einen →Knoten, der zwei →Schwesterknoten →unmittelbar dominiert, nennt man deren Mutterknoten.

**n-Subjazenz:** Die Elemente einer →Kette $<\alpha,\beta>$ sind n-subjazent, wenn zwischen $\alpha$ und $\beta$ genau n Barrieren liegen.
(Siehe Seite 300).

**NP-Bewegung:** →DP-Bewegung

**Nachfeld:** Die Position nach der →rechten Satzklammer (siehe Seite 217)

**Numeration:** Mentaler Prozess, bei dem die Lexeme dem →Lexikon als ungeordnete Menge entnommen werden, aus denen sich der Satz zusammensetzt. Die Lexeme werden jeweils mit einem Index versehen, der anzeigt, wie oft das →Lexem in dem Satz vorkommen wird (siehe Seite 311).

**Ökonomieprinzipien:** Ökonomieprinzipien werden in den neuesten Arbeiten zur generativen Grammatik diskutiert. Sie besagen, dass syntaktische Repräsentationen so wenige Konstituenten und syntaktische →Derivationen so wenige Ableitungsschritte wie möglich enthalten sollten (siehe Seite 266, 313).

**Operator:** Die Antezedenten von →Variablen nennt man Operatoren. Eine nach [Spec CP] bewegte Wh-Phrase ist für die Spur, die sie hinterlässt, der zugehörige Operator.

**Paar, geordnetes:** Ein geordnetes Paar ist in der formalen Semantik ein Paar von Elementen <a, b> wobei das Element a in einen bestimmten Zusammenhang gesetzt wird mit dem Element b; dem a wird das b zugeordnet und nicht umgekehrt – es kommt also auf die Reihenfolge der Komponenten (Elemente) an (siehe Seite 58).

**Parameter:** Die →Prinzipien der Universalgrammatik müssen so restriktiv sein, dass sie nur den Erwerb natürlichsprachlicher Strukturen zulassen, andererseits aber so liberal, dass sie mit den zum Teil recht unterschiedlichen menschlichen Sprachen kompatibel sind. Chomsky stellt sich deshalb die Universalgrammatik als ein parametrisiertes System vor. Die Prinzipien enthalten Variablen, die verschiedene Werte annehmen können (siehe Seite 17ff.).

**Parasitäre Lücke:** (parasitic gap) Eine leere Kategorie, die durch eine Wh-Spur lizensiert ist, nennt man parasitäre Lücke (siehe Seite 263 ff).

**Performanz:** das Sprachverhalten eines Sprechers (siehe Seite 10) →Kompetenz

**Peripherie:** Alle Sprachen weisen Eigenschaften auf, die sich nicht aus den Prinzipien der Universalgrammatik ableiten lassen und die rein zufällig sind. Diese Eigenschaften gehören der *Peripherie* einer Sprache an ( →Kerngrammatik; siehe Seite 18).

**Phonetische Form:** Rpräsentationsebene, auf der →S-Strukturen phonetisch interpretiert werden. Die Phonetische Form vermittelt zwischen der Syntax und der phonologischen Komponente der Grammatik, in der die Information der Syntax an das artikulatorische System übergeben wird (siehe Seite 279).

**Phrase:** Zusammengesetzte Konstituenten, d. h. Konstituenten, die aus mehr als einem Wort bestehen, nennt man *Phrasen* (siehe Seite 31).

**Phrasenprinzip:** Jeder Nicht-Kopf ist eine Phrase (siehe Seite 77).

**Phrasenstrukturregeln:** Phrasenstrukturregeln sind Regeln zur Erzeugung von Sätzen. On Phrasenstrukturregeln wird einem Symbol eine Struktur zugeordnet: S → NP VP. (Siehe Seite 35.)

**pied piping:** → Rattenfängerkonstruktion

**Preposition Stranding:** Im Englischen ist es möglich, eine Wh-Phrase aus einer PP heraus in die [Spec CP]-Position zu bewegen. Dieses Phänomen wird in der Literatur als preposition stranding bezeichnet (siehe Seite 213).

**Prinzip:** Ein Prinzip ist eine Gesetzmäßigkeit, die in allen Sprachen vorkommt. Prinzipien sind Teil der Universalgrammatik, des Wissens über Sprache, das dem Menschen angeboren ist. Prinzipien müssen folglich im Spracherwerb nicht gelernt werden (siehe Seite 16).

**Prinzip der leeren Kategorie (Empty Category Principle = ECP):**
Eine leere Kategorie muss streng regiert sein (siehe Seite 213)

**Prinzip der Strukturabhängigkeit:**
Syntaktische Regeln und Gesetzmäßigkeiten sind stets strukturabhängig.

**Prinzip der vollständigen Interpretation:**
Das Prinzip der vollständigen Interpretation besagt, dass eine Repräsentation nur Merkmale enthalten darf, die auf LF oder PF interpretiert werden können (siehe Seite 314).

**PRO:** PRO ist das phonetisch leere Subjekt von infiniten Nebensätzen. PRO ist eine pronominale Anapher; es ist für die [+ anaphorisch], [+ pronominal] spezifiziert. (Siehe Seite 148 ff.).

**pro:** Ein phonetisch nicht realisiertes Personalpronomen (siehe Seite 68)

**pro$_{expl}$** : Ein phonetisch nicht realisiertes Expletivpronomen (siehe Seite 166)

**Procrastinate:** →Verzögerungsprinzip

***pro*-drop-Parameter:**
[+ *pro*-drop: *pro* kann anhand der Verbalflexion identifiziert werden.
[-*pro*-drop: *pro* kann nicht anhand der Verbalflexion identifiziert werden.
(Siehe Seite 69.)

**Projektion, maximale:** → Phrase

**Projektionslinie:** Der Weg von einer maximalen Projektion zu ihrem lexikalischen Kopf heißt Projektionslinie (siehe Seite 76).

**Projektionsprinzip:** Lexikalische Information wird syntaktisch abgebildet (siehe S. 72).

**Projektionsprinzip, erweitertes:**
S → NP AUX VP
(Siehe Seite 72.)

**Pronomen:** Personalpronomen (er, sie, es usw.)

**PRO-Theorem:** PRO muss unregiert sein.
(Siehe Seite 145.)

**PS-Regeln:** → Phrasenstrukturregeln

**Quantor:** Quantoren sind Operatoren / Ausdrücke, die der Spezifizierung / Quantifizierung von Mengen dienen.

**Quantorenanhebung:** Unter Quantorenanhebung versteht man einen Prozess, bei dem quantifizierte Ausdrücke in eine Skopusposition d. h. an die linke Satzperipherie verschoben werden. Dieser Prozess findet auf →LF statt. Quantoren müssen eine Skoposposition einnehmen, damit sie semantisch interpretiert werden können (siehe Seite 283).

**R-Ausdruck:** Referenzieller Ausdruck; nicht-pronominales Substantiv

**Rattenfänger-Konstruktion (pied piping):** In vielen Sprachen können Wh-Phrasen nicht aus PPs herausbewegt werden. Die ganze PP muss nach [Spec CP] verschoben werden (siehe Seite 213).

**Reflexivpronomen:** Reflexivpronomina sind rückbezügliche Pronomina (sich). Reflexivpronomina werden zusammen mit den →Reziprokpronomina zu den →Anaphern gezählt.

**Regens:** die regierende Kategorie (siehe →Rektion)

**Rektion:** $\alpha$ regiert $\beta$ genau dann, wenn
a)        $\alpha$ ein Kopf ist,
b)        $\alpha$ $\beta$ m-kommandiert und
c)        es keine →Barriere (maximale Projektion) $\gamma$ gibt, die zwischen $\alpha$ und $\beta$ interveniert.
(Siehe Seite 119.)

**Rektion, strenge:** $\alpha$ regiert $\beta$ streng genau dann, wenn
a)        $\alpha$ $\beta$ regiert und
b)        $\alpha$ eine lexikalische Kategorie ist oder
c)        $\alpha$ $\beta$ antezedens-regiert   (bindet).
(Siehe Seite 214.)
In späteren Arbeiten zur generativen Grammatik wird strenge Rektion wie folgt definiert:
$\alpha$ regiert $\beta$ streng genau dann, wenn
a)        $\alpha$ $\beta$ $\theta$-regiert oder
b)        $\alpha$ $\beta$ antezedens-regiert   (bindet).
(Siehe Seite 290.)

**Rektionskategorie:**

$\alpha$ ist die Rektionskategorie von $\beta$ genau dann, wenn $\alpha$
a)    ein CFC ist,
b)    $\alpha$, $\beta$ und das Regens von $\beta$ enthält,
c)    es kein $\gamma$ gibt, das a) und b) erfüllt und von $\alpha$ dominiert wird.
(Siehe Seite 137.)

**Rekursivität:** Man nennt eine Struktur rekursiv, wenn es einen Knoten X gibt, der einen anderen Knoten X der gleichen Kategorie (N, P, A, V oder S) dominiert (siehe Seite 36).

**Reziprokpronomen:** Reziprokpronomina (von lat. reciprocere = zurückfließen) drücken eine wechselseitige Beziehung aus. Im Deutschen benutzt man das unveränderliche Pronomen *einander* (siehe Seite 137). Reziprokpronomina werden zusammen mit den ;-Reflexivpronomina zu den ;-Anaphern gezählt.

**S-Struktur:** die Repräsentationsebene, die nach der Anwendung der Bewegungsregel bewege $\alpha$ entsteht (siehe Seite 167).

**Satzklammer linke:** die Position im Satz, in der im Deutschen der Complementizer oder der finite Teil des Verbs realisiert werden (C-Position) (siehe Seite 216).

**Satzklammer, rechte:** die Position im Satz, in der im Deutschen der infinite Teil des Verbs oder abtrennbare Partikeln realisiert werden (der V-Kopf) (siehe Seite 216)

**Schwesterknoten:** Zwei →Knoten, die von demselben Knoten → unmittelbar dominiert werden, nennt man *Schwesterknoten*.

**Scrambling:** Unter Scrambling versteht man syntaktische oder lexikalische Prozesse, mit denen die relativ freie Wortstellung im →Mittelfeld erklärt werden soll (siehe Abschnitt 6.4).

**Select:** Prozess, bei dem Lexeme (Wörter) aufgrund bestimmter Merkmale (u. a. →Subkategorisierungsrahmen) aus einer →Numeration ausgewählt und in die →Derivation eingesetzt werden (siehe Seite 312).

**Semi-*pro*-drop-Sprache:**Eine Sprache, die in manchen Kontexten erlaubt, die Subjekt-DP phonetisch nicht zu realisieren (siehe Seite 166).

**Skopus:** Unter Skopus versteht man in der Prädikatenlogik den Bereich in einer semantischen Formel, die dem Quantor direkt folgt. In der Sprachwissenschaft sagt man, der Skopus ist die Konstituente, die durch den Quantor modifiziert wird. In der Syntax sagt man, dass ein quantifizierter Ausdruck über den Bereich Skopus hat, den er c-kommandiert (siehe Seite 275).

**Skopusprinzip:** $\alpha$ hat Skopus über $\beta$, wenn $\alpha$ $\beta$ c-kommandiert (siehe Seite 275).

**Small Clause:**     Small Clauses sind satzwertige Konstruktionen, die keine VP ent-
halten, sondern ein Prädikativ. Als Ganzes bilden Small Clauses keine IP sondern eine
AgrP.
- Die AgrP enthält eine DP in der Spezifikator-Position. Diese ist das Subjekt der
  Small Clause.
- In der Komplement-Position wird eine prädikative Nominal- oder Adjektiv-
  phrase realisiert.

(Siehe Seite 101.)

**SOV-Sprache:** Eine Sprache mit der Wortfolge Subjekt > Objekt >Verb. Typische
SOV-Sprachen sind das Deutsche, Niederländische, Japanische und das Hindi (siehe
Seite 83).

**Spell Out:** Prozess, bei dem eine →Derivation in eine logisch-semantische
Komponente (→LF) und eine phonologische Komponente (→PF) überführt wird (siehe
Seite 312)

**Spezifikator-Kopf-Kongruenz:** Übereinstimmung der in der Spezifikator-Position
realisierten DP mit dem Element in der Kopf-Position hinsichtlich der Merkmale
Numerus und Person (siehe Seite 96)

**Spezifikator:** Der Spezifikator einer →maximalen Projektion XP ist die Tochter von
XP und Schwester von X'.

**Spezifikator-Merkmale:** Spezifikator-Merkmale sind die grammatischen Merkmale,
die in der →Spezifikator-Position der Projektion eines →Lexems realisiert werden
müssen (siehe Seite 314). (Vgl. →Kopf-Merkmale, →Komplement-Merkmale.)

**Split-Infl-Hypothese:** Die Hypothese, dass es in der Satzstruktur nicht nur eine
Position I(NFL) für Hilfsverben gibt, sondern mehrere funktionale Köpfe: T (Tempus),
AgrS (Subjekt-Kongruenz), AgrO (Objekt-Kongruenz usw.) (siehe Seite 324 ff.).

**Spur:** Elemente, die in der Syntax verschoben werden, hinterlassen eine Spur, die mit *t*
(für engl. *trace*) gekennzeichnet wird (siehe Seite 169).

**Strukturerhaltungsprinzip:**Bewegung muss strukturerhaltend sein.
(Siehe Seite 168  ff.)

**Subjazenz-Bedingung:** Eine Konstituente kann nicht über mehr als zwei Grenzknoten
hinweg bewegt werden. Grenzknoten sind IP und DP.

**Subjekt-Aux-Inversion:** Bewegungsprozess, bei dem ein Hilfsverb (Auxiliar) von I
nach C bewegt und so dem Satzsubjekt vorangestellt wird (siehe Seite 186)

**Subkategorisierungsrahmen:** Die Subkategorisierungsrahmen bestimmen Unter-
klassen von Verben. Hier steht, ob ein Verb eine oder zwei NP-Ergänzungen erfordert,

ob es mit einer PP steht oder ob es keine weiteren Ergänzungen verlangt (siehe Seite 54ff.).

**SVO-Sprache:** eine Sprache mit der Wortstellung Subjekt > Verb > Objekt. Typische SVO-Sprachen sind das Englische, Französische und das Mandarin (siehe Seite 83)

**Syntax:** Satzlehre

**Terminalsymbole:** Elemente, die keine weiteren Elemente dominieren.

**Theta-Kriterium (θ-Kriterium):**
a)     Jedes Argument muss genau eine θ-Rolle erhalten.
b)     Jede θ-Rolle muss genau einem Argument zugewiesen werden
(Siehe Seite 65.)

**Theta-Markierung, direkte / indirekte:** Das Verb weist seinen Objekten die jeweiligen θ-Rollen direkt zu. Die thematische Rolle des Subjekts hingegen wird kompositional durch die Semantik des Verbs und seiner internen Argumente – d. h. durch die ganze VP – bestimmt. Man spricht hier von indirekter θ-Markierung (siehe Abschnitt 2.6.4).

**Theta-Raster (θ-Raster):** Die thematischen Rollen eines Prädikats werden im θ-Raster notiert.

**Theta-Rektion (θ-Rektion):**
$\alpha$ θ-regiert $\beta$ genau dann, wenn $\alpha$ $\beta$ regiert und θ-markiert (siehe Seite 290).

**Theta-Rolle (θ-Rolle), interne / externe:** Argumente stehen in einer bestimmten semantischen Beziehung zum Prädikat; sie realisierten eine bestimmte θ-Rolle z. B.

AGENS:         Die Person, die durch das Prädikat bezeichnete Handlung ausführt
PATIENS:       die Person, die die durch das Prädikat bezeichnete Handlung erleidet
INSTRUMENT:  der Gegenstand, mit dem die durch das Prädikat bezeichnete Handlung durchgeführt wird usw.

θ-Rollen, die an → interne Argumente zugewiesen werden, nennt man interne θ-Rollen, die an interne Argumente zugewiesen werden, nennt man interne θ-Rollen, θ-Rollen, die an → externe Argumente zugewiesen werden, nennt man externe θ-Rollen (siehe Seite 62).

**TNS:** Unter TNS werden die Tempusmerkmale zusammengefasst.

**Topic Drop:** Man spricht von Topic Drop, wenn ein Argument des Verbs durch ein leeres Pronomen ersetzt wird. Das Pronomen, das sich aus dem (verbalen oder nicht-verbalen) Kontext rekonstruieren lassen muss, muss an die Satzspitze bewegt werden. Andernfalls ist der Satz ungrammatisch (siehe Seite 70).

**UG:** → Universalgrammatik

**Unakkusative Verben:** → ergative Verben

**Unergative Verben:** Diese Verben weisen nur eine θ-Rolle zu (z. B. AGENS).

**Universalgrammatik (UG):** Chomsky nimmt an, dass allen natürlichen Sprachen universale (d. h. einheitliche) Prinzipien (Eigenschaften) zugrunde liegen. Diese Prinzipien nennt er *Universalgrammatik* (UG). Die Prinzipien der Universalgrammatik muss ein Kind im Spracherwerb nicht lernen. Sie sind von Geburt an im Menschen „angelegt" und sie reifen nach und nach heran, wenn das Kind die Daten seiner Muttersprache hört. Die Universalgrammatik ist Teil der genetischen Ausstattung des Menschen (siehe Seite 16).

**UTAH:** →Hypothese der uniformen Theta-Zuweisung

**Variable (Logik):** Eine Variable ist ein Symbol, das für unterschiedliche Objekte stehen kann. Zu einer prädikatenlogischen Formelsprache gehören unendlich viele Variablen, etwa $x_1, x_2, ... x_n$. Nun sagt aber eine Formel, in der eine nicht näher spezifizierte Variable vorkommt, nichts mehr aus und ihr Wahrheitswert wird davon abhängen, für welches Objekt sie nun steht: Eine Formel mit solch einer freien Variablen ist keine Aussage mehr.
Die →Quantoren $\forall$ – „für alle" – und $\exists$ – „es existiert ein" – legen fest, wofür eine Variable stehen soll. Ist A eine Formel, in der etwa die Variable x frei vorkommt, so sagt $\forall x\, A(x)$ aus, dass A für alle x zutrifft, A also immer wahr ist, egal für welches Objekt x steht, und $\exists x\, A(x)$ sagt aus, dass A für mindestens ein x zutrifft, es also mindestens ein Objekt gibt, mit dem die Formel A wahr wird, wenn man es für x einsetzt.

**Variable (Syntax):** Leere Kategorien, die sich unter bindungstheoretischen Aspekten wie →R-Ausdrücke verhalten, nennt man in der generativen Grammatik Variablen. Sie entstehen bei der Wh-Bewegung (siehe Seite 199).

**Verb-Zweit-Bewegung:** Von Verb-Zweit-Bewegung spricht man, wenn das Verb aus der basisgenerierten →Verb-End-Position nach C bewegt wird (siehe Abschnitt 6.3). Verb-Zweit-Bewegung ist ein Fall von →Kopf-zu-Kopf-Bewegung.

**Verb-End-Struktur:** Von einer Verb-End-Struktur spricht man, wenn das finite Verb in der →rechten Satzklammer realisiert wird.

**Verb-Zweit-Struktur:** Von einer Verb-Zweit-Struktur spricht man, wenn das finite Verb in der →linken Satzklammer (d. h. in C) steht; im →Vorfeld kann eine beliebige andere Konstituente stehen.

**Vererbungsprinzip:** Grammatische Eigenschaften werden bei Bewegung in eine A'-Position von der Spur auf das Antezedens übertragen (siehe Seite 251).

**Verzögerungsprinzip:** (Procrastinate): Prinzip, dem zufolge Bewegungsprozesse im Verlauf der Derivation so spät wie möglich stattfinden sollten (siehe Seite 284).

**Vorfeld:** die Position im Satz, die der →linken Satzklammer vorangeht (die [Spec CP]-Position) (siehe Seite 217)

**Webelhuths Paradox:** →Scrambling weist Eigenschaften von →DP-Bewegung und von →Wh-Bewegung auf. Beide können in demselben Satz auftreten:
Slughorn hat [die Gäste]$_i$ [ohne e$_i$ anzuschauen] einander$_i$ t$_i$ vorgestellt.
(Siehe Seite 266.)

**Wh-Bewegung:** Wenn eine →Wh-Phrase aus einer →θ- und →kasusmarkierten Position in eine θ- und kasusunmarkierte Position (z. B. [Spec CP]) nennt man Wh-Bewegung. Da die Bewegung in eine →A'-Position erfolgt, ist Wh-Bewegung →A'-Bewegung (siehe Abschnitt 6.2, vgl. →DP-Bewegung).

*Wh*-**Inselbeschränkung:** Aus einem durch eine →*Wh*-Phrase eingeleiteten Satz darf keine Phrase herausbewegt werden (siehe Seite 205).

*Wh*-**Phrase:** Interrogativphrase (wer, was, welches Auto usw.)

*Wh*-**Spur:** *Wh*-Spuren (*wh* von engl. who, where, which, what) sind leere Kategorien, die bei der *Wh*-Bewegung in der Ausgangsposition zurückbleiben. Man bezeichnet sie als Variablen. Sie verhalten sich unter bindungstheoretischen Gesichtspunkten wie R-Ausdrücke.

**X-Bar-Schema:**
a)      Jede Phrase hat einen Kopf. Der Kopf muss ein terminaler Knoten sein.
b)      Die Ebenen X, X' und XP sind universal.
c)      Die Position des Kopfes in Relation zu seinen Komplementen ist sprachspezifisch verschieden.
(Siehe Seite 90.)

**X$^0$-Kategorie:** Die X$^0$-Kategorie ist der Kopf einer Phrase.

**Zweige:** In der grafischen Darstellung einer Satzstruktur – dem → Baumdiagramm – nennt man die Verbindungslinien zwischen zwei Kategoriesymbolen *Zweige* (siehe Seite 33).

# Literatur

Aarts, Bas (1992): Small Clauses in English. Berlin/New York: Mouton de Gruyter.

Abney, Steven (1987): The English noun phrase in its sentential aspects. PhD Dissertation MIT: Cambridge Massachussetts.

Altmann, Hans & Hahnemann, Suzan (1999): Syntax fürs Examen. Opladen. Wiesbaden: Westdeutscher Verlag.

Anderson Stephen & Paul Kiparsky (1973): Hg. Festschrift for Morris Halle . New York: Rinehart & Wibston.

Aoun, Youssef & Dominique Sportiche (1983): On the Formal Theory of Government. The Linguistic Review 2, 3, 211 – 236.

Bach, Emmon & Robert T. Harms (Hg.): Universals in Linguistic theory. New York: Holt Rinehart and Winston.

Baker, Mark (1988): Incorporation. A Theory of Grammatical Function Changing. Chicago/London: The University of Chicago Press.

Baltin, Mark (1995): Floating Quantifiers, PRO and Predication. In: Linguistic Inquiry 26, 199 – 248.

Barss, Andrew & Howard Lasnik (1986): A Note on Anaphora and Double Objects. Linguistic Inquiry 17. 347 – 354.

Bates, Elizabeth (Hg.) (1979): The Emergence of Symbols – Cognition and Communication in Infancy. New York: Academic Press.

Bayer, Joseph (1984): Towards an Explanation of Certain That-t Phenomena: The Comp Node in Bavarian. In: de Geest, Wim & Ywan Putseys (Hg.): Sentential Complementation. Dordrecht: Foris.

Bayer, Joseph (1996): Directionality and Logical Form. On the Scope of Focussing Particles and Wh-in-situ. Dordrecht: Kluwer.

Bayer, Joseph & Jacklin Kornfilt (1994): Against Scrambling as an Instance of Move Alpha. In: Corver, Norbert & Henk van Riemsdijk Hsg: Studies on Scrambling. Berlin: Mouton de Gruyter.

Bayer, Karl, Josef Lindauer (1974): Lateinische Grammatik. München: Oldenbourg.

Belletti, Adriana (1988): The Case of Unaccusatives. In Linguisitic Inquiry 19 (1). 1 – 34.

Bhatt, Christa (1990): Die syntaktische Struktur der Nominalphrase im Deutschen. Tübingen: Narr.

Bickerton, Derek (1981): Roots of Language. Ann Arbor: Karoma Paublishers.

Bowers, John (1993): The Syntax of Predication. In: Linguistic Inquiry 24, 591 – 656.

Brauner, Siegmund, Bantu, Joseph K. (1964): Lehrbuch des Swahili. Leipzig: VEB Enzyklopädie-Verlag.

Broadwell, George Aaron (2005): Choktaw. www.albany.edu/anthro/fac/broadwell/choctawsketch2.pdf. 13.09.07.

Bresnan, Joan (1972): Theory of Complementation in English Syntax. Ph.D. Dissertation. Cambridge Massachussetts: MIT Press.

Büring, Daniel & Hartmann, Katharina (2001): The Syntax and Semantics of Focus Particles in German. In: Natural Language and Linguistic Theory, 19. 229 – 281.

Burzio, Luigi: (1986): Italian Syntax. A Government-Binding-Approach. Dordrecht: Reidel.

Choe, Jiyoung (2003): Kopula-Konstruktionen. Sein oder nicht sein. In: Koreanische Zeitschrift für Germanistik Bd. 8, Heft 2.

Chomsky, Noam (1957): Syntactic Structures. Den Haag Mouton. (deutsche Übersetzung: (1973) Strukturen der Syntax. Den Haag: Mouton).

Chomsky, Noam (1965): Aspects of a Theory of Syntax. MIT Press. Cambridge MA (deutsche Übersetzung: (1969)Aspekte der Syntax-Theorie. Frankfurt am Main: Suhrkamp).

Chomsky, Noam (1973): Conditions on Transformations. In: Anderson Stephen & Paul Kiparsky, P.: Hg. Festschrift for Morris Halle . New York: Rinehart & Wibston.

Chomsky, Noam (1981): Lectures on Government and Binding. Dordrecht: Foris.

Chomsky (1982): Some Concepts and Consequences of the Theory of Government and Binding. Cambrige Massachussetts: MIT Press.

Chomsky (1986a): Knowledge of Language. Its Nature, Origin and Use. New York: Praeger.

Chomsky (1986b): Barriers. Cambridge Massachussetts: MIT-Press.

Chomsky, Noam (1991): Some Notes on Economy of Derivation and Representation. In: Freidin, Robert Hg.: Principles and Parameters in Comparative Grammar. Cambridge Massachussetts: MIT Press.

Chomsky, Noam (1992): A Minimalist Program for Linguisitc Theory. MIT Occasional Papers in Linguistics. Cambridge Massachussetts: MIT-Press.

Chomsky, Noam (1995): The Minimalist Program. Cambridge Massachussetts: MIT-Press.

Contreras, Heles (1987): Small Clauses in Spanish and English. In Natural Language and Linguistic Theory 5: 225 – 243.

Corver, Norbert & Henk v. Riemsdijk (1994): Studies on Scrambling. de Berlin. Gruyter.

Curtiss, Susan (1977): Genie – A Psycholinguistic Study of a Modern Day 'Wild Child'. New York: Academic Press.

Dixon, Robert Malcolm Ward (1994): Ergativity. Cambridge: Cambridge University Press.

Duden (2005): Grammatik der deutschen Gegenwartssprache. 7. völlig neu bearbeitete und erweiterte Auflage. Mannheim. Dudenverlag.

Dürscheid, Christa (2002): Polemik pur und Wahlkampf satt – Das postnominale Adjektiv im Deutschen. In: Zeitschrift für Sprachwissenschaft 21, 1. 57 – 81.

Emonds, Joseph (1985): A Unified Theory of Syntactic Categories. Studies in Generative Grammar 19. Foris: Dordrecht.

Engdahl, Elisabet (1986): Constiuent Questions. Dordrecht: Reidel.

Fanselow, Gisbert (1990): Scrambling as NP-Movement. In: Grewendorf, Günther und Wolfgang Sternefeld Hg: Scrambling and Barriers. Amsterdam / Philadelphia: Benjamins.

Fanselow, Gisbert (2001): Features, θ-Roles and Free Constituent Order. In: Linguistic Inquiry 32, 2. 405 – 437.

Fanselow, Gisbert & Sascha W. Felix (1987): Sprachtheorie Bd. I und II. Tübingen: Francke.

Fanselow, Gisbert & Susan Olsen (1991): DET, COMPund INFL: Zur Syntax funktionaler Kategorien und grammatischer Funktionen, Tübingen: Niemeyer.

Fillmore, Charles (1968): *The Case for Case*. In: Bach, Emmon & Robert T. Harms (Hg.): Universals in linguistic theory. New York: Holt Rinehart and Winston.

Freidin, Robert Hg. (1991): Principles and Parameters in Comparative Grammar. Cambridge Massachussetts: MIT Press.

Fukui, Naoki (1993): Parameters and Optionality. Linguistic Inquiry 24: 399 – 420.

Gallmann, Peter (2005): NcI, AcI und Small Clauses. MS. www2.uni-jena.de/philosophie/germsprach/syntax/2/doc/skript/Block_06_Skript.pdf .

Gallmann, Peter & Thomas Lindauer (1994): Funktionale Kategorien in Nominalphrasen. In: Beiträge zur Geschichte der deutschen Sprache und Literatur (PBB) 116, 1994, 1 – 27.

de Geest, Wim & Ywan Putseys (Hg.) (1984): Sentential Complementation. Dodrecht: Foris.

Givón, Talmy (2001): Syntax. An Introduction. Amsterdam Philadelphia: Benjamins.

Grewendorf, Günther (1984): Reflexivierungsgesetze im Deutschen. In: Deutsche Sprache 1, 14 – 30.

Grewendorf, Günther (1988): Aspekte der deutschen Syntax. Eine Rektions-Bindungs-Analyse. Tübingen: Narr.

Grewendorf, Günther (1989): Ergativity in German. Dordrecht: Foris.

Grewendorf, Günther (1990): Small pro in German. In: Grewendorf, Günther & Wolfgang Sternefeld: Scrambling and Barriers. Ansterdam / Philadelphia: Benjamins.

Grewendorf, Günther (2002): Minimalistische Syntax. Tübingen. Basel. Francke.

Grewendorf, Günther, Fritz Hamm, Wolfgang Sternefeld (1987): Sprachliches Wissen. Suhrkamp. Frankfurt.

Grewendorf, Günther & Wolfgang Sternefeld (1990): Scrambling Theories. Grewendorf, Günther & Wolfgang Sternefeld:Scrambling and Barriers. Ansterdam / Philadelphia: Benjamins.

Grewendorf, Günther & Wolfgang Sternefeld:Scrambling and Barriers. Ansterdam / Philadelphia: Benjamins.

Haegeman, Liliane 1994: Introduction to Government and Binding Theory. Oxford: Blackwell.

Haider, Hubert (1988): Die Struktur der deutschen Nominalphrase. In: Zeitschrift für Sprachwissenschaft 7, 32 – 59.

Haider, Hubert (1993): Deutsche Syntax – generativ. Vorstudien zur Theorie einer projektiven Grammatik. Tübingen. Narr.

Henry, Alison (1995): Belfast English and Standard English: Dialect Variation and Parameter Setting. Oxford: Oxford University Press.

Hoberg, Ursula (1981): Die Wortstellung der geschriebenen deutschen Gegenwartssprache. In: Heutiges Deutsch 1/10, München.

Huang, C. T. James (1982): Logical Relations and the Theory of Grammar. PhD-Dissertation. Cambridge Massachussetts: MIT Press.

Huang, C. T. James (1984) On the Distribution and Reference of Empty Pronouns. In: Linguistic Inquiry 15 (4), 531 – 574.

Jacobs, Joachim (1983): Fokus und Skalen. Zur Syntax und Semantik der Gradpartikeln im Deutschen. Tübingen: Niemeyer.

Jaeggli, Osvaldo & Safir, Ken (1989): The Null Subject Parameter and Parametric Theory. In: Osvaldo Jaeggli und Ken Safir: The Null Subject Parameter. Dordrecht: Kluwer.

Jaeggli, Osvaldo & Ken Safir (1989): The Null Subject Parameter. Dordrecht: Kluwer.

Kayne, Richard (1984): On certain differences between French an English. In Kayne, Richard: Connectedness and Binary Braching. Foris: Dordrecht.

Kayne, Richard (1984): Connectedness and Binary Braching. Foris: Dordrecht.

Kemenade, Ans van (1987): Syntactic Case and Morphological Case in the History of English. Dissertation Utrecht.

Köpcke, Klaus-Michael (1982): Untersuchungen zum Genussystem der deutschen Gegenwartssprache. Linguistische Arbeiten 122. Tübingen; Niemeyer.

Koster, Jan (1982/83): Enthalten syntaktische Repräsentationen Variablen? Linguistische Berichte 80 (1982): 70 – 100 und 83 (1983): 36 – 60.

Larson, Richard (1988): On the Double Object Construction. Linguistic Inquiry 19: 335 – 391.

Lasnik, Howard & Mamoru Saito (1984): On the Nature of Proper Government. Linguistic Inquiry 15, 235 – 289.

Lenerz, Jürgen (1977): Zur Abfolge nominaler Satzglieder im Deutschen. Studien zur deutschen Grammatik. Tübingen: Niemeyer.

Lenerz, Jürgen (1984): Syntaktischer Wandel und Grammatiktheorie. Tübingen: Niemeyer.

Lessmöllmann, Anette (2005): Raus mit der Sprache. In: Zeit Wissen 1, 12 – 21.

Li, Charles N. & Tompson, Sandra (1981): Mandarin Chinese. A Functional Reference Grammar. Berkeley: University of California Press.

Löbel, Elisabeth (1990) D und Q als funktionale Kategorien in der Nominalphrase. In: Linguistische Berichte 127, 232 – 264.

Müller, Natascha , Riemer, Beate (1997): Generative Syntax der romanischen Sprachen. Tübingen: Stauffenburg.

Neeleman, Ad (1994): Scrambling as a D-Structure Phenomenon. In: Corver, Norbert & Henk v. Riemsdijk: Studies on Scrambling. de Gruyter. Berlin.

Olsen, Susan (1985). On deriving V-1 and V-2-Structures in German. In Jindrich Toman (1985): Studies in German Grammar. Dordrecht: Foris.

Olsen, Susan (1991): Die deutsche Nominalphrase als Determinansphrase. In Fanselow, Gisbert & Susan Olsen: DET, COMPund INFL: Zur Syntax funktionaler Kategorien und grammatischer Funktionen, Tübingen: Niemeyer.

Pesetsky, David (1981/82): Complementizer Trace-Phenomena and the Nominative Island Condition. In: The Linguistic Review 1, S. 297 – 343.

Pesetsky, David (1989): Language Particular Processes and the Earlyness Principle. GLOW-Vortrag. Universität Utrecht.

Pinker, Steven (1996): Der Sprachinstinkt. Wie der Geist die Sprache bildet. München: Kindler.

Pollock, Jean-Yves (1989): Verb Movement, Universal Grammar, and the Structure of IP. In: Linguistic Inquiry 20, 365 – 424.

Primus, Beatrice (2003): Ergativität im Deutschen? Das deutsche im Rahmen der relationalen Typologie. In: Koreanische Zeitschrift für Germanistik, 13 – 38.

Radford, Andrew (1988): Transformational Grammar. Cambridge: Cambridge University Press.

Radford, Andrew (1997): Syntax. A Minimalist Introduction. Cambridge: Cambridge University Press.

Rahhali, M.,Souâli, E.H. (1997) A Minimalist Approach to Verb Movement in Standard Arabic. In: Studia Linguistica 51, 317 – 338.

Rauh, Gisa (1988): Tiefenkasus, thematische Relationen und Thetarollen. Die Entwicklung einer Theorie von semantischen Relationen. Tübingen: Narr.

Rauh, Gisa (1995): Englische Präpositionen zwischen lexikalischen und funktionalen Kategorien. Arbeiten des Sonderforschungsbereiches 282: Theorie des Lexikons 71. Wuppertal. Bergische Universität – Gesamthochschule Wuppertal.

Reis, Marga & Rosengren, Inger (1997): A Modular Approach to the Grammar of Additive Particles. In: Journal of Semanctics 14, 237 – 309.

Rizzi, Luigi(1978): Violations of the Wh-Island-Constraint and the Subjacency Condition. In: Luigi Rizzi: Issues of Italian Syntax. Dordrecht: Foris.

Rizzi, Luigi (1982): Issues of Italian Syntax. Dordrecht: Foris.

Rötzer, Hans-Gerd (1998): Grammatische Grundbegriffe. Bamberg: C. C. Buchner Verlag.

Ross, John (1967): Constraints on Variables in Syntax. Ph.D. Dissertation. Cambridge Massachussetts: MIT Press.

Sells, Peter (1985): Lectures on Comtemporary Syntactic Theories. An Introduction into Government-Binding-Theory, Generalized Phrase Structure Grammar and Lexical Functional Grammar. Stanford California: CSLI Publications.

Sick, Bastian (2004): Der Dativ ist dem Genitiv sein Tod. Köln: Kiepenheuer und Witsch.

Staudinger, Bernhard (1997): Sätzchen. Small Clauses im Deutschen. Tübingen: Niemeyer.

v.Stechow, Arnim & Wolfgang Sternefeld (1988): Bausteine syntaktischen Wissens. Opladen: Westdeutscher Verlag.

Steube, Anita und Zybatow, Gerhild Hg. (1994): Zur Satzwertigkeit von Infinitiven und Small Clauses. Linguistische Arbeiten 315. Tübingen: Niemeyer.

Strazny, Philipp (1997): A Base Generation Account of German Scrambling. Ms: www.strazny.com/writing/scrambing/index.html.

Thiersch, Craig (1982): A Note on Scrambling and the Existence of VP. Wiener Lingusitische Gazette Vol. 27 – 28, 83 – 95.

Thiersch, Craig (1985): VP and Scrambling in the German Mittelfeld, Ms. Universität Köln und Conneticut.

Travis, Lisa (1984): Parameters and Effects of Word Order Variation. MIT-Dissertation. Cambridge Massachussetts.

Toman, Jindrich (1985) Studies in German Grammar. Dordrecht. Foris.

Vater, Heinz (1991): Determinantien in der DP. In: Fanselow, Gisbert & Susan Olsen: DET, COMP und INFL: Zur Syntax funktionaler Kategorien und grammatischer Funktionen. Tübingen: Niemeyer.

Volterra, V , E. Bates , L. Benigni, I. Bretherton, L. Camaioni (1979): First Words in Language and Action – a Qualitative Look. In Bates, Elizabeth (Hg.): The Emergence of Symbols – Cognition and Communication in Infancy. New York: Academic Press.

Webelhuth, Gert (1992): Principles and Parameters of Syntactic Saturation. Oxford: Oxford University Press.

Weerman, Fred (1989): The V2-Consiracy. A Synchronic and Diachronic Analysis. Dordrecht: Foris.

Wegener, Heide (1999): Die Pluralbildung im Deutschen. Linguistik online 4 3/99, 1-55.

Zimmer, Dieter E.(1995): So kommt der Mensch zur Sprache. Über Spracherwerb, Sprachentstehung, Denken und Sprache. Heyne: München.

Rolf Bergmann / Peter Pauly / Claudine Moulin
**Alt- und Mittelhochdeutsch**
Arbeitsbuch zur Grammatik der älteren deutschen Sprachstufen
und zur deutschen Sprachgeschichte
Bearbeitet von Claudine Moulin

Seit drei Jahrzehnten bewährt sich das Arbeitsbuch zum Alt- und Mittelhochdeutschen als Standardlehrwerk der germanistischen Sprachwissenschaft. Claudine Moulin hat es für die 7. Auflage gründlich überarbeitet und dabei heutigen Anforderungen Rechnung getragen. Insbesondere wurde Wert gelegt auf die Möglichkeit schneller Informationsentnahme, auf zusammenhängende Erläuterungen zu Sprachwandelphänomenen, auf die Einarbeitung der neueren Literatur und auf noch größere Übersichtlichkeit.

Augustin Speyer
**Germanische Sprachen**
Ein vergleichender Überblick

Dass die germanischen Sprachen irgendwie verwandt sein müssen, ist jedem klar. Worin sich aber die Verwandtschaft konkret äußert, ist weniger allgemein bekannt. Wie sind die germanischen Sprachen entstanden, und in welchem Verhältnis stehen sie zueinander? Was ist das Trennende, was das Verbindende der germanischen Sprachen? Dieses Buch geht diesen Fragen nach. Der Schwerpunkt liegt dabei auf den frühesten erhaltenen Sprachstufen von germanischen Sprachen, also dem Gotischen, Altisländischen, Altenglischen und Althochdeutschen.
Das Buch ist phänomenorientiert, d.h. es werden nicht die einzelnen Sprachen nacheinander abgehandelt, sondern Phänomene, die entweder in mehreren Sprachen vorkommen oder für eine Einzelsprache charakteristisch sind, werden einzeln durchleuchtet. Die Phänomene sind nach den drei Gebieten Phonologie, Morphologie und Syntax geordnet.

Jörg Riecke / Rainer Hünecke / Oliver Pfefferkorn /
Britt-Marie Schuster / Anja Voeste
**Einführung in die historische Textanalyse**

Mit 29 Jahren schrieb Quirinus Kuhlmann im Jahr 1680 den Quinarius
– eine Art Grundsatzprogramm zur Legitimation seines missionarischen Auf-
trags, ein neues Königreich der wahren Christen zu verkünden.
Der vollständig abgedruckte mitteldeutsche Text eignet sich hervorragend
zur Einführung in die Prinzipien historischer Textanalyse und als seminar-
begleitendes Übungsbuch. Die einzelnen Kapitel sind einheitlich gegliedert:
Sie bieten sprachgeschichlichen Hintergrund und kleinschrittige Analyse,
Zusammenfassung und weiterführende Arbeitsfragen. Behandelt werden
nach einer orientierenden Einführung die Stichworte: Textsortenbestim-
mung, Rhetorik und Stilistik, Syntax, Textsyntax, Wortschatz, Flexionsmorphologie, Graphotaktik und Textedition.


Hans Strohner
**Kommunikation**
Kognitive Grundlagen und praktische Anwendungen

Kommunikation zwischen Menschen setzt eine Vielzahl kognitiver Vor-
gänge voraus. Hierzu gehören Wissensprozesse, aber auch Emotionen und
Handlungen. Der Band führt in die kognitiven Grundlagen und praktischen
Anwendungen von Kommunikation ein. Dazu gehören neben der interperso-
nalen, der organisationalen und der öffentlichen Ebene auch die vielfältigen
Aspekte der interkulturellen Kommunikation. Praktische Beispiele, Arbeitsfragen, kurze Zusammenfassungen und Literaturempfehlungen nach jedem
Kapitel sowie das Sachregister bieten wichtige Hilfen, auch für Anfänger
oder Nebenfach-Studierende.

# Studienbücher zur Linguistik

V&R

Herausgegeben von Peter Schlobinski

Band 1: Klaus Bayer
**Argument und Argumentation**
Logische Grundlagen der Argumentations-
analyse
2., überarbeitete Auflage 2007. 246 Seiten
mit 70 Grafiken, kartoniert
ISBN 978-3-525-26547-5

Band 2: Utz Maas
**Phonologie**
Einführung in die funktionale Phonetik des
Deutschen
2., überarbeitete Auflage 2006. 392 Seiten
mit zahlreichen Abb. und Schautafeln, kartoniert. ISBN 978-3-525-26526-0

Band 3: Christa Dürscheid
**Syntax**
Grundlagen und Theorien
4., überarbeitete und ergänzte Auflage 2007.
260 Seiten, kartoniert.
ISBN 978-3-525-26546-8

Band 4: Jens Runkehl / Torsten Siever
**Linguistische Medienanalyse**
Einführung in die Analyse von Presse, Radio,
Fernsehen und Internet
2007. Ca. 250 Seiten, kartoniert
ISBN 978-3-525-26528-4

Band 5: Marcus Hernig
**Deutsch als Fremdsprache**
Eine Einführung
2005. 269 Seiten, kartoniert
ISBN 978-3-525-26522-2

Band 6: Christina Gansel /
Frank Jürgens
**Textlinguistik und Textgrammatik**
Eine Einführung
2., überarbeitete und ergänzte Auflage 2007.
270 Seiten mit zahlreichen Abb. und Tab.,
kartoniert
ISBN 978-3-525-26544-4

Band 8: Christa Dürscheid
**Einführung
in die Schriftlinguistik**
Erweitert um ein Kapitel zur Typographie
von Jürgen Spitzmüller. 3., überarbeitete und
ergänzte Auflage 2006. 319 Seiten mit
31 Abb., kartoniert
ISBN 978-3-525-26516-1

Band 10: Peter Schlobinski
**Grammatikmodelle**
Positionen und Perspektiven
2003. 268 Seiten mit zahlreichen Abb.,
kartoniert
ISBN 978-3-525-26530-7

Band 11: Michael Dürr /
Peter Schlobinski
**Deskriptive Linguistik**
Grundlagen und Methoden
3., überarbeitete Auflage 2006. 301 Seiten
mit zahlreichen Abb. und Schautafeln,
kartoniert
ISBN 978-3-525-26518-5

## Vandenhoeck & Ruprecht

# Linguistik fürs Examen

Herausgegeben von Hans Altmann und Suzan Hahnemann

V&R

Band 1: Hans Altmann /
Suzan Hahnemann
**Syntax fürs Examen**
Studien- und Arbeitsbuch
3., aktualisierte Auflage 2007.
226 Seiten mit zahlreichen Tab., kartoniert
ISBN 978-3-525-26500-0

Mit Übungsaufgaben, Lösungsvor-
schlägen, Hinweisen auf weiter-
führende Literatur sowie Tipps und
Warnungen bezüglich eventueller
Prüfungsaufgaben richtet sich dieses
Buch direkt an Examenskandidaten.

Band 2: Hans Altmann /
Silke Kemmerling-Schöps
**Wortbildung fürs Examen**
2., überarbeitete Auflage 2005.
203 Seiten, kartoniert
ISBN 978-3-525-26501-7

Hans Altmann und Silke Kemmerling-Schöps bereiten Studierende mit
diesem Arbeitsbuch auf schriftliche
und mündliche Examina im Bereich
der Germanistischen Linguistik
vor. Es richtet sich an Anfänger mit
Grundkenntnissen (vor der Zwischen-
prüfung) ebenso wie an Fortgeschrittene, die vor der Magisterprüfung
bzw. einem Staatsexamen stehen.

Band 3: Hans Altmann /
Ute Ziegenhain
**Phonetik, Phonologie und
Graphemik fürs Examen**
2., überarbeitete und ergänzte Auflage 2007.
195 Seiten mit 1 Abb. und zahlreichen Tab.,
kartoniert. ISBN 978-3-525-26545-1

Gründlich überarbeitet: das unent-
behrliche Wissen für die Vorberei-
tung auf das germanistisch-linguis-
tische Examen.

Band 4: Hans Altmann /
Ute Hofmann
**Topologie fürs Examen**
Verbstellung, Klammerstruktur, Stellungsfelder,
Satzglied- und Wortstellung
2004. 215 Seiten, kartoniert
ISBN 978-3-525-26503-1

Das Arbeitsbuch ist geeignet für
Fortgeschrittene mit guten Syntax-
Grundkenntnissen und deckt eines
der wichtigsten Teilgebiete der Syntax ab.

Band 5: Heiko Hausendorf /
Wolfgang Kesselheim
**Textlinguistik fürs Examen**
2008. Ca. 220 Seiten mit zahlreichen Abb.,
kartoniert. ISBN 978-3-525-26543-7

So macht Examensvorbereitung Sinn:
Keine reine Paukhilfe, sondern Ver-
mittlung praktischer Kompetenz im
Umgang mit Texten.

## Vandenhoeck & Ruprecht